项目融资和PPP实务运作全程指引

Legal Aspects of Project Finance and PPP

林　立◎著

中国法制出版社
CHINA LEGAL PUBLISHING HOUSE

自序
PREFACE

近几年时间里，我国政府提出在国内建设新型城镇化的目标、推广PPP模式和在国际合作发展上的“一带一路”倡议，亚投行的筹建，极大地激发了我国企业投身国内外基础设施建设的新一轮投资热潮。为推广PPP模式，国务院、财政部、发改委等部委先后颁布了一系列的政策、法规，用以促进和规范基础设施和公用事业领域PPP模式的运用。与此同时，财政部还相继公布了四批全国性的PPP示范项目。根据中国财政部的相关数据统计，截至2017年12月31日，全国入库项目数量达14059个，项目规模共17.74万亿元。2018年1—6月，PPP项目的投资额也已经超过1.63万亿。同样，随着“一带一路”倡议涉及的相关项目的落实，中国海外PPP项目的投资、工程建设也开始爆发式发展，并带动了国内基建企业走出去的步伐。根据商务部统计，2017年全年，我国境内投资者共对全球174个国家和地区的6236家境外企业新增非金融类直接投资，累计实现投资额1200.8亿美元，对“一带一路”相关国家的新增投资额合计143.6亿美元，在“一带一路”沿线的61个国家新签对外承包工程合同额1443.2亿美元。而2018年1—5月，对外非金融类直接投资累计已达478.9亿美元，对外承包工程完成营业额568.8亿美元，新签合同额达854.9亿美元。对于大中型能源、交通等基础设施和市政公用事业项目的建设，实践中有着多种不同的运作模式，其中的PPP方式有着较为明显的优势，具体操作上又以项目融资最为典型。PPP项目，特别是需要授予特许经营权的项目的推广运行涉及社会公众的利益，因此，政府的支持至关重要。就目前来看，在立法尚不完备的情况下，中国的PPP项目实施更加依赖于政策层面的指引。而政策本身的不稳定性、效力层级较低的现状对于PPP模式的推广、投资人的投资积极性和保障、政府违约的约束等都有不可忽略的消极影响。

在PPP项目、特许权经营项目中，资金来源和融资渠道是首要的考虑因素。但就具体的项目实施而言，能否采用PPP模式、是否采用项目融资方式、是否以授予特许权方式则不仅需要结合项目的特征进行分析，还需要考虑法律法规的规定以及政府的产业政策指引。而且，除了传统的贷款模式外，诸如基金介入、资产证券化等新型投融资模式在大中型基础设施项目的建设中也发挥着越来越重要的作用，这些都会涉及采购前的交易结构的规划和设计、政府审核等问题，其中必然需要项目各方主体密切关注法律、法规的规定和发展动向。

基础设施项目的采购环节也是影响项目实施的重要内容。目前中国的大多数PPP模式都涉及政府资金的使用和基础设施项目的工程建设，这就使得在PPP模式下就必然要兼顾政府采购体系和工程建设项目招标投标体系，而现有的法律、行政法规等规定存在不一致、不和谐、不完善的地方，各部委和项目所在地的法规、规章制度等缺少统筹协调，这就导致了法律适用的矛盾和冲突，并且给PPP的实践操作带来了一定困难，有待进一步改进。

另外，通常情况下，基础设施项目都会设立项目公司作为实施主体，但是，问题在于是否每一个融资项目，尤其是以PPP模式运作的项目都必须设立项目公司。而一旦设立项目公司则又必然涉及相应的股东身份认定、股权、利益分配、公司治理、股权转让和退出，甚至是破产、清算等一系列法律事务的安排。

由于大中型基础设施项目融资和PPP模式运作属于典型的复杂商业交易，所涉主体广泛、涉及金额巨大、交易结构复杂，需要凭借一系列的法律文件将项目参与各方的权利义务、风险、责任等进行公平、合理的分配、承担和衔接，以最终实现项目融资、PPP项目的初衷和各方的交易目标，故而其法律关系和法律问题较一般的商业活动、融资、传统的施工承包方式更为复杂多样，涵盖了交易、管理和争议的各个环节。在这种情况下，项目合同架构和体系就显得尤为重要，任何一个合同或者环节的问题，都有可能影响项目的顺利实施，并引发连环争议。

另外，笔者认为更需要关注的是，从根本上来讲，PPP模式是一种为了转变政府职能、提供社会公众服务而采用的采购方式，从本质上来看是为了推动和完善政府在社会公共治理方面的改革。这就要求PPP模式应当立足于提供服务，而不是简单地融资和建设。但就目前的国内实践来看，在大规模推广和运用PPP模式的过程中，出现了鱼龙混杂的现象，各地涉及违规举债、违法融资、规避招投标、拖欠工程款等问题层出不穷，偏重基础设施的建设而忽视运营服务，片面强调PPP的融资功能而忽略其提供公共服务功能的本质，在一定程度上背离了推广和发展PPP模式的初衷。

事实上，PPP模式并非万能良药，它也有自身的特点和弊端，也并非所有的基础设施和公用事业项目都适用此模式。PPP的推广也不意味着消灭其他可行的基础设施和公用事业的融资、建设模式。在大型基础设施项目中，尤其是在一些没有现金流收入的民生项目中，政府的资金支持仍然是项目最终的归属，在大举进行PPP模式的情况下，后续如何偿还投入具体项目中的社会资本也是应当提前考虑的问题之一。笔者认为，在不久的将来，PPP有可能沿着区别对待的趋势和方向发展，即对于有现金流的项目将采用传统的项目融资方式进行，以有限或者无限追索为基础和核心；对于没有现金流或者现金流不足的项目则采用目前的PPP模式或者其他可行的方式进行。

基于上述考虑，本书在体例安排上对PPP和项目融资所涉及的融资、采购、建设等主要环节以及SPV、项目风险、项目合同体系、争议解决等相关法律问题进行了分类，并针对实务中各环节的程序和实体法律问题进行归纳，通过理论分析和实务经验，以期给读者提供相应的操作指引和思考。当然，限于篇幅，本书也仅选取了PPP和项目融资实务中的常见和部分疑难法律问题以供读者探讨，并不能涵盖PPP和基础设施项目融资所涉及的全部问题。笔者认为，从事理论研究和实务工作的法律专业人士，对于项目融资和PPP所涉及的相关法律问题的探讨、思考也不应拘泥于具体的法律条文和合同条款本身，必要时需要超越字面的表述挖掘其背后的深层含义，还可以结合法律的精神进行深层次的思考，运用专业知识为创造、发展更为公平、合理的市场环境、交易行为提供有前瞻性的建议和示范。

此外，由于基础设施PPP和项目融资涉及的法律体系和内容纷繁复杂，实践又具有多样性的特点，本书的内容无法涵盖全部法律问题。笔者凭借自己对相关法律法规的理解和实践，独自完成本书写作，保证了全书行文、体系和观点的统一。但同时也受限于时间和写作水平以及法律的发展和实践的多变性，难免会有观点和理解上的错误以及结构上的疏漏、偏差，敬请广大读者朋友批评指正（作者联系方式：linpancg@163.com）。

最后，需要特别说明的是，在“一带一路”和PPP如火如荼的大环境下，业界的理论和实践早已今非昔比，本书的完成仅是基于笔者个人对于项目融资和PPP的实践和理解。本书中的所有观点也仅代表作者个人观点和看法，并不代表任何机构（本人所在律师事务所或本人所属的专业机构等）对相关问题的看法和意见。本书中的观点和建议也不构成法律意见、建议的部分或全部。鉴于基础设施项目投融资、PPP、建设领域法律关系的复杂性以及法律规范的不断修订和完善，读者如需要法律支持，建议咨询专业律师的意见和建议。

目录
CONTENTS

第一章　项目融资和 PPP 概述

第二章 特许权和PPP项目的获得

第四章 项目的融资来源和结构

第六章 PPP 项目和工程的采购

第七章 项目融资和 PPP 的合同体系

第八章　项目融资和PPP中的工程合同

第九章 项目融资和PPP中的特殊问题

第十章　项目争议解决

1

CHAPTER

第一章

项目融资和 PPP 概述

大型基础设施的投融资、建设、运营具有涉及面广、资金额度大、周期长等显著特点，而政府在财政预算、管理能力方面都有不可忽视的短板。因此，寻求政府等公共机构与私人投资者之间的长期有效合作，共同开发建设基础设施项目，一方面有助于满足社会发展、人口增长对基础设施、城市公用事业的巨大需求，另一方面也可以弥补政府资金和管理经验方面的不足。这其中，采用项目融资和 PPP 模式进行大型基础设施项目的投融资、建设和运营就是较为通行的做法。

项目融资、PPP、特许权经营等都是基础设施项目开发建设的方式，这些实际操作的方式并没有统一的标准，具体取决于政府的财政情况、项目技术手段、项目资料的来源以及各方参与主体的不同需求。

同时，也应当注意到，PPP 和项目融资都是基础设施建设方式中的一种，但并没有关闭上述两种方式之外的其他投融资和建设方式。因此，在涉及具体的项目时，仍然需要结合项目特征选择合适的投融资、采购、建设方式。

第一节 项目融资介绍

项目融资（project finance）是一种通过借贷和项目现金流之间的关系建立起来的金融工程，实现为大型项目提供长期债务资金的方式。E.R.Yescome 认为，项目融资依赖于在投资人、贷款人和其他主体之间通过合同或者其他安排对项目建设、运营、收益风险的评估和分配。[①]

项目融资可以借助灵活的资金筹措方式，有效地解决大型基础设施项目中政府的资金压力，并且还能实现项目风险的转移和隔离，提高项目实施

① E.R. Yescome, Principle of project of financing, 2nd, Academic press, 2014, at1.

的效率、效益和项目成功的可能性。同时，项目融资与 PPP、BOT 等也被认为是基础设施和公用事业项目私有化运作的重要方式，对于促进政府职能转变、提高政府公共服务质量有着重要作用。

一、项目融资的概念

项目融资有广义和狭义之分。广义上将项目融资（project financing）包括利用各种方式为项目建设提供融资计划和资金来源。而狭义的项目融资（project finance）则是特指仅依据项目现金流作为偿还来源的无追索权或者有限追索权的融资方式。本书提及项目融资时，系指狭义的概念。

关于项目融资的概念有不同的表述方式，比如，霍夫曼教授就认为项目融资是采用无追索或者有限追索的结构，在资金密集型行业中利用债、股和增信措施等方式实现特定的设施项目的建设、运营和再融资，通常依赖于贷款人对项目的营业收入的评估，而不是对资产本身或者项目发起人的信用状况进行评估，并据此作为债务偿付的附属保证。[①]也有观点认为，融资不是主要依据项目发起人的信贷或者所涉及的有形资产而进行的。在项目融资中，提供优先级债务的项目参与人极大地依赖于对项目本身的运营。在此情况下，这些项目参与人都会将自身的利益与项目的可行性以及潜在的不利因素的敏感性紧密联系起来。[②]

另外，Jeffrey Delmon 认为，项目融资就是有限追索融资或者无追索融资，通常是通过有限追索方式向有权实施建设、运营项目的特殊载体提供贷款。[③]而 Vinter 则认为项目融资是对一项权利、自然资源或者其他设施的开发或者利用的融资，这种融资的资金不是来自任何形式的股本，而是以项目产生的收入作为主要支付来源。[④]

根据中国人民银行的相关规定，项目融资是指以境内建设项目的名义在

---

① See Scott Hoffman, A practical guide to transactional projects finance: Basic concepts, risk identification, and contractual considerations, 45 BUS.Law. 181 NO.1（1989）.

② Clifford Chance, Project Finance, IFR publishing Ltd, 1991, at 1.

③ Jeffrey Delmon, Project finance, PPP Projects and Risks, Wolter Kluwer, 2009, at 49.

④ G. Vinter, Project Finance 4th, Sweet & Maxwell, 2005, at 1.

境外筹措外汇资金，并仅以项目自身预期收入和资产对外承担债务偿还责任的融资方式。它主要具有以下性质：

（1）债权人对于建设项目以外的资产和收入没有追索权；

（2）不需要境内机构以建设项目以外的资产、权益和收入进行抵押、质押或者偿债；

（3）不需要境内机构提供任何形式的融资担保。

尽管这些专家关于项目融资的具体表述不尽相同，但是，从上述界定项目融资的不同内容来看，其共同之处在于一致认为项目融资应当基于项目本身，包括项目资产和项目运营收入作为融资的支付基础。同时，为了限制融资对项目投资者的追索责任，实践中还需要考虑项目本身的经济强度、项目融资的信用支持以及融资结构的设计和安排等因素。

二、项目融资的法律特征

项目融资有其自身的特殊优势，因此在大型基础设施项目中被广泛采用，不但实务中项目融资的具体结构和交易方式各不相同，而且从普遍采用的交易架构设立、合同体系规划等角度来看，项目融资也具有不同于公司股权、债务融资的法律特征，比如：

（1）实现表外融资，即项目本身的债务不会体现在投资者的资产负债表中。对于项目投资者而言，选择项目融资的目的和优势之一在于表外融资，因此不会影响项目发起人、项目公司股东或受让人的资信和债务负担，并且可以据此把部分风险转移给贷款人作为换取贷款人获取比一般公司融资更高的利润。[①]

（2）风险分散和隔离。在项目融资交易结构中，通常会设立一层或者多层的特殊目的载体（SPV），通过这些SPV不仅能够享受税务上的利益，还可以达到风险隔离的目的，即将项目本身的亏损等截留在项目本身，而不会直接影响到发起人、贷款人、借款人的债务负担。

（3）注重项目现金流。在项目融资中，债务偿还、投资收益完全取决于

① Jeffrey Delmon, Project finance, PPP Projects and Risks, Wolter Kluwer, 2009, at 49.

项目运营的产品和服务收入，因此现金流在项目融资中处于核心的地位。这就要求投资者在前期的方案论证阶段就需要进行翔实的财务和法律尽调，借助财务模型对项目建成投产之后的产品和服务品质及价格进行综合分析和预测，以确保项目预期收益的实现。

（4）无追索或有限追索。贷款人向发起人提供贷款，由贷款人将资金提供给项目公司，项目建成后，将以其所获收益作为偿还贷款的唯一来源。如果该项目出现意外或经营失败，贷款人无权向该项目的发起人进行追偿。这也意味着贷款人的债权只能基于投产的项目本身以及运营项目产生的收益，而无法溯及项目的投资人或者项目公司股东的资产。

（5）复杂的合同体系和架构。交易的目的和交易各方的项目融资的复杂性决定了其必然涉及各种类型的合同文件，包括融资合同、工程合同、运营合同等主合同，也包括质押、抵押、保证等附属担保合同以及配套的各类法律文件，用于合理分配相关风险、安排各方主体的权利义务，并藉此在项目参与者之间形成一套严谨、稳定、有序的合同法律体系，支持和保障项目的开发融资、开发建设和运营。

三、项目融资的成功关键

大型基础设施项目融资涉及金融、经济、法律、政治、商业、管理等诸多领域，能否成功取得预期的目标受诸多因素的影响和制约。皮特·内维特认为，成功的项目融资需要考虑和分析如下标准和条件：

（1）考虑信用风险、没有国有化风险、国家和主权风险；

（2）可行性研究和融资保护；

（3）原材料成本的确定、能源供应合理成本的确定；

（4）产品和服务市场、建造材料的可能性、有没有采用新的技术；

（5）有经验和可靠的承包商、运营商、管理人员；

（6）投资人之间的合同；

（7）政治环境、许可和执照；

（8）不可抗力风险、成本超支风险、延误风险；

（9）现金和外币兑换风险、现实的通胀和利率水平；

（10）足够的股权、充分的股权回报、投资回报和资产回报；

（11）充分的保险、公允的评估和估价、项目可作为资产贷款的抵押。

笔者理解，项目融资的根本特征在于其以项目为导向的融资方式，上述因素是项目融资成功的必要条件，也是每一个项目都需要考虑的事项。同时，即使是同一项条件，境内的项目融资与境外的项目融资也会有很大的区别，比如政府审批、许可的规制、政府风险的衡量等。而从本源上看，风险的合理分配、严谨的合同结构安排和善良有序的法律环境更是项目融资成功与否的基本条件。

第二节 基础设施PPP模式

PPP模式也称公私合作模式，全称为Public Private Partnerships。PPP并没有完全统一的定义，国家发展改革委在《关于开展政府和社会资本合作的指导意见》（发改投资〔2014〕2724号）中提出，政府和社会资本合作（PPP）模式是指政府为增强公共产品和服务供给能力、提高供给效率，通过特许经营、购买服务、股权合作等方式与社会资本建立的利益共享、风险分担及长期合作关系。财政部在《关于推广运用政府和社会资本合作模式有关问题的通知》（财金〔2014〕76号）中指出，政府和社会资本合作模式是在基础设施及公共服务领域建立的一种长期合作关系。通常模式是由社会资本承担设计、建设、运营、维护基础设施的大部分工作，并通过“使用者付费”及必要的“政府付费”获得合理投资回报；政府部门负责基础设施及公共服务价格和质量监管，以保证公共利益最大化。按照通常的理解，PPP是政府与私人机构合作，由私人机构获得政府的许可从而为公共事务，主要是为大型的铁路、水利、公路、电力等基础设施项目建设以及水务、医院、学校、监狱等社会公用事业项目提供融资、设计、建设、运营、维护等服务，并最终由政府付费或者由使用者付费的方式偿还私人机构的融资成本和投资回报。

虽然PPP项目在国际、国内项目中的实施已经有几十年的历史，但是，中国境内的项目正式开始使用PPP这一特定术语还要从2014年说起。2013

年，国务院发布《关于政府向社会力量购买服务的指导意见》，从政策层面对公私合作的模式进行鼓励和支持。随后，财政部和发改委以及各地方政府都相继发布了相应的规范性文件对 PPP 项目做出规范和指引。2014 年，国务院、财政部和发改委等机构开始着力推广政府和社会资本合作，以此为契机，出台了一系列的规范性文件，对 PPP 项目的采购提供了指导。因此，2014 年是中国 PPP 项目的发展具有开创性意义的一年。

一、PPP 的目的和特点

采用 PPP 模式的原因之一，主要是由于基础设施和公用事业项目不断发展的需求增加导致政府财政资金不足、政府主管部门欠缺项目管理经验、项目运营和维护不足；而社会投资者参与 PPP 项目一方面是因其具有资金和项目管理方面的丰富经验，另一方面也可以有更多的机会进入公共基础设施和公共服务领域，借此获得长期稳定的现金流收入。由此可见，PPP 模式的初衷和目的是运用非政府财政预算资金投资、建设和运营、维护基础设施和公用事业项目。笔者认为，需要时刻牢记的关键在于，PPP 模式不是简单的融资和建设，从根本上来说它是一种为了提供社会公众服务而采用的采购方式。应该说，PPP 模式可以借助社会资本的优势，协助政府机构为社会公众提供更多、更优质的公共服务，而不仅仅是开发建设更多的基础设施和公用事业项目本身。换言之，PPP 模式主要是通过引进私人资本，以缓解政府在公共事务上的投入，但更重要的还是为了实现财政支出的透明化以及促进基础设施的建设和发展，改善公共服务的交付和管理，保障社会公共利益的最大化。

然而，尽管有上述的价值驱动和优点，PPP 模式也有其不可忽视的局限性：

（1）社会投资人对项目的独占性，不能形成有效的竞争压力，可能影响项目运营维护的实际效果；

（2）PPP 模式的高效运作依赖于风险的合理分配和整个合同体系的规划，因此必须在项目前期做好统筹安排和顶层设计；

（3）项目选择和甄别将直接影响 PPP 模式的初衷和目的，而在大部分 PPP 项目的发起中，政府占据主导地位，这种做法容易先入为主，缺乏对市场需求的客观评判；

（4）PPP 模式中，除了部分可以采用使用者付费的方式外，大多数项目仍然或多或少地依赖于政府的财政，而过度的开发、不合理的规划都会增加财政负担和政府债务压力。

就英国实施和推广 PPP 模式的经验来看，物有所值（Value for Money）和风险共担是 PPP 合同模式的基本要素，也是决定能否做好 PPP 的关键因素。物有所值考虑的是政府通过 PPP 模式从中获得的收益，包括经济成本和风险两个方面。

当然，从私人和政府的合作角度来讲，利益分享和风险共担也成为必然的需要。现实中，有些观点将 PPP 模式误解为将风险全部转移给私人资本承受，实际上这就违背了商业活动盈利的本性以及偏离了 PPP 合同关于风险分配的原则。如果一味地将风险转移给私人资本，必将影响政府的信用，并对 PPP 的推广实施造成不利的负面影响。

二、PPP 的具体运作形式

如前所述，PPP 是一种利用私人资本进行公共设施融资和建设的统称，其具体的运作方式则视项目的不同特点而不同，其中最基本的还是众所周知的 BOT 形式。

传统的基础设施和公用事业项目开发，绝大多数由政府机构负责融资，如财政预算资金。而在项目融资和 PPP 模式中，承担融资的义务和工作则主要转由私人投资者完成，以融资建成之后的基础设施收入作为投资的回报。而且，基于 PPP 模式的融资只是其手段而非目的，更重要的是需要社会资本代替政府机构提供基础设施和公用事业项目全生命周期服务的保障。

三、PPP 的采购方式

众所周知，PPP 模式针对的都是关乎社会公共利益的项目，不仅涉及财政资金的使用，也涉及项目建成之后的使用质量、安全和性能等要求。因此，PPP 项目的采购是否需要进行招标投标也是值得关注和探讨的议题之一。

PPP 采购涉及的项目主要分为两类，一类是基础设施的建设，主要涉及工程项目的施工以及与施工有关的服务和设备、材料的采购；另一类则是公共服务，具体包括基本公共服务、社会管理性服务、行业管理与协调性服务、技术性服务、政府履职所需辅助性事项等，涉及教育、医疗卫生、住房保障等服务。财政部也强调地方各级财政部门要重点关注城市基础设施及公共服务领域，如城市供水、供暖、供气、污水和垃圾处理、保障性安居工程、地下综合管廊、轨道交通、医疗和养老服务设施等，优先选择收费定价机制透明、有稳定现金流的项目。

因此，考虑到采用 PPP 模式采购的具体项目的特点和差异性，可能还会同时涉及《招标投标法》和《政府采购法》两个法律规定的适用。然而，按照《政府采购法》以及配套的相关规定，PPP 项目采购方式包括公开招标、邀请招标、竞争性谈判、竞争性磋商和单一来源采购。而按照《招标投标法》等法律法规的规定，工程项目的建设采用公开招标、邀请招标等采购方式。可以预见，如果没有对 PPP 采购方式作出进一步的立法规定，相关的法律适用的冲突也将不可避免。

四、相关概念间的区别

PPP 不仅仅是一个经济术语，还应当是一个法律术语。不论是在理论研究和实务操作中，还会经常遇到几类与项目融资、PPP 等相互关联而又有区别的概念，比如 BOT、特许经营权、政府购买服务等。对这些概念进行梳理，明确各自相应的内涵、外延和异同，有助于厘清相关模式在具体操作中的不同法律关系、法律属性及其对应的法律问题。

（一）项目融资和 PPP 的区别

项目融资和 PPP 模式都是基础设施投融资、建设、运营维护的常用方式。笔者理解，从最广义的 PPP 概念和外延来看，项目融资也可以归为 PPP 的一种模式，当然也是最为典型的运作模式。

项目融资和 PPP 两者之间的侧重点不同，前者强调的是项目的融资偿还依赖于项目运营的现金流以及据此形成的无追索和有限追索权；而后者侧重政府和社会资本的合作，其资金来源和融资架构设计等具有多样性的特点，项目资金偿还是否以项目现金流收入为限，取决于政府和社会资本的谈判、项目的特点等因素。

在某些以最终使用者付费的基础设施和公用事业项目中，比如发电项目、污水和垃圾处理项目、收费公路和轨道交通项目等，若政府不提供补贴而仅由运营收入偿还贷款，那么项目融资和 PPP 具有重合的属性。

（二）PPP 与特许经营权、BOT 的区别

在 PPP 与特许经营、BOT 等类似概念上，笔者认为前者可以包括后者，后两者都是 PPP 模式针对特定项目的具体实施方式。

特许经营权是指依据特许经营协议，项目投资人、经营者获得授权后在特许经营范围内投资、运营、维护基础设施项目并依约定取得收益的权利。适用 PPP 的范围包括政府授权特许经营权的项目，也包括不需要特许经营权的项目。而特许经营权项目多可归入广义的 PPP 范畴，至于 BOT 则是基础设施投融资和建设、运营的具体运作方式之一，是为落实 PPP 项目、特许经营权的一种方式。

从具体的实施内容和基础可以看出，PPP 项目未必都要获得特许经营权，也未必以项目融资的方式进行，而特许经营和项目融资则可以视为属于广义上的 PPP。

从适用的项目类型来看，《基础设施和公用事业特许经营管理办法》《市政公用事业特许经营管理办法》及《经营性公路建设项目投资人招标投标管理规定》等均对特许经营内容作出了相应的规定，适用于能源、交通运输、水利、环境保护、市政工程等传统基础设施项目。而适用 PPP 模式的项目类型则既包括上述传统的基础设施项目，也包括教育、养老等纯服务性的项目。

（三）PPP 与政府购买服务的区别

政府购买服务是指通过发挥市场机制作用，把政府直接提供的一部分公共服务事项以及政府履职所需服务事项，按照一定的方式和程序，交由具备条件的社会力量和事业单位承担，并由政府根据合同约定向其支付费用。政

府购买服务的主体是各级行政机关和参照公务员法管理、具有行政管理职能的事业单位以及纳入行政编制管理且经费由财政负担的群团组织；购买的服务内容是适合采取市场化方式提供、社会力量能够承担的公共服务，突出公共性和公益性，包括教育、就业、社保、医疗卫生、住房保障、文化体育及残疾人服务等基本公共服务领域。

严格来讲，PPP也是政府购买服务的一种。但是，由于在实际操作中出现了大量的借政府购买服务之名，行伪PPP之实的行为，财政部特别强调和规定，应当严格区分政府服务采购、工程项目建设与PPP项目，包括：

（1）不得将原材料、燃料、设备、产品等货物以及建筑物和构筑物的新建、改建、扩建及其相关的装修、拆除、修缮等建设工程作为政府购买服务项目。

（2）严禁将铁路、公路、机场、通讯、水电煤气以及教育、科技、医疗卫生、文化、体育等领域的基础设施建设，储备土地前期开发，农田水利等建设工程作为政府购买服务项目。

（3）严禁将建设工程与服务打包作为政府购买服务项目。

（4）严禁将金融机构、融资租赁公司等非金融机构提供的融资行为纳入政府购买服务范围。

（四）PPP模式与工程合同

PPP模式与工程合同既有密切联系，又有显著区别。针对一项工程的建设，PPP合同模式本身主要是从资金来源的方面和融资方式的角度对项目建设进行的界定，而对于项目建设本身，则可以有不同的模式，较为常见和典型的方式就是BOT以及基于BOT变形而来的诸如BOOT、TOT，还有在中国颇受争议的BT方式。而工程合同则主要是解决工程的设计、施工以及与这两者相关的法律、管理和经济问题。在某些采用特许权经营的项目中，获得政府对PPP模式的认可，是后续签署工程合同的前提，工程合同则是实现和实施PPP中有关工程建设的具体方法和手段。

当然，PPP模式的适用范围要比工程合同广泛。PPP模式不仅侧重于工程项目的建设，更注重项目建设之后的运营，社会资本方在PPP模式中提供的是项目全生命周期的服务，以便通过项目的运营收入归还融资金额并获得投资回报。而工程主要集中在设计、建造阶段，解决项目本身的开发建设问题。此外，在某些类型的PPP项目中，比如已经建成的项目，主要是提供服务而非工程建设本身。

第三节　项目融资和PPP在中国的发展

PPP是Public Private Partnership的缩写，中文直译为“公私合作”“公私合营”，目前官方的正式译文为“政府与社会资本合作”[①]。对于中国来说，项目融资和PPP显然都是舶来品，具体是指政府为增强公共产品和服务供给能力、提高供给效率，通过特许经营、购买服务、股权合作等方式，与社会资本建立的利益共享、风险分担及长期合作关系[②]。

自2013年开始，中国政府开始大力推广PPP项目，从国务院到发改委、财政部等各部委，从中央到地方，中国的PPP项目遍地开花，出现了一股热潮。与之相应，有关PPP的立法以及政策、指导意见也层出不穷。

然而，不可否认的是，虽然PPP在中国已有30年的历史且目前PPP项目的风头正劲，但是与工程建设项目的招标投标采购的规范化不同，PPP模式本身以及PPP项目的采购仍然处于起步阶段，其规范化的运作还有待进一步地研究和实践。

同时，由于目前PPP模式的推广更多是依赖政府的政策，即使有财政

---

① 笔者理解，对于PPP的正式译文有着不同的说法，在中国社会环境和语境下，以“政府和社会资本合作”指称PPP有其特殊的意义和背景，但是从PPP的本质属性来看，“公私合作”“公私合营”与“政府和社会资本合作”并无实质性的区别。

② 参考《国家发展和改革委员会关于开展政府和社会资本合作的指导意见》对PPP的定义。但是，理论和实践中，社会各界尚没有完全统一的表述，财政部在《关于推广运用政府和社会资本合作模式有关问题的通知》中，认为PPP是在基础设施及公共服务领域建立的，由社会资本承担设计、建设、运营、维护基础设施的大部分工作，并通过“使用者付费”及必要的“政府付费”获得合理投资回报；政府部门负责基础设施及公共服务价格和质量监管，以保证公共利益最大化的长期合作关系。发改委和财政部各自对于PPP的定义存在一定的差异性，但是，从本质来看，两者之间是趋同的，只是各自对于PPP模式的关注点和侧重点略有不同。

部和发改委颁布的一系列行政规章，但是，因现有立法方面的不足而产生的PPP项目采购法律、政府采购法律、工程项目采购法律法规等适用和程序方面的不一致和冲突的问题也变得更加凸显，成为当前实施PPP项目面临和需要着手处理的事项。

一、PPP在中国的发展历史简介

实际上，PPP在中国已经存在了较长的时间，只不过一直以来都不是以“PPP”这一术语来表述[①]，而更多的是以其具体的操作模式，比如BOT、TOT等方式，运用于基础设施和市政公用事业领域。但是，由于在过去30年中国经济稳步增长的事实，使得各界对PPP模式的功能和作用的认识存在严重的不足，并没有意识到PPP模式对于转变和改进政府职能、提高公众服务产品质量、促进社会资本投资等方面的积极作用，因而有关PPP的立法始终没有受到重视，也没有得到规范。

PPP在中国的发展

众所周知，PPP在中国的发展大致经历了五个阶段，并且每个发展阶段都由其各自的经济背景、历史环境。严格来讲，PPP是一种经济政策，而不是法律制度，因此，PPP在中国各个发展阶段都呈现出不同的特点。

1. 探索阶段（1984—1993年）

这一时期，正处于中国政府开始实施“对外开放”政策的起步阶段。由于PPP的概念刚刚从国外引进，对于PPP模式的可行性和功能尚处于探索和尝试阶段，因此，这一模式并未引起中央和地方各级人民政府的关注，中央和地方各级政府也并没有针对PPP模式制定相应的政策和指导规范。

这个阶段PPP项目采购的主要特点在于：

（1）大多数PPP项目是以社会资本方发起为主，部分地方政府也会自发

---

① 笔者理解，过去，在中国对资本、资产等进行公、私的划分属于比较敏感的话题，而且目前大部分PPP项目中也以国有企业为主。因此，在新一轮的PPP热潮中，PPP也被表述为政府和社会资本合作，而不是公私合作的概念，也应该是考虑了这方面的因素。

地与社会资本方进行合作。

（2）PPP 项目中认可参与合作的社会资本主要以外国资本为主，涉及直接投资和间接投资两种方式。

（3）在 PPP 的具体实施当中，则没有采用招标投标的方式，而是通过谈判方式由社会资本与政府达成合作的一致意见。

2. 小规模试点阶段（1994—2002 年）

这一时期，得益于中国明确了建立“社会主义市场经济体制”的改革目标以及大胆吸收和借鉴世界各国的一切反映现代社会化生产和商品经济一般规律的先进经营方式和管理方法的方针，为中国基础设施投融资体制和改革提供了新的思路和政策依据。

这一阶段基础设施 PPP 模式发展的特点是：

（1）中国政府对于 PPP 的推动是发展的主要动力之一。在此阶段，中国对外贸易经济合作部、国家计委（现发展和改革委员会）和建设部（现住房和城乡建设部）先后颁布了相关的政策指导文件鼓励国有资本、民营资本和外国资本与政府部门一起合作建设基础设施项目。

（2）PPP 项目中的社会资本仍以外国资本为主，部分民营资本也开始试水基础设施的投融资。

（3）PPP 项目涉及的行业和领域呈现出多元化的特点，包括电力、自来水、污水、燃气、大桥、区域开发等基础设施。

（4）中国国内学术界开始研究和探讨基础设施 PPP 投融资和建设模式。

3. 推广试点阶段（2003—2008 年）

这一时期的发展，主要是基于中国社会、经济发展的需要，中央和地方政府对于大规模建设公共基础设施项目有着迫切的需求，然而当时中央和地方的财政资金有限，不能满足基础设施投资和建设的发展目标，因此，积极推行 PPP 模式成为重要的措施和手段。但是，鉴于 PPP 操作的不规范和政府违约的不利影响，PPP 发展出现了停滞状态。

这个阶段 PPP 项目发展的主要特点是：

（1）以经营性基础设施项目居多，大型的基础设施建设，如公路、轨道等项目，以及城市供水、污水处理和燃气供应三个领域的市政公用事业项目进行了大规模的项目实践，并形成示范效应。

（2）PPP 项目大多采用公开招标方式进行，竞标过程相对规范、公开和透明，低价中标成为主要的衡量标准，使得竞争激烈，甚至出现恶性竞争。

（3）PPP 项目的参与方中包括了外国公司、民营企业、国有企业、上市公司等诸多社会资本，PPP 项目溢价频出。

4. 短暂停滞阶段（2009—2012 年）

受 2008 年全球金融危机的严重影响，中国政府采取“四万亿”投资计划刺激基础设施投资和建设，以缓冲危机，并在短时间内带动了经济的快速增长。此外，由于财政资金的短缺，中央政府也开始再次重视社会资本，尤其是民营资本参与基础设施项目投融资的可能性和力度。为此，国务院提出“新国 36 条”，旨在鼓励和引导民间资本进入基础产业和基础设施领域、市政公用事业和政策性住房建设领域。

这一时期 PPP 项目的主要特点是：

（1）这一时期 PPP 项目是典型的政府主导型和投资型的基础设施投融资和建设。

（2）在全球金融危机引起全球经济增速下滑的背景下，我国中央政府推行积极的财政政策，并推出了“四万亿”经济刺激计划。

（3）这个时期，中国各地的基础设施项目主要由地方政府设立的投融资平台负责投融资，同时地方政府投融资平台可依靠信用贷款、城投债、土地出让收入、土地抵押获取项目贷款等融资方式，获得充足且成本相对较低的资金保障。

（4）地方政府投融资平台投资类型以准经营性和公益性项目为主，项目运作方式以委托代建、BT 回购为主。

5. 全面推广的新时期（2013 年至今）

目前，中国的新型城镇化进程在不断地加快，城镇化对于公共基础设施项目的资金需求也在不断地增大。而政府财政能力有限、地方债务规模过大、以“土地换资金”为主的财政模式无法持续等现状都需要重新审视和考虑社会资金在基础设施建设中的参与程度和重要作用。中国提出了“允许社会资本通过特许经营等方式参与城市基础设施投资和运营”的深化改革方向。

新时期基础设施 PPP 项目的主要特点：

（1）PPP 项目发展与新型城镇化建设紧密结合，与地方政府债务的增加密不可分，并以新型城镇化建设为 PPP 项目的主要关注点。

（2）PPP 项目涵盖的领域和行业广泛和深入，涉及能源、交通运输、水利、环境保护、农业、林业、科技、保障性安居工程、医疗、卫生、养老、教育、文化等众多的基础设施和公共服务领域。

（3）中央政府、财政部以及其他各部委，包括地方政府出台了大量的 PPP 项目政策文件，各界对 PPP 的关注达到了前所未有的程度，立法也得到重视、突破和完善，更注重顶层设计。

（4）基础设施投融资涉及的金额超过以往任何一次 PPP 项目的发展，其运作也相对更为规范。

并且，特别值得关注的是，2016 年之后 PPP 在中国的发展，则是鼓励和规范并举，其主要呈现出两个特征：一方面政府鼓励 PPP 与基金、资产证券化、保险等专项计划深度结合，通过资本市场和结构化金融为 PPP 提供更为广阔的融资渠道和资金来源；另一方面中央政府严格禁止地方政府提供担保、承诺投资保底以及利用伪 PPP 违法融资，增加地方政府的债务负担。

二、中国 PPP 的立法和政策沿革

与中国 PPP 的整个发展历程相对应，以 2013 年为分界点，中国关于 PPP 的法律、法规和政策也体现了不同的趋势。过去十多年一直被呼吁出台的有关 PPP 的立法终于取得了一定的发展，并且也得到了中央政府的高度重视。

但是总体上，从中国整个 PPP 立法的发展历史来看，由于 PPP 项目涉及的部门和利益众多，不论是国务院、财政部、发改委、住建部等政府主管部门，截至目前也仍然倾向于政策导向为主，因而发布了大量的政策文件，而没有采取正式制定法律、行政法规的形式。

（一）在 2013 之前的 PPP 立法

在 2013 年之前，有关 PPP 的立法相对较少，以政策文件为主。从数量上看，中央各部委共颁布了 18 项比较重要和具体的规章、政策指引。

中国最早以BOT模式进行的项目是1984年的深圳沙角B电厂系火电项目。但是，当时并没有关于PPP、BOT的法律、法规或者政策指引等文件。1995年1月，原中国对外经济贸易部（现商务部）颁布了《关于以BOT方式吸收外商投资有关问题的通知》开启了鼓励外资以BOT模式进行基础设施投资建设的先河，中国的PPP模式开始有了政策上的指引。在随后的1995年5月，原中国国家计委批准了广西来宾B电厂BOT项目，成为第一个国家级项目。不过，不难看出，在早期的PPP立法和政策中，更多集中在引进外资方面。

这一时期，原国家计委先后联合其他部委或单独颁布了《关于试办外商投资特许权项目审批管理有关问题的通知》（计外资〔1995〕1208号）和《关于印发促进和引导民间投资的若干意见的通知》（计投资〔2001〕2653号）两份重要的政策指引文件。前者对于BOT项目的权属、风险分担、项目审批等作了规定，而后者则指出："除国家有特殊规定的以外，凡是鼓励和允许外商投资进入的领域，均鼓励和允许民间投资进入；在实行优惠政策的投资领域，其优惠政策对民间投资同样适用；鼓励和引导民间投资以独资、合作、联营、参股、特许经营等方式，参与经营性的基础设施和公益事业项目建设。"这两份文件对于以BOT模式运行的基础设施项目起到了重要的指引作用。

另外，国务院和建设部（现住建部）也针对基础设施项目涉及的融资、建设、运营等颁布了一些指导性的文件，比如国家计委《关于印发促进和引导民间投资的若干意见的通知》（计投资〔2001〕2653号）、《国家计委、建设部、国家环保总局关于印发推进城市污水、垃圾处理产业化发展意见的通知》（计投资〔2002〕1591号）、国务院《关于鼓励和引导民间投资健康发展的若干意见》（国发〔2010〕13号）、国务院《关于加强地方政府融资平台公司管理有关问题的通知》（国发〔2010〕19号）、国务院办公厅《关于鼓励和引导民间投资健康发展重点工作分工的通知》（国办函〔2010〕120号）、《国务院办公厅转发发展改革委、财政部、交通运输部关于进一步完善投融资政策促进普通公路持续健康发展若干意见的通知》（国办发〔2011〕22号）、住房和城乡建设部《关于印发进一步鼓励和引导民间资本进入市政公用事业领域的实施意见的通知》(建城〔2012〕89号)等。

值得注意的是，在这一PPP项目的发展时期，除了上述有关PPP项目的政策指引性文件外，最重要的还要属2004年国务院颁布的《收费公路管理条例》、原建设部颁布的《市政公用事业特许经营管理办法》和财政部《政府采购货物和服务招标投标管理办法》以及2007年交通部《经营性公路建设项目投资人招标投标管理规定》。严格来讲，只有这四部文件才是《立法法》所规定的有关PPP的立法，即行政法规和行政规章，也是2013年之前中国有关PPP的重要立法，尤其是原建设部制定的《市政公用事业特许经营管理办法》，一向被视为中国PPP项目和特许经营立法的里程碑，也被寄予厚望。

(二)在2013之后的PPP立法

自从2013年中国政府提出推广PPP之后，中国政府一改以往的谨慎和试探性的态度，有关PPP的政策和立法如雨后春笋般出台。从2013年9月至2016年3月，国务院以及中央政府机关(主要是由财政部、发改委单独制定或者联合其他部委)已经先后颁布了100多份有关PPP的重要政策指引文件，涉及PPP项目的方方面面。一些地方政府也相继出台了有关推动PPP项目发展的政策文件和地方政府规章。

在这些政策和立法文件中，比较重要的是国务院《关于加强城市基础设施建设的意见》(国发〔2013〕36号)、国务院办公厅《关于政府向社会力量购买服务的指导意见》(国办发〔2013〕96号)、国务院《关于创新重点领域投融资机制鼓励社会投资的指导意见》(国发〔2014〕60号)、财政部《关于推广运用政府和社会资本合作模式有关问题的通知》(财金〔2014〕76号)、财政部《关于印发政府和社会资本合作模式操作指南(试行)的通知》(财金〔2014〕113号)、财政部《关于做好政府购买服务工作有关问题的通知》(财综〔2013〕111号)、国家发展和改革委员会《关于开展政府和社会资本合作的指导意见》(发改投资〔2014〕2724号)，这些政策文件，从宏观的角度为中国发展PPP模式提供了方向和依据。

除外之外，在2013年之后，有关PPP的正式立法也得到迅速发展。比如，时隔12年之后，国务院制定了《政府采购实施条例》并于2015年颁布实行。国务院《城镇排水与污水处理条例》、发改委《天然气基础设施建设与运营管理办法》也对引导PPP项目起到了重要的作用。

在这一轮PPP的热潮中，财政部成为关键和最重要的推动力。为配合推广和规范PPP项目，财政部先后颁布了一系列的行政规章和文件，包括《政府购买服务管理办法（暂行）》《政府和社会资本合作项目政府采购管理办法》《政府采购非招标采购方式管理办法》《政府采购竞争性磋商采购方式管理暂行办法》《PPP物有所值评价指引（试行）》《政府和社会资本合作项目财政承受能力论证指引》等，这些规章对于PPP项目采购的具体执行提供了有力的依据。而最为重要的则是财政部与发改委一起联合住建部、交通部、水利部和人民银行颁布的《基础设施和公用事业特许经营管理办法》，成为当前我国进一步推广和发展PPP项目采购的最主要的立法依据。

上述有关PPP的立法并不意味着中国这一轮PPP项目立法的终点，相反，中国的PPP立法正在进一步发展和完善，对于呼声更高的《政府投资法》《政府和社会资本合作法》《基础设施和公共服务领域政府和社会资本合作条例》等法律法规的立法，目前则仍处于调研和讨论阶段，这些法律对于PPP项目的采购必将产生深远的影响，我们拭目以待。

第四节　项目融资和PPP的国际经验

项目融资和PPP都属于舶来品。根据史料记载，最早的项目融资可以追溯到古希腊时代的商人为航海探险费用提供的资金。而已知的最早的特许经营权则是1554年开凿迪朗斯到罗纳河之间的运河BOT项目。该BOT项目合同中约定由特许权人自行融资而没有获得政府当局的资助，并约定政府给予无歧视的收费权以及采用新技术时给予调整价格的权利。到了19世纪，铁路项目普遍采用项目融资方式进行开发建设，并经常借助债券和股权等资本市场的力量。

现代项目融资所专注的以产品销售价款为基础的融资方式源于20世纪30年代美国得克萨斯油田项目的开发。彼时的银行已经采用无追索的贷款用于油田和天然气开发，并仅以油气产品的销售收入作为偿还贷款的唯一来源。美国的项目融资技术之后被运用到欧洲北海油田项目。1984 年，土耳其首相 Turgut Ozal 首次将 BOT 应用于该国公共基础设施项目的私有化后，引起了世界各国尤其是发展中国家的关注和应用。其后，以 BOT 为代表的 PPP 模式获得了大量的实践运用。

从历史的发展和现状来看，发展中国家和发达国家在商业环境中存在较大的差异，主要体现在四个方面：即立法体系和法律规范、政治保障、经济安全、基础设施的集中程度。这也就决定了发展中国家和发达国家在采用项目融资和 PPP 模式时也会存在较大的差异。

一、英国

英国是目前关于 PPP 模式较为成熟和完善的国家。英国财政部则早在 1992 年就推出了私人主动融资计划（PFI）来落实有关公私合作的具体操作方式。而直到 1990 年左右，PPP 一词才被正式提出和使用。英国将 PPI、特许经营权（concession）、基础设施战略合作（Strategic Infrastructure Partnerships）、公私合资（Joint ventures）等都归入广义的 PPP 的范畴内。目前，英国实施的已经是属于改进后的第四代 PPP–PFI 模式。

在英国，PPP 模式被认为是 “best suited to hard infrastructure in the form of roads, ports and airports or for social infrastructure in the form of schools and healthcare provisions where a degree of flexibility is permissible but the main components of the agreement can be structured over 25—35 years term.”① 英国财政部将 PFI 定义为 “an arrangement whereby the public sector contracts to purchase services from the private sector on a long–term basis...”

英国具体负责 PPP–PFI 运作的机构主要是财政部、基础设施局、财政部和地方政府拥有的当地合作者、政府商务办公室、政府相关部门。在 2006 年之前，实务中大多采用谈判方式（negotiated procedure）进行 PPP 项目的采购，而根据新的采购法规，除了谈判方式外，PPP 项目应当采用竞争性商

① RICS Report: The future of PFI and PPP, 2011.

谈方式（competitive dialogue procedure）进行采购。

根据英国的经验，英国 PPP-PFI 主要有以下几点特征：

（1）在合同项下，私人部门需要建设和运营基础设施并提供所需要的相应服务；

（2）公私双方主体通常会签署合同并据此设立 SPV，并由 SPV 签署一系列的合同；

（3）SPV 利用私人融资，通常是固定的股权和有限追索的债权，为项目建设的成本提供资金支持；

（4）作为私人部门股权和提供服务的回报，SPV 有权收取包括本金和债务利息在内的费用；

（5）SPV 承担单一收费带来的风险；

（6）合作双方能够很好地理解风险分配机制，并通过相应的合同文件进行安排。

英国对于采用 PPP-PFI 模式历来有不同的观点，其优势和劣势也被广泛地关注。而从地区分布和 PPP 发展的各个时期上来看，英国的威尔士、苏格兰和北爱尔兰地区对于 PPP 的热忱和偏好远低于英格兰地区。

二、联合国

联合国贸易法委员会在 2000 年即以 BOT 模式为标准起草了各国制定私人融资基础设施项目的立法建议，针对有关主题领域出现的财政、管理、法律、政策及其他问题进行分析性介绍。并提出："成功地实施私人融资基础设施项目，除要求建立适宜的立法框架以外，通常还需要采取各种其他措施，例如适宜的行政结构和做法、组织能力、技术专门知识、适当的人力及财力资源和经济稳定性等。"

联合国贸易法委员会的建议涉及一国关于基础设施私人融资立法的方方面面，其中包括下列一些值得关注的内容：

（1）应取消对私营部门参与基础设施开发和运营的不合理限制，私人融资基础设施项目的范围可以包括新基础设施和系统的建造及运营或现有基础设施和系统的维护、现代化、扩建及运营的特许权；

（2）不应将管理基础设施服务的权限交给那些直接或间接为基础设施提供服务的实体；

（3）不应对订约当局在适合项目需要的情况下商定风险分担方法的能力加以法规或管理上的不必要限制；

（4）法律应明确指明所在国的哪些公共当局可为实施私人融资基础设施项目提供财政或经济支助，以及授权其提供哪类支助；

（5）订约当局应帮助特许公司获得为运营、建造或维护该设施所必需的与项目场地有关的权利，并应在项目协议中酌情明文规定哪些资产为公共财产，哪些资产为特许公司私有财产；

（6）特许公司和项目促成人应可自由选择适当的机制来解决项目促成人之间的商业争端，或特许公司与其放款人、承包商、供应商及其他商业伙伴之间的争端。

与此相应的，联合国也制定了一套采购示范法，用于指导相应的 PPP 采购工作。

三、国际金融机构

（1）世界银行（World Bank）。作为国际金融机构，世界银行对于基础设施项目的投资和援助较为关注。世行将 PPP 定义为“a long-term contract between a private party and a government entity, for providing a public asset or service, in which the private party bears significant risk and management responsibility and remuneration is linked to performance”。

为了配合 PPP 的发展，世行还定期发布有关的研究报告，包括总结世界各国 PPP 的经验、对 PPP 本身发展的指导、对 PPP 采购的调研等。

（2）亚洲开发银行（ADB）。亚行认为 PPP 是为开展基础设施建设和提供其他服务，而在公共部门和私营部门实体之间可能建立的一系列合作伙伴关系。

根据亚行的经验，PPP 合同的基本类型有：

a. 服务合同（service contracts）；

b. 管理合同（management contracts）；

c. 包干制委托经营合同或租赁合同（affermage or lease contracts）;

d. 建设—运营—转让（BOT）和类似安排;

e. 特许权（concessions）;

f. 合资企业（joint ventures）。

而在具体选择恰当的 PPP 方案时，则还应当考虑以下因素：可用 PPP 选项、行业技术约束及目标、法律和监管约束、制度因素、商业、财务和融资要求及约束、市场利益（包括当地与国际市场）以及基于系统特征或人口特征的行业特殊要求。

（3）欧洲复兴银行（EBRD）。复兴银行定义 PPP 为“a long-term contractual relationship between a state or state owned entity（SOE）and a private-sector entity whereby the latter delivers and funds public services using a capital asset, sharing the associated risks with the state or SOE”。该定义把公共部门明确为 a state or state owned entity，为实务中如何界定公私部门提供了指导。

复兴银行认为 PPP 模式中的一个重要特征在于对包括融资、设计、建造、运营、维护设施和提供服务在内的不同层级的风险和责任的处理和安排。其目标就是帮助公共部门通过 PPP 模式以较低的成本获得较高质量的服务。为此 EBRD 还制定了相应的规范作为参考和指引，目的在于促进交易的公平、透明、稳定、可预测和灵活性，为公共部门和私人投资者提供公平保护，防止权力滥用。

四、其他国家和地区 PPP 法律概况

就目前的实践来看，PPP 的发展在各个国家都有不同的特点。据不完全统计，世界上共有 52 个国家拥有 PPP 法或特许经营法及其相应政策，但各国的情况大不相同，比如澳大利亚、加拿大等国主要是以市场为主导的 PPP 自发型模式；拉美、非洲等国 PPP 立法和推广主要受国际机构的推动，且以私有化为主要表现形式；东南亚国家作为后发展国家，政府在推动 PPP 过程中发挥了巨大作用，且主要以借鉴英国经验为主。

立法形式上，PPP 作为公私合营的大框架，在各国以多种法律形式体现，主要包含 PPP 法、特许经营法、私有化法、采购法、规制法和其他具体领域

内的法律法规，前两种法律形式是公私合营法的核心和主体。[①]

目前专门进行PPP立法的国家包括，亚洲的日本、蒙古国、韩国、菲律宾、印度尼西亚，中国台湾地区；欧洲的法国、西班牙、葡萄牙。此外，东欧大多数国家均有自己的PPP法案；拉丁美洲的智利、阿根廷、巴西，以及南非也都制定了相应的法律法规。

另外，还有一些国家没有制定统一的PPP立法，而是通过政策的方式引导PPP的开发建设，比如美国、加拿大、澳大利亚，并且由于采用联邦制，各省、各州还会指定不同的PPP政策和法规。

相对来说，上述国家对于PPP的立法和实践已有较丰富的经验，也有相对成熟和成功的PPP项目案例可供参考。

第五节　项目融资和PPP的组织结构

在项目融资、PPP模式中，其参与的主体主要是包括政府方和私人投资者，以及由公私双方组建的项目公司，并以项目公司为核心形成严谨的融资、建设、运营的一体化组织结构体系。除了组织结构本身以及相应的合同体系外，项目付费机制是在前期规划组织结构时重点考虑的因素之一。

一、项目参与主体

项目融资和PPP项目的参与主体因项目所处的不同阶段而有所不同。在项目前期，通常包括政府机构、社会投资人、融资方以及包括律师在内的各类咨询机构。而在项目公司设立之后的建设、运营阶段，其主要的参与主体则是围绕项目公司进行，其涉及的主体包括设计方、工程承包商和分包商、设备材料供货商、原料供应商、专业运营商、保险公司以及专业机构。

在上述参与主体中，社会投资人可以是单独或者联合体的形式参与项目投标，并组建项目公司，而一旦项目公司成立，其与项目公司之间就形成了公司法上的法人和股东之间的法律关系，两者之间需要保持人格和财产上的

① 裴俊巍，《国外PPP立法特点与经验借鉴》，载《中国财政》2016年第12期。

独立性。

二、项目融资和 PPP 的基本结构

在项目融资和PPP模式中，通常以作为项目核心主体的项目公司为基础，与各项目参与主体之间建立各层次、各类别的合同法律关系和结构，主要包括以下方面：

（1）政府方与社会投资人之间签署 PPP 合同或者特许经营权协议等，双方形成投资和行政监管法律关系，明确各自的权责；

（2）政府和社会投资人双方通过签署合资合同共同设立项目公司，对各自在项目公司中的权利义务作出约定；

（3）项目公司与融资机构签署融资贷款协议，由融资方向项目公司或者社会投资人提供项目建设所需的资金，并由项目公司、社会投资人为贷款提供担保等保证措施；

（4）项目公司与设计、工程施工方、分包商、货物设备供应商签署相应的工程合同和货物采购合同，直接或者通过总承包商支付相应的工程款项；

（5）项目公司与保险机构签署保险合同，就项目建设、运营相关的保险事宜进行约定；

（6）项目公司与政府方，或者公共产品、服务的销售方签署购买协议，以确保最终产品和服务的销售收入用以支付融资贷款本金和利息以及投资回报。

三、项目付费机制

在项目融资中，付费机制较为简单，贷款人所需考虑的各自可能影响付费的因素往往都集中在项目运营收益上，而 PPP 模式则有所不同。付费机制是PPP项目中的重要衡量因素，也直接影响到社会投资人的包括投资回报率、合作周期、融资额度和利率等的确定，甚至直接影响其是否进行投资的决策。

（一）付费机制类型

按照目前财政部的相关政策指导意见，PPP 项目的付费机制主要分为使用者付费、可行性缺口补助和政府付费三类：

（1）使用者付费，即由最终消费用户直接付费购买公共产品和服务。由于项目公司直接从最终用户处收取费用，此费用对于社会投资人成本和投资回报、融资机构的融资收益等密切相关，并与项目的使用者实际需求量直接挂钩，为确保PPP项目能够顺利获得融资支持和合理回报，社会投资人在PPP项目合同中通常会要求政府承诺在一定期限内不在项目附近批准新建与本项目有竞争的项目，以及相应的价格调整机制。

（2）可行性缺口补助，是指使用者付费不足以满足社会资本或项目公司成本回收和合理回报，而由政府以财政补贴、股本投入、优惠贷款和其他优惠政策的形式，给予社会资本或项目公司的经济补助。

（3）政府付费，则是由政府直接付费购买公共产品和服务。根据项目类型和风险分配方案的不同，政府付费机制下，政府通常会依据项目的可用性使用量和绩效中的一个或多个要素的组合向项目公司付费，它具体主要包括三类形式：

a. 可用性付费，即政府依据项目公司所提供的项目设施或服务是否符合合同约定的标准和要求来付费。

b. 使用量付费，是指政府主要依据项目公司所提供的项目设施或服务的实际使用量来付费。在按使用量付费的项目中，项目的需求风险通常主要由项目公司承担，因此，在按使用量付费的项目中，项目公司通常需要对项目需求有较为乐观的预期或者有一定的影响能力。实践中，污水处理、垃圾处理等部分公用设施项目较多地采用使用量付费。

c. 绩效付费，是指政府依据项目公司所提供的公共产品或服务的质量付费，通常会与可用性付费或者使用量付费搭配使用。

应该说，在这三种付费机制中，使用者付费是PPP模式发展的终极目标，可行性缺口作为补充手段，而政府付费则只有在必要时才作为投资回报的替代方式。

（二）设置付费机制的考量因素

不同的项目类型和运作方式会采用不同的付费机制，比如，对于政府付费项目，应当结合设施可用性、产品和服务使用量、质量等要素进行衡量。

在设置 PPP 项目的付费机制时，通常还需要考虑多种因素：

（1）项目产出是否具有可计量特性。PPP 项目所提供的公共产品或服务的数量和质量是否可以准确计量，决定了其是否可以采用使用量付费和绩效付费方式。因此，在供电、供气、供热、污水处理等公用设施类和公共服务类 PPP 项目中，需要在 PPP 项目合同中事先明确产品和服务的数量和质量是否可以计量，以及计量的方法和标准。

（2）确定性和灵活性。由于 PPP 项目的合作周期通常较长，为了更好地应对项目实施过程中可能发生的各种变化，PPP 合同在坚持原则性和确定性的基础上，也应当对其中的付费机制提前设置一定的动态变更和调整机制，尽量避免不可调价的约定。

（3）项目的可融资性对于以项目公司的名义进行融资的 PPP 项目尤为重要。因此，在设计 PPP 项目的付费机制时还需考虑该付费机制在融资上的可行性以及对融资方的吸引力。

（4）财政承受能力的考虑。在采用政府付费和可行性缺口补助机制的 PPP 项目中，财政承受能力关系到项目公司能否按时足额地获得付费，因此，需要事先对政府的财政承受能力进行评估。

（5）项目当地经济发展情况。大多数项目是由政府发起，项目所在地的经济发展情况对于项目的付费机制具有举足轻重的影响，因此，社会投资人除了考虑政府财政承受能力外，还需要在项目前期对当地的经济情况、当地居民收入和税收等信息进行调研，并通过投资预测客观的分析论证回报率。

第六节　适合采用 PPP 模式的项目类型

适用 PPP 模式的项目主要包括基础设施项目和公用事业项目两大类。由于 PPP 的重点和目的是由社会资本提供公共服务，而不仅是工程建设本身，因此，在理解 PPP 模式时，不应局限于项目硬件设施，还应当注重项目软件服务。

国务院在《关于深化投融资体制改革的意见》中将 PPP 分为“特许经营”和“政府购买服务”两种方式，并明确 PPP 模式适用于交通、环保、医疗、养老等领域，其具体形式可以包含单个项目、组合项目、连片开发，鼓励社会资本参与“铁路、石油、天然气、电力、电信、医疗、教育、城市公用事业等领域”，以扩大公共产品和服务供给，并要求规范、完善政府和社会资本合作、特许经营管理。

同时，《基础设施和公用事业特许经营管理办法》也规定了能源、交通运输、水利、环境保护、市政工程等基础设施和公用事业领域可以采用特许经营方式，并且与国务院提出的在能源、交通运输、水利、环境保护、农业、林业、科技、保障性安居工程、医疗、卫生、养老、教育、文化等公共服务领域推广 PPP 模式相互照应。

一、基础设施项目的范围

从现有的法律规定和政策指引来看，对于适合采用 PPP 模式的基础设施项目并没有特别的界定和限制。就具体实践和行业来看，传统的基础设施领域 PPP 模式重点项目包括以下几种类型：

（1）能源领域，具体包括电力及新能源类项目、石油和天然气类项目、煤炭类项目。

（2）交通运输领域，具体包括铁路运输类项目、道路运输类项目、水上运输类项目、航空运输类项目、综合类项目。

（3）水利领域，具体包括引调水工程、水生态治理工程、供水工程、江河湖泊治理工程、灌区工程、农业节水工程、水土保持等项目。

（4）环境保护领域，具体包括水污染治理项目、大气污染治理项目、固体废物治理项目、危险废物治理项目、放射性废物治理项目、土壤污染治理项目，以及湖泊、森林、海洋等生态建设、修复及保护项目。

（5）农业领域，具体包括高标准农田、种子工程、易地扶贫搬迁、规模化大型沼气等三农基础设施建设项目、现代渔港、农业废弃物资源化利用、示范园区、国家级农产品批发市场等项目，以及旅游农业、休闲农业基础设施建设等项目。

（6）林业领域，具体包括风沙源治理工程、岩溶地区石漠化治理工程、重点防护林体系建设、国家储备林、湿地保护与修复工程、林木种质资源保护、森林公园等项目。

（7）重大市政工程领域，包括采取特许经营方式建设的城市供水、供热、供气、污水垃圾处理、地下综合管廊、园区基础设施、道路桥梁以及公共停车场等项目。

按照国务院、财政部和发改委关于推广PPP模式的原则和政策指导意见，上述基础设施项目都可归入PPP的适用范围，但就具体的某一类项目，是否满足PPP的运作条件，还需要结合具体项目的规模、标准、属性等进行分析。

二、公用事业项目的范围

由于中国的基础设施仍然存在总量不足、标准不高和运行管理粗放等问题，国务院提出要加强城市基础设施建设，特别是优先加强供水、供气、供热、电力、通信、公共交通、物流配送和防灾避险等与民生密切相关的基础设施建设。这些项目适用PPP模式具有天然的优势，并且由于其使用者付费的特点还可以采用纯粹的项目融资方式。

根据具体的行业性质及用途，城市公用事业领域的项目可分为以下七大类：

（1）城市用水项目，包括污水处理厂和管网以及水环境治理工程等。

（2）能源项目，包括燃气、加气站、加油站及管网等。

（3）环卫环保项目，包括垃圾处理、填埋气利用工程，餐厨垃圾焚烧处理，建筑垃圾综合利用，等等。

（4）城市道路交通项目，包括轨道交通、公共交通、道路桥梁项目等。

（5）综合管廊项目，包括城市干线综合管廊、支线综合管廊及缆线管廊等。

（6）供热项目，包括热源厂、供热管网、换热站等。

（7）市政公用设施维护项目，包括道路清扫保洁、公厕管理、市政照明、道路桥梁维护、园林绿化管理养护等。

从更广义的公用事业角度来看，养老、医疗、文化、住房、卫生、教育、监狱等缺乏收入来源的社会公用事业领域的项目也同样可以考虑采用PPP的模式进行建设、运营，以实现投入少、效益高的目标。而与社会发展需求相配套的旅游、新型城镇化建设所涵盖的各类领域，以及已建成项目的公共运营、维护和服务也将是采用PPP模式的合适对象。

三、适宜采用PPP模式的领域

按照国务院的指导意见，PPP模式的应用范围可以包括能源、交通运输、水利建设、生态建设和环境保护、市政工程、片区开发、农业、林业、科技、保障性安居工程、政府基础设施等19个行业的公共服务领域。发改委也指出PPP模式主要适用于政府负有提供责任又适宜市场化运作的公共服务、基础设施类项目。财政部也提出对于投资规模较大、需求长期稳定、价格调整机制灵活、市场化程度较高的基础设施及公共服务类项目，适宜采用PPP模式，并且特别强调采用PPP模式的项目应当属于公共服务领域。

财政部、人民银行、银监会在《关于妥善解决地方政府融资平台公司在建项目后续融资问题的意见》中提出，对于已签署贷款合同的项目，其贷款额不能满足建设需求，并且适合采取PPP模式的融资平台公司[①]在建的基础设施项目，优先采用PPP模式，弥补在建项目的增量融资需求。

从上述规定可以看出，中国政府推广的PPP模式实际上已经覆盖了中国基础设施和公共服务几乎全部的领域和行业，并且也获得了政府方面的首肯和政策倾斜。但是，笔者认为，在基础设施建设发展过程中，有必要综合考虑环境可持续发展和经济效益之间的平衡，提高城市建设的人文关怀，而非单纯地以拉动经济发展进行投资和建设，避免为了PPP而PPP，而应当把提高项目运营效益和服务水平、质量作为首要的目标。因此，在具体实施PPP项目投资建设前，有必要进行充分的论证、对城市整体的合理规划布局、促进城市区域协同发展、加强环境保护和资源合理利用方面进行重点评估。这样，可以避免重复性、低效益的投资建设，使得城市建设更加满足社会发展和符合人性的需求，真正实现PPP模式用以提高公用产品和服务品质的目标。

---

① 融资平台公司是指由地方政府及其部门和机构等通过财政拨款或注入土地、股权等资产设立，承担政府投资项目融资功能，并拥有独立法人资格的经济实体。

四、适用 PPP 模式的项目类型

一般而言，PPP 模式可用于由政府提供公共服务的各行业、各领域。国家发展和改革委员会对基础设施建设项目采用了不同的划分标准和融资解决方案，具体包括三类项目：

（1）经营性项目[①]。经营性项目的特点是由项目最终使用者支付的金额可以完全覆盖项目的投资支出。这一类项目，是具有明确的收费基础，并且经营收费能够完全覆盖投资成本的项目，可通过政府授予特许经营权，采用建设—运营—移交（BOT）、建设—拥有—运营—移交（BOOT）等模式推进。要依法放开相关项目的建设、运营市场，积极推动自然垄断行业逐步实行特许经营。城镇供水，城市煤气、天然气、液化石油气、管道燃气、CNG 燃气、LNG 燃气、加气站等项目，城市供热等项目多属于这一类型。

（2）准经营性项目。对于经营收费不足以覆盖投资成本、需政府补贴部分资金或资源的项目，可通过政府授予特许经营权附加部分补贴或直接投资参股等措施，采用建设—运营—移交（BOT）、建设—拥有—运营（BOO）等模式推进。要建立投资、补贴与价格的协同机制，为投资者获得合理回报积极创造条件。这一类型项目可以包括综合管廊、轨道交通（城际交通）、公共交通项目，涉水项目中的污水处理、中水回用等厂网一体化项目，环卫环保项目中的垃圾收运系统及生活垃圾处理焚烧、卫生填埋、填埋气利用工程，餐厨垃圾处理工程、建筑垃圾综合利用等收运处一体化项目。

（3）非经营性项目。对于缺乏“使用者付费”基础、主要依靠“政府付费”回收投资成本的项目，可通过政府购买服务，采用建设—拥有—运营（BOO）、委托运营等市场化模式推进。要合理确定购买内容，把有限的资金用在刀刃上，切实提高资金使用效益。这一项目的主要特点在于需要政府提供纯粹的

---

① 笔者认为，经营性项目较适合采用传统的项目融资方式，其融资贷款具有下列一些特征：（1）贷款用途通常是用于建造大型生产装置、基础设施、房地产项目或其他项目，以及对在建或已建项目的再融资；（2）借款人通常是为建设、经营该项目或为该项目融资而专门组建的项目公司；（3）还款资金来源主要依赖该项目产生的销售收入、补贴收入或其他收入，一般不具备其他还款来源。

公共服务职能，如城镇排水、雨水收集利用、排水管网、水环境治理项目，市政公用中的道路清扫保洁、公厕管理、市政照明、道路桥梁维护、园林绿化管养项目。

第七节　PPP 模式的具体实施方式

PPP 是相对于和区别于传统的基础设施采购所采用的模式。实践中具体实施 PPP 项目的方式多种多样，从过去最早的 DBB、EPC、BOT 等到现在 DBFOT 等综合类型的方式，或 MC 等纯管理类型的方式，各方面都在不断地变化和演进中，并且还有可能衍生出更多的方式。

严格来讲，“PPP”这一术语本身所强调的是公共部门和私人部门之间的伙伴合作关系，即政府部门和私人投资者之间以友好合作的方式共同实现基础设施项目的投融资、开发建设、运营维护，并据以实现政府公共服务的目的。基于此，政府方应当严格区分 PPP 项目与借 PPP 之名行融资之实、增加财政债务的不当行为，投资人也应当意识到后者所产生的法律风险和不利后果。

一、PPP 项目的操作方式

如前所述，PPP 模式下的操作方式多种多样，具体的方式选择则可因融资需求、政府方提供产品类型、项目特征和属性的不同而有所不同。

根据《基础设施和公用事业特许经营管理办法》的规定，基础设施和公用事业特许经营通常可以采取以下方式：

（1）在一定期限内，政府授予特许经营者投资新建或改扩建、运营基础设施和公用事业，期限届满移交政府；

（2）在一定期限内，政府授予特许经营者投资新建或改扩建、拥有并运营基础设施和公用事业，期限届满移交政府；

（3）特许经营者投资新建或改扩建基础设施和公用事业并移交政府后，由政府授予其在一定期限内运营；

（4）国家规定的其他方式。

具体来看，依照中国财政部和发改委的相关政策指导文件，结合项目类型的不同，PPP 项目的运作方式主要包括转让—运营—移交（Transfer-Operate-Transfer）、改建—运营—移交（Rehabilitate-Operate-Transfer）、建设—运营—移交（Build-Operate-Transfer）、建设—拥有—运营（Build-Own-Operate），以及委托运营（Operations & Maintenance）、管理合同（Management Contract）等几种。当然，除了上述政策指导文件所明确的运作方式外，也并不排除实务中对 PPP 模式具体应用的创新和发展。

（1）委托运营（OM），是指政府将存量公共资产的运营维护职责委托给社会资本或项目公司，社会资本或项目公司不承担用户服务职责的政府和社会资本合作项目运作方式。政府保留资产所有权，只向社会资本或项目公司支付委托运营费。合同期限一般不超过 8 年。

（2）管理合同（MC），是指政府将存量公共资产的运营、维护及用户服务职责授权给社会资本或项目公司的项目运作方式。政府保留资产所有权，只向社会资本或项目公司支付管理费。管理合同通常作为转让—运营—移交的过渡方式，合同期限一般不超过 3 年。

（3）建设—运营—移交（BOT），是最为典型的运作方式，即由社会资本或项目公司承担新建项目设计、融资、建造、运营、维护和用户服务职责，合同期满后项目资产及相关权利等移交给政府的项目运作方式。合同期限一般为 20~30 年。

（5）建设—拥有—运营（BOO），由 BOT 方式演变而来，二者区别主要是 BOO 方式下社会资本或项目公司拥有项目所有权，但必须在合同中注明保证公益性的约束条款，一般不涉及项目期满移交。

（4）转让—运营—移交（TOT），是指政府将存量资产所有权有偿转让给社会资本或项目公司，并由其负责运营、维护和用户服务，合同期满后资产及其所有权等移交给政府的项目运作方式。合同期限一般为 20~30 年。

（5）改建—运营—移交（ROT），是指政府在 TOT 模式的基础上，增加改扩建内容的项目运作方式。合同期限一般为 20~30 年。

在上述 PPP 运作方式中，存量项目可以采用 O&M、MC、LOT、TOT、BOT 等方式，而对于新建项目，则可以采用 BOT、BOO 等方式。并且，以

O&M、CM 方式运行不涉及资产所有权的转移，以 BOT 方式运行则视项目情况而定，可能会涉及资产所有权的转移，而在 BOO、TOT、ROT 等方式运行下，则一般都会将所有权转移至项目公司名下，运营期满后再移交给政府。另一个较为明显的特征是上述操作方式中，都比较偏重项目的运营维护，这也是 PPP 区别于早期的政府采购工程常用的 BT 模式的重要标志。

除了上述五种较为常见的操作方式外，还有诸如建设—拥有—运营（BOO，Build-Own-Operate）、租赁—运营—移交（LOT，Lease-Operate-Transfer）、购买—建设—运营（BBO, Buy-Build-Operate）、设计—建设—经营—转让（DBOT，Design-Build-Operate-Transfer）、建设—拥有—运营—移交（BOOT，Build-Own-Operate-Transfer）、设计—建设—投融资—运营—维护（DBFOM，Design-Build-Finance-Operate-Maintenance）、设计—建设—投融资—运营维护—移交（DBFOT，Design-Build-Finance-Operate-Transfer）等不同的方式。

上述各种 PPP 的运作方式，每一种都有其各自的特点和适用性，因此，在选择具体的项目运作模式时，通常还需要结合项目的收费定价机制、项目投资收益水平、风险分配基本框架、融资需求、改扩建需求和期满出租等因素进行综合考虑。

二、PPP 项目中的禁止性行为

在当前大力推广、操作 PPP 项目的过程中，也出现了一些不规范的、伪 PPP 的现象，造成地方政府债务的持续高涨，违背了 PPP 模式的初衷。纵观相关规定和实践，PPP 项目中常见的违法违规行为，除了前文所述混淆政府购买服务和工程承包等行为外，还包括规避招投标、地方政府违规提供担保和保底承诺、地方融资平台转嫁债务、BT 模式等行为。为此，财政部一再重申、禁止借 PPP 之名，行违法融资之实的行为，包括：

（1）禁止融资平台公司以建设—租赁—移交方式（即 BLT 模式）规避债务管理，即由融资平台公司垫资代建，再以租赁的方式将资产提供给政府使用。

（2）严禁采取延期支付方式变异为购买融资服务，严禁通过政府购买服务方式进行变相融资，规避财政承受能力论证和物有所值评价。

（3）地方政府不得以借贷资金出资设立各类投资基金，严禁地方政府利用 PPP、政府出资的各类投资基金等方式违法违规变相举债，除国务院另有规定外，地方政府及其所属部门参与 PPP 项目、设立政府出资的各类投资基金时，不得有以下行为：

a. 以任何方式承诺回购社会资本方的投资本金；

b. 以任何方式承担社会资本方的投资本金损失；

c. 以任何方式向社会资本方承诺最低收益；

d. 对有限合伙制基金等任何股权投资方式额外附加条款变相举债。

（4）严禁通过保底承诺、回购安排、明股实债等方式进行变相融资，将项目包装成 PPP 项目。同时，按照《基础设施和公用事业特许经营管理办法》的规定，政府可以在特许经营协议中就防止不必要的同类竞争性项目建设、必要合理的财政补贴、有关配套公共服务和基础设施的提供等内容作出承诺，但不得承诺固定投资回报和其他法律、行政法规禁止的事项。

上述行为违背了 PPP 模式的初衷，不仅没有化解和减少地方政府财政压力，反而造成了地方政府债务的增加。尽管此类行为并不一定会影响相关的 PPP 合同、担保合同等的效力，但是，由于 PPP 合同的资金和投资回报大多取决于地方政府预算。如果政府方和投资人存在上述禁止性的行为，一旦项目被查处，则可能引起审计等行政处罚，导致项目被暂停、资金被暂缓拨付，从而实际上对项目和合同的执行带来不利的影响。

第八节 项目融资和 PPP 的合作和激励机制

由于项目融资和 PPP 交易结构的复杂性，其涉及的法律关系和参与主体也呈现多样化的特点，具体来说，主要的法律关系既有物权法律关系、股权法律关系，也有债权法律关系，其内容涵盖了投资、融资、合伙、担保、工程承包、运营服务、委托、销售、保险、租赁或融资租赁等领域。

而与之相对应的，其涉及的主体则包括发起人、政府、政府授权的 PPP 项目实施机构、社会投资人、项目公司、贷款人（包括银行和其他金融机构）、设计人、施工承包人（包括 EPC 总承包人、施工总承包人、专业承包人、工程分包人)、独立工程师、工料测量师、运营商、原料设备供应商、产品服务的购买方、公用事业单位(如电厂、自来水厂)、担保机构、保险公司、基金公司、信托公司等。

如前文所述，项目融资和PPP重在风险分担、利益共享，结合其参与主体复杂多样的特点，加强各参与主体之间的合作关系和建立有效的激励机制对于项目的正常运行、实现预期目的具有不可忽视的重要性。这其中，合作的基础之一就在于各类主体的诚信，而激励机制的设立能够提高社会投资人的参与度和积极性。

一、项目交易的诚实信用原则

商业交易的首要目的之一即是追求利益。但是，由于项目融资和PPP涉及的法律关系错综复杂、参与主体多样的特点，如果只是单纯地追求商业利益，势必导致各方利益纷争，加大了利益协调的难度。盲目追求高额暴利，也与PPP项目本身的特性，以及政府推广PPP项目，实现政府职能转变和为社会提供公共福利的初衷相悖。因此，在项目融资和PPP交易中提倡诚实信用原则就显得尤为重要。

诚实信用原则是民法确定的民事行为和民事活动的最高准则。确立诚实信用原则对于指导各交易主体的行为，确立合同当事人“以善意方式行使权利、履行义务，在进行民事活动时遵循基本的交易道德，以及禁止当事人滥用权利，行使权利不得超出正当界限”[①]方面具有重要的作用。而且，在司法实践中，运用诚信原则还可以“弥补法律漏洞，维持当事人之间的利益以及当事人利益与社会利益之间的平衡”。[②]

为此，《民法总则》明确规定，民事主体从事民事活动，应当遵循诚信原则，秉持诚实，恪守承诺。《合同法》也同样规定，当事人行使权利、履行义务应当遵循诚实信用原则。可以说，诚实信用原则贯穿民事活动、商业交易的全过程。

---

① 杨立新:《民法总则》，法律出版社2013年版，第65页。

② 杨立新:《民法总则》，法律出版社2013年版，第65页。

现行《合同法》规定的当事人在订立合同过程中，假借订立合同，恶意进行磋商；故意隐瞒与订立合同有关的重要事实或者提供虚假情况等缔约过失责任[①]就是对诚实信用原则的阐释之一。如果当事人一方因上述行为给对方造成损失，就应承担赔偿责任。相类似的，在合同签署之后的履行阶段，当事人也应当信守诺言，严格遵守和执行合同的约定。

对于缺乏诚信的行为，尤其是在订立合同过程中的恶意磋商，或者隐瞒事实和影响对方做出决策的不利信息，在实践中也经常遇到。比如，在项目招标投标过程中，一方利用已经掌握的信息和情况，不组织现场踏勘，或者利用招投标程序中双方不得进行实质性谈判，将招标文件中可能的风险和错误不正当的全部转嫁给另一方；一方利用优势地位，采用格式条款作出对己方有利而加重对方责任的约定等。对于这些行为，一方面自然需要作为合同相对方的主体认真核实相关信息和资料，及时提出澄清、质疑和偏差，另一方面对于行为人的后果和责任承担，笔者认为，司法机关和仲裁机构在处理此类争议时，有必要适度地倾向于保护受不利提供信息影响的一方，以维持民事主体间的平等和交易公平，倡导商业交易行为的诚实信用。

二、项目融资和 PPP 的合作关系

合作关系对于项目融资和 PPP 也同样重要。PPP 是 Public Private Partnership 的简称，其本身就是对公共部门和私人投资者之间的合作关系的最好诠释和界定，可以说合作是 PPP 的核心，也是确保项目成功的关键。不过，在整个项目融资和 PPP 中，需要强调合作关系的并不仅限于政府方和社会投资人。正如前文所述，项目融资和 PPP 参与主体复杂多样的特点本身就决定了必须要加强项目各参与主体之间的协调合作关系，否则，难以实现项目高效运转的目标。

PPP 的原旨就是公共部门和私人投资者的合作。笔者认为，PPP 项目强调的是融资、设计、建设、运营、移交的全生命周期，这期间，合作关系将贯穿项目始终，因此，无论如何强调合作的重要性都不为过。合作关系在大

① 《合同法》第 42 条。

型基础设施项目中的重要性毋庸置疑，这种合作关系不仅体现在政府方和社会投资人之间，也体现在投资人、项目公司与工程承包商、运营商之间，加强合作关系不仅对于减少纠纷有着重要的作用，而且对于预防完工风险等也有积极的意义。

虽然说，工程合同是对抗性很强的合同类型，在工程项目建设过程中，各方的参与和权利义务的安排、风险的分配都直接涉及各方的利益，因此，工程合同中的约定，以及合同履行过程中各方针锋相对的情况不可避免。但是，从另一个角度来讲，毕竟，工程项目的建设离不开合同双方的全力配合和友好协作。《合同法》也规定当事人应当遵循诚实信用原则，根据合同的性质、目的和交易习惯履行通知、协助、保密等义务。由此可见，工程合同的各参与主体相互合作有着相应的法律依据和现实的基础。

英国John Egan爵士早在1998年的一份报告中就提出，建立友好合作关系、共同工作的理念，能够创造一个现代化的工程业，从容面对新世纪的挑战。他在报告中强调：

“parties should act in the interests of the project, and of each other, avoiding selfish behaviour and achieving a better overall result than would be achieved by treating the contract as a zero sum game in which the gains of one party are matched by corresponding losses for the other.”

笔者相信这一理念对于中国工程法律环境下，解决合同双方之间工程款结算久拖不决、各方推诿责任等现象也有借鉴意义。而且，实践中也可以通过诸多方式实现合作共赢的局面和目标，比如合同中对各方权利义务的合理安排，对风险的合理分配，在合同中设立有效的激励机制和奖惩制度，承包人的早期介入制度，团队合作，利益分享和双赢机制，有效而公正的争议解决机制，等等。在英国通用的NEC、PPC、JCT、ICE等系列工程合同中都有专门针对双方主体合作关系的内容，这一点，目前国内的合同似乎稍有欠缺。

但是，笔者同样也认为，有效的合作并不是仅在于合同约定本身，而是需要在履行过程中贯彻和实现它，如果没有好的合同管理制度，再好的合同恐怕也只能是纸上谈兵，而无实际效果。并且，当前的工程法律和建设市场环境，也已经与十几二十年前完全不一样了，规范化的体现和专业化的要求更为突出，利益的冲突更为明显。因此，树立友好、互信、合作的理念有助于缓和矛盾，促进项目建设的顺利进行，平衡各方的利益，确保工程行业的正常发展。

三、PPP 项目的激励机制

经营性 PPP 项目由于其内在的营利性质能够促使投资人和政府方协力合作，共同做好项目的投资、建设和运营。而对于准经营性和非经营性项目，采取有效的激励机制，一方面可以减少政府奖励、补贴方面的财政支付，另一方面也能促使社会投资人提高参与 PPP 项目的积极性和参与度，并且也能够提高项目建设、运营的效率和效益。

笔者认为，激励机制的基础在于权利义务的平衡、共赢，以及政府机构对于投资人的适度让利。毕竟，政府不应以营利作为其推行 PPP 项目的初衷，而在于为社会公众谋取福利。具体来说，可以通过以下一些机制来促成项目激励机制的建立：

（1）绩效考核制度。根据 PPP 项目的操作流程，在项目执行环节，政府及主管部门、项目实施机构需要进行绩效考核。因此，在 PPP 项目的全生命周期，就需要加强政府向社会力量购买服务的绩效管理，严格绩效评价机制，把绩效考核和激励机制相互结合起来。

政府方可以通过建立健全综合性评审机制，对 PPP 的服务数量、质量和资金使用绩效等进行考核评价，并向社会公布评价结果，以此作为后续年度编制政府向社会力量购买服务预算和选择政府购买服务承接主体的重要参考依据。

（2）股权安排。PPP 的原义是公私合作，公私合作意味着双方的合作范围是多方面和多层次的，这其中即可能包括资金方面的合作。财政部发文明确指出，财政部将积极研究利用现有专项转移支付资金渠道，对示范项目提供资本投入支持，给予示范项目前期费用补贴、资本补助等多种形式的资金支持。同样地，国家发改委也发文指出，PPP 的意义是有利于推动各类资本相互融合、优势互补，促进投资主体多元化，发展混合所有制经济，[①] 由此说

① 《发展改革委员会关于开展政府和社会资本合作的指导意见》（发改投资［2014］2724 号）》。

明政府也可能参与项目投资。

总之，政府在 PPP 项目中不仅是合同的一方和监管方，还可能是项目的投资方。鉴于 PPP 项目不仅是为了吸引社会资本投资，也是为了发挥社会资本在管理、技术方面的长处，提高公共服务质量和效率，因而，项目公司的管理由社会资本主导较为适宜。而约定由社会投资人进行 PPP 项目以及项目公司的管理，并可占有较多的股权和分红比例，也可以在一定程度上体现 PPP 项目的激励机制。

（3）股权的动态变化机制。在 PPP 项目的融资、设计、建设、运营维护阶段的不同环节，政府方和社会投资人的地位和功能各不相同，即使是社会投资人之间，也有较大的差异。因此，结合《公司法》有关股东之间变更股权比例的相关规定，可以考虑实行项目公司股权的动态变化机制。

比如，建设期，作为承包商的股东，其股权比例可能大于运营商，而在运营阶段，主要由运营商提供服务，故其所占的股权比例可以适当提高，并且，随着运营时间的延长，对于最终需要政府方购回和接管的项目，政府方的股权比例也可以考虑按照相应的年限递增。

（4）政府补助和奖励。财政部提出，在与社会资本协商确定项目财政支出责任时，地方各级财政部门要对各种形式的资金支持给予统筹，综合考虑项目风险等因素合理确定资金支持方式和力度，但具体以什么样的方式提供支持并没有给出明确的答案。

其后，为了引导和鼓励地方融资平台公司存量公共服务项目转型为 PPP 项目，化解地方政府存量债务，对中央财政 PPP 示范项目中的新建项目，财政部将在项目完成采购确定社会资本合作方后，按照项目投资规模给予一定奖励。其中包括：

a. 投资规模 3 亿元以下的项目奖励 300 万元；

b. 3 亿元（含 3 亿元）至 10 亿元的项目奖励 500 万元；

c. 10 亿元以上（含 10 亿元）的项目奖励 800 万元。

上述奖励资金由财政部门统筹用于项目全生命周期过程中的各项财政支出，主要包括项目前期费用补助、运营补贴等。

同时，对符合条件、规范实施的转型为 PPP 项目的地方融资平台公司存量项目，还可按照成功转化债务的2%给予奖励，奖励资金纳入相关融资平台公司收入统一核算。[①]

（5）激励与惩戒相结合。激励机制是做好PPP项目的重要元素，对于促进社会投资人在PPP项目中的积极性、主动性，提高PPP项目的实际运作效率和效果有着重要的指引性作用。除上述一些激励机制外，PPP项目合同中也可以对此做出相应的约定，比如提前竣工的奖励、工程质量奖励、安全奖励等。

与PPP项目的激励机制相对应，对违反PPP项目初衷的项目也需要给予一定处罚，比如在PPP项目合同中约定违约金、赔偿金，特殊情形下的解除合同权利等内容。发改委在其《传统基础设施领域PPP工作导则》中也明确规定了，在PPP项目合作期限内，如出现重大违约或者不可抗力导致项目运营持续恶化，危及公共安全或重大公共利益时，政府要及时采取应对措施，必要时可指定项目实施机构等临时接管项目，切实保障公共安全和重大公共利益，直至项目恢复正常运营。不能恢复正常运营的，要提前终止，并按PPP合同约定妥善做好后续工作。

最后，有必要注意到，在PPP项目中，政府方和社会投资人从事民事活动，应当遵循公平原则，合理确定各方的权利和义务[②]，与此相应，作为PPP项目中的惩戒措施也应当公平和平等。如果政府方出现违约或者背离合作基础的行为，同样应当承担相应的违约和赔偿责任，而不应以其政府机构的特殊身份影响其作为民事主体应当承担的民事责任。遵循平等和对等原则，可以为社会投资人参与PPP项目的投资、建设和运营扫除后顾之忧，为项目的顺利实施提供强有力的保障。

---

① 《关于实施政府和社会资本合作项目以奖代补政策的通知》（财金〔2015〕158号）。

② 《民法总则》第5条。

CHAPTER 2

第二章

特许权和 PPP 项目的获得

目前中国的大型基础设施建设项目的实施有着不同的途径和模式，与一般的项目投融资和建设模式不同，在涉及以 PPP 模式、特许经营权等具体实施方式的基础设施项目中，政府主管部门和社会投资者对项目的获得和保障都有特别的要求。

政府主管机关的审核是基础设施项目投资和建设的前提条件，在现有法律框架下，不论投资建设的主体，也不论是以何种方式投资建设，都会涉及相应的项目审核程序，如果未获得相应的审核，则后续的项目投融资、建设都会埋下巨大的风险。而就 PPP 模式投资建设的项目来看，其发起、审核等又都有其特殊的条件和标准。

为了 PPP 项目的顺利实施和融资回报，政府方通常会提供安慰函和担保等支持文件，但实践中对于安慰函和政府担保的法律属性和效力存在不同的观点和理解；而作为 PPP 项目的投资人，除了实现项目本身的投资收益外，利用项目进行再融资也是其诉求之一。因而在考虑项目融资时候需要同时关注和考虑相关方面的保障需求。

尽管目前中国境内大力推广的 PPP 项目仍然以国有企业为主，但是并不影响外资参与 PPP 项目的投资和建设。就目前的产业政策来看，外资参与 PPP 项目还会有不同程度的优惠。

第一节　特许权和 PPP 项目的获得

如前所述，由于基础设施项目多数涉及公共安全和公共利益，因此，其具体实施需要以获得政府部门的相应许可、审核为前提。目前，中国对于以 PPP 模式、特许经营权方式投资建设的项目都需要根据具体项目类型和情况进行审核，以确定是否同意投资建设，以及投资建设的具体边界条件。

一、PPP 项目的审核

由于缺乏统一的 PPP 项目审核制度，按照目前中国境内的大型基础设施项目 PPP 模式的运作来看，PPP 项目建设涉及的审批包括两个部分，一个是项目建设本身所需要的审批；另一个则是项目建设采用 PPP 模式所需要的审批。这两者既有联系，又有区别，在实践的政府审核工作中，也可能是合二为一。

（一）基础设施项目建设的审核

2004 年之前的建设项目，不管是政府投资的，还是企业投资的，都实行较为严格的审批管理，这种制度不利于落实企业投资自主权，降低了政府工作效率。

为此，国务院在 2004 年颁布了《关于投资体制改革的决定》，明确规定了采用直接投资和资本金注入方式投资的政府项目，需对其项目建议书、可行性研究报告进行审批，除特殊情况外不再审批开工报告，同时严格政府投资项目的初步设计、概算审批工作。对于企业不使用政府投资建设的项目，则一律不再实行审批制，区别不同情况实行核准制和备案制，其中，政府仅对重大项目和限制类项目从维护社会公共利益角度进行核准，并严格限定核准范围，其他项目无论规模大小，均改为备案制。对于企业使用政府补助、转贷、贴息投资建设的项目，政府也只审批资金申请报告。据此，中国政府对于政府投资项目和非政府投资项目的审核采取区别对待的制度，确立了审批、核准和备案三种不同的项目审核体制，减少了需要审批的建设项目范围。[①]

随着中国政府的投资管理职能的转变和突出企业投资的自主权。国务院在 2016 年颁布的《企业投资项目核准和备案管理条例》中再次对在中国境内投资建设的固定资产项目的核准和备案做了区别，即对关系国家安全、涉

① 根据国家发改委统计，2017 年全年，发改委共审核批准固定资产投资项目 184 个，其中审批 122 个，核准 62 个。总投资额为 9914 亿元人民币，其中新开工西部大开发重点工程 17 项，投资规模 4941 亿元人民币，重点投向铁路、公路、大型水利、能源和生态环保等领域。

及全国重大生产力布局、战略性资源开发和重大公共利益等项目，实行核准管理。这其中主要是根据《国务院关于发布政府核准的投资项目目录（2016年）的通知》规定的企业投资建设本目录内的固定资产投资项目；而在企业投资建设本目录规定核准之外的项目，则实行备案管理。对此，在发改委《企业投资项目核准和备案管理办法（2017年）》中也得到了明确，即根据项目不同情况，分别实行核准管理或备案管理，其中对关系国家安全、涉及全国重大生产力布局、战略性资源开发和重大公共利益等项目，实行核准管理；其他项目实行备案管理，除国务院另有规定外，实行备案管理的项目按照属地原则备案。

根据规定，对于需要进行核准的基础设施项目，核准机关主要从下列几个方面对项目进行审查：

（1）是否危害经济安全、社会安全、生态安全等国家安全；

（2）是否符合相关发展建设规划、技术标准和产业政策；

（3）是否合理开发并有效利用资源；

（4）是否对重大公共利益产生不利影响。

同时，法律、行政法规和国家制定的发展规划、产业政策、总量控制目标、技术政策、准入标准、用地政策、环保政策、用海用岛政策、信贷政策等也是企业开展项目前期工作的重要依据，是项目核准机关和国土资源、环境保护、城乡规划、海洋管理、行业管理等部门以及金融机构对项目进行审查的依据。除此之外，根据《企业投资项目事中事后监管办法》的规定，各级发改部门还要对项目开工前是否依法取得核准批复文件或者办理备案手续，以及开工后是否按照核准批复文件或者备案内容进行建设进行相应的监督管理。

（二）PPP 模式的审核

就采用PPP模式进行融资和建设的基础设施项目，其审核内容包括PPP模式的适用范围、物有所值、财政承受能力、项目实施方案等方面。

关于适用PPP模式的项目范围，本书前文已有阐述，物有所值和财政承受能力则在后文中阐述，故在此处不再重复。就项目实施方案而言，主管机关需要审核的内容主要集中在项目概况、风险分配基本框架、项目运作方式、项目交易结构、项目合同边界条件、监管架构、采购方式等方面。对于拟采用PPP模式的项目审核，主要由财政部门会同行业主管部门，对潜在的PPP项目进行评估筛选，确定备选项目，并根据筛选结果制定项目年度和中期开发计划，其中：

（1）对于列入年度开发计划的项目，项目发起方应按财政部门的要求提交相关资料；

（2）新建、改建项目应提交可行性研究报告、项目产出说明和初步实施方案；

（3）存量项目应提交存量公共资产的历史资料、项目产出说明和初步实施方案。

由于目前PPP项目由财政部和发改委共同推广，为避免分歧并促进PPP模式的顺利进行，结合政府主管机关的具体行政职能分工方面的不同，财政部和发改委也各自分别界定了各自主管的PPP项目类型，即财政部负责能源、交通运输、市政工程、农业、林业、水利、环境保护、保障性安居工程、医疗卫生、养老、教育、科技、文化、体育、旅游等公共服务领域的PPP管理；而发改委负责能源、交通运输、水利、环境保护、农业、林业以及重大市政工程等七大领域基础设施项目的PPP主管工作。据此，PPP项目的投资人和实施机构在前期相关审核准备工作时，需要区别项目类型和性质，确定合适的审核机关。

（三）项目前期审核工作

中国大中型基础设施项目的建设涉及面非常广泛，因此，在前期工作中，还会涉及多项政府审核工作，这些前期审核工作主要包括项目建议书、可行性研究报告、设计任务书和初步设计、开工报告几个阶段。其中，项目建议书和可行性研究报告是最为关键的文件，决定了项目能否获得立项批复。实务中，项目建议书的批复是编制可行性研究报告的重要依据之一，但也有以项目建议书代替可行性研究报告的情形。

除此之外，项目建设还涉及土地预审、建设项目选址意见书、环境影响评价、建设用地规划、建设工程规划等一系列的审核工作，并分别由不同的行政主管机关负责，因此都需要社会投资人加以注意，并可在与政府方谈判中提出由政府落实上述相关批复文件的落实。

值得注意的是，根据国务院《企业投资项目核准和备案管理条例》的相关规定，不论是审批、核准还是备案的建设项目，项目选址意见书、环评批文、土地预审意见和节能审查意见都不再作为项目立项的前置条件。但是，不能忽略的是，尽管这些审核工作不再是项目立项的前置条件，并不意味着PPP项目就不需要这些批复文件，而仅仅是在取得时间上做了变通的规定。

除此之外，实务中的大中型基础设施项目的建设还会涉及诸多的行政许可事项，如果项目未能获得相应的行政许可，同样也会给后续的建设、运营带来不利影响，并有可能被政府主管部门处以罚款、责令停止、关闭。

二、PPP 项目的流程管理

按照目前财政部《政府和社会资本合作模式操作指南（试行）》的规定，对于采用PPP模式采购的基础设施项目实施规范的流程管理，主要包括项目识别、项目准备、项目采购、项目执行和项目移交五个主要的程序。而各个程序中具体涉及的关键环节和工作内容又涉及以下一些内容：

（1）项目识别阶段，涵盖了项目发起、项目筛选、物有所值评价和财政承受能力论证。在这个阶段，物有所值评价和财政承受能力论证是其中的重点和关键工作，并且物有所值评价和财政承受能力论证是决定采用PPP模式和获得政府支付费用的前提。

（2）项目准备阶段，涵盖了项目管理架构组建、实施方案编制和实施方案审核三个环节。实施方案的审核也是决定项目能否采用PPP模式的基础和项目实施的合法前提。以特许经营项目为例，实践中的项目实施方案一般包括项目概况、项目实施机构，以及提供公共产品或公共服务的基本经济财务技术指标、特许经营者应当具备的条件及选择方式、特许经营协议框架等应当明确的其他事项。

（3）项目采购阶段，涵盖了资格预审、采购文件编制、响应文件评审、谈判与合同签署五项工作。在采购阶段，需要PPP项目的实施机构、投资人在项目采购的前期就做好项目融资、建设、运营等相应的长远采购规划，统筹安排所需的各项内容的采购方式的衔接，遵守法定的采购程序，避免因违法，导致项目采购无效的法律后果。

（4）项目执行阶段，包括项目公司设立、融资管理、绩效监测与支付、中期评估四个环节。项目采购完成后即进入执行阶段。

（5）项目移交阶段，则包括移交准备、性能测试、资产交割、绩效评价。鉴于中国产权制度的特点，目前中国的基础设施项目，其资产的所有权属于政府或者政府授权的机构。而基础设施项目建设完成后，或者由第三方公司运营，或者由政府实施机构收回，都会涉及PPP项目资产的转移，这个环节中同样会牵涉到诸多的法律问题，因此，PPP项目的各方参与主体就有必要对资产移交和转移所涉及的各方权利义务进行清晰的界定和合理的划分。

上述各个流程和环节构成了PPP项目的全生命周期，也是政府和社会投资人据此实施项目的重要依据。

三、特许经营权授予

特许经营权是指中国境内外的法人或者其他组织，按照竞争方式依法获得相应的政府授权，通过特许经营协议明确权利义务和风险分担，约定其在一定期限和范围内投资建设运营基础设施和公用事业并获得收益，提供公共产品或者公共服务的权益。

目前，调整基础设施项目特许经营权的规范性文件主要是《市政公用事业特许经营管理办法》《基础设施和公用事业特许经营管理办法》，两者适用的范围并不完全相同。需要注意的是，前者并未对特许权授予的各级政府权限范围做出明确规定；后者则规定县级以上人民政府应当授权有关部门或单位作为实施机构负责特许经营项目有关实施工作，并明确具体授权范围。具体到项目所在地的相关规定，则还会有适当的变化，比如北京市就规定了拟实施特许经营的城市基础设施项目，可以由市发展改革部门、市城市基础设施行业主管部门或者区、县人民政府提出。

（一）特许经营权的内容

需要采用特许经营权方式的基础设施项目可以是能源、交通运输、水利、环境保护、市政工程等。在实务中，大多数特许经营项目集中在供水、供气、供热、污水和固体废物处理、收费公路、城市轨道交通和其他公共交通领域。这些项目投资建设之后，多数涉及运营阶段的收费权益，而这些收费定价又往往需要由政府机关特别授予方可实施，相比较而言，PPP项目则并一定涉及运营收费的问题。从这一点来看，严格来讲，PPP项目与特许经营权存在一定的差异。

对于以特许经营方式授予的基础设施项目，在具体授予特许经营权之前，还需要进行特许经营可行性评估，具体包括以下内容：

（1）特许经营项目全生命周期成本、技术路线和工程方案的合理性，项目可融资性，所提供公共服务的质量效率，建设运营标准和监管要求，等等；

（2）相关领域市场发育程度，市场主体建设运营能力状况和参与意愿；

（3）用户付费项目公众支付意愿和能力评估。

对于经评估满足授予特许权的项目，则可进入下一阶段采购环节的工作。

（二）政府对特许权的监管

在BOT项目中，政府或者其授权机构作为特许方有权对项目的全过程行使全面、充分的监督、检查权，包括但不限于融资、设计、建设、运营等各个阶段。比如，《市政公用事业特许经营管理办法》就规定了特许方在BOT项目实施过程中应承担的职责，这些职责包括：

（1）协助相关部门核算和监控企业成本，提出价格调整意见；

（2）监督获得特许经营权的企业履行法定义务和协议书规定的义务；

（3）对获得特许经营权的企业的经营计划实施情况、产品和服务的质量以及安全生产情况进行监督；

（4）受理公众对获得特许经营权的企业的投诉；

（5）向政府提交年度特许经营监督检查报告；

（6）在危及或者可能危及公共利益、公共安全等紧急情况下，临时接管特许经营项目；

（7）协议约定的其他责任。

此外，特许经营项目的实施机构根据特许经营协议，还可定期对特许经营项目建设运营情况进行监测分析，会同有关部门进行绩效评价，并建立根据绩效评价结果、按照特许经营协议约定对价格或财政补贴进行调整的机制，保障所提供公共产品或公共服务的质量和效率。

第二节　获得 PPP 项目的评定标准

对于需要以 PPP 模式进行采购的项目，最初需要进行项目识别和评定，即物有所值和财政承受能力的评定。只有满足和符合上述两个指标的项目，才可能会被批准采用 PPP 模式，进入项目准备阶段。而如果项目因未获得上述两个指标的论证，则无法纳入 PPP 项目综合信息平台项目库。根据《关于规范政府和社会资本合作（PPP）综合信息平台运行的通知》的规定，未纳入综合信息平台项目库的项目，不得列入各地 PPP 项目目录，原则上不得通过财政预算安排支出责任。

而对于决定采用 PPP 模式进行项目采购后，根据 PPP 项目采购的不同阶段和特性，结合《招标投标法》和《政府采购法》中有关开标、评标、中标无效、授予合同和签约等相关的原则和规则都在一定程度上成为 PPP 项目采购所应当遵循的内容。

一、物有所值评价

物有所值（Value for Money，VfM）评价是判断是否采用 PPP 模式代替政府传统投资运营方式提供公共服务项目的一种评价方法。在中国境内拟采用 PPP 模式实施的项目，应在项目识别或者准备阶段开展物有所值评价，以确定该项目是否适合采用 PPP 模式。物有所值评价和风险合理分担机制是实施 PPP 项目的两大核心问题。

（一）物有所值概述

按照财政部的规定，物有所值评价体系包括定性评价和定量评价。其中，定性评价重点关注的是项目采用政府和社会资本合作模式与采用政府传统采购模式相比能否增加供给、优化风险分配、提高运营效率、促进创新和公平竞争等。而定量评价则主要是通过对政府和社会资本合作项目全生命周期内政府支出成本现值与公共部门比较值进行比较，计算项目的物有所值量值，判断政府和社会资本合作模式是否降低项目全生命周期成本。

鉴于中国的PPP模式的制度设计刚刚起步，因此，中国现阶段的PPP项目物有所值评定以定性评价为主，定量评价不是必须的条件，而是属于鼓励开展的内容。

在实际操作中，采购人和财政部门需要统筹定性评价和定量评价结论，做出物有所值评价结论后，方能决定是否采用PPP模式进行采购。物有所值评价结论分为“通过”和“未通过”两种结果：

（1）如果项目经评定为“通过”的，则可进入财政承受能力论证环节；

（2）如果项目经评定为“未通过”的项目，则可在调整实施方案后重新评价，经重新评价仍未通过的项目，则不宜采用PPP模式。

（二）定性评价

PPP项目进行定性评价的目的在于判断项目的可行性、合理性。具体来看，定性评价指标包括全生命周期整合程度、风险识别与分配、绩效导向与鼓励创新、潜在竞争程度、政府机构能力、可融资性等六项基本评价指标。

（1）全生命周期整合程度指标主要考核在项目全生命周期内，项目设计、投融资、建造、运营和维护等环节能否实现长期、充分整合。

（2）风险识别与分配指标主要考核在项目全生命周期内，各风险因素是否得到充分识别并在政府和社会资本之间进行合理分配。

（3）绩效导向与鼓励创新指标主要考核是否建立以基础设施及公共服务供给数量、质量和效率为导向的绩效标准和监管机制，是否落实节能环保、支持本国产业等政府采购政策，能否鼓励社会资本创新。

（4）潜在竞争程度指标主要考核项目内容对社会资本参与竞争的吸引力。

（5）政府机构能力指标主要考核政府转变职能、优化服务、依法履约、行政监管和项目执行管理等能力。

（6）可融资性指标主要考核项目的市场融资能力。

（三）定量评价

PPP 项目的定量评价是在假定采用 PPP 模式与政府传统投资方式产出绩效相同的前提下，通过对 PPP 项目全生命周期内政府方净成本的现值（PPP 值）与公共部门比较值（PSC 值）进行比较，判断 PPP 模式能否降低项目全生命周期成本，其中 PPP 值可等同于 PPP 项目全生命周期内股权投资、运营补贴、风险承担和配套投入等各项财政支出责任的现值。

而 PSC 值则按照以下三项成本的全生命周期现值之和来确定：

（1）参照项目的建设和运营维护净成本。这里应注意的是：

a. 参照项目可以是政府采用现实可行的、最有效的传统投资方式实施的、与 PPP 项目产出相同的虚拟项目，或者最近五年内，相同或相似地区采用政府传统投资方式实施的、与 PPP 项目产出相同或非常相似的项目；

b. 建设净成本主要包括参照项目设计、建造、升级、改造、大修等方面投入的现金以及固定资产、土地使用权等实物和无形资产的价值，并扣除参照项目全生命周期内产生的转让、租赁或处置资产所获的收益；

c. 运营维护净成本主要包括参照项目全生命周期内运营维护所需的原材料、设备、人工等成本，以及管理费用、销售费用和运营期财务费用等，并扣除假设参照项目与 PPP 项目付费机制相同情况下能够获得的使用者付费收入等。

（2）竞争性中立调整值：主要是采用政府传统投资方式比采用 PPP 模式实施项目少支出的费用，通常包括少支出的土地费用、行政审批费用、有关税费等。

（3）项目全部风险成本，包括可转移给社会资本的风险承担成本和政府自留风险的承担成本，政府自留风险承担成本等同于 PPP 值中的全生命周期风险承担支出责任，两者在 PSC 值与 PPP 值比较时可对等扣除。

（四）物有所值评价指标

在物有所值定性评价中，其六项基本指标权重为 80%，其中任一指标权重一般不超过20%；补充评价指标权重为20%，其中任一指标权重一般不超过10%。其每项指标评分都按照五个等级确定，即有利、较有利、一般、较不利、不利，所对应的分值分别为100—81、80—61、60—41、40—21、20—0分。

在进行定量分析时，通常用于测算PSC值的折现率应当与用于测算PPP值的折现率相同，年度折现率则应考虑财政补贴支出发生的年份，并参照同期地方政府债券收益率来合理的确定。如果PPP值小于或等于PSC值的，认定为通过定量评价；PPP值大于PSC值的，认定为未通过定量评价。

结合上述定性分析和定量指标，如果PPP项目均满足评价指数标准的，则视为通过物有所值评价，进入后一环节的财政能力承受论证。

二、财政承受能力论证

除了物有所值评价之外，PPP项目的另一个评定标准就是财政承受能力论证，用于识别、测算政府和社会资本合作项目的各项财政支出责任，科学评估项目实施对当前及今后年度财政支出的影响，为PPP项目的财政管理提供依据。为确保财政中长期可持续性，财政部门应根据项目全生命周期内的财政支出、政府债务等因素，对部分政府付费或政府补贴的项目，开展财政承受能力论证，每年政府付费或政府补贴等财政支出不得超出当年财政收入的一定比例。

（一）财政承受能力论证的流程

对PPP项目的财政承受能力论证，主要由责任识别、支出测算、能力评估和信息披露四个环节构成。其具体内容如下：

（1）责任识别，即考虑PPP项目全生命周期过程的财政支出责任，包括股权投资、运营补贴、承担风险和配套投入四个方面；

（2）支出测算，具体需要结合财政支出责任分别不同情形进行测算；

（3）能力评估，主要针对财政支出能力、行业和领域平衡性的评估两个方面；

（4）信息披露，包括披露项目名录、项目信息和财政支出责任情况。目前采用的PPP示范项目和信息平台制度也是信息披露的有效方式。

（二）财政支出责任和测算的具体指标

对于采用PPP模式的项目，采购时需要关注其全生命周期过程的财政支出责任，主要包括股权投资、运营补贴、风险承担、配套投入等几个指标。

（1）股权投资支出责任是指在政府与社会资本共同组建项目公司的情况下，政府承担的股权投资支出责任。如果社会资本单独组建项目公司，政府不承担股权投资支出责任。

（2）运营补贴支出责任是指在项目运营期间，政府承担的直接付费责任。不同付费模式下，政府承担的运营补贴支出责任不同。政府付费模式下，政府承担全部运营补贴支出责任；可行性缺口补助模式下，政府承担部分运营补贴支出责任；使用者付费模式下，政府不承担运营补贴支出责任。

（3）风险承担支出责任是指项目实施方案中政府承担风险带来的财政或有支出责任，通常由政府承担的法律风险、政策风险、最低需求风险以及因政府方原因导致项目合同终止等突发情况，会产生财政或有支出责任。

（4）配套投入支出责任是指政府提供的项目配套工程等其他投入责任，通常包括土地征收和整理、建设部分项目配套措施、完成项目与现有相关基础设施和公用事业的对接、投资补助、贷款贴息等。配套投入支出应依据项目实施方案合理确定。

（三）财政承受能力评估的内容

在对PPP项目的财政支出责任进行识别和测算后，即可进行财政承受能力评估，其具体包括财政支出能力评估，以及行业和领域平衡性评估两项内容：

（1）财政支出能力评估，是根据PPP项目预算支出责任，评估PPP项目实施对当前及今后年度财政支出的影响。

（2）行业和领域均衡性评估，是根据PPP模式适用的行业和领域范围，以及经济社会发展需要和公众对公共服务的需求，平衡不同行业和领域PPP项目，防止某一行业和领域PPP项目过于集中。

对于每一年度全部 PPP 项目需要从预算中安排的支出责任，占一般公共预算支出比例不超过 10%。省级财政部门可根据本地实际情况，因地制宜确定具体比例，并报财政部备案，同时对外公布。随着 PPP 模式的推进，10% 的红线也越来越受到关注。

在进行财政支出能力评估时，未来年度一般公共预算支出数额可参照前五年相关数额的平均值及平均增长率计算，并根据实际情况进行适当调整。

三、项目实施方案批复

项目实施方案的审核也是 PPP 项目获得的重要组成部分。每个项目的实施方案的内容各不相同，一般来看，主要包括以下内容：

（1）项目名称和项目实施机构；

（2）项目建设规模、投资总额、实施进度，以及提供公共产品或公共服务的标准等基本经济技术指标；

（3）投资回报、价格及其测算；

（4）可行性分析，即降低全生命周期成本和提高公共服务质量效率的分析估算等；

（5）特许经营协议框架草案及特许经营期限；

（6）特许经营者应当具备的条件及选择方式；

（7）政府承诺和保障；

（8）特许经营期限届满后资产处置方式；

（9）应当明确的其他事项。

政府主管机关对于上述项目实施方案内容的审核一般会结合物有所值、财政承受能力评价一起进行。根据现行相关规定，财政部门负责对项目实施方案进行物有所值和财政承受能力验证，通过验证的，由项目实施机构报政府审核；未通过验证的，可在项目实施方案调整后重新验证；经重新验证仍不能通过的，则不再采用 PPP 模式。项目实施方案获得批复后，即可进入 PPP 采购环节的准备。

四、PPP 项目的入库和清退[①]

随着 PPP 项目的推广，不规范的操作也层出不穷，导致地方债务的隐患，增加 PPP 项目的法律风险，为此，财政部颁布《关于规范政府和社会资本合作（PPP）综合信息平台项目库管理的通知》，即财预〔2017〕92 号文，对于 PPP 项目的入库标准和清退提出了具体的规定。

（1）严格入库标准。根据上述 92 号文的规定，对于不符合标准的项目，不得进入 PPP 项目库，其具体情形包括：

a. 不适宜采用 PPP 模式实施。包括不属于公共服务领域，政府不负有提供义务的，如商业地产开发、招商引资项目等；因涉及国家安全或重大公共利益等，不适宜由社会资本承担的；仅涉及工程建设，无运营内容的；其他不适宜采用 PPP 模式实施的情形。

b. 前期准备工作不到位。包括新建、改扩建项目未按规定履行相关立项审批手续的；涉及国有资产权益转移的存量项目未按规定履行相关国有资产审批、评估手续的；未通过物有所值评价和财政承受能力论证的。

c. 未建立按效付费机制。包括通过政府付费或可行性缺口补助方式获得回报，但未建立与项目产出绩效相挂钩的付费机制的；政府付费或可行性缺口补助在项目合作期内未连续、平滑支付，导致某一时期内财政支出压力激增的；项目建设成本不参与绩效考核，或实际与绩效考核结果挂钩部分占比不足 30%，固化政府支出责任的。

（2）改变了过去 PPP 项目库“只入不出”的做法，对于已经入库的项目，坚持合法合规的原则，经审查不符合条件的项目，予以清退出库，其具体情形包括：

a. 未按规定开展“两个论证”。

b. 不宜继续采用 PPP 模式实施：入库之日起一年内无任何实质性进展的；

---

① 根据财政部 PPP 中心统计，结合财预〔2017〕92 号和《关于进一步加强政府和社会资本合作（PPP）示范项目规范管理的通知》（财金〔2018〕54 号）的规定，截至 2018 年 4 月 23 日，各地累计共有 1695 个项目被清理出库，涉及投资金额 1.8 万亿元；上报整改项目 2005 个，涉及投资额 3.1 万亿元。

尚未进入采购阶段但所属本级政府当前及以后年度财政承受能力已超过10%上限的。

c.不符合规范运作要求。未按规定转型的融资平台公司作为社会资本方的；采用BT方式实施的；未按合同约定落实项目债权融资的；未按时足额缴纳项目资本金、以债务性资金充当资本金或由第三方代持社会资本方股份的。

d.构成违法违规举债担保。

e.未按规定进行信息公开：针对项目实施方案、物有所值评价、财政承受能力论证、政府采购等关键信息。

第三节　意向书和备忘录

意向书（Letter of Intent）是双方当事人在签署正式的合同文件之前，在经过协商和讨论后，就某一个交易或者对一系列交易的原则性问题所达成的一致意见。其内容的主要特点在于对合作意愿的肯定和确认。在理论上和实践中，对于意向书的法律属性以及法律救济存在不同的理解，并由此对各方的实体权利产生不同的影响，因此，有必要对其进行梳理和分析。

一、意向书的内容和构成

在实践当中，意向书的形式是多样的，其具体可以表现为：（1）意向书，即直接写明是双方就合作事项达成的意愿，即意向性文件；（2）谅解备忘录，记录双方取得一致性的原则意见的内容，通常情况下是对一系列事实，包括未来双方需要协商的方向等事项达成的一致[①]；（3）以会议纪要的形式，记录双方经过协商达成一致的内容、双方的意见分歧，以及后续进一步细化和讨论的内容；（4）条款清单或协议要点，记载双方经过协商已经达成一致的内容，是对将来拟签署的合同条款具体而清晰地达成一致意见，并作为将来正式合同签署或进一步细化的基础。甚至在某些情况下，框架协议也可以作为意向书的表现形式，对合作的事项进行概括性和原则性的约定。

① 徐德风：《意向书的法律效力问题》，载《法学》2007年第10期，总第311期。

根据上述意向书的表现形式，结合实践可以看出，意向书的内容视其表现形式的不同而有所不同。意向书可以是原则性的内容，也可以是非常具体的包括未来签署的正式合同的主要条款和细节。通常来讲，意向书涉及实体性内容和程序性内容两个方面，因此，于此相对应，根据意向书的内容及其与未来拟签署的正式合同的关系，其条款可以分为两类，即实体性条款和程序性条款。前者是指构成未来拟签署的正式合同条款的内容；后者则是关乎缔约过程，用于调整和规范谈判程序，或是规定当事人在缔约中的通知、协助等相关义务的条款[①]。

二、意向书的法律性质

通常来讲，意向书只是双方就将来签署某一具体合同所达成的一致意思表示，其针对的是双方将来要签署的合同，但是并不意味着必须要签署相应的合同文件。

关于意向书的法律性质，法律并无统一和明确的规定，虽然最高院在《关于审理买卖合同纠纷案件适用法律问题的解释》第 2 条中规定，当事人签订意向书、备忘录等预约合同，约定在将来一定期限内订立买卖合同，一方不履行订立买卖合同的义务，对方请求其承担预约合同违约责任或者要求解除预约合同并主张损害赔偿的，人民法院应予以支持。上述规定对指导实践具有一定的借鉴价值。但是，不可否认的是，最高院的上述司法解释针对的是买卖合同纠纷的法律适用，并没有推广至其他合同形式，因此，对于工程领域中遇到的意向书，仍需要结合《合同法》的规定进行分析和界定。

（一）理论上的分析

在理论上，一般的理解是意向书不具有强制约束力。但也有观点认为意向书的法律效力需要结合和进一步细化意向书的含义来确定，并且根据表意人的主观意愿、意向书的客观内容，将意向书的类型划分为不具有任何法律约束力的仅表达初步设想的意向文书，具有部分约束力的预约，以及具有完

---

① 徐德风:《意向书的法律效力问题》，载《法学》2007 年第 10 期，总第 311 期。

全约束力的正式合同。[①]

（二）法律规定和司法实践

按照最高人民法院《关于适用〈中华人民共和国合同法〉若干问题的解释（二）》第1条的规定，当事人对合同是否成立存在争议，人民法院能够确定当事人名称或者姓名、标的和数量的，一般应当认定合同成立；对于无法确定的条款内容，则可以根据《合同法》第61条和第62条进行推定。另外，如果双方决定采用合同书形式订立合同，在签字或者盖章之前，当事人一方已经履行主要义务，对方接受的，该合同也属于已经成立。因此，PPP和工程项目实务当中，如果涉及的意向书已具备合同的基本条款，能够确定合同的主要内容，当事人也没有明确排除其法律约束力，并且一方已经履行了该意向书项下的部分义务，另一方也接受该履行的，此时的意向书就应当具有法律效力。

司法实践中，对意向书的法律效力也并没有统一的观点和做法，尤其是双方仅有意向书而无正式合同时，更多的是需要结合案件的具体事实和条件做出个案分析和裁判。按照一般的原则，意向书完全有约束力的条件是内容具体确定和当事人有受约束的意思[②]。如在香港维达科技有限公司诉青岛前湾集团公司中外合资经营合同财产返还纠纷案[③]中，原被告双方签署《谅解备忘录》，约定对案外人青岛维达公司清盘后的遗留问题进行处理，其后原、被告又在被告接待室对谅解备忘录的执行情况进行了会谈协商，并形成书面会谈记录。法院经审理后认为，原告据以起诉的直接证据是双方签订的谅解备忘录，该谅解备忘录有具体、可执行的内容，因此在双方当事人之间产生了有效合同的法律效力。

---

① 王颖洁：《论意向书的法律效力及其法律责任》，载《法制与社会》2013年7月。

② 陈进：《意向书的法律效力探析》，载《法学论坛》2013年第1期。

③ 香港维达科技有限公司诉青岛前湾集团公司中外合资经营合同财产返还纠纷案，山东省青岛市中级人民法院（2003）青民四初字第117号民事判决书。

而在洋浦开发区管委会与澳华公司房地产开发经营合同纠纷案[①]中，澳华公司与洋浦管委会签订了《投资意向书》，其载明因规划调整，澳华公司受让的两块土地现已不能使用，故洋浦管委会同意为澳华公司在新英湾沿海一带置换相同面积的土地使用权，澳华公司对置换后的土地应进行酒店开发。最高院认为：一般而言，从一方发出愿意签订合同的意思表示（要约或要约邀请）到合同的正式成立，期间会经历一个协商过程，并对合同的主要内容达成初步合意，最终以口头或书面方式成立合同。本案《投资意向书》并不具备合同的基本要素，即当事人名称或者姓名、标的和数量。从标题看，该文件明确为“意向书”，并非常用的“合同”“协议”等名称；从内容看，该文件对于双方的权利义务以及法律责任约定并不明确，只是表明为了澳华公司能够在相应的地块进行商业投资开发，洋浦管委会有为其协调置换土地的意愿，但并未约定置换土地的具体位置和面积及履行期限等；从具体措辞看，双方明确约定洋浦管委会“协调置换土地”，表明从“协调”到真正“置换”还需要经过再协商、再约定。因此，《投资意向书》的性质为磋商性、谈判性文件，符合法律规定和当事人真实意思表示。

（三）英国法中的规定

如前文所述，英国法中关于合同的成立除了要约、承诺、对价、主体能力外，还有一个必备的要素，即在双方间建立法律关系的意愿（intention to create legal relation）。对于意向书，一般来讲也是不具有法律约束力的，但是法院在处理个案时，会就意向书的具体含义和法律效力更多地考虑其中的用词和表述。

比如，在 British Steel Corporation v. Cleveland Bridge & Engineering Co.Ltd[②]一案中，原告根据被告的一份意向书开始工作，意向书中表达了签署合同的意愿并附随一封 ICE 的合同条件，价格则按照先前的一份传真件的记载，但

---

① 澳华资产管理有限公司与洋浦经济开发区管理委员会其他房地产开发经营合同纠纷申请再审案，最高人民法院（2014）民申字第 263 号民事裁定书。

② British Steel Corporation v. Cleveland Bridge & Engineering Co.Ltd（1981）24 BLR 94.

在后续的协商过程中，双方未能达成正式的合同，由此引发争议。法院经审理后认为双方之间并没有达成协议，但是原告方有权获得相应的报酬。而在另一个 Turriff Construction & Turriff Ltd v. Regalin Kniting Mills① 案中，法院给出了一个相反的判决。法院认为一份意向书构成了一份附属合同，即使相关的工作最终被放弃，该附属合同也可以视为承包人完成相应的准备工作并获得支付的保证，因此，承包人有权依据该意向书主张相应的款项。

对于工程项目，前 TCC 法庭的法官 Humphrey Lloyd 在 ERDC Group Ltd v.Brunel University② 一案中提出，对于一份工程施工合同，当事人双方至少要对工作的范围、价格、价格的支付方式、支付时间、履行期限等关键条款进行约定。笔者认为，区分一份文件属于意向书还是工程合同，也可以参考其是否具备了上述的主要基本内容。

（四）意向书的法律救济

如前文所述，理论上和实践中对于意向书的法律含义并没有统一的认识，其法律性质也呈现多样性的特点，其可能是磋商性文件、预约合同或者本约合同。如果是磋商性文件，则一般无法律约束力；如果构成预约合同，若违反约定内容则应当承担预约合同的违约责任或者损害赔偿责任；如果构成本约合同，则应当按照合同法的有关规定承担违约责任。而对于意向书的性质和效力，应从约定形式是否典型、内容是否正确以及是否有受约束的意思表示等方面出发，根据有关法律和司法解释的规定来具体审查认定。比如，对于标的、数量不确定，缺少当事人受其约束的意思表示的情况下，一般将其认定为磋商性文件③。如果意向书的性质为磋商性、谈判性文件，则不具备合同的基本要素，没有为双方设定民事权利义务，双方当事人之间也并未形成民事法律关系④，此时将无法获得合同法项下有关的合同违约、赔偿等权利

---

① Turriff Construction &Turriff Ltd v. Regalin Kniting Mills（1971）9 BLR 20.

② ERDC Group Ltd v. Brunel University［2006］EWHC 687（TCC）.

③ 郭魏:《透析“意向书”的法律性质和效力》，载《人民司法》2015 年第 22 期。

④ 澳华资产管理有限公司与洋浦经济开发区管理委员会其他房地产开发经营合同纠纷申请再审案，最高人民法院（2014）民申字第 263 号民事裁定书。

救济方式。

此外，意向书的内容可分为实体性条款和程序性条款。在违反程序性条款时，如何确定损害赔偿却有着不同的理解。司法实践中，通常认为违反程序性条款会构成信赖利益的损害赔偿，即一方当事人应赔偿他方因信赖意向书效力而支出的成本和费用；[①]而对于违反实体性条款的情况，笔者认为可以根据当事人的主观意愿以及具体的事实，确定意向书的不同属性及其法律效力，进而给予相应的法律救济。

三、备忘录

与意向书类似，备忘录（MOU）也是基础设施项目投融资前期工作、建设和运营阶段常见的法律文件之一。目前，中国现有法律并没有对备忘录做出明确的规定，因而，实践中对于备忘录的法律性质和效力有着不同的理解。

（一）备忘录的类型

备忘录有很多类似的名称，比如谅解备忘录、合作备忘录等。在实际商业活动中所使用的备忘录，主要可以分为三类：

（1）记录性的备忘录（Minutes），是将谈判的题目、争议或合作的解决办法、共同点、分歧点、彼此提出的意见要点、实事求是地记录下来。

（2）确认性的备忘录（Confirmatory of Memorandum），是将谈判的题目，讨论的问题与解决办法，彼此同意照办的具体条款，记录下来并加以确认，实质上乃是一种单项协议或为补充性的附件协议。

（3）理解性的备忘录（Memorandum of Understanding），是将谈判的结果写成记录，说明彼此对某一问题已取得某种程度的理解与谅解并加以阐释，以备作为将来或许要进一步谈判的根据与参考。有时也可作为会谈友好地圆满结束的记录文件。

此外，在外交场合，备忘录作为外交文件，阐明一国政府对于某一事件

---

① 徐德风：《意向书的法律效力问题》，载《法学》2007年第10期，总第311期。

或问题的立场或进行辩驳，或者在外交会谈后所制作的记录也经常被使用[①]。在一些大型的对外援助项目以及国家间合作项目，两国政府签署的备忘录也被广泛地使用。

（二）备忘录的性质和效力

从法律性质上来看，备忘录和意向书具有共性，通常理解为非正式的文件，不管是意向书，还是备忘录，其目的都是对双方将来的行为进行一定的限制，或者就解决某些事务达成了一致。但两者也有区别。实践中，意向书更倾向于就合作事宜达成的一致，其内容较宽泛；而备忘录的内容可能比意向书更为详细和具体，除了就双方的合作内容取得一致意见外，也会涉及合作过程中、合同履行发生的争议和分歧达成的解决方案等内容。

《最高人民法院关于审理买卖合同纠纷案件适用法律问题的解释》中把备忘录、意向书作为预约合同，并支持一方请求承担预约合同违约责任或者要求解除预约合同及损害赔偿的权利主张。但这些都是从买卖合同成立、生效的角度对备忘录所作的解读，而并非针对备忘录的普遍适用性的规定。而实务中使用的备忘录并不仅限于买卖法律关系，也正是因为法律法规、司法解释并没有对备忘录和意向书进行统一和规范，故实务中对于备忘录的法律效力也就有了不同的观点。

结合实践来看，目前关于备忘录的法律性质和效力，普遍的观点是以备忘录的具体内容和签署方的真实意思表示来确定其效力，而非简单地定性为具有法律约束力或者不具有法律约束力。如在中铁二十二局与安徽瑞讯公司、安徽高速公司建设工程施工合同纠纷案[②]中，瑞讯公司与中铁公司签署的《备忘录》载明，对中铁公司请求支付因工期延长和实际工程总价款减少引起的管理费增加费用问题，系双方有分歧的事项，瑞讯公司表示此费用按

---

① 隋淑静:《备忘录的法律性质与效力刍议》，载中国律师网：http://www.acla.org.cn/lilunyanjiu/2421.jhtml，2012 年 8 月 20 日。

② 中铁二十二局集团第四工程有限公司与安徽瑞讯交通开发有限公司、安徽省高速公路控股集团有限公司建设工程施工合同纠纷案，最高人民法院（2014）民一终字第 56 号民事判决书。

索赔事项处理。据此，最高院最终认定，从《备忘录》的约定来看，双方当事人均同意有关损失按照索赔程序处理，这说明双方当事人对该索赔事项尚存争议，瑞讯公司未同意支付此部分工程款，故中铁公司针对管理费的诉请，并无双方当事人之间的合意依据。

而在香港锦程投资公司与山西省心血管疾病医院投资合作纠纷案[①]中，最高院就认为，双方签署的《备忘录》虽然变更了《合资合同》约定的出资时间及额度，但三方签订《备忘录》的背景系因心血管医院以土地使用权作价入资需要办理规划、财政、土地等报批手续，其目的并非刻意规避或者改变审批机关的审批事项，而是更合理地调整各方出资时间、额度及先后顺序，《备忘录》约定的事项并非必须报经审批机关审批之事项，无须再行报批。因此，《备忘录》系合资三方在平等、自愿、协商一致的基础上达成的，其对各方出资所做的调整是必要和合理的，其内容反映了合资各方的真实意思表示，依法应当认定其合法有效，对合资各方均具有约束力。

根据上述不同的司法审判案例可以看出，司法机关在审理备忘录时，也会结合其内容和相关争议背景来分析，对于符合条件的备忘录，则认可其具有相应的法律效力。

四、单方承诺

与合同成立中的"要约—承诺"不同的是，在商业活动，包括政府方、贷款方，以及在工程合同的履行过程中，经常会涉及单方承诺的情形，比如承诺函、投标函、有关工程价款让利、工期的承诺等，这些单方承诺的法律性质的界定以及如何理解，将可能直接关系合同主体的权利、义务以及相应的责任。

有观点认为，单方承诺具有保证的效力。但是，保证系由第三方对债务人所做的担保。如果债务人以单方承诺的方式为第三人债务提供保证，属于法律上的担保，等于是为自己设定给付义务，同时放弃对对方的给价请求，

① 香港锦程投资有限公司与山西省心血管疾病医院、第三人山西寰能科贸有限公司中外合资经营企业合同纠纷案，最高人民法院（2010）民四终字第3号民事判决书。

在债权人和第三人间产生了债的关系，债权人取得了对第三人的直接请求权[①]。但如果是以书面的形式承诺自己履行债务或者提供作保，则并不构成法律上的保证担保。同时，在一方做出单方承诺后，而对方予以接受，不论是以书面文件，或者以行为，则都可视为在双方之间达成了一致意见。从这一角度来看，实务中一般没有“纯粹”的单方承诺。如果对方既不接受，也不反对，那么单方承诺的效力就值得关注和探讨。

按照《民法通则》的相关规定，民事法律行为是公民或者法人设立、变更、终止民事权利和民事义务的合法行为。民事法律行为有单方行为和双方行为之分，因此，严格来说，单方承诺属于单方民事法律行为，是承诺人对自身债务的追加和认可。同时，根据民事行为应当遵守诚实信用的原则，对于承诺人具有法律约束力，应当遵守履行。

第四节　PPP 项目的发起

在 PPP 项目的整个流程环节中，项目的发起环节起着承上启下的作用，是项目识别的前提，也是启动和具体落实 PPP 项目的第一步。在实务中，关于 PPP 项目的发起需要注意包括发起主体和发起程序以及实施主体等方面的内容。

一、PPP 项目的发起主体

按照现行的相关规定，PPP 项目的发起人是指经政府授权的直接组织实施特许经营权转让，并与项目投资人和／或运营维护人订立特许经营协议的行政主管部门。其中，县级以上人民政府行业主管部门或政府授权部门可以根据经济社会发展需求，以及有关法人和其他组织提出的特许经营项目建议等，提出特许经营项目实施方案。由此可知，政府和社会资本合作项目可以由政府发起，也可以由社会资本发起，但就当前基础设施项目的实践来看，

---

① 武钢集团昆明钢铁股份有限公司与陈霖再审案，最高人民法院（2014）民申字第 393 号民事裁定书。

大多数 PPP 项目还是以政府发起为主。

（一）政府发起项目

目前，中国的 PPP 项目主要由政府财政部门和发改委授权机构作为发起人分工负责。发起人向交通、住建、环保、能源、教育、医疗、体育健身和文化设施等行业主管部门征集潜在政府和社会资本合作项目，或者各行业主管部门从国民经济和社会发展规划及行业专项规划中的新建、改建项目或存量公共资产中遴选潜在项目，按照发改委、财政部门各自的职能分工提出立项申请，经过论证和审核后列入 PPP 项目库。从政府级别来看，目前法律法规并没有限制性的规定，结合财政预算的管理体制，县级以上政府均可发起 PPP 项目。

由政府发起 PPP 项目的好处在于，只要是符合国家产业政策、有利于改善地方政府债务、提供政府公共服务水平的目标，即可提出启动程序。而且，政府发起项目在审核、批复以及土地、税收方面的优惠相对容易落实，对社会投资人而言，各个政府部门之间的协调工作也可以交由政府主管部门统一处理。

（二）社会资本发起项目

除了政府部门发起 PPP 项目之外，如果是由社会资本主动发起的 PPP 项目，则应当以项目建议书的方式向财政部门（政府和社会资本合作中心）推荐潜在的 PPP 项目，再由政府主管部门确定后实施。社会投资人如果有合适的 PPP 项目，只能是经过推荐程序、提交项目建议书，最终能否以 PPP 模式发起项目，最终的决策权仍然在政府方面。笔者理解，这是因为目前中国的大多数 PPP 项目仍然以政府财政预算作为付款的保障，因而，政府主管部门对项目是否启动、是否实施占据了很大的主导权。根据上述规定可以看出，严格来讲，目前中国并没有完全意义的由社会资本独立发起的 PPP 项目。

根据实践，除了一般性的概述外，项目建议书的内容主要包括以下几项：

（1）项目提出的目的、必要性和依据；

（2）项目的产品方案、市场需求、拟建生产规模、建设地点的初步设想；

（3）资源情况、建设条件、协作关系和引进技术的可能性及引进方式；

（4）投资估算和资金筹措方案及偿还能力预测；

（5）项目建设进度的初步安排计划；

（6）项目投资的经济效益和社会效益的初步估计。

鉴于实践中评审多以书面审查方式进行，因而社会投资人如欲发起 PPP 项目，则应当在项目建设书中对拟投资建设的项目进行充分和详细的阐述。

（三）PPP 项目的实施机构

项目的实施机构，也可称为项目采购人、项目发起人，是指政府授权的直接组织实施 PPP 项目，负责特许经营权转让，并与项目投资人和／或运营维护人订立 PPP 合同、特许经营协议的行政主管部门。按照规定，县级及县级以上地方人民政府可建立专门协调机制，主要负责项目评审、组织协调和检查督导等工作，实现简化审批流程、提高工作效率的目的。具体因项目不同而有一定的差异：对于财政部主管的 PPP 项目，政府或其指定的有关职能部门或事业单位可作为项目实施机构，负责项目准备、采购、监管和移交等工作；而对于发改委主管的 PPP 项目，则由相应的行业管理部门、事业单位、行业运营公司或其他相关机构，作为政府授权的项目实施机构。

在实务中，项目所在地的管委会、地方融资平台公司等也都有可能成为 PPP 项目的实施机构，承担吸引外资、招商引资和签署相关 PPP 合同的职能。对此，投资人在参与 PPP 项目过程中，尤其需要关注项目实施机构的主体资格和相关授权手续。

二、PPP 项目的发起程序

在以政府发起的 PPP 项目中，财政部和发改委等行政主管机关内部有着相对较为封闭的启动、筛选的过程。即使是在社会投资人发起的 PPP 项目中，政府也占有主导的地位和作用，社会投资人的介入通常只是起到启动 PPP 项目前期论证的作用。

在项目立项阶段，主要是针对项目建议书的审核，这是 PPP 项目能否获准的关键环节。目前，除财政部对于预算等监管外，针对建设项目的审批、核准主要是由国务院、国家发改委以及省、市、县级政府发展和改革部门负责。按照规定由国务院核准的项目，由国家发展改革委审核后报国务院核准；由地方政府核准的项目，各省级政府可以根据本地实际情况具体划分地方各级政府管理权限，制定本行政区域内统一的政府核准投资项目目录；对于涉及本地区重大规划布局、重要资源开发配置的项目，由省级政府核准，原则上不下放到地市级政府、一律不得下放到县级及以下政府。

但是，特别需要注意的是，随着近几年中国政府行政监管体制的改革，相关的政府审批权限也出现了较大的变化。除了核准制向备案制的转变外，国务院各级主管部门，以及地方政府主管部门的审批核准权限也在变化之中。比如，目前交通领域的项目审批已经全部下放，除涉及国务院、中央军委事权外，对能用规划实行有效管理的项目最大限度下放审批，仅保留少部分重大项目和中央投资为主项目的审批权限。对此，投资人有必要在发起 PPP 项目时加以关注，根据项目特征和类型提前做好相应的准备工作。

第五节　安慰函和政府担保

在 PPP 项目和特许权项目融资中，安慰函（Letters of Comfort）、承诺函和政府担保等文件是经常使用的文件，同时也是投资人重点关注的文件。尤其是在项目前期，社会投资人需要借助这些文件进行投资决策分析，而这些文件的内容、效力、发生的争议以及由此产生的各方权益的保障则是实践当中经常遇到和需要解决的问题。

目前，在司法实践中，就政府出具的安慰函、承诺函是否具有保证担保的法律效力、政府提供担保的效力等方面都有着不同的观点和审判实践，有待法律的进一步明确，同时也需要 PPP 项目的各方参与主体引起重视。

一、政府安慰函及其法律效力

在项目融资和 PPP 模式中，特别是特许权项目中，由于项目本身的特许权和后续涉及的政府对项目的资金、税务、土地等方面的优惠，因而投资人往往需要借助于政府出具的安慰函、承诺函等文件来寻求投资的安全和保障。安慰函被认为是“介于道德的和法律之间的约束性承诺”[①]。

在英国法下，大多数情况下，其是否构成具有法律意义上的约束性承诺及其效力取决于其是否具有合同的属性，包括要约、承诺、对价等合同基本要素，但也有一些虽然不具有合同属性的安慰函，在特定情况下也具有法定的约束力[②]。同时，也需要结合双方在安慰函中的表述、用语，协议的属性和条款，双方的合作关系、过往的协议等因素综合考虑，并应当按照一个客观的第三方的理解来确定。[③]

而在中国法律环境下，针对安慰函、承诺函的使用场合和内容等情况，则有必要结合《合同法》《担保法》等法律法规的相关内容进行分析和辨别。比如，在中国银行（香港）有限公司与辽宁省人民政府、葫芦岛锌厂保证合同纠纷二审案件[④]中，最高院判决认为，在政府仅承诺“协助解决”，并没有对债务作出代为清偿责任的意思表示，《承诺函》不符合《担保法》第6条有关“保证”的规定，不能构成法律意义上的保证。《承诺函》所涉债务并未达成保证担保的合意，不能在双方之间形成保证合同关系。故有关《承诺函》不构成保证担保的主张符合双方当事人的真实意思表示，依据《承诺函》要求政府承担保证责任于法无据，不予支持。

在佛山市人民政府与交通银行香港分行担保纠纷案[⑤]中，佛山政府《承诺函》，载明“愿意督促债务人履行还款责任，如出现拖欠情况，政府将负责解决，不让债权人在经济上蒙受损失”。最高法院认为，首先，从名称来看，《承诺函》并非担保函，对于其是否能构成担保应根据其内容来认定。其次，从《承诺函》的内容来看，“负责解决”、“不让贵行在经济上蒙受损失”并

---

① I Thain, Almost Contract: Letters of Comfort 2005 (April) New Zealand Law Journal, at 122.

② Walton Stores (Interstate) Ltd., v. Maher (1988) 164 CLR 387.

③ Merritt v. Merritt [1970] 1 WLR 1211 at 1213.

④ 中国银行（香港）有限公司与辽宁省人民政府、葫芦岛锌厂保证合同纠纷二审案，最高人民法院（2014）民四终字第37号民事判决书。

⑤ 佛山市人民政府与交通银行香港分行担保纠纷案，最高人民法院（2004）民四终字第5号民事判决书。

无明确的承担保证责任或代为还款的意思表示。再次，在香港交行向中亚公司和景山公司出具的授信函中，在“抵押品及法律文件”项下，除了佛山市政府的《承诺函》外，还有不动产的抵押、保证及存单的质押等，且《承诺函》均在这些授信函中被列入区别于“保证”的“其他”文件项下，这说明香港交行明知《承诺函》并非保证函。最后，为解决拖欠香港交行贷款事宜，佛山市政府与香港交行之间的会议纪要中，香港交行从未要求佛山市政府承担保证责任或代中亚公司、景山公司还款，佛山市政府也未作出过承担保证责任或代企业还款的意思表示。据此，佛山市政府从向香港交行出具的书面文件上，到实际的行动上，从未有过承担保证责任或代所属企业还款的意思表示，其向香港交行出具的《承诺函》并不构成我国担保法意义上的保证。

此外，对于人民政府出具的《承诺函》是否构成我国《担保法》意义上的保证，应根据人民政府出具《承诺函》的背景情况、《承诺函》的内容以及查明的其他事实情况作出认定；在对外担保的案件中，我国境内公民个人向境外债权人提供的担保，若存在《最高人民法院关于适用〈中华人民共和国担保法〉若干问题的解释》第6条规定之情况，应依法认定为无效[①]。

从上述最高院的司法裁判可以看出，投资人对于地方政府出具的支持PPP项目推进的文件应当从严把握，如果单纯以政府部门出具的《承诺函》《安慰函》作为项目的担保，则会有较大的法律风险。

二、政府担保及其法律效力

除了安慰函、承诺函等文件外，在PPP项目中还会经常涉及有政府及政府机构直接提供担保的情形。关于政府担保，中国现行的法律法规有着明确的禁止性规定。根据《担保法》以及国务院、财政部的相关规定，属于无效的政府担保包括下列几种情形：

（1）政府担保承诺无效。

（2）未经国务院批准，各级政府不得自行制定税收优惠或财政优惠政策。

---

① 最高人民法院《关于交通银行香港分行与港云基业有限公司、云浮市人民政府等借款担保合同纠纷上诉一案〈承诺函〉是否构成担保问题的请示的复函》(〔2006〕民四他字第27号)。

对违法违规制定与企业及其投资者（或管理者）缴纳税收或非税收入挂钩的财政支出优惠政策，应坚决予以取消。

（3）土地出让收入和支出实行严格的收支两条线，任何地区、部门和单位都不得以“招商引资”等各种名义减免土地出让收入，或者以土地换项目、先征后返、补贴等形式变相减免土地出让收入。

（4）政府不得承诺固定投资回报，严禁通过保底承诺、回购安排、明股实债等方式进行变相融资，将项目包装成PPP项目。

特别需要注意的例外情况是经国务院批准，地方政府为使用外国政府或者国际经济组织贷款进行转贷的担保，则属于法律规定的有效情形。

综上所述，社会资本方在进行投资决策前，就应注意核查政府就PPP项目所给出的相关支持政策是否存在以上合法、合规风险。

三、PPP项目政府承诺的保障措施

虽然，一方面，完善政府守信践诺机制，大力推进法治政府和政务诚信建设是中国政府为推进政治改革和PPP项目所做的努力，中央政府也一再强调地方各级政府及有关部门要严格兑现向社会及行政相对人依法作出的政策承诺，认真履行在政府与社会资本合作等活动中与投资主体依法签订的各类合同，不得以政府换届、领导人员更替等理由违约毁约，因违约毁约侵犯合法权益的，要承担法律和经济责任①。另一方面，也提出金融机构为融资平台公司等企业提供融资时，不得要求或接受地方政府及其所属部门以担保函、《承诺函》《安慰函》等任何形式提供担保。②

但是，在中国的法律环境下，仅有政策性指导文件并不足以完全保障投资人的权益，如何确保政府承诺的合法性和可行性是需要投资人关注的重点议题之一。一般来说，按照《预算法》等规定，项目资金应当列入财政预算，

---

① 2016年11月4日发布的《中共中央国务院关于完善产权保护制度依法保护产权的意见》第7条。

②《关于进一步规范地方政府举债融资行为的通知》（财预〔2017〕50号），由财政部、发展改革委、司法部、人民银行、银监会、证监会联合发布。

并获得人大的审议通过；税收优惠、土地获得等也都应当符合现行税法、土地法的相关规定。投资人需要将政府《承诺函》《安慰函》的具体内容落到实处，才能有效地避免这些法律风险。

除此之外，虽然政府《安慰函》和《承诺函》不构成法律上的担保，但是基于PPP项目双方合作的诚信原则，笔者认为应当赋予《安慰函》《承诺函》等一定的法律约束力，建立类似于普通法系国家的"禁止反言"制度，这样能够"防止未经深思熟虑做出承诺的一方寻求从承诺中解脱，而另一方则因为按照该承诺行事而遭受损害"[①]。

第六节　特许权和PPP项目的融资担保

在PPP项目、项目融资中，担保作为风险防范，尤其是承包人履行合同、业主支付价款的一种有效保障措施，被运用到大部分的工程项目中。担保的主要特点和基本原则是担保合同附属于主合同，其目的和功能在于保障主合同债务的实现。

一、融资担保的方式

在设立担保法律关系的交易架构中，主要涉及两种基本的合同法律关系。一种即债权人和债务人的主合同法律关系，另一种则是基于主合同建立的担保合同，通常情况下在担保人与被担保人之间设立。此外，按照《物权法》的规定，第三人向债权人提供担保的，也可以同时要求债务人提供反担保。由此，在主担保法律关系之外，还形成了担保人和债务人之间的反担保法律关系。

就担保关系的设立形式来看，也并没有特殊的限定。根据《担保法》的规定，担保可以是当事人之间的书面合同，包括当事人之间的具有担保性质的信函、传真等，同时也可以是主合同中的担保条款。

① The Commonwealth of Australia v. Verwayen [1990] 170 CLR 394 at 428-42.

二、融资担保的财产范围

在处理涉及融资担保问题时，最先需要确定可担保的财产范围。根据法律规定，可用于融资担保的财产范围包括生产设备和交通工具等动产、建筑物等不动产、无形资产以及股权和收益权等权利。就大型基建项目投融资实践来看，除了动产质押、不动产的抵押外，股权、收益权质押，以及法律规定的特殊担保或类担保也是常见的融资手段和保障措施。

（一）股权质押

根据《担保法》的规定，票据、债券、存单、股权、知识产权等权利可以进行质押。在大型基础设施项目的实践中，股权质押是融资贷款和合同债务的重要保障手段，尤其是在目前的PPP项目中，以母公司或者项目公司的股权作为融资担保的方式较为常见。

在以股权作为担保时，合作双方有必要事先了解抵押人所涉及的股权质押的合法性，比如对于已经通过股东会决议的股权质押，应当及时记载于股东名册，避免出现股权出质但未记载于股东名册，导致质押协议未生效，质权未设立的不利后果。

当然，在实务中还应注意，由于各地股权质押行政主管部门对于股权质押审查时掌握的尺度宽严不一，因此，也需要办理质押手续的双方提前了解和知悉当地的具体操作规则。

（二）收益权担保

基础设施资产权益转让是指向外商和国内经济组织转让国有公路、桥梁、隧道、港口码头、城市市政等公用基础设施的经营权、使用权、收益权以及股权等。

在一些采用BOT、BOOT等形式融资建设的基础设施项目中，不论是投资人还是承包人，都有可能涉及以公路桥梁、公路隧道或者公路渡口等不动产收益权出质的情形。国务院认为公路建设项目法人可以用收费公路的收费权质押方式向国内银行申请抵押贷款，质权人可以依法律和行政法规许可的方式取得公路收费权，并实现质押权。但是，值得注意的是，此处的质权人仅限于国内银行。因此，如果是非银行的投资人和承包人，则需要注意合规性的问题。而在司法实践中，最高人民法院也肯定此类不动产收益权可以作为《担保法》规定的其他可以质押的权利，对质权人也并没有特殊的限制。

此外，按照《物权法》的规定，作为与收益权相关的特殊权利质，对于债务人或者第三人有权处分的应收账款的权利也可以出质。应收账款是指权利人因提供一定的货物、服务或设施而获得的要求义务人付款的权利，这其中包括公路、桥梁、隧道、渡口等不动产收费权，以及其他现有的和未来的金钱债权及其产生的收益。

（三）不得用作融资担保的财产

在涉及融资担保的问题，还需要特别注意法律禁止抵押的财产。比如，《物权法》第 184 条明确规定“土地所有权”“学校、幼儿园、医院等以公益为目的的事业单位、社会团体的教育设施、医疗卫生设施和其他社会公益设施”不得抵押。因此，在具有社会公益性质的 PPP 项目中，对于上述禁止抵押的财产则需要从融资担保的财产范围中剔除。

而在土地问题上，土地所有权，以及耕地、宅基地、自留地、自留山等集体所有的土地使用权都不允许用于抵押担保，而仅由抵押人依法承包并经发包方同意抵押的荒山、荒沟、荒丘、荒滩等荒地的土地使用权才可用于抵押。这在需要占用大量土地的项目中，比如分布式光伏电站项目中尤其需要注意。

三、工程价款优先受偿权

工程价款优先受偿权是工程合同纠纷中的焦点和难点之一，也是工程承包人维护自身权益的重要措施，其涉及的法律问题也较多。优先受偿权也是承包人在工程最后阶段能够用来维护自身权益的有效手段。但是，由于理论界和实务界对优先受偿权的法律性质本身亦未达成一致的意见，因此，其在实践中的理解和运用更显得复杂多变。

（一）优先受偿权的法律性质

根据《合同法》的规定，发包人未按照约定支付价款的，承包人可以催告发包人在合理期限内支付价款。发包人逾期不支付的，除按照建设工程的性质不宜折价、拍卖的以外，承包人可以与发包人协议将该工程折价，也可以申请人民法院将该工程依法拍卖；建设工程的价款就该工程折价或者拍卖的价款优先受偿。该条规定被认为是工程优先受偿权的依据。尽管《合同法》规定了优先受偿权，但是对其法律性质等问题仍有很多不明确的地方，因而在实践中引起了诸多不同的理解，造成了实践操作的难度。

特别是对优先受偿权的法律属性存在不同的理解。我国学者对工程价款优先受偿权的法律性质主要有三种观点：第一种观点认为工程价款优先受偿权属于留置权，发包人不按约定支付工程价款，承包人可以留置该工程，并以此折价款优先受偿；第二种观点认为工程价款优先受偿权属于法定抵押权，因为它不以转移标的物的占有为必要，并具有从属性、不可分性、追及性、物上代位性和优先受偿性，符合抵押权的一般特点；第三种观点则认为建设工程优先受偿权属于优先权，具有法定担保物权的性质。但具体来看，对优先受偿权的定性并未统一，而法律属性的不同，势必造成相关的权利救济方式和途径、法律后果的差异。

最高人民法院也规定法院在审理房地产纠纷案件和办理执行案件中，应当依照《合同法》第286条的规定，认定建筑工程的承包人的优先受偿权优于抵押权和其他债权。该司法解释为优先受偿权在实践中的行使提供了司法指引，但也并没有从本质上解决工程价款优先受偿权的法律属性这一难题。

（二）优先受偿权的范围

关于工程价款优先受偿权，最先需要解决的是承包人是否享有权利的争议。在认定承包人有权行使优先受偿权的前提下，则需要进一步探讨该项权利的范围和外延。《合同法》和《最高人民法院关于审理建设工程施工合同纠纷案件适用法律问题的解释》均没有对此加以界定。为了解决实践中存在的不一致的做法，最高人民法院在《最高人民法院关于建设工程价款优先受偿权问题的批复》中明确规定，建筑工程价款包括承包人为建设工程应当支付的工作人员报酬、材料款等实际支出的费用，不包括承包人因发包人违约所造成的损失。

笔者认为，关于优先受偿权的行使范围，还应当结合受偿权的权利性质以及具体个案的差异进行分析，进而针对不同的案情做出不同的解决方案，而不宜一刀切。

首先，众所周知，在工程项目建设中，不论是业主还是承包人，对资金的需求量都极大，而现金流对承包人而言尤为重要，如果因为业主延误或拒绝支付工程款，将直接涉及下游的工程分包商和劳务分包商、材料设备供应商等款项的支付。因此，承包人不论是使用内部自有资金还是外部的融资资金，就所欠付的工程款而言，都会产生一笔不菲的费用，由此产生的利息属于法定的孳息，守约方不能依法获得对应的保护，难免有违公平之嫌。

其次，虽然关于优先受偿权的法律属性实务和理论界并没有达成一致的意见，但是，就主流的观点来看，优先受偿权具有担保的特性。参考《担保法》的相关规定，抵押、质押、留置等权利的担保范围都包括主债权及利息、违约金、损害赔偿金以及实现担保权的费用。因此，作为一种与抵押权、质押权、留置权等类似的担保权属，至少，将优先受偿权的行使范围仅限于工作人员报酬、材料款等实际支出的费用与现有的担保权的规定存在不一致的地方。

最后，从工程价款的构成上来看，建筑安装工程费用项目包括了人工费、材料费、施工机具使用费、企业管理费、利润、规费和税金等。在这些费用中，包括措施项目费用、企业管理费、规费、税金等相关的费用都是工程价款不可缺少的组成部分，如果优先权不包括此类费用或者单独剔除利润，则有必要探讨法律做出此类规定的法理基础及其合理性的问题。

另外，在实务中，也有地方法院对优先受偿权的行使范围做扩大适用的情形，比如，安徽省高院就认为，在工程建设过程中，由于发包人的原因导致承包人施工期间停窝工产生的工人工资、设备租赁等费用，承包人将该费用与工程价款一并主张优先受偿权的，应当予以支持。上述这些不一致之处也都有必要在未来的立法和司法中予以统一。

（三）工程未竣工时的优先受偿权

按照《合同法》和最高人民法院的规定，并没有严格区分已完工程和未完工程，因此，从法律的立法精神和原则出发，如果工程未竣工，在发生工程价款支付时，承包人仍然有权利主张工程价款优先受偿权。但是，毕竟法律的推理具有一定的限制性，在法律没有明确规定的情况下，对于未竣工的工程项目能否行使优先受偿权仍会有不同的理解和观点，实践中也容易造成不同的处理方法。

为此，最高人民法院强调，《合同法》第286条是法律赋予承包人工程款优先受偿权的权利。从条文表述分析，没有要求承包人优先受偿权以工程完成并且竣工验收为先决条件，合同解除情况下，承包人也对未完工程享有优先受偿的权利；非因承包人的原意，建设工程未能在约定的期间内竣工，承包人享有的工程价款优先受偿权不受影响；承包人行使优先受偿权的期限为6个月，自工程合同约定的竣工之日起计算。工程合同未约定竣工日期的，或者由于发包人的原因，合同解除或者终止履行时已经超过合同约定的竣工日期的，承包人行使优先受偿权的期限自合同解除或终止履行之日起计算。根据上述意见，工程项目虽未竣工，承包人仍然依法享有工程价款优先受偿权。

四、保证与融资担保

融资担保的方式，从基本属性上来讲，可以分为人保和物保两大类。按照《担保法》的规定，实践中常用的担保方式主要包括保证、抵押、质押、留置和定金。除了前述一些较为特殊的担保方式外，保证也是融资担保中普遍采用的方式之一。

（一）保证的形式

保证即是由保证人向债权人承诺的，在被保证人，即债务人未履行义务或者履行义务不符合要求的情况，代为履行相关义务的担保方式。与其他几种担保方式不同，保证是较为典型的人保，是以被保证人的信用为基础的担保。

在法律上，保证可以分为一般保证、连带保证和最高额保证三种：

（1）一般保证是指当事人在保证合同中约定保证人仅对债务人不能履行债务时，承担补充责任的保证。其特点在于，主合同债务未经法院或者仲裁机构确定前，并就债务人财产依法强制执行仍不能履行债务前，保证人对债权人可以拒绝承担保证责任。但是，需要注意的是，一般保证必须在保证合同中明示，如果合同中没有约定或约定不明确的，则只能推定为承担连带责任保证。

（2）连带保证则是指在主合同中约定的债务债务人没有履行债务或者履行义务不符合要求时，债权人有权要求债务人履行债务，也可以要求保证人承担保证责任的担保方式。其主要特点在于对于主债务的履行，债务人和保证人没有履行先后之分，债权人对主债务的履行人享有选择权。

（3）最高额保证是保证人按照约定的最高限额，对债务人在一定期限内发生的债务提供的保证。其特点在于保证人承担履行的债务具有连续性，并且是否能够最终达到承诺担保的最高额却是不一定的。比如，在风神轮胎公司与中信银行天津分行、河北宝硕公司借款担保合同纠纷案中，风神公司与宝硕公司于2004年6月18日签订《互保合同》，约定互相为对方的银行贷款提供信用担保，担保数额为单笔本金不超过人民币7000万元整，担保总额不得高于人民币2亿元整。2005年5月至10月间，中信银行与宝硕公司之间发生4笔融资业务。2005年5月中信银行与风神公司签署了《最高额保证合同》，风神公司向中信银行承诺，为宝硕公司自2005年5月16日至2006年5月16日期间发生的最高额度为人民币7000万元的授信提供担保，保证方式为连带责任担保。后因宝硕公司和风神公司未能履行还款及担保责任，中信银行要求风神公司对上述债务承担连带保证责任未果，中信银行遂起诉至法院。

最高人民法院经审理后认定，《中华人民共和国担保法》第14条规定："保证人与债权人可以就单个主合同分别订立保证合同，也可以协议在最高债权额限度内就一定期间连续发生的借款合同或者某项商品交易合同订立一个保证合同。"上述规定中的最高额保证，通常是为将来一定期间连续发生的债务提供保证，其中某一笔交易的效力并不影响最高额保证合同的效力，而普通保证则因主合同无效而无效。因此，最高额保证较之普通保证最大的区别，即在于最高额保证与主债务的关系具有更强的独立性。最高额保证人的责任是在订立合同时确立的，通过最高额保证期间和最高限额限定保证责任，即只要是发生在最高额保证期间内、不超过最高限额的债务余额，最高额保证人均应承担保证责任。在最高额保证的情形下，即使主债务无效，基于主债务无效而确定的债务额也要作为最高额保证计算债务余额的基数。

实践中，保证的基本要素是由作为保证人的第三方主体为债务人提供担保，如果债务人以自己的行为作为履行和偿还债务的担保，只能是对自身义务的承诺，而不构成法律意义上的保证担保。

从保证的具体形式上来看，一般多采用保函。从最高人民法院颁布实施《最高人民法院关于审理独立保函纠纷案件若干问题的规定》之后，参与融资担保项目的各方主体尤其需要注意其提供的保函是附属担保还是独立保函，以便确定不同的义务和责任。

（二）连带保证的使用

在实践中，保证涉及的主体有时候并不是单一的。债务人可以是多个的，债权人可以是多个，甚至是保证人也可以是多个，由此构建的法律关系更为错综复杂。这其中就形成了连带保证的法律关系。

连带保证有法定和约定之分。《担保法》规定同一债务有两个以上保证人的，保证人应当按照保证合同约定的保证份额，承担保证责任；没有约定保证份额的，保证人承担连带责任，债权人可以要求任何一个保证人承担全部保证责任，保证人都负有担保全部债权实现的义务。《民法通则》也规定企业之间或者企事业单位之间联营，共同经营、不具备法人条件的，由联营各方按照出资比例或者协议的约定，以各自所有的或者经营管理的财产承担民事责任；依照法律的规定或者协议的约定负连带责任的，承担连带责任。如果保证人之间没有就保证份额进行约定的，则视为连带共同保证。

在工程实务中，常见的多主体保证包括承包人联合体对业主的连带保证、工程总分包对业主承担的连带保证等形式。这两种类型的连带保证，属于法定的连带保证，工程合同的主体并不能通过合同免除，但是，就连带保证中的各方责任，则可以通过合同约定各自应当承担的比例和份额。并且，已经承担保证责任的保证人，有权向债务人追偿，或者要求承担连带责任的其他保证人清偿其应当承担的份额。而约定的连带保证情形，则大多由合同各方根据不同的情形自行确定。

在大型基建项目的实践中，由社会投资人为融资方、项目公司提供保证的情形并不鲜见。但是，不得不承认，实践中对于连带保证也有滥用的嫌疑。如果一味地要求社会投资人对融资方和项目公司的融资、建设、运营等行为提供连带保证，则势必影响到融资方、项目公司的独立承担义务和责任的效果，加重社会投资人的负担。事实上，目前实践中的部分明股实债的做法正是利用连带保证的方式规避相关的禁止性和限制性规定。因此，在项目实践操作中，各方主体有必要区分一般保证和连带保证，针对不同的情形，正确、合理地使用保证担保方式。

（三）保证人的限制

虽然《担保法》规定具有代为清偿债务能力的法人、其他组织或者公民，可以作为保证人。但是，司法实践中能够担当保证人的主体仍然受到限制，其中主要表现在：

（1）国家机关不得为保证人，但经国务院批准为使用外国政府或者国际经济组织贷款进行转贷的除外。

在当前大力推行的政府和社会资本合作模式中，由于政府机关的特殊地位和作用，实践中社会资本合作方会希望政府对项目合同的履行或者对政府付费项目提供一定的承诺和保证，在这种情况，投资人则尤其需要关注政府提供的保证的方式，避免出现违反《担保法》关于政府不得作为保证人的禁止性规定从而导致保证无效。

对此，《预算法》中也明确规定了，除法律另有规定外，地方政府及其所属部门不得为任何单位和个人的债务以任何方式提供担保。

（2）学校、幼儿园、医院等以公益为目的的事业单位、社会团体不得为保证人。但是在司法实践中，还需要区别保证人的身份，进而再判断保证的法律效力。如果没有其他导致保证合同无效的情形，从事经营活动的事业单位、社会团体签署的保证合同应当认定为有效。比如，在长乐自来水公司与工行五四支行借款担保纠纷案[①]中，2003年8月29日，和顺公司与工行五四支行签订一份《流动资金借款合同》。同日，自来水公司与工行五四支行签订一份《最高额保证合同》，由自来水公司为和顺公司的贷款提供连带保证担保。9月5日，工行五四支行向和顺公司发放2800万元贷款，自2003年9月20日起和顺公司至起诉之日未支付利息。自来水公司辩称是公益性质的国有单位，不具备保证人的资格，担保系受政府强迫所为，担保无效。

法院经审理后认为，保证人领取企业法人执照，属于以营利为目的的企业法人，即使其经营活动具有一定的公共服务性质，亦不属于以公益为目的的事业单位；保证人作为具有完全民事行为能力的法人，应依法对其所从事民事法律行为独立承担民事责任，其所作保证是否受合同以外第三人影响的问题不涉及合同当事人之间的权利义务关系，亦不影响保证合同的效力。

（3）企业法人的分支机构、职能部门不得为保证人；但是，企业法人的分支机构有法人书面授权的，可以在授权范围内提供保证。如果企业的分支机构、智能部门未经授权而提供保证，该企业本身则可能承担保证责任。最高人民法院也指出，企业法人的智能部门提供保证的，保证合同无效。

综上可见，在基础设施的融资建设项目中，不论是政府方还是社会资本方，包括工程承包方、融资方都应当关注到此类无效担保的规定，避免出现政府担保或者由不合格的主体提供担保的情形，否则，其保证的合法性和可执行性都将得不到法律的保护。

第七节　PPP项目外资准入和获得

从中国PPP的发展历史可以看出，外资参与特许经营权项目较国内企业更早，走在了政策和实践的前沿。早在1984年，深圳沙角B电厂系火电BOT项目就属外商投资，而中国第一份关于PPP项目的政策文件也是针对外商参与特许经营项目，即1995年的《国家计委等关于试办外商投资特许权

① 长乐自来水公司与工行五四支行借款担保纠纷案，最高人民法院（2004）民二终字第262号民事判决书。

项目审批管理有关问题的通知》。但是，在2014年开启的PPP热潮中，外资的参与程度较低。

不过，可以看出，新一轮的PPP项目并没有对外资关闭。为解决外资参与PPP项目的担忧，国务院进一步提出要“支持外资以特许经营方式参与基础设施建设，包括能源、交通、水利、环保、市政公用工程等”。这些为外资进入基础设施PPP项目、特许经营项目提供政策上的指引。在具体项目落实上，根据中国现行的法律法规来看，外资参与PPP和特许经营项目仍然应当遵循准入机制。

一、鼓励外商投资的项目

目前在基础设施建设领域，鼓励外商投资类的项目主要包括建设、运营和相关的设备采购以及工业、建筑设计等内容，其涉及的产业和行业则较为广泛，涵盖了能源、交通、环保、矿业、城市设施、建筑等诸多领域。当然，对于特殊的鼓励类项目，还会有特别的要求。当然，外资在前期投资准备和论证时，也需要注意禁止性和限制性的投资行业和项目。

（一）能源项目建设和运营

中国鼓励外资参与能源类项目的内容包括项目的建设和运营，这里的能源类项目主要是电力、电网项目，涉及核电、水电、热电、太阳能以及其他新能源项目，包括：

（1）一定规模的超临界机组电站、热电联产机组电站、空冷机组电站、煤电发电项目的建设、经营；

（2）煤气化发电、洁净煤发电项目、水电站的建设、经营；

（3）新能源电站（包括太阳能、风能、地热能、潮汐能、潮流能、波浪能、生物质能等）建设、经营。

需要注意的是，上述项目的建设、运营，对外资没有特别的规定，但是在核电站的建设、经营以及电网的建设、经营中，尽管同样是属于鼓励类的投资项目，但是其前提是必须由中方控股，即中方投资者在外商投资项目中的投资比例之和为51%及以上。

（二）交通项目的建设和运营

中国政府对于交通类项目也同样鼓励外商投资进入，包括铁路、民用航空、公路和城市交通设施项目，具体来看，主要有下列几类：

（1）铁路项目、铁路干线路网、轨道交通项目的建设、经营；

（2）公路、独立桥梁和隧道的建设、经营；

（3）港口公用码头设施的建设、经营；

（4）城市封闭型道路的建设、经营。

此外，对于某些项目的建设、经营，中国政府要求是必须由中方控股。而在民用机场的建设、经营领域，则要求由中方相对控股，即中方投资者在外商投资项目中的投资比例之和大于任何一方外国投资者的投资比例。而铁路干线路网的建设、经营则在2018年的外商投资负面清单中取消了必须由中方控股的要求。

（三）公共设施和其他项目的建设和运营

除了上述能源类和交通类项目的建设和运营外，中国政府还鼓励外商投资公共服务类设施和其他资源利用类的项目建设和运营，主要有：

（1）垃圾处理、环境污染治理设施的建设、经营；

（2）机动车充电站、电池更换站、加氢站的建设、经营；

（3）输油（气）管道、油（气）库、煤炭管道运输的建设、经营；

（4）供水厂、再生水、污水处理厂、海水利用项目的建设、经营；

（5）城市停车设施、自动化高架立体仓储设施、仓储一体化设施建设、经营；

（6）加油站的建设、运营。

同样的，对于综合水利枢纽的建设、经营，中国政府一方面鼓励外商投资，另一方面也要求必须由中方控股。

二、外资参与PPP和特许经营的准入机制

外商投资特许经营项目，是指外商建设—运营—移交的基础设施项目，

即由政府部门通过特许权协议，在规定的时间内，将项目授予外商为特许权项目成立的项目公司，由项目公司负责该项目的投融资、建设、运营和维护，特许权期限届满，项目公司将特许权项目的设施无偿移交给政府部门。

如本章第一部分所述，在2015年的《外商投资产业指导目录》中，大部分的能源项目、交通运输项目、公共设施项目的建设和运营都已经被纳入鼓励，或者至少是允许外商投融资、建设和运营的范围。此外，从政策引导方面，中国国务院积极提倡和鼓励外资等民间资本以独资、控股、参股等方式投资建设交通基础设施、新能源等PPP项目，鼓励外资发起设立以投资城市基础设施为主的产业投资基金等。同样，财政部、发改委、交通运输部等国家部委也提出要积极引入外资企业，灵活运用基金投资、银行贷款、发行债券等各类金融工具，推进建立多元化、可持续的PPP项目资金保障机制。而从市场准入的角度来看，除了极少数禁止外商投资的领域外，外资与内资在参与基础设施PPP和特许经营项目中并没有太大的差异。

当然，对于准许外资进入的PPP和特许经营项目，采购人在选择资本合作方和特许经营者时，都应当符合内外资准入等有关法律、行政法规规定。比如，项目审批制度，早在1995年，原中国对外经贸部（现商务部）就规定，除国务院另有明确规定外，沿海地区投资总额超过3000万美元的项目与内陆地区投资总额1000万美元以上的项目仍应由中央政府审批，其中项目建议书、可行性研究报告报国家计委审批，合同、章程报外经贸部审批①。根据国家发改委的规定，实行核准制的外商投资项目的范围为②：

（1）《外商投资产业指导目录》中总投资（含增资）3亿美元及以上限制类项目，由国家发改委核准，其中总投资（含增资）20亿美元及以上项目报国务院备案；

（2）《外商投资产业指导目录》中总投资（含增资）3亿美元以下限制类项目，由省级政府核准；

---

① 《关于以BOT方式吸收外商投资有关问题的通知》（外经贸法函〔1994〕第89号）。

② 《国家发展改革委关于做好贯彻落实〈政府核准的投资项目目录（2016年本）〉有关外资工作的通知》。

（3）前两项规定之外的外商投资项目，根据《政府核准的投资项目目录（2016年本）》的相关规定核准；

（4）上述核准范围之外且不属于《外商投资产业指导目录》中禁止类的外商投资项目，则由地方发展改革部门备案。

至于落实到某个具体的PPP项目或特许经营项目，不论是进行特许经营项目的招标，还是参加特许经营项目的投标，或是参加工程建设项目的招投标，是否需要采用招标方式或者选择竞争性谈判等方式，外国投资者和内资企业都应当遵循同样的标准和条件，包括由政府部门组成评标委员会，负责标书的审查、投资者资格审查、评标、定标及授标等工作，遵守招标投标的各种程序。对于通过评审采用PPP模式的项目也应当遵守《招标投标法》《政府采购法》等法律法规的相关规定。

三、外资参与PPP和特许经营项目的方式

对于准许外商投资的PPP和特许经营项目，实践中最为普遍的就是设立项目公司，并以BOT、TOT、BOOT等模式进行投融资、建设和运营。

就目前来看，外资参与PPP项目的具体运营模式多种多样，除了传统的BOT、TOT、BOOT外，还可以采用包括诸如建设—拥有—运营（BOO）委托运营（O&M）、管理合同（MC）、租赁—运营—移交（LOT）、改建—运营—移交（ROT）在内的多种实施模式。

同时，对于外商投资的PPP项目和特许经营项目，投资者应当本着自主经营、风险共担、利益共享的原则投资、建设和运营项目，但是因为法律的不健全，对于外商投资PPP和特许经营权项目在实施中也存在诸多问题。比如，一方面，政府部门禁止在PPP和特许经营项目中向社会资本约定固定回报。从1995年国家计委、电力部、交通部联合发布《关于试办外商投资特许权项目审批管理有关问题的通知》开始，我国政府各部委连续多次发文，明确规定政府不得对外商投资项目提供固定投资回报率的保证。另一方面，由于已约定固定回报的内容并不属于《合同法》规定的合同无效的情形，因此固定回报的约定依然有效。在实践中，政府部门又经常依据政府部门发布的规范性文件执行，这些由于法律规定和实践做法的不一致也导致了项目履

行的困难。可以预见，这些问题在一段时间内仍将继续存在。

四、外资参与 PPP 和特许经营项目的优惠

根据《指导外商投资方向规定》的规定，对于鼓励类的外商投资 PPP 和特许经营项目，还可以获得以下一些优惠政策：

（1）依照有关法律、行政法规的规定享受优惠待遇；

（2）经批准，对于投资额大、回收期长的能源、交通、城市基础设施项目的建设、运营可以扩大与其相关的经营范围。

由此可见，外国投资者在参与中国的 PPP 和特许经营项目时，提前了解中央政府和地方政府的相关优惠政策可以更好地为投资决策提供有利的依据。

3 CHAPTER

第三章

项目风险

风险是基础设施项目融资和建设无法规避的议题，不论采用何种融资模式、管理架构和合同形式，风险始终都会存在。在一定程度上，对于项目风险的处理归根结底是要解决风险在各方主体之间如何承担和分配的问题，而本质上，对于风险的处理又是人性的体现和项目各参与主体风险偏好的反映。事实上，要想完全避免项目风险的发生，从历史经验来看，几乎是不可能的，但同时，多数风险又是可以预防和防控的。因此，从这个意义上，正视风险，并进行识别和合理分配才是解决项目风险的有效手段。

正因为风险是伴随着基础设施项目而产生和发展的，因此，认识项目风险的来源，识别各种不同的风险并对之妥善处理，通过在项目合同当事人之间的合理分配和转移，做好风险管理以避免和减少因此引起的争议，则是项目风险管理中的重点议题之一。

第一节　风险来源和类别

在实务中，项目风险的来源和类别具有多样性的特点，不同的项目类型、规模，不同的项目参与主体，其涉及的风险就并不完全相同。而如何界定风险的内涵和外延则是其中首要的工作内容之一。

一、风险的界定

关于风险的描述和界定，历来众说纷纭，国际、国内对风险也无统一的标准和说法。所处行业、领域不同，对风险的描述也不尽相同。比如，巴塞尔协议Ⅱ将风险界定为银行因未能遵循法律法规、监管要求、规则、自律性组织制定的有关准则，以及适用于银行自身业务活动的行为准则，而可能遭受法律制裁或监管处罚、重大财务损失或声誉的损失。

按照英国标准规范的规定，风险被认为是“the combined effect of the probability, or frequency, of occurrence of a defined hazard and the magnitude of the consequences of the occurrence”。实务界和理论界也有观点认为“risk is the combination of the chances of occurrence of an accident and hazard is a set of preconditions to the initiation of an accident sequence[①]”。

虽然对于如何界定“风险”并无统一的观点，但是，笔者认为，可以确定的是，在项目相关合同中尽可能对风险的范围进行准确的界定和描述，则是预防以及在出现“风险”争议时，解决各方关切点的重要前提之一。

二、项目风险的具体来源

在大型基础设施项目中，项目风险的来源各不相同，这些项目风险中，既有客观因素导致，也有主观因素造成。

主观因素的风险，主要可能来源于各类法律文件、技术文件、经济文件的不确定和描述不清。而项目风险的客观来源可以说是多种类的，其范围涵盖了市场风险、商业风险、法律风险、物理风险、技术风险、信用风险，甚至是政治风险，而且这些风险又可能相互制约，彼此影响。英国 Latham 爵士在其报告中对项目风险进行了分析，并将项目风险分为四大类型，即：根本性的风险、纯粹风险、特殊风险、投机性风险。

具体到实践，除了上述面临的共同风险之外，基础设施项目本身的固有特点也是区分不同风险源的重要衡量因素，不同的项目特征和属性决定了其风险也是各不相同。同理，项目所处阶段不同，如投融资环节、建造环节、运营环节，其所面临的风险也各不相同。比如，Peter Navitt 认为大型 PPP 和项目融资的风险主要集中在建造阶段、启动和调试阶段、运营阶段。由此可见，对于项目参与主体来说，针对上述不同的风险源，进行科学的分析和定位有助于后续的风险识别和分配以及风险管理工作的顺利开展。

---

① John Uff & Odams, Risk, Management and Procurement in Construction, King's College London, 1995, at 232.

三、项目风险类别

在大型基础设施项目融资和建设中，基于风险分类标准的不同，对项目风险的类型、类别会有不同的类型、分类标准类别。即便是相同的分类标准，采用不同的项目交易结构、项目管理模式、合同体系也会由此产生不同的风险，其中任何一项内容发生变化，都可能破坏原有的风险平衡，也就容易引发新的风险和争议。

（一）常见的项目风险

事实上，以PPP、项目融资方式进行的大型基础设施项目，由于其交易结构和合同体系复杂、参与主体多的特点，使得此类项目的风险较一般的商业交易更为广泛、突出，但是目前对于项目风险类别的划分却没有统一的标准。

按照Richard Tinsley的观点，在项目融资中常见的风险可以分为：供应风险、市场风险、货币汇兑风险、运营风险、环境风险、建设风险、不可抗力风险等14类。PPP和项目融资中还有一些风险因素则可能贯穿整个项目过程，比如，融资相关的汇率风险、利率风险、支付风险、违约风险等。而有些风险类别则主要分布于不同的项目阶段，比如，在建造环节，有项目延误风险、项目造价风险、工程质量和安全风险、环境风险；在启动和调试环节，有项目的技术性能风险、完工风险；在运营环节，有信息安全、雇佣风险、项目公司治理风险等。

另外，在大型的跨境PPP和项目融资中，投资人、融资机构等还应特别关注和考虑项目所在国的法律环境、国别风险、汇率风险、资金兑换风险、资金过境风险、项目原材料风险、劳工风险，以及环境保护等风险。

（二）不同主体对风险的关注

在基础设施项目投融资建设中，项目的各方参与主体对于风险的认识和偏好有所不同，进而对风险的关注也各不相同，这些风险中有些方面存在重合之处，而有些则各有区别甚至存在根本性的差异。

（1）项目发起人是PPP项目的启动者。由于PPP项目的核心和初衷是向社会提供符合公共目的、具有公益性质的产品和服务，因此，发起人会关心项目的成本风险、项目延误风险、产品和服务的性能风险、产品责任等风险。

（2）投资人所面临的风险则来自政府、融资机构、工程承包商、运营商、供应商等多方面，包括项目审批和许可风险、建设风险、运营期的现金流风险、市场变动风险、贷款风险等。

（3）贷款人作为资金的提供方，其关注的风险包括产品价格风险、原材料和能源的价格、再融资风险、完工风险、通胀风险、利率风险、环境风险、法律风险。海外项目中还会涉及国家风险、主权风险、政治风险、外币兑换风险。

（4）承包商在 PPP 项目中主要承担工程设计、建造等任务，会关注与之相关的设计风险、自然条件风险、工程技术风险、工期风险、支付风险、物料供应风险、人员责任风险等。

（5）对项目公司而言，其面临的风险包括经营过程中的股债比风险、股东和股权变更风险、市场风险、税务风险、项目资产风险、人力资本风险等。

第二节　风险识别

风险识别指在风险发生之前，运用各种方法系统地、连续地认识所面临的各种风险以及分析风险事故发生的潜在原因。它是整个项目风险管理的基础工作，风险能否准确、有效地加以识别也是其后风险分配、风险转移，以及风险预防和管理的前提。

一、风险识别的内容

风险识别对于 PPP、项目融资极为重要，其目的是经过分析后尽可能全面、详细地分析、判断、辨别影响项目实施的各种风险类型以及风险来源和影响，因此，它所涉及的内容也较为广泛。管理学上通常会采用风险矩阵和建模的方式，对包括风险的自然属性、风险发生后的经济影响、PPP 项目合同下的风险分配方式、风险的转移、项目公司自留风险的经济影响等[①]在内

① E. R. Yescome, Public Private Partnerships, Butterworth, 2007, at 244.

的影响因素进行分析和识别。

风险识别包括识别内在风险和外在风险，前者是能够加以控制和影响的内在风险，如人事任免和成本估计；后者则是超出控制力和影响力的外在风险，如市场转向或政府行为等。

同时，也应当注意到，风险是项目遭受损失的可能性，但对项目本身而言，风险还牵涉机会选择和不利因素的威胁。因此，风险识别需要借助于任何能够进行潜在问题识别的信息源。但是，不得不承认，尽管能够借助经验和模型等科技手段尽可能科学、全面地进行项目风险的识别和分析，但客观事实上并没有简单统一的预测方法可以识别 PPP、项目融资的所有风险类别[①]。

二、风险的合理预见

在 PPP 和项目融资的法律实务中，风险的合理预见规则（reasonable foreseeable test）主要运用在两个方面，一个是关于项目风险的识别，另一个则是确定违约损害的赔偿范围。设立风险的合理预见规则的理由在于只有在交易时，合同双方当事人可以预测未来的风险和责任，才能计算其费用和利润，[②]并对之采取风险防控措施而不至于使交易处于无序和无法控制的状态。

在英国法中，自从 Hadley 原则确立起，合理预见规则在合同领域以及工程实践中便得到了普遍的适用。不过，在实践中，对于何谓“合理预见”并没有统一的评判标准，一般来讲，是否“合理预见”应当采用客观的标准，并考虑当时的情形和行为人的处境。比如，在 Grove 报告中提出的“可预见标准”以及 ICE 合同条件就是以有经验的承包人在投标报价时是否能够合理预见风险为标准，如果能够预见并可以评估风险、核算报价的，则由承包人承担风险；对于超出合理预见范围的风险，承包人则可以通过变更、索赔等方式获得补偿。

可预见性规则也是确定违约赔偿范围的重要衡量标准。《合同法》中也有明确规定，即当事人一方给对方造成损失的，损失赔偿不得超过违反合

① Stephen Palley, Construction insurance, ABA Publishing, 2011, at 1.

② 陈小君：《合同法学》，高等教育出版社 2004 年版，第 262 页。

同一方订立合同时预见到或者应当预见到的因违反合同可能造成的损失。可预见规则的另一个原因是避免无限责任，反过来讲，也就是确定违约赔偿责任的限额。设定违约金和赔偿责任限额也是国际工程项目的惯例。这也是工程合同的实践中尤其需要关注的一点。比如，工程施工合同允许双方约定逾期竣工违约金的计算方式和逾期竣工违约金的上限。而在工程设计合同实务中，也通常会对设计人设计文件不合格的损失赔偿金的上限和逾期交付工程设计文件的违约金的上限做出规定。至于有可能发生的高额赔偿事件，则可以考虑通过保险的方式进行风险转移。

三、项目特殊风险

除了上述一些项目本身自带的风险因素之外，在项目融资和PPP项目中，还有一些特别需要考虑和注意的风险，那就是商业风险、政治风险、法律法规变化的风险。而这三项风险比起前文所述的风险更难以预测和控制，这就要求项目各方在前期就应做好充分的调研、分析和论证。

（一）商业风险

按照E.R.Yescome的观点，PPP项目的风险主要分为商业风险、宏观经济风险和政治法律风险三大类[①]。其中商业风险是由于市场价格或者对其所生产的商品或服务的需求上的变化而无法取得预期收益的可能性，商业风险将影响项目的现金流、严重损害项目公司的偿债能力，并可能损害该项目的财政维持能力。投资人和引进投资人的政府方以及运营商对于PPP、项目融资涉及的商业风险的分析和考虑对于正确地确定投资环境、投资金额和回报、合同履行等都有直接的影响和制约。

商业风险的具体内容包括工程质量不符、项目延误、成本超支、原材料价格上涨、产品和服务价格变动、运营收入不符、融资风险、法律法规变化等对项目成本、收益产生不利影响的因素。此外，宏观的经济风险也被视为PPP项目需要考虑的风险因素，并且与商业风险具有一定的关联性。

---

① E. R. Yescome, Principle of project finance 2nd, Academic press, 2014, at 198.

因此，为了降低和避免商业风险，一方面，需要科学、客观地对项目的收益进行合理的分析和预测；另一方面，对相关项目进行详尽的尽职调查也是投资人不可缺少的工作环节和内容。

（二）政治风险

一般情况下，项目融资和PPP项目的参与各方会把各自的注意力集中在商业风险上。而对政治风险的关注度较低，究其原因，一方面是认为只有在跨境海外项目融资和PPP项目中，才会涉及政治风险，对于国内的基础设施项目的投融资，不需要考虑政治风险；另一方面也是因为就算已经考虑到了政治风险，对于投资方而言，只有或走或留的方式，而没有其他折中的路线，因为政治不可改变。

不可否认，跨境基础设施投融资项目与纯粹的境内项目融资和PPP项目存在很大的差异。在跨境基础设施项目中，虽然政治风险是一个很不确定的因素，较难事先约定，也很难进行合理的风险分配和转移，但是并不是说没有任何方式可以进行合理的转移和规避。比如，目前海外的基础设施投融资中，可以通过投保信用保险的方式降低政治风险，其保险的范围则是政治风险和商业风险等普通商业保险无法覆盖的险种，比如项目所在国发生的国有化、战争、暴乱、债务人拖欠付款、无力偿付债务、破产等情形，甚至是因工期延误导致的预期收益的损失。

此外，通常情况下，信用保险与融资密切相关，投保信用保险的费用需要计入融资成本考虑。同时，信用保险又与项目所在地国家的国家主权信用、政治环境和法律环境等密切相关，因此，是否承保信用保险，则还需要提前对项目所在地国家的信用风险进行评级。

而在境内的基础设施PPP、特许权项目中，对于政治风险的考量可能更为直观。为此，投资人也需要注意相关的政策法规的指引，以及当地的法治环境、政府的行政效率等因素。比如，国务院在《中共中央国务院关于完善产权保护制度依法保护产权的意见》中也提出“地方各级政府及有关部门要严格兑现向社会及行政相对人依法做出的政策承诺，认真履行依法签订的各类合同，不得以政府换届、领导人员更替等理由违约毁约，因违约毁约侵犯合法权益的，要承担法律和经济责任。因国家利益、公共利益或者其他法定事由需要改变政府承诺和合同约定的，要严格依照法定权限和程序进行，并对企业和投资人因此受到的财产损失依法予以补偿”。《基础设施和市政公用事业特许经营管理办法》也规定了，行政区划调整，政府换届、部门调整和负责人变更，不得影响特许经营协议履行。这些都为避免 PPP、特许权项目的政治风险提供了有利的保护。

但是，对于实务中一些不规范的做法，比如违法提供政府担保，以政府会议纪要、项目所在地领导讲话等作为项目履行依据时，则将给投资人带来法律风险。比如，在佟玲嫚诉黑山县国土局和黑山县政府纠纷案[①]中，最高人民法院认为，合同的组成部分，即合同内容，是指合同当事人依据法律规定和合同约定所产生的权利义务关系，从内在结构而言，应通过当事人协商一致的合同条款体现。本案中，黑山县领导的讲话和黑山县政府的规定，是宏观指导性的，并不当然构成合同的一部分。佟玲嫚主张黑山县领导的讲话和黑山县政府规范性文件的证据证明力优于竞买须知等，法律依据不足，本院不予采信。本案至诉讼完成一直没有签署《土地出让合同》，更加没有约定要把黑山县领导的讲话和黑山县政府规范性文件写入合同条款，因此这些内容并不当然构成合同的一部分。

据此，社会投资人在前期分析商业风险和政治风险时，也需要结合项目实际情况，确定在发生争议时，其所能获得的保障。

四、情势变更

情势变更是合同法上的一个重要原则，它是指合同成立后，作为合同基础的客观情况发生了非当事人所能预见的根本性变化，继续履行原合同将有违公平，因此，允许对合同内容予以变更或者解除合同。

最高人民法院在其颁布实施的《最高人民法院关于适用〈中华人民共和国合同法〉若干问题的解释（二）》中明确规定，合同成立以后客观情况发

---

① 佟玲嫚与黑山县国土局和黑山县政府建设用地使用权出让合同纠纷案，最高人民法院（2014）民一终字第 7 号民事判决书。

生了当事人在订立合同时无法预见的、非不可抗力造成的、不属于商业风险的重大变化，继续履行合同对于一方当事人明显不公平或者不能实现合同目的时，当事人请求人民法院变更或者解除合同的，人民法院应当根据公平原则，并结合案件的实际情况确定是否变更或者解除。

（一）情势变更的适用条件

情势变更作为契约履行的例外情形，与有约必守的契约精神存在一定的不一致之处，因此，其有着严格的构成要件和适用条件：

（1）须有情势变更。即缔约当时作为合同基础或环境的客观情况发生了异常的变化，致使当事人的权利义务发生非正常的变动，为社会的公平理念所难以理解接受。

（2）情势变更的发生不可归责于双方当事人，或者说客观情况的变化不在合同任何一方的控制之下，也不是由于任何一方当事人的原因所造成。

（3）情势变更的出现导致的不利后果超出了处于不利地位的当事人的合理预见。笔者认为，这种预见应当采用普通的第三人的标准。

（4）情势变更的时间发生在合同订立之后，履行完毕之前。如果在合同订立之前或订立之时发生变更，则受情势变更不利影响的一方如果仍然予以接受合同条件，那么即可视为其已经对此风险的承担。

（5）情势变更后继续履行合同将明显违背公平原则，使得一方获得的利益和另一方遭受的损害超过法律允许的限度和利益平衡的尺度，或者说将使得合同的目的不能实现。

当然，情势变更的上述要件的适用标准仍然没有具体划一的标准，更多的仍然取决于法官的自由裁量权。

（二）情势变更与商业风险

司法实践中，最难把握的是情势变更与正常的商业风险之间的界限，这也是情势变更原则较难实施的重要原因之一。

最高人民法院曾在《最高人民法院关于审理建设工程合同纠纷案件的暂行意见》中规定，建设工程合同约定对工程总价或材料价格实行包干的，如合同有效，工程款应按该约定结算。因情势变更导致建材价格大幅上涨而明显不利于承包人的，承包人可请求增加工程款。但建材涨价属于正常的市场风险范畴，涨价部分应由承包人承担。这里实际上就是区别了情势变更与商业风险两种不同的情形。对于因材料价格上涨能否适用情势变更，一般需要综合考虑材料价格上涨的幅度、对价格上涨的可预见性、价格变化对双方权利义务的影响等几个方面的因素。①

另外，合同的约定对于情势变更的具体适用也很重要。在广东省电白公司与东莞市长安公司建设工程施工合同纠纷申请再审案②中，争议双方当事人在合同中约定，承包方式为按定标价包人工、包材料、包工期、包质量、包安全，还包括按国家规定由乙方缴纳的各种税收，除设计变更外，总价、单价以定标价为准，结算时不作调整。最高人民法院经审理后认为，合同中的上述约定系针对合同约定的施工期间内包括主要建材价格产生变化的市场风险承担条款，说明双方当事人已预见到建材价格变化的市场风险，故二审判决认定开工日期至合同约定的竣工日期建筑材料上涨属于正常的商业风险，不属于情势变更适用法律并无不当。

五、法律法规变化的风险

法律法规的变化对于项目的实施具有重要的影响，尤其是在长达二三十年的大型基础设施 PPP、项目融资中。社会投资人、承包商、运营商都会比较关注法律法规在合作期间的稳定性，以及因法律法规变化带来的风险和补救措施。

财政部在其颁布的《PPP 合同指南》中将“法律变更”区分为“政府方可控的法律变更”以及“政府方不可控的法律变更”，并且规定“政府方可控的法律变更”定性为政府方的义务，如违反此项义务，政府方应负担违约

---

① 王永起、李玉明:《建设工程施工合同纠纷法律适用指南》，法律出版社 2013 年版，第 389 页。

② 广东省电白建筑工程总公司与东莞市长安镇房地产开发公司建设工程施工合同纠纷再审案，最高人民法院（2013）民申字第 1099 号民事裁定书。

责任；“政府方不可控的法律变更”属于“不可抗力”或是“政治不可抗力”，如果约定为不可抗力，风险由双方共担，如果约定为政治不可抗力由政府方承担。同样，《基础设施和市政公用事业特许经营管理办法》也规定了，因法律、行政法规修改，或者政策调整损害特许经营者预期利益，或者根据公共利益需要，要求特许经营者提供协议约定以外的产品或服务的，应当给予特许经营者相应补偿。

（一）法律的界定和范围

法律一词有广义和狭义之分。狭义的法律，按照中国《宪法》《立法法》等规定，主要是全国人大及其常委会颁布的以“法律”“决定”“决议”等形式表现的文件。而广义的法律则还包括国务院的行政法规、部门和地方规章、地方性法规等文件。然而，在工程实务中常用的“法律法规”或者“法律规范”的范围则更为广泛，这些用词的不同，也会对合同双方的权利义务、合同的履行产生不同程度的影响。比如，项目所在地的省、市级政府文件，以及项目所在地的监管机关发布的诸如价格信息，对工程安全、质量等相关的文件是否视为“法律”的范畴或许就对工程的价款产生直接的影响。

基于此，各方参与主体应当注意“法律”，或者“法律规范”等用语的特定内涵和范围。

（二）法律变化调整价款的理论依据

从合同成立、生效的法律程序来看，要约和承诺都应当是基于一定的基础条件。这个基础条件就是在协商、确定合同的内容，包括价格和质量等，以及主体之间的具体权利义务分配时，合同双方能够依据的只能是现行有效的法律、法规、标准和规范。在国际私法上，还专门有“冻结条款”。如果合同履行过程中，法律发生变化，那么应当对合同进行调整和修改。原则上来讲，如果在合同订立之后，合同履行完毕之前，由于法律、法规等发生变化造成合同价款的变化，则应当由政府方给予补偿。

在实践中，不难发现在一些合同条款中，会有“不论法律、法规的变化，合同价格一律不予调整”，或者类似的表述。笔者认为，此类免责条款显然违背了公平交易的原则，也与国际和国内工程的惯例相违背，更是与民事交易可预见规则相左，因此，法院和仲裁机构在处理相关争议时应当予以适当矫正。

另外，笔者认为，对于因为法律法规的变化而调整价款，还需要注意的是对于法律法规的变化，属于国家行为，而不是商业和市场所决定，因此不适用有经验的承包人的可预见规则。如果属于跨境投资项目，则可以考虑法律的变更是否具有歧视性、变相的国有化和征收等，并可通过双方协定和投资仲裁解决相关的争议。

（三）因法律变化调整价款的现实依据

财政部将法律变化分为政府可控和不可控两种类型：对于前者，一般由政府负担相应的风险，社会投资人可以获得额外补偿和合作期限的延长，而对于超出政府方可控范围的法律变更，如由国家或上级政府统一颁行的法律等，应视为不可抗力，按照不可抗力的机制进行处理。

而在工程建设环节，《建设工程价款结算暂行办法》和《工程量清单计价规范》等也明确规定了由于法律、行政法规和国家有关政策变化影响合同价款的，可以调整综合单价和措施费。这在实际上也确认了因法律、法规等发生变化时，对因此引起的工程价款的调整的合理性。

六、不利的地质条件风险

与一般房建工程相比较而言，大型的土木工程、港口码头工程等基础设施、海洋工程等更容易和更有可能遇到不可预见的不利地下和水下条件。并且，即使同样是大型的土木工程，港口码头、地下轨道交通、海洋工程所遇到的地下条件也是千差万别。

（一）不利地下条件的界定

对于不利的地下条件的索赔往往是比较复杂的，此类索赔通常也有诸多的限制。一方面，它受限于工程合同对于不利地下条件的定义，如果合同对于不利的地下条件有特殊的界定和处理方式，则首先应受其约束。

另一方面，不利地下条件的索赔还需要结合有经验的承包商规则和可预见规则进行合理的评估。比如，ICE 合同条件认为不利的地质条件的索赔应限于那些“conditions or obstructions could not reasonably have been foreseen by an experienced contractor”。[①]

至于何谓“合理预见”，则是“仁者见仁，智者见智”，其本身就是一个难题：

“expresses the view that determining whether a condition could ‘reasonably’ have been foreseen habitually gives rise to the greatest difficulty of interpretation in civil engineering arbitration. The words…seem to defy precise analysis and it is thought that little is to be gained from analysing the words in terms of probability.” [②]

此外，还需要注意的一点是，参考英国的司法实践经验，对于可预见规则而言，即使是一项基于可预见的风险导致了损害，但是，如果该损害的后果程度是承包人没有预见到的，也仍然可以获得相应补偿。[③]

（二）不利地下条件的处理

通常情况下，在工程合同中，承包人会预留一笔风险费或不可预见费以便应对不可预见的风险，而是否预留风险费以及预留金额也从侧面反映了承包人对工程风险的预见程度和接受程度，因此，合同双方即应当按照约定处理不利的地下条件，正如 Rimmer 所说的：

“the respective rights of the parties should be of such a nature that they might be fairly enforced whatever contingencies arise and that, if such conditions were adopted, it should be understood by all parties that in the event of dispute arising every clause would be enforced without question.” [④]

对此，中国目前通行的工程合同，比如 2007 版标准施工合同、2017 版

---

① Clause 12 of ICE Conditions of Contract 6th.

② John Uff, Keating on Construction Contracts, 8th ed, Sweet & Maxwell, 2006, at 20–74.

③ Saunders v. Williams [2003] BLR 125.

④ Rimmer EJ, The conditions of Engineering contracts, ICE Journal (1939) V11.

施工示范合同、2012版标准设计施工合同也做了类似的规定，承包人采取适应不利物质条件的合理措施继续施工或设计，由监理人发出变更指令，并且规定承包人因采取合理措施而增加的费用和（或）工期延误，由发包人承担。这实际上也是《合同法》关于“减损规则”的具体体现。

第三节　风险评估

正因为风险无处不在，而风险的存在直接影响到项目的实施，以及各方参与者的利益，因此在进行风险识别后，对项目风险进行评估成为必然。而且，只有在经过评估之后被认为可能对项目的各方主体期望通过该项目获取的利益产生负面影响的情形才能称为项目风险，可以说风险评估是风险分配的重要前提工作。

一、风险评估的内容

风险评估的主要内容就是分析和论证风险可能给项目执行带来的不利影响或损失，或者说风险评估就是量化测评某一事件或事物对项目带来的影响或损失的可能程度。风险评估的目的之一就是对各种项目风险进行量化的、现实的衡量，并折算成相应的对价，作为各方合作交易的条件。因此，风险评估必须基于前期翔实的尽职调查、风险的有效识别、风险的合理分配，以及对自留和转移的风险的可接受程度的判断[①]。

风险评估需要确定风险发生的可能性、风险强度、风险持续时间、风险发生的区域及关键风险点，以及风险发生的后果，并以此为基础确定风险的价值。当然，项目各主体对于风险的分析、识别和评估内容都有不同的出发点和侧重。比如，政府机构会侧重资金的有效使用、产品和服务的品质；融资机构会侧重资金的安全性、运营收入的稳定性；而投资人会看重投资回报率及其实现和安全退出机制。

风险评估是预防风险的有效手段，然而在目前实践中，尽管PPP项目的

---

① E. R. Yescome, Principle of project finance, Academic press, 2002, at 137−138.

数量和金额都远远超过了过去，但是大部分项目都缺少充分的风险评估，更欠缺实时的动态风险评估机制，这些不恰当的做法都会给 PPP 项目带来隐患和潜在的履行风险。

二、风险估值

众所周知，风险估值的本质是对项目中的不确定因素进行量化和计价，反过来风险的不确定性也增加了准确定价的难度。通过对风险源的识别、估计风险量和情形、估计风险总量等步骤，能够通过风险模型测算出较为可靠的风险系数，[①] 从而为风险估值提供一定的依据。

对项目风险进行评估，确定风险的价值有助于投资人、金融机构和政府机构确定对项目的投资额度。实践中风险分配和转移的常见错误做法是一方试图将所有的风险都转移给另一方，而这种方式实际上并不客观可行，如果一方试图将尽可能多的或者所有的风险都转移给另一方，另一方则势必会要求获得足够多的回报，而这些回报最终都将体现和分摊到投资人的成本和收益中[②]，可以说这是“羊毛出在羊身上”。

由此可见，风险估值严格上讲是一个商务和经济问题，不是法律问题，但是它又与交易结构、合同模式、各方权利义务分配等法律问题密切相关。交易各方是否理解、接受风险并且对风险进行估值却是基础设施项目投标环节具有基础性的工作内容，这一工作将贯穿至融资关闭，或者至少在主要的合同文件达成一致意见时。[③]

至于无法通过风险转移、风险转换、风险对冲或风险控制进行管理，而且又无法规避、不得不承担的项目风险，投资人可以采取通过附加风险溢价，即通过提高风险回报的方式，获得承担风险的价格补偿。

---

① Abdelhalim Boussabaine, Risk pricing strategies for PPP projects, Wiley Black, 2015, at 52.

② E. R. Yescome, Principle of project finance 2nd, Academic press，2014，at 199.

③ Roger McMormick, Risk allocation-towards a standardized approach？ LSE lecture, London, 2011.

三、工程风险费用的法律问题

如前文所述，风险与收益并存，工程风险的分配和管理与合同模式和合同价格的规划息息相关，因此，在工程造价实务中有必要对可能发生的各种风险费用进行合理的估算并通过合同文件进行确定和安排。

（一）风险费用的界定

工程风险费是承包人根据招标文件的要求，对工程实施过程中可能发生的风险预提的一笔费用。有观点将风险费和不可预见费混为一题，笔者认为，风险费是可以预先估计的费用，但是只能涵盖可预见风险范围内的一定比例的费用，而不是全部费用；至于不可预见费用，则是由于不可预见的风险导致的损失和发生的费用，并且，由于该风险的不可预见性，自然无法事先约定和估算，而只能在事后计算出费用。

风险能够被评估也是工程风险分担的一个重要条件是，常用的估算公式为："RISK=Probability, or frequency, of a defined event × Consequences of that event."[①]

实务中，风险费可以计入单价中，也可在总价中体现，或者单列。一般情况下，招标文件（包括合同条件）也可能会要求承包人在报价内列出工程风险费，以便在出现可预见和不可预见风险时作为补偿和核算的依据。

（二）风险费用的范围

根据财政部《建设工程价款结算暂行办法》的规定，工程合同中应当约定承担风险的范围和幅度，以及超出约定范围和幅度的调整办法；双方在合同中约定综合单价包含的风险范围和风险费用的计算方法，在约定的风险范围内综合单价不再调整；风险范围外的综合单价调整方法，在合同中另行约定。此外，《工程量清单计价规范》以及现行的通用施工合同也规定，当事人应当在合同中约定综合单价包含的风险范围和风险费用的计算方法，并约

① Neal G Bunni, The Four Criteria of Risk Allocation in Construction Contracts, ICLR, 2009.

定风险范围以外的合同价格的调整方法。

由此可见，不论是从法律法规层面，还是合同约定层面，对于工程风险的承担都是有限的，双方当事人应当约定风险的承担范围。

就目前的工程实践来看，关于风险费用的争议大多集中在人工、材料的涨价风险上，一般来说，如果合同中约定可调材料、工程设备价格变化的范围或幅度，按照约定执行；如果合同没有约定的，那么根据工程量清单计价规则的规定，对材料、工程设备单价变化超过5%，施工机械台班单价变化超过10%部分的价格应予调整，具体按照价格系数调整法或价格差额调整法计算应当调整的材料设备费和施工机械费。为此，各地的造价主管部门也都出台过相关的管理文件，对风险承担的范围和幅度等进行规范，合同双方可以约定以此为据或者在处理相关争议时作为参考。

（三）全风险条款的法律效力

正如前文所述，即使是对于可预见的风险，承包人承担的也是有限风险，并反映在风险费用中。实务中比较有争议的是关于工程合同中常见的全风险费用条款，也就是说在合同中约定，“不论任何因素引起的费用调整都不进行调整”或类似的表述，对于此类条款的法律效力及处理，尤其值得工程合同的各方参与主体以及法院和仲裁庭关注。

2013年工程量清单计价规范中特别强调和规定，建筑工程施工承发包，应当在招标文件、合同中明确计价中的风险内容及其范围、幅度，不得采用无限风险、所有风险或类似语句规定计价中的风险内容及其范围、幅度。

英国法院在the Moorcock案中也确立了同样的原则“a contract shall not operate so as to not to impose on one side all the perils of the transaction or to emancipate one side from all chance of failure, but to make each party promise in law as much, at all event, as it must have been in the contemplation of both parties that he should be responsible for in respect of those perils or chances”。①

但是，根据中国法，合同条款的有效性取决于是否违反法律和行政法规

① The Moorcock (1889) 14 PD 64.

的强制性规定，因而严格来讲，前述工程合同中的全风险条款并不属于《合同法》第 52 条规定的无效情形。笔者认为，全风险条款虽然未必无效，却违背了公平交易的商业规则，并且最高人民法院的《合同法》和《民法通则意见》第 72 条也规定了“一方当事人利用优势或者利用对方没有经验，致使双方的权利义务明显违反公平、等价有偿原则的，可以认定为显失公平”。在工程领域，尤其是通过公开招投标的项目，发包人和承包人之间没有商量的余地，法律法规不允许对合同条件进行谈判，招标文件也明确写明不允许对合同价格等条件提出任何偏离，在这样的前提和背景下，要求承包人承担全风险条款，发包人实际上是利用了公开招标这一优势条件，使得承包人处于一种要么接受交易要么失去交易的两难境地，因此，此类条款可以认定为显失公平，法院和仲裁庭应当给予矫正，从长远来看，这也有助于建立和维护公平的商业环境和法律环境。

第四节 风险分配

有关项目风险的分配在各类项目合同中无处不在，而能否公平合理的分配风险也是 PPP 和项目融资成功与否的关键影响因素。对风险的分配和处理与其说是出于法律、商业的考虑，倒不如说是人性对风险的态度。不同的风险偏好使得同样的风险对于各方主体产生不同的影响和效果，因而在进行风险分配时也会采用不同的方式。

从根源上来看，政府和社会投资人在选择 PPP 模式、项目融资和特许权时，以及投资人在确定不同的项目管理模式和合同架构时实际上就应该考虑到对项目各类风险的认知以及分配的方法。不可否认的是，相对而言，在 PPP 模式的整体结构下，投资人所处的地位，以及在工程建设阶段承包人所处的地位，都使其在项目风险的分配中处于消极应对的境地，尤其是在采用强制招标投标的项目中，因此，社会投资人、承包人更是应该积极、有效地进行风险识别并采取预防和转移风险的措施。

一、风险分配的基本原则

工程风险的分配是商业交易各方对自身利益的关切点，但是实际上，不可否认的一点就是更大程度上来讲，关于风险的分配并不单纯是法律问题或商业问题，而是一个哲学问题，或是人性使然，即项目参与各方对风险的喜恶和偏好程度。针对项目风险的分配理论，亚伯拉罕森教授曾提出：

"A risk should be placed on insures or other professional gamblers where practicable; otherwise it should be placed on whoever gains the main economic benefit of running it; that is, unless the risk should be moved elsewhere for efficiency or safety, on to one who carelessly or willfully creates it, or can best control the events that may lead to it occurring or best manage it when it does occur. If it is not known how to move a risk effectively, without excess trouble or alternative risks (including risk of abuse) , leave it where it falls." ①

按照上述理论，法律界和工程界确立了工程风险分配的亚伯拉罕森原则，即在处理因风险分配问题产生的争议时，考虑工程风险是否该由一方当事人承担以及如何在合同主体间分配时需要遵循的基本准则和步骤，包括风险的可控性。

但是，在如何认定亚伯拉罕森原则中的"风险可控性"上，理论上和工程实务中有着不同的理解和认识。为此，尼尔·布尼教授进一步总结和归纳了用于分析和评定项目风险分配的四项基本准则，即：

（1）哪一方当事人能够控制风险及其发生的后果？

（2）哪一方当事人能够更好地预见风险？

（3）哪一当事人能够更好地承担风险？

（4）哪一方当事人最终从风险中收益或者遭受损失？

上述准则在 Grove 报告中也得到了印证，Grove 报告并进一步指出了风险分配的终极目标是：

"...promote project implementation on time and on budget without sacrifice

---

① Uff & Capper, Construction Contract Policy, King's College Press, London, 1989, at 21.

in quality ... to obtain the greatest value for money. The goal for a repeat employer should be to minimize the total cost of risk on a project, not necessarily the cost of either party."

由此可见，风险分配的理论和实践也不仅仅是为了达到风险在工程合同当事人的平衡分配或有效分配，更多的还是关注通过风险分配原则实现减少因风险带来的损害。

二、常见的风险分配方式

鉴于项目本身风险和收益共存的特性，在进行工程风险的具体分配时，John Uff 教授认为还需要考虑三个基础性的问题：

"(a) the risks must be readily identifiable and the question of who bears that risk easily and directly ascertainable.

(b) there should be a proper reason for transferring the risk, such as the party assuming the risk being better able to control it.

(c) the purpose of transfer should be to alleviate unreasonable loss, not to generate additional profit." ①

因此，根据前文所述风险分配的基本原理、原则和精神，衍生出了工程界和法律界普遍认可和接受的风险承担方式，主要包括：

（1）由最适宜于阻止和控制风险的一方承担；

（2）由最有能力管理风险的一方承担；

（3）由因过错引起风险的一方承担；

（4）由受益于工程风险的一方承担。

上述风险分配原则和方式的适用并无优劣之分，也没有统计数据显示某一种分配方式所占份额更多。事实上，具体选用何种分配方式仍然需要根据项目情况、项目各方主体的认知和对风险的接受程度，以及各方的商业地位、谈判地位而定。

---

① John Uff & Odams, Risk, Management and Procurement in Construction, KCL, 1995, at 65.

三、PPP 项目风险分配规则

PPP 项目同样需要遵循上述基本的风险分配规则，并同时应结合项目的规模、特性、交易结构、合同体系等综合考虑。

根据财政部的 PPP 模式操作指南的规定，按照风险分配优化、风险收益对等和风险可控等原则，综合考虑政府风险管理能力、项目回报机制和市场风险管理能力等要素，在政府和社会资本间合理分配项目风险。按此原则，一般情况下，项目设计、建造、财务和运营维护等商业风险由社会资本承担，法律、政策和最低需求等风险由政府承担，不可抗力等风险由政府和社会资本合理共担。

而按照中国 PPP 项目不同的付费机制，对风险分担机制也有不同的关注点：

（1）对于政府付费项目，其中可用性付费项目的社会投资仍承担施工、运营风险，而不承担需求风险；在使用量付费项目中，社会资本将承担施工和运营风险，而需求风险则由政府和社会投资人共同承担。

（2）对于使用者付费项目，社会资本除了承担施工、运营和需求风险外，还需要和政府共同承担项目独占性风险。

（3）在可行性缺口补助项目中，社会投资人和政府将共同承担收费或收益不足的风险。

第五节　风险管理

从项目实践来看，风险管理是项目管理的重要内容之一，也是工程项目能否取得成功的关键因素，因此，风险管理一向被视作是项目管理的重点，同时也是难点之一。

一、风险管理的内容

项目风险管理是一个系统的管理过程，同时也是一个动态的管理过程，而不能简单地认为签完合同就一切结束。事实上，风险在整个项目建设的推进以及合同的履行过程中，会发生变化，会产生新的风险，并可能需要对风险进行重新分配。因此，有人将风险管理的过程视作是“the art and science of identifying，analyzing and responding to risk factors throughout the life of a project and in the best interest of its objective”。①

具体来说，项目的风险管理主要包括以下六个方面的内容：

“(1) identifying preventive measures to avoid a risk or to reduce its effects;

(2) proceeding with a project stage-by-stage, initiating further investigation to reduce uncertainty through better information;

(3) considering risk transfer in contract strategy, with attention to the motivational effects and the control of risk allocation;

(4) considering risk transfer to insures;

(5) setting and managing risk allowances in cost estimates, programmes and specifications;

(6) establishing contingency plans to deal with risks if they occur.” ②

从上述六个方面的内容可以看出来，项目风险管理实际上涵盖了三层含义，即风险识别、风险分析，以及相应的风险处理等。

二、风险管理的目的

项目风险无处不在，对风险进行识别、分析，做好风险管理，能够有效地预防和减少因各种风险给合同双方以及工程项目本身带来的损害，系统化的动态管理方式“allows early detection of risks and encourages the major project stakeholders to identify, analyze, quantify and respond to the risks, as well as to implement risk mitigation policies”。③

但是，同时也必须注意到，风险管理的最终目的并不是消除所有的风

---

① Widenman, Risk Manament, Project Management Journal Sep 1986, at 20-26.

② John Uff & Odams, Risk, Management and Procurement in Construction, King's College London, 1995, at 11.

③ Daniel W.M. Chan, Exploring the key risks and risk mitigation measures for guaranteed maximum price and target cost contracts in construction，2010，Const. L.J. 364.

险，而是“ensure that risks are managed most efficiently. The client and his project manager must recognize that certain risks will remain to be carried by the client. This ‘residual risk’ must be allowed for in the client’s estimate of time and cost”。[①]而且，尽管有合理有效的风险管理手段，项目各方主体也需要意识到风险管理的有限性，不应当将其视为一劳永逸的手段。

第六节 风险转移和保险

在进行前期的风险识别、风险评估后，项目风险需要按照既定的规则和约定在各主体之间进行分配。而在分配风险后，各方主体还应当根据风险分配的结果进一步考虑风险的转移和防范。换言之，从项目各参与主体具体承担风险的角度来看，还需要进一步评估和衡量风险，结合各自的风险偏好和风险容忍度对风险进行处理。

一、风险转移

风险转移是风险管理和PPP、项目融资交易结构的核心要素。风险的转移需要结合参与主体的风险偏好和风险容忍度进行判断。风险偏好是主体在承担风险时对风险的厌恶程度；风险容忍度是指风险承担者，尤其是作为风险厌恶者的投资者对风险承担的意愿和能力，决定投资者风险忍耐度的因素除了主观的风险偏好以外，还有一些资本金规模和管理风险的能力等决定投资者风险承担能力的客观因素。

据此，通常情况下，就项目风险的处理可以分为以下两种常见的方式：

（1）风险自留和自我消化。贯彻投资、决策、收益和风险承担相适应的原则是解决风险分配和转移的基本原则。按照这一原则，从政府机构、投资人、项目公司，到融资机构、工程承包商和运营商，都需要自留和自我消化一部分项目风险，这也是风险共担原则在PPP项目中的具体体现。

（2）风险转移。除了自留的项目风险，转移风险则是避免损失、最大限

① Thompson & Perry, Engineering Construction Risks, Thomas Telford, London, 1992, at 9.

度保护自身权益的主要方式。风险转移对于政府等公共机构尤为重要，也是物有所值的核心价值之一，能够适当地刺激投资人和项目公司提供合格的服务和产品。[①]但是，实务中常见的错误情形则是政府等公共机构迫使投资人、项目公司接受过多的风险，而同样的，投资人、项目公司又会不合理地将过多的风险转嫁到工程承包商、运营商、供应商身上。这些做法实际上破坏了风险分配和转移的原则，也会造成项目融资、建设成本的增加，并给PPP、项目融资的执行带来隐患，事实上形成和加剧了久拖不决的“三角债”问题。

二、风险转移和保险

转移和分散风险是保险的基本功能。因此，除了在合同各方参与者之间进行传递和转移项目风险外，运用保险机制能够很好地为PPP、项目融资服务，以减少和避免项目的风险。

保险转移风险主要是通过订立保险合同，将项目的财产、责任、人身风险转移给保险公司，而保险公司则采用更为科学的保险集合和分散方式，将单个项目的风险转移出去。实际上，保险费既是保险人对项目风险进行分析后确定的估值体现，也是保险人和投保人签订保险合同、愿意承担相应风险的对价。

另外，笔者认为，在理解保险所具有的风险转移功能时，还需要注意的是，首先，风险和保险一样都以概率为基础，保险人能够承担的风险本身是否发生具有不确定性并且不是保险人和投保人、被保险人能够控制的事件[②]，这也是保险制度的基本原则；其次，财产保险具有补偿性质，即被保险人因保险事故而遭受损失时，其从保险人处所能获得的赔偿只能以其实际损失为限，投保人不能从保险事件中获得额外的收益；最后，并不是所有的风险都可以通过保险来转移，对于无法通过保险转移的项目风险，则在项目主体之间进行转移或者自行消化。

---

① E.R. Yescome, Public Private Partnership, Butterworth-Heinemann, 2007, at 243.

② Prudential Insurance v. Inland Revenue Commissioners [1904] 2 KB 658 (Comm).

第七节 项目完工风险

完工风险（completion risk）在PPP、项目融资中有着重要的意义。众所周知，不论是PPP、特许权经营、项目融资，政府方与投资人之间的合作都有固定的期限，而这一固定的期限不仅与项目建设、运营直接相关，也与融资机构提供的资金期限、利率、利息密切相关。Richard Tinsley指出，绝大多数融资机构都希望将资金借贷给能够确定按期、保质并且在预定的预算内的项目，而不希望因为各种原因导致成本增加时再进行无休止的谈判。因此，在实践中，不论是投资人、项目公司，还是融资机构都会关注项目完工的风险。

一、完工风险的成因

完工风险，实务中有时也被称为项目开发的延误、成本超支或者建造风险。完工风险即意味着直接导致项目延期、成本增加、运营期收益减少、项目预期目标无法实现。完工风险在大型基础设施、公用事业项目中非常普遍，并将直接影响到项目周期、项目成本和收益。

PPP项目、特许权和项目融资导致完工风险的因素多种多样，既有投资人或者项目公司的原因，也有工程承包商的原因，还有勘察、设计方面的原因。

结合项目实践来看，完工风险的大小主要取决于四个因素：

（1）项目本身的特性产生的设计标准和施工技术影响；

（2）投资者对于项目的统筹管理和融资到位情况；

（3）政府相关许可、审批是否及时、有效及不恰当的干预；

（4）工程承包商的建设开发、项目管理能力和资金运筹能力。

此外，对于复杂的工程项目，对于项目整体开发的规划是否科学合理，项目前期审批、许可手续是否完备，设计方的设计是否满足规范标准和合理性，勘察方的地质勘察是否准确也会给项目能否按时完工产生制约影响。但就总体来看，工程承包商在这一环节的责任更为集中和繁重，因此，投资人所选择的工程承包商的能力对于项目完工也至关重要。

二、完工风险的关注点

项目完工或者项目竣工意味着承包商按照既定的日期、质量、成本完成项目的全部工作范围和内容。项目完工对融资机构、投资人、承包商、运营商都有着重要意义。对融资机构而言，完工意味着项目的现金流将持续产生，可以为融资款项提供偿还的基础；对投资人而言，完工意味着项目最大的投资已经完成，将进入收益期；对承包商而言，完工意味着工程进入移交和结算，将不再承担现场的照管、安保等责任；对运营商而言，完工意味着将接收项目并进行运营和维护，并可获取收益。

从实践的角度来看，完工风险主要集中在工程建造、测试、试运行这三个环节。基于项目阶段不同、完工风险的表现内容不同，对于完工风险的关注度也会存在差异。根据项目完工的标准，对于完工风险的关注主要涉及项目延误、项目超支和完工测试。后者是预防和解决项目性能指标的重要工作。完工测试必须符合标准，这在电力能源项目中尤其显著，如果性能指标不符合，则将可能导致无法顺利并网发电。

三、完工风险的保障措施

项目完工风险的防范和保障措施多种多样，具体需要根据项目的难易特征、项目合同主体的关注点、投资人和承包商的管理能力等综合考虑。实践中，常见的完工风险的保障措施有以下几种：

（1）交钥匙工程合同或 EPC 合同。在大多数基础设施 PPP 项目、项目融资中都会采用交钥匙合同（Turnkey contract）或 EPC 合同的方式由承包商承担设计、建造和采购，在这种合同模式下，承包商按照约定的固定期限、固定费用完成符合建设、运营标准和要求的项目。对融资机构和投资人而言，既然时间和成本是项目融资、PPP 的核心要素，那么采用交钥匙工程合同或 EPC 合同，以便固定工期和费用则可以说是较为理想的解决方案。

就交钥匙合同或 EPC 合同本身而言，其对承包商在设计、建造义务和责任、成本控制、工期要求方面都比传统的工程施工合同要高，因此，此类合同条件在为确保项目完工提供保障的同时，也给工程承包商提出了更严、更高的标准和要求。

（2）完工担保。完工担保（Completion guarantee）也是预防和解决完工风险的重要措施之一，它是PPP项目的投资人向政府方、融资机构所作的按时完成项目开发建设的承诺。据此，直至项目完工测试，投资人将负责使用各种资金和资源以便确保项目能够按时、保质的完工，这其中也包括投资人以其自身资金作为建设资金的保证。[①]

（3）完工保险。完工保险（Delay-in-startup insurance）作为另一种完工保障，通常是在承包商的全风险保险（contractor all risks insurance）类别的组成部分中，主要覆盖包括非现场条件的不可抗力、法律变化、承包商履约未达标（efficacy）在内的风险。目前中国的保险市场和工程建设领域尚缺少完工保险，因此，实务中对于完工风险缺少保险领域的保障手段。

按照国际上常用的完工保险条款和规则，通常会由投保人自行承担30—45天的延误期限或者10%的延误超支；保险机构只对基于合同的损害或责任承担保险责任；投保合同中应当具备不可抗力条款；保险机构通常会要求在保险期限内，项目合同的内容不得有实质的变更；保险的期限一般在3年左右。同时，一些不能包括在完工保险内的事项也应当注意，比如金融违约、破产、个人损害赔偿、知识产权的侵权、项目整改的费用等。[②]

（4）误期违约金。在合同中约定误期违约金是最为直接的完工风险防范措施。误期违约金，又称误期损害赔偿，或称工期延误赔偿，它是指在工程合同中预先约定的，承包人在延误工期时应向发包人支付的一定数量的金额，其英文表述为Liquidated Damages（LDs），这是工程合同中比较据有特色的专业术语。

但是，误期损害违约金的适用有其特殊的规则，实践中常见的错误则是混淆工期延误损害赔偿条款和工期延误的惩罚性条款。比如，在英国法中，由于误期损害赔偿在法律上具有补偿性质，而不应当作为惩罚手段，因此，如果在工程合同中约定的误期赔偿条款有违背该法律原则的，将无法得到法

---

① Richard Tinsley, Advanced project finance, Euro-money, 2000, at 199.

② Richard Tinsley, Advanced project finance, Euro-money, 2000, at 193-194.

院的支持。

除了上述四种较为常用的完工保障措施之外，在项目的全生命周期里，做好过程的监督、记录，及时解决纠纷也是防范完工风险的重要举措。但是，正如前文所述，项目风险具有不可控性，项目的执行有赖于人，因此，在项目风险管理中，只能是尽可能地识别和防范，而要想完全避免风险几乎是不可能的。也正因如此，融资机构、投资人、政府机构、承包商、运营商、供应商等项目主体在参与项目、规划和设计合同条件时，应当为完工条件预留一定的时间和空间，避免约定过死导致完工准备、检测等机制失灵。

第八节 不可抗力风险

不可抗力（Force Majeure）的影响因素在 PPP 项目建设中虽然不是经常遇到，但却是工程法律理论和项目实务中都不可忽视的议题。在实践中，不可抗力是项目风险的一种形式。不可抗力条款的约定直接关乎合同双方权利义务的分享和分担、牵涉项目成本，甚至关系到合同能否继续履行。

也正因此，在 PPP 项目中及其工程建造中，就需要厘清不可抗力的范畴以及与之相应的法律后果，以及各方项目参与主体在不可抗力情形下的权利义务和责任问题。

一、不可抗力的界定

按照我国《民法通则》第 153 条，《民法总则》第 180 条以及《合同法》第 117 条第 2 款的规定，不可抗力是指不能预见、不能避免和不能克服的客观情况。从上述法律规定的字面表达来看比较容易，但实际上法律本身对不可抗力的描述相对比较抽象，这也使得实务界和理论界对不可抗力的内涵和外延都存在不同的理解和看法。

（一）不可抗力的构成要件

（1）不可抗力具有不能预见特性

不能预见要件的特征在于订立工程合同时当事人无法预见相应的风险。

这是确定不可抗力构成的时间要件和判定标准。对于不可预见性，实践中需要注意两个问题：

第一，不可预见是从人的主观认知能力的角度来对不可抗力加以界定，即不可抗力事件是否发生属于无法预见的情形。这一要件同时具有主观和客观的评定标准。对此要件的理解和适用需要注意的是，主观上，“预见能力存在个体差异，对同一现象，有的人可以预见，有的人不能预见，因此，需要以社会一般人的预见能力而不是当事人的预见能力为标准，对某种现象是否可以预见加以判断”[①]。更确切地说，可预见标准原则上应遵循“普通人标准”；如果合同一方属于专业机构或专业人员，则应按“专业人员”标准判定行为人应否预见，而不能适用“普通人标准”。[②]

第二，从时间上来看，必须是在订立合同之时不能预见，且在合同订立之后发生。如果按照前述的预见标准能够在合同签订之时预见事件的发生，则不构成法定的不可抗力。

（2）不可抗力具有不可避免和不能克服特性

不能避免和不能克服说明了不可抗力的客观性与必然性。不能避免是指对于不可抗力事件的发生，当事人虽然尽了合理的注意，仍不能阻止这一事件的发生；不能克服则指当事人对于不可抗力事件虽已尽了最大努力，仍不能克服之，因此而致合同不能履行[③]。简言之就是，对于构成不可抗力的客观现象，从一个客观理性的第三人的角度出发，即使其尽到了最大的努力和采取一切可以采取的措施，仍然不能避免某种现象的出现并克服该现象所造成的损害后果[④]。

（二）不可抗力的范围

除了上述不能预见、不能避免、不能克服的构成要件之外，关于何谓不

---

① 赵勇山：《损害赔偿法律精要与依据指引》，人民出版社2005年版。

② 叶林：《论不可抗力制度》，载《北方法学》2007年第5期。

③ 刘凯湘：《论不可抗力》，载《民法责任与民法典体系》，法律出版社2002年版。

④ 赵勇山：《损害赔偿法律精要与依据指引》，人民出版社2005年版。

可抗力中的“客观情况”，现行法律法规并没有更进一步的规定，因此，也是理论和实务中比较有争议的问题，在司法实践中也较难掌握，具体的认定还取决于法院的自由裁量权。

从原则上来讲，属于不可抗力的客观情况必须来自行为人的外部的社会公认的，凭借人类经验确定其存在的客观事件[①]。常见的属于不可抗力的客观情况主要有三类：第一类是自然事件，如地震、洪灾、台风、火灾等；第二类是社会事件，如战争、动乱、暴乱、武装冲突、罢工等；第三类则是政府行为，比如法律法规的变化、具体行政行为等。

当然，在没有合同约定的情况下，上述分类并不一定完全符合不可抗力的标准，或者说还有其他未被列入的客观情况。

比如，关于流行性疾病是否属于不可抗力很难予以界定。最高人民法院在《关于在防治传染性非典型肺炎期间依法做好人民法院相关审判、执行工作的通知》[②]中明确指出，因政府及有关部门为防治“非典”疫情而采取行政措施直接导致合同不能履行，或者由于“非典”疫情的影响致使合同当事人不能履行而引起的纠纷，按照《中华人民共和国合同法》第117条（即不可抗力条款）和第118条的规定妥善处理。

又如合同中经常约定的火灾，也不是所有的火灾都属于不可抗力的范畴。从成因来看，有些是因为工程合同的一方疏于管理造成的人为火灾，有些则是自然界的外来因素引发的火灾，如雷击造成。因此，在具体界定火灾事件是否属于不可抗力中的客观情况时，还需要结合火灾的实际成因来加以区分，而不宜一刀切地认可或者否决。

再比如，关于国家和政府行为是否构成不可抗力也有不同的观点和做法。笔者认为，由于在中国法律环境下，政府部门对项目投资建设的干预大大超过其他领域，因此，对于诸如法律、行政法规、地方性法规及地方规章的变化，以及工程项目所在地政府所做出的行政行为都可以列入不可抗力的

---

① 叶林：《论不可抗力制度》，载《北方法学》2007年第5期。

② 最高人民法院《关于在防治传染性非典型肺炎期间依法做好人民法院相关审判、执行工作的通知》（法〔2003〕72号）。

考虑范畴。实践中，项目所在地政府行政主管部门的监管和影响可以说不在少数，更有诸如领导视察、主管单位巡查等。此外，每年各地的高考、两会或者重大国际会议的召开，都或多或少会影响到当地的工程项目的正常建设，对于上述情形引起的工程暂停、中止等问题，则较难以统一定性和处理，因此，需要法院和仲裁机构在处理具体的案件中可以依据特定的事实进一步加以甄别和进行裁量，以便更好地指导工程法律实践。

而对于政府的具体行政行为一般来讲，政府具体行为针对的是相对方，即业主或是承包人的违法行为，实际上，在这种情况下，可以直接以行政行为的内容来确定和分配业主和承包人的义务以及责任。

（三）项目合同中对不可抗力的界定

由于法律法规并没有统一的关于不可抗力的客观情况的具体规定，因此，遵循合同法关于当事人意思自治的原则，项目合同的当事人可以自行约定和认可作为不可抗力的事件和客观情形。

在财政部的PPP合同指南中，不可抗力事件分为政治不可抗力和自然不可抗力两大类，前者包括非因签约政府方原因导致的且不在其控制下的征收征用、法律变更、未获审批等政府行为引起的不可抗力事件，后者则是通常理解的指台风、冰雹、地震、海啸、洪水、火山爆发、山体滑坡等自然灾害，以及战争、武装冲突、罢工、骚乱、暴动、疫情等社会异常事件。

而在国内现行的工程类合同中，2017版施工示范合同第17.1条、2012版标准设计施工合同第21.1.1条和2007版标准施工合同第21.1.1条都对不可抗力做了明确规定，即指合同当事人在签订合同时不可预见，在合同履行过程中不可避免且不能克服的自然灾害和社会性突发事件，如地震、海啸、瘟疫、骚乱、戒严、暴动、战争和专用合同条款中约定的其他情形。

与上述三份合同不同的是，2011版总承包示范合同第1.1.51条关于不可抗力及其范围的相关规定和内容，赋予合同双方可自行约定不可抗力的现象范围。

尽管有这些明确的界定和范围，但在实务中并不能排除约定之外的情形是否属于“不可抗力”的质疑，比如，上述工程合同中均没有规定政府行为属于不可抗力的范畴，这与理论上不可抗力的范围存在不一致。因此，为避免争议，工程合同的双方主体仍然有必要在合同中对属于或者不属于不可抗力的事件进行明确的约定。

（四）不可抗力的适用

项目法律实践中，在适用不可抗力原则上，项目合同的各方主体还有必要考虑和注意以下几个问题：

（1）不论项目合同中是否约定了不可抗力条款，都不影响一方主体直接援用法律法规的相关规定。

（2）不可抗力条款是法定的免责条款，因此，第一，当事人双方不得约定排除适用，如果工程合同中约定在不可抗力情况下一方当事人仍需要承担相应的责任的，该约定将被认定为无效条款。第二，双方在合同中约定的不可抗力的范围如果小于法定的范围，当事人仍可援用法律规定主张免责；如果约定的范围大于法定范围，超出部分应视为双方达成一致作为额外的免责条款。[①]

（五）英美法对不可抗力的处理

众所周知，通常认为不可抗力是大陆法系的概念，与大陆法和中国法不同，英美合同法中并没有使用和表述为“不可抗力”这样的概念，因此，很多人认为在英美法下是没有不可抗力法律制度的；也有人认为，虽然，英美法系没有不可抗力的规定，但是，有“合同目的落空”（Frustration）原则，因此，出现不可抗力事件时，可以沿用合同目的落空的处理原则。

笔者认为上述理解和观点存在误解之处：

首先，中国合同法理论界和实务界在探讨和研究时，经常将英美法系的合同目的落空制度与大陆法系的情势变更原则作为比较研究的对象，因此，从这一点也可以看出来，理论界和实务界普遍接受的观点是“合同目的落空原则”对应“情势变更制度”，而不应是不可抗力。

其次，根据上述法律制度和原则的对应关系进而可以得知，合同目的落

① 林立，《工程合同：法律、规则和实践》，北京大学出版社2016年版，第452页。

空制度与情势变更的处理原则类似，但是众所周知，情势变更原则与不可抗力是完全不同的两种法律概念，而合同目的落空制度与情势变更的处理原则有其适用的条件，但是却不适用于不可抗力事件的处理。

最后，虽然，英美合同法中没有使用“不可抗力”这一术语，但是并不意味着没有适用于不可抗力事件的法律原则和先例。在工程法律领域，如果遇到不可抗力事件，笔者认为适用“Acts of God”的相关处理原则可能会更加接近解决不可抗力事件的本质。值得关注的是，2017 年新的 FIDIC 彩虹系列已取消了不可抗力这一术语。

二、不可抗力的风险分担

不可抗力的风险对于项目参与各方主体而言都具有不可预测性，并且属于不可归责于任何一方的情形，因此，对于因不可抗力风险产生的工期、费用等损失，应当本着公平、合理的原则进行处理。

（一）法律规定的不可抗力风险分担

不可抗力属于合同双方不能预见且不能避免、不能克服的客观情形，其本质上属于不可归责于工程合同的任何一方主体的原因，因此，原则上各方无须向对方承担责任和不利的法律后果，各方自行负责和处理因不可抗力遭受的损害。《合同法》第 117 条也明确规定，除非法律另有规定，因不可抗力不能履行合同的，根据不可抗力的影响，部分或者全部免除责任。

（二）合同中的不可抗力风险分担

需要合同各方主体引起注意的是，上述《合同法》中关于不可抗力的内容更多的是从责任免除的角度出发进行的规定，除关于不可抗力的风险分担的原则性规定之外，对于合同各方在出现不可抗力之后应该承担的工作、履行的义务等均没有涉及，因此，在项目合同的相关条款中需要进一步明确。

比如，财政部的 PPP 合同指南规定，发生政治不可抗力事件，项目公司有权要求延长工期、获得额外补偿或延长项目合作期限；如因政治不可抗力事件导致项目提前终止，项目公司还可获得比其他不可抗力事件更多的补偿，甚至可能包括利润损失。

另外，2007版标准施工合同第21.3条、2011版总承包示范合同第17.2条、2012版标准设计施工合同第21.3条以及2017版施工示范合同第17.3条均针对不可抗力导致的人员伤亡、财产损失、费用增加和（或）工期延误等后果，详细规定了责任和后果的分担：

（1）永久工程，包括已运至施工场地的材料和工程设备的损害，以及因工程损害造成的第三者人员伤亡和财产损失由发包人承担；

（2）承包人设备的损坏由承包人承担；

（3）发包人和承包人各自承担其人员伤亡和其他财产损失及其相关费用；

（4）承包人的停工损失由承包人承担，但停工期间应监理人要求照管工程和清理、修复工程的金额由发包人承担。

当然，除了上述相同的原则性规定之外，工程合同的细节内容和具体表述还存在一定的差异，需要合同各方在决定采用不同的合同条件时引起注意和重视。比如，2011版总承包示范合同还规定了：（1）不可抗力事件发生后，因一方迟延履行合同约定的保护义务导致的延续损失、损害，由迟延履行义务的一方承担相应责任及其损失；（2）发包人通知恢复建设时，承包人应在接到通知后的20日内或双方根据具体情况约定的时间内，提交清理、修复的方案及其估算，以及进度计划安排的资料和报告，经发包人确认后，所需的清理、修复费用由发包人承担。

与上述规定不同，2007版标准施工合同和2012版标准设计施工合同规定了出现不可抗力事件后：（1）不能按期竣工的，应合理延长工期，承包人不需支付逾期竣工违约金；发包人要求赶工的，承包人应采取赶工措施，赶工费用由发包人承担。（2）承包人在停工期间按照发包人要求照管、清理和修复工程的费用由发包人承担。而2017版施工示范合同则规定了（1）因不可抗力影响承包人履行合同约定的义务，已经引起或将引起工期延误的，应当顺延工期，由此导致承包人停工的费用损失由发包人和承包人合理分担，停工期间必须支付的工人工资由发包人承担；（2）因不可抗力引起或将引起工期延误，发包人要求赶工的，由此增加的赶工费用由发包人承担。

（三）不可抗力的处理和救济

工程合同履行过程中发生不可抗力，直接影响到工程项目的进展，轻者导致工程合同履行的暂停或中止，重者直接导致合同的解除和终结。比如，发改委的 PPP 合同指南也建议项目主体在合同中约定不可抗力的处理方式，造成合同部分不能履行，可协商变更或解除项目合同；造成合同履行中断，可继续履行合同并就中断期间的损失承担做出约定；造成合同履行不能，应约定解除合同。财政部 PPP 合同指南中提出，发生不可抗力后，一方可行使免于履行、延期履行、免除违约责任、补偿费用或者解除合同等救济手段。

因此，实务中，在应对不可抗力的后续处理问题方面，项目合同的各方主体需要对相关的程序和实体问题引起足够的重视，从预防和解决两个层面做好适当的方案。

1. 不可抗力发生时的通知

（1）通知义务

按照《合同法》的规定，当事人一方因不可抗力不能履行合同的，应当及时通知对方，以减轻可能给对方造成的损失，并应当在合理期限内提供证明。

实务中有必要引起注意的是，发生不可抗力后的及时通知义务，不仅是法定的义务，同时也是约定的义务。因此，任何一方发现不可抗力事件，都应本着诚信合作的态度通知合同另一方。为此，2007 版标准施工合同、2012 版标准设计施工合同、2017 版施工示范合同中都规定，合同一方当事人遇到不可抗力事件，使其履行合同义务受到阻碍时，应当立即通知合同另一方当事人和监理人，书面说明不可抗力和受阻碍的详细情况，并提供必要的证明。

（2）不可抗力持续时的报告义务

现实中，有些不可抗力事件发生后很快就结束了，而有些则会延续一段时间。因此，在不可抗力事件持续发生的情况下，合同当事人则有必要周期性地进行报告。对于其中周期性报告的时间，以及最终报告的时间，则可以由各方自行约定，一般情况下前者为 7 天，后者为 28 天。比如，2011 版总承包示范合同规定，当不可抗力事件持续发生时，承包人每周应向发包人和工程总监报告受害情况。合同双方当事人也可以根据项目的实际情况以及各自的项目管理制度对报告周期另行约定。

同样的，2007 版标准施工合同、2012 版标准设计施工合同和 2017 版施工示范合同也都规定了，对于持续性的不可抗力事件，合同一方应当及时提交中间报告，说明不可抗力和履行合同受阻的情况。

（3）不可抗力结束后的报告

如前所述，不可抗力事件的时间有长有短，与之相应，合同一方就不可抗力事件结束后的报告也有不同的规定。2011 版总承包示范合同规定，工程现场发生不可抗力时，在不可抗力事件结束后的 48 小时内，承包人（如为工程现场的照管方）须向发包人通报受害和损失情况。而对于持续发生的不可抗力，2007 版标准施工合同、2012 版标准设计施工合同和 2017 版施工示范合同都规定应当于不可抗力事件结束后 28 天内提交最终报告及有关资料。

关于上述报告和提供相关证明资料的期限，在有合同明确规定的情况下，各方主体都应严格遵循，避免因为程序上的瑕疵导致后续相关的权益的受损。

2. 避免和减少损失义务

在不可抗力的情形下，结合《合同法》第 118 条的规定，避免和减少损失应当属于各方自己的义务和工作，对合同相对方并无避免和减少损失的义务。同时，《合同法》第 119 条也规定，当事人一方违约后，对方应当采取适当措施防止损失的扩大；没有采取适当措施致使损失扩大的，不得就扩大的损失要求赔偿。当事人因防止损失扩大而支出的合理费用，由违约方承担。

但是，由于《合同法》第 119 条规定的是一方违约的情形，对于不可抗力情形，避免和减少损失规则是否同样适用则存在不同的理解和看法。

可以注意到，在现行的 2007 版标准施工合同、2012 版标准设计施工合同、2017 版施工示范合同中都规定了不可抗力发生后，发包人和承包人均应采取措施尽量避免和减少损失的扩大，任何一方没有采取有效措施导致损失扩大的，应对扩大的损失承担责任。但是，值得注意的是，对于上述规定和表述所指的“扩大损失”仅指己方还是合同对方并不明确，一方当事人对于另一方当事人是否也同样负有避免损失扩大的义务也不得而知。

相比较而言，2011 版总承包示范合同的规定略有区别，其第 17.1 条规定根据本合同约定，工程现场照管的责任方，在不可抗力事件发生时，应在力所能及的条件下迅速采取措施，尽力减少损失；另一方全力协助并采取措施；如需暂停正在进行的施工或工作，应立即停止。

通过比较分析，不难发现，通常情况下，在工程交付业主之前，承包人对已完工程、现场、存放于现场的设备材料负有保管义务，因此，2011版总承包示范合同中相关条款的规定实际上是在《合同法》减损规则的基础上增加了合同双方的责任，尤其是承包人的义务，扩大了《合同法》有关减损规则适用法律后果的规定。

3. 因不可抗力而解除合同的权利救济

工程项目受不可抗力的影响具有不确定性，有些影响较小，比如短暂的停工，有些则影响巨大，后果严重，比如工程中断，甚至是导致工程的毁损、合同的解除。而在由于不可抗力因素导致工程合同解除的情况下，如何减少损失、保障工程已完工程，从而进一步保护合同各方的权益则也是需要密切关注的要素，需要从法律和工程管理两个维度同时加注考虑。

（1）因不可抗力解除合同的条件

如前所述，不可抗力事件的影响或大或小，因此，并非发生不可抗力就必然导致工程合同的终止，实际上，是否解除合同仍然需要遵循合同当事人意思自治原则以及是否符合约定的解除条件。比如，财政部PPP合同指南规定，如果不可抗力发生持续超过一定时间，任何一方可以提出解除合同。发改委PPP合同指南则建议合同中应当约定因不可抗力造成合同履行不能时的合同解除事项。又比如，2007版标准施工合同、2012版标准设计施工合同规定，合同一方当事人因不可抗力不能履行合同的，应当及时通知对方解除合同。2017版施工示范合同规定，因不可抗力导致合同无法履行连续超过84天或累计超过140天的，发包人和承包人均有权解除合同。这也是对工程合同当事人解除合同权利的限制和制约，避免任何一方随意解除合同。

在适用上述合同条款时，笔者认为，因不可抗力因素的发生导致的后果因个案而有所不同，实际上按照《合同法》第69条的规定，因不可抗力发生后，业主和承包人都有权首先选择中止合同的履行，而且中止履行也是法定的一个义务和程序，也就是说，第一，需要对因不可抗力的影响进行评估、确定合同的履行是否成为不可能，以便寻求各种可能的解决方案；第二，如果进行分析论证后不能履行合同成为必然或者已然，则再决定解除合同。

（2）因不可抗力解除的通知

因不可抗力解除合同，与基于其他因素解除合同一样，都需要遵循《合同法》关于合同解除的一般规定和程序要求，其中主要的是履行《合同法》第96条规定的通知义务[①]。

同样，《合同法》的上述规定也体现在工程合同的相关条款当中。比如，2007版标准施工合同、2012版标准设计施工合同也都规定，合同一方当事人因不可抗力不能履行合同的，应当及时通知对方解除合同。

至于何谓"及时"法律法规并无统一的规定，在没有具体约定的情况下，则需要结合具体案件事实，由法院和仲裁机构确定合同一方是否"及时"履行通知义务。但是，无论如何，及时通知并避免和合同当事人因不可抗力造成或增加损失的初衷和原则是不变的，也是《合同法》关于诚实信用的履行合同原则在工程合同具体内容上的体现。

（3）不可抗力解除合同后的处理和费用承担

因不可抗力导致最终解除工程合同不仅涉及诸多纷繁复杂的法律问题，同样涉及已完工程现状的保护、后续处理、价款支付等工程管理方面的问题。

除了前文中所述的工程合同中关于不可抗力风险分担的规定外，在2013版工程量清单计价规范中关于相关的费用方面的承担中也规定，因不可抗力事件导致的费用，发、承包双方应按以下原则分别承担并调整工程价款：

①工程本身的损害、因工程损害导致第三方人员伤亡和财产损失以及运至施工场地用于施工的材料和待安装的设备的损害，由发包人承担；

②发包人、承包人人员伤亡由其所在单位负责，并承担相应费用；

③承包人的施工机械设备损坏及停工损失，由承包人承担；

④停工期间，承包人应发包人要求留在施工场地的必要的管理人员及保

---

① 《合同法》第69条：当事人依照本法第六十八条（即不可抗力）的规定中止履行的，应当及时通知对方。对方提供适当担保时，应当恢复履行。中止履行后，对方在合理期限内未恢复履行能力并且未提供适当担保的，中止履行的一方可以解除合同。

卫人员的费用由发包人承担；

⑤工程所需清理、修复费用，由发包人承担。

与此类似，在2007版标准施工合同、2012版标准设计施工合同中，也都规定了因不可抗力解除合同后，承包人应按照合同的约定撤离施工场地；对于已经订货的材料、设备由订货方负责退货或解除订货合同，不能退还的货款和因退货、解除订货合同发生的费用，由发包人承担，因未及时退货造成的损失由责任方承担。2007版标准施工合同还明确规定，在颁发工程接收证书前，由于不可抗力或其他原因解除合同时，预付款尚未扣清的，尚未扣清的预付款余额应作为承包人的到期应付款。

相比较而言，2017版施工示范合同对不可抗力解除合同的情况则做了更为详尽的规定。比如，2017版施工示范合同规定，因不可抗力解除合同后，由双方当事人按照监理工程师的商定或确定发包人应支付的款项，该款项包括：

①合同解除前承包人已完成工作的价款；

②承包人为工程订购的并已交付给承包人，或承包人有责任接受交付的材料、工程设备和其他物品的价款；

③发包人要求承包人退货或解除订货合同而产生的费用，或因不能退货或解除合同而产生的损失；

④承包人撤离施工现场以及遣散承包人人员的费用；

⑤按照合同约定在合同解除前应支付给承包人的其他款项；

⑥扣减承包人按照合同约定应向发包人支付的款项；

⑦双方商定或确定的其他款项。

此外，2017版施工示范合同还规定，因不可抗力解除合同后，由双方当事人商定或确定发包人应支付的款项，发包人应在商定或确定上述款项后28天内完成上述款项的支付。

（四）不可抗力免责的例外

如前所述，由于不可抗力的原因导致一方不能履行合同，甚至是解除合同，该方可以依据不可抗力原则，免除承担违约和赔偿责任。但是，需要注意在可预见标准方面，认定某种现象是否为不可抗力，应考虑当事人对该事件或现象的发生负有何种程度的注意义务，还要考虑当事人是否已尽到注意义务，从而决定是否应予免责[①]。此外，《合同法》第117条同时也规定，当事人迟延履行后发生不可抗力的，不能免除责任。也就是说，如果不可抗力事件发生在一方违约之后，或者发生在一方的持续违约行为期间，那么违约方仍需要承担违约责任。2011版总承包示范合同也延用了该法律原则。同样，2017版施工示范合同、2012版标准设计施工合同、2007版标准施工合同也做了类似的规定。

鉴于此，不论是发包人还是承包人，能否及时通知对方不可抗力事件，并提供相应的证明资料，将直接关系到能否适用不可抗力作为免除责任的条件。如果一方怠于履行通知义务，则有可能因此承受不利的法律后果。

实务中，在处理不可抗力风险时，为避免项目合同体系之间不一致造成的分歧，在起草相关法律文件、合同条款时有必要注意统一和规范项目合同的相关内容和约定。

---

① 叶林:《论不可抗力制度》，载《北方法学》2007年第5期。

4

CHAPTER

第四章

项目的融资来源和结构

在PPP和项目融资中，虽然项目的投资回报主要集中在运营阶段的收益，但是，项目的主要资金需求集中在建设阶段，并且在整个项目的全生命周期中，包括前期融资和中期建设投资、后期运营收益，项目资金的来源和投资方式始终是核心的内容，建设和运营也是项目实施中经常需要涉及融资问题的环节，因而，夯实前期的融资工作是顺利开展项目的基础，也是保障后续项目建设的重要前提。

PPP项目本身的特点决定了其可采用的投融资的方式和资金来源。如前文所述，目前中国实施PPP模式的项目主要分为经营性、准经营性和非经营性三大类型。针对上述不同类型和具体项目的特点，中国政府目前推广的PPP项目，其投融资的来源和渠道具有多元化的特点，中央政府及相关部委也是积极鼓励采用各种投融资方式和渠道来落实PPP项目。

国务院也强调："鼓励符合条件的项目运营主体在资本市场通过发行公司债券、企业债券、中期票据、定向票据等市场化方式进行融资。鼓励项目公司发行项目收益债券、项目收益票据、资产支持票据等。鼓励社保资金和保险资金按照市场化原则，创新运用债权投资计划、股权投资计划、项目资产支持计划等多种方式参与项目。"①

在中国财政部、发改委、人民银行等联合颁布的《基础设施和公用事业特许经营管理办法》中也明确了国家鼓励金融机构为特许经营项目提供财务顾问、融资顾问、银团贷款等金融服务。政策性、开发性金融机构可以给予特许经营项目差异化信贷支持，对符合条件的项目，贷款期限最长可达30年。探索利用特许经营项目预期收益质押贷款，支持利用相关收益作为还款

① 国务院办公厅在转发的《关于在公共服务领域推广政府和社会资本合作模式指导意见的通知》(国办发〔2015〕42号)。

来源。另外，国家也鼓励通过设立产业基金等形式入股提供特许经营项目资本金。鼓励特许经营项目公司进行结构化融资，发行项目收益票据和资产支持票据等。鼓励特许经营项目采用成立私募基金，发行企业债券、项目收益债券、公司债券、非金融企业债务融资工具等方式拓宽投融资渠道。

综上可见，就目前来看，对于PPP项目的投融资来源和渠道，可以说具有广泛性和多样性的特点，并且也得到了中央政府和财政部、发改委，以及银监会、证监会等主管部门的认可和政策的支持。

第一节　项目资金结构

对于采用PPP模式的基础设施和公用事业项目，政府方和社会投资人的强强合作才是制胜的关键。政府方所需要的合作方往往需要具备强大的资金实力，包括投资人拥有的自有资金或强大的融资能力，以及项目经验、管理能力。而从政府方的角度来看，政府自身的财政能力以及对PPP项目的支持力度也是PPP项目能否成功落实的重要影响因素。而落实上述合作目标的其中一项重要衡量指标就是项目资金结构，以及结合资金结构对融资来源和方式的安排。

一、项目资金结构

项目资金结构涉及各种资金的构成、来源及所占的相应比例，包括债务资金与股本资金的结构比例、资金的期限结构、资金的货币结构以及债务资金中的利率结构。项目融资和PPP的资金结构取决于多方面的因素，这其中既包括项目的所有权形式、投资人的组成，也包括投资项目的规模、类型和特征、项目的具体运作方式，另外还需要考虑项目的投资结构、融资模式、税务结构、信用保证结构的安排。

实践当中，商业交易和发展中通常采用的融资方式基本上可以分为直接融资和间接融资两种形式，两者各有自身的优点：

（1）采用直接融资进行筹资的成本相对较低，并且资金的供需双方联系较为紧密，对于资金的额度和利率等有较大的主动权和选择权，但是融资活动受到一国金融监管体制的限制，并且对于因资金的不稳定性和数额不足等引起的融资风险都将由融资方独自承担。

（2）若使用间接融资，可以通过金融机构进行资金筹措，满足大型项目对巨额资金量的需求，同时还可以起到分散投资、减少风险的作用。并且，间接融资具有流动性相对高而风险相对小的特点，可以满足谨慎投资者的需要。但在间接融资中，金融机构占据融资活动的中心，对融资的影响力较大。

上述两种融资方式都会对项目的资金结构产生不同的影响，而在项目融资和 PPP 中，直接融资和间接融资通常会结合运用，以实现降低融资成本、灵活使用资金的需求。

实务中，PPP 项目的融资或者以项目公司作为融资主体，或是由社会投资人或者政府方进行融资也会对项目资金的结构产生不同的影响，而不论是以何者作为融资主体，都可能采用直接融资、间接融资或者同时采用两者相结合的方式。

另外，虽然在国际项目融资中并没有股债比的强制规定，但是，鉴于中国目前对投资固定资产项目资本金的限制，PPP 项目还应当遵守有关投资股本和债务比例的要求。按照目前的规定，项目资本金的比例通常为 20%~25%，因此，在项目公司成立之后，政府方和社会投资人所需投入的股本比例也多控制在整个项目资金的 20% 至 25% 之间，剩余的项目资金则可以采用债务形式进行融资。

二、项目融资

传统的项目融资也是大型基础设施 PPP 项目资金结构的选择方式。正如前文所述，关于项目融资的定义有着不同的理解。霍夫曼教授认为："In generally, project finance structures are based on one of three macro varieties: non-recourse financing, limited recourse financing, and out-put interest financing。"[1] 而目前中国推行的 PPP 模式虽然有其优势的方面，但是从整体上看，除了传统

① Scott Hoffman, The law and business of international project finance, 3rd edition, Cambridge University Press, 2007, at78.

的市政公用事业，比如污水治处理、发电、垃圾处理等特许经营权项目，因发展历史悠久，吸引外资较早，具有相对完善的市场经验，较多采用典型的项目融资，其余的大多数PPP项目，仍然偏重于建设，而忽视项目运营，其资金也以股权投资或债务融资的方式进行筹措，并且大部分仍然依赖于政府的财政支持，而非项目融资方式。

相比较PPP这一特定术语而言，项目融资在中国的使用则更早。在中国早期的污水处理、电力项目以及收费公路项目中，以项目融资为主的特许经营方式更为普遍。虽然，目前尚无准确的数据显示，在所有的PPP项目中，项目融资所占的具体比重，但从目前这一轮PPP热潮有的相关信息来看，绝大多数的PPP都倾向于采用股权或者债权的融资方式，而较少采用纯粹的项目融资方式。

从长远的效益和改善基础设施建设来看，项目融资有着不可比拟的优势，而采用股权和债权方式进行基础设施的投融资，尤其是一些公用事业项目和非经营性项目，虽然也有20~30年的经营期限，但是这期限中，建设期一般都在3~4年，而一旦建设期满，即开始进入债权偿还期和股权的收益期，多数投资者或者债权人会要求政府或项目公司在建设期满后4~5之内付清。如果基础设施项目没有更好的退出机制，仅以政府财政预算作为主要的项目资金的偿还来源，那么，政府预算的来源和支付能力都将对项目的后续运营产生重大的影响。反过来，项目资金的偿还也给项目所在地的政府财政和国家财政带来更大的压力，从而形成恶性循环，不能从根本上解决财政债务和基础设施建设之间的有效联动效应。因此，中国财政部一方面强调要建立投资、补贴与价格的协同机制，为社会资本获得合理回报创造条件，另一方面也三令五申强调要严禁融资平台公司通过保底承诺等方式参与政府和社会资本合作项目，进行变相融资。

三、融资项目和现金流

如本书前文所述，项目融资的基本结构和特征就是无追索或者有限追索下依靠项目现金收入来实现还款，或者用预先购买的方式支付一定数量的资金来购买项目的销售收益。由此可见，现金流在项目融资中占据着核心地位，它也是偿还融资债务和实现股权投资收益的主要来源。

不仅如此，从项目全生命周期的角度来看，项目现金流贯穿全过程，并且在规划项目投资结构、合同和管理架构、资金来源时也都要求分析和研究项目现金流的情况。

对于融资项目的现金流，笔者认为，应当特别注意考虑以下几项因素：

（1）可预测性。拟投资的项目现金流应当具有可预测性，否则无法测算所需的资金额度、融资利率、项目运营期限等核心要素。对于项目现金流的预测可以通过建模来实现，而建模时的参考数据对于准确预测现金流有着举足轻重的作用，尤其是一些较为敏感的数据的应用，以及类似项目经验的采集。

（2）稳定性。项目收益是否稳定决定了前期融资的利率等成本和风险，也会对项目是否需要提供额外的担保等增信措施产生影响。稳定的现金流还可以保障项目的顺利实施，为政府和社会投资人、融资机构的合作提供有利的条件。

（3）足额。如果项目现金流无法足额覆盖融资成本和投资回报，融资机构和社会投资人的风险将增大，因此，项目的运营周期可能会被延长。对于政府方而言，就可能需要额外提供补贴或者其他的交换条件作为弥补。

从另一角度来看，尤其是在项目建设期阶段，资金的流向对于项目的各方参与者也都有重要的意义，项目业主能否及时、足额地支付合同款项则直接影响到总承包商、各分包商、材料设备供应商、劳务承包商、服务供应商等能否获得相应的合同价款。而一旦延误支付或者未足额支付合同价款，势必增加各承包商、供应商的资金成本，进而引发三角债，阻碍项目的顺利建设、运营。

第二节　多渠道的融资来源

基础设施项目属于资金密集型产业，其开发、建设对于资金的需求量和周期远远超过一般的商业交易。因此，多渠道的融资来源对于项目融资和PPP的成功实施具有重要的影响：一方面它可以解决资金数量和成本的问题，另一方面也可以有效的化解和分散项目风险。

需要注意到的是，由于目前中国金融市场的不完善，在PPP项目中涉及的各种融资来源和融资方式并不完全都有相应的法律基础和依据，因此，实践中能否在将各种融资方式和结构具体应用到PPP中还需要借助于国务院以及金融监管机构的政策指引。

而目前从PPP的实践来看，政府对于融资渠道和来源采取鼓励和规范齐头并举的策略：一方面大力支持拓展PPP项目的资金来源、积极利用资本市场；另一方面则是严格规范政府举债行为、禁止伪PPP项目扩大金融风险。这些禁止性规定在财政部发布的《关于进一步规范地方政府举债融资行为的通知》《关于坚决制止地方以政府购买服务名义违法违规融资的通知》《关于规范金融企业对地方政府和国有企业投融资行为有关问题的通知》等几份文件中都有明确的反映。

一、传统融资方式

从项目融资的发展历史来看，传统上的项目开发、建设的资金来源主要集中在投资人的自有资金和金融贷款方面。不管是自有资金还是金融贷款，资金信息通常体现在资产负债表中，因此也被称为表内融资。这些融资方式对于企业自身的经济、信用等都有较高的要求，但由于其交易结构相对简单、所需交易成本相对较低，故而使用的频率也相对较高。

（一）投资人自有资金

在目前采用PPP模式采购的项目中，参与主体主要是政府方和社会资本方，其资金构成并无统一的做法。在实务中常见的有政府和社会资本方按照出资比例共同设立项目公司，或者由政府提供一定的特许权或者土地等权益而由社会资本提供项目全部资金，或者由政府方提供全部资本，采用延期支付方式向社会方返还资金和相应的回报等多种形式。因此，采用PPP模式的项目中，其资金构成会因具体项目的不同而不同。

对于PPP项目中的Public Sector，主要是政府方。实务中需要注意的是，这里的政府方应做广义上的理解，既包括政府及其相关的职能部门，也包括事业单位和社会团体，以及经政府授权的其他机构。PPP项目中政府方的资金来源主要是财政资金安排的建设资金，来源于一般公共预算和其他专项建设资金，政府性基金预算，政府依法举债取得的资金，以及国有资本经营预算安排的资金，等等。

而PPP项目中的Private Sector，即社会资本方。就目前来看，PPP项目中的社会资本方的主力还是国有企业，金融机构和政府基金也占一定的比例，地方融资平台公司的作用则将转变为政府指定的“合格机构”对PPP项目实施临时接管，或作为政府指定的“其他机构”代表政府收回约定的PPP项目，并对项目进行运营管理。当然，社会资本方的资金来源也更为多元化，可以是自有资金、贷款、基金、信托等不一而足，而且发行债券、非金融企业债务融资工具等也是国家鼓励的投融资方式。

社会合作方的自有资金是PPP项目投资的资金来源之一。社会合作方的自有资金即包括其自身积累的资金，也包括其利用银行等金融机构贷款获得的资金。而这种以自有资金进行投资的情形往往出现在大型的央企或者地方国企作为主体的基础设施项目中。

由于一直以来的政策扶持和倾向，多数大型的国企和央企已经积累了数额庞大的自有资金，因此，这部分大型国企和央企可以凭借自有资金出资作为项目建设期的资金来源和保障措施。除此之外，国企和央企，甚至是国企和央企的子公司、孙公司都比民营私企等更容易获得银行等金融机构的贷款，其融资的成本也更为低廉。低廉的融资成本使得央企和国企在这一轮PPP热潮中获得了不可比拟的资金优势，这也是央企和国企更为积极地参加PPP项目的投资和建设，而民企和私人资本则持观望或者谨慎态度的原因之一[①]。

从目前的实际情况来看，国有企业作为社会合作方参与PPP的项目不论是在项目的数量上，还是项目的资金数量上都占据了大多数的比例。

---

① 《国务院办公厅关于进一步做好民间投资有关工作的通知》(国办发明电〔2016〕12号)：在市场准入条件、资源要素配置、政府管理服务等方面，民营企业仍难以享受与国有企业同等的“国民待遇”。

（二）金融贷款

在大型的基础设施建设中，仅仅依靠 PPP 项目社会合作方的自有资金是远远不够的，因此，向银行或其他金融机构贷款的方式进行的融资是最为传统，也是占比较大的项目资金主要来源。在这一类资金来源中，需要注意的是其借贷的主体，一般情况下，为凸显项目融资的特点，往往是以项目公司，或者是其他 SPV 的名义进行融资，以区别于投资人以银行借贷方式获得的资金进行的 PPP 项目投资。

1. PPP 金融贷款政策指导

在《关于银行业支持重点领域重大工程建设的指导意见》《关于推进开发性金融支持政府和社会资本合作有关工作的通知》《重大水利工程建设专项过桥贷款管理办法（试行）》等几份文件中，从金融主管机关到政策性银行、商业银行都不同程度地提出了支持和促进 PPP 项目的金融政策性导向。

银监会还特别指出要完善差别化信贷政策和优化信贷流程，通过银团贷款、联合授信、贷款重组、发放并购贷款等方式有区别、有侧重的对重大工程项目建设予以支持。农业银行也专门成立专项过桥贷款并采用无担保的信用贷款、低利率的方式以支持采用 PPP 模式进行重大水利工程项目的投资和建设。

作为本轮 PPP 推动者之一的发改委也与国家开发银行联合发文，要为 PPP 项目提供差异化的信贷政策和优惠贷款利率，并联合体其他银行、保险公司等金融机构以银团贷款、委托贷款等方式拓宽 PPP 项目的融资渠道。

而作为此轮 PPP 模式推广的重要阶段性成果，《基础设施和市政公用事业特许经营权管理办法》也提出，国家鼓励金融机构为特许经营项目提供财务顾问、融资顾问、银团贷款等金融服务；政策性、开发性金融机构可以给予特许经营项目差异化信贷支持，对符合条件的项目，贷款期限最长可达 30 年；探索利用特许经营项目预期收益质押贷款，支持利用相关收益作为还款来源。综上可见，以金融贷款支持和 PPP 项目不仅是以往较为传统和常用的融资方式，并且预计也仍然是未来 PPP 项目投融资的常见方式。

2. 银团贷款融资

在大型基础设施项目中，由于对巨额资金的需求以及风险分散的目的，银团贷款也是项目融资和建设的传统方式。在银团融资中通常由两家或两家以上的银行基于相同的贷款条件，依据同一贷款合同，按约定时间和贷款比例，通过代理行向借款人提供本外币贷款或授信业务。

与一般的金融贷款不同，银团贷款融资通常主要涉及四个主体，即借款人、牵头行（有时候会有副牵头行）、代理行和参与行。其中，牵头行、代理行和参与行作为银团贷款成员按照“信息共享、独立审批、自主决策、风险自担”的原则自主确定各自授信行为，并按照各自实际承诺的份额享有银团贷款项下相应的权利、义务，但各成员相互之间并不承担连带的贷款义务和责任。

按照规则，单家银行担任牵头行时，其承贷份额原则上不得少于银团融资总金额的20%；分销给其他银团成员的份额原则上不得低于50%。成员行自愿遵守银团收费报价成本收益匹配的原则，银团收费由借款人负担，其标准为：安排费原则上按不低于银团贷款总额的0.25%的比例一次性收取，承诺费原则上按不低于未用贷款余额的0.2%的比例每年收取，代理费可根据代理行的工作量按年收取，独立中介费用按有关协议的约定收取。

同时，在银团贷款存续期间，通常由牵头行或代理行负责定期召开银团会议，也可由三分之一以上的银团贷款成员共同提议召开，共同讨论、协商银团贷款管理中的重大问题，包括修改银团贷款协议、变动利率、终止银团贷款、认定借款人违约事项、贷款重组和调整代理行等。

3. 银行贷款资金的使用规则

银行贷款一般分为固定资产贷款和流动资金贷款，前者由贷款人向企业法人发放，用于借款人固定资产投资的贷款，贷款人应与借款人约定明确、合法的贷款用途，并按照约定检查、监督贷款的使用情况，防止贷款被挪用。而后者则不得用于固定资产、股权等投资，不得用于国家禁止生产、经营的领域和用途。

另外，根据《商业银行法》的规定，除非国家另有规定，商业银行在中国境内不得从事信托投资和证券经营业务，不得向非自用不动产投资或者向非银行金融机构和企业投资。而对于银行理财产品，则可以投资于固定收益类金融产品、发放信托贷款、公开或非公开市场交易的资产组合、金融衍生品或结构性产品、集合资金信托计划、参与新股申购、境外金融市场。

基于上述禁止性规定，商业银行在PPP项目中的投资方式会受到一定的限制，通常只能从事简单的固定资产贷款业务，或者通过设立子公司、基金、信托计划等进行间接投资，而不能直接进行股权类投资。这给银行资金的利用带来了障碍和挑战。

为了进一步引导和提高银行资金的利用率，银监会也提出开展投贷联动试点，尽管目前试点仅限于投资科技企业，但这也为未来银行资金以投贷联动方式进入PPP项目，实现股权+债权并行的模式提供了政策上的指引。

（三）保险资金和社保资金

除了上述资金来源之外，目前中国国内的基础设施投融资资金还有一些较为特殊的来源，比如社保基金和保险资金。之所以说其特殊，原因在于，这些资金的筹集和使用有着比一般的资金更加明确的限制性和禁止性规定，政府主管部门对此类资金的行政监管也比其他资金更为严格。

中国财政部在《关于运用政府和社会资本合作模式推进公共租赁住房投资建设和运营管理的通知》中明确提出要“鼓励社保基金、保险资金等公共基金通过债权、股权等多种方式支持项目公司融资”。《国务院关于深化投融资体制改革的意见》也明确鼓励金融机构以及全国社会保障基金、保险资金等在依法合规、风险可控的前提下，经批准后通过认购基金份额等方式有效参与。

1. 保险资金

保险资金投资基础设施项目建设一直是个热门话题。由于保险资金的使用需要符合保值增值的基本功能，稳健性和安全性是其首要的使用标准，因此，保险资金的投资方式和领域也相对有限，国家对于保险资金的使用也有着诸多限制性的规定，包括保险资金不得投资不符合国家产业政策、不具有稳定现金流回报预期或者资产增值价值，高污染、高耗能、未达到国家节能和环保标准、技术附加值较低等企业股权等。

而按照中国保监会的规定，保险资金如果要进行股权投资，则只能投资处于成长期或成熟期的企业股权；直接投资股权，则仅限于保险类企业、非保险类金融企业和与保险业务相关的养老、医疗、汽车服务等企业的股权。保险资金采用债权、股权或者物权方式投资的不动产，应当是产权合法清晰、管理权属相对集中、能够满足投资回报的不动产，不能投资商业住宅，不能直接参与房地产开发，不能投资设立房地产企业。

中国国务院在《国务院关于深化投融资体制改革的意见》中也提出要在风险可控的前提下，逐步放宽保险资金投资范围，创新资金运用方式。鼓励通过债权、股权、资产支持等多种方式，支持重大基础设施、重大民生工程、新型城镇化等领域的项目建设。

与之相配套，2016 年 7 月 3 日，中国保监会也修订通过了新的《保险资金间接投资基础设施项目管理办法》提出了保险资金要增加 PPP 等可行投资模式。明确规定了保险资金可以由受委托人按照委托人的意愿并以自己的名字设立“投资计划”间接投资基础设施项目的方式。并且还规定保险资金“投资计划可以采取债权、股权、物权及其他可行方式投资基础设施项目。”

在实务中，目前保险资金投资基础设施项目，包括以 PPP 模式融资、建设的项目，主要还是以设立投资计划等方式向与政府方签订 PPP 项目合同的项目公司提供融资，投资符合规定的 PPP 项目，而非以直接投资方式介入。

2. 社保资金

2015 年 8 月 23 日，中国国务院发布了《基本养老保险基金投资管理办法》，对基本养老保险基金的投资做了规定，其中即明确允许养老基金通过适当方式参与投资国家重大工程和重大项目建设，但投资国家重大项目的比例，合计不得高于养老基金资产净值的 20%。

国务院还明确了，要加快推进全国社会保障基金、基本养老保险基金、企业年金等投资管理体系建设，建立和完善市场化投资运营机制。[①] 这些都为社保资金用于基础设施项目的投资建设，包括参与 PPP 项目提供了进一步

---

① 2016 年 6 月，南京江北基础设施股权投资基金的设立是全国社保基金首次投资地方基础设施投资基金，也是首次将社保基金委托纯国资的基金管理公司进行管理运作。

的政策指引。

当然，由于社保基金的来源具有特殊性，并以确保资产安全，实现保值增值为目标，因此，对于社保基金的使用也有诸多严格的限制。比如，养老基金资产独立于委托人、受托机构、托管机构、投资管理机构的固有财产及其管理的其他财产，且不得将养老基金资产归入其固有财产。养老基金委托投资的资金额度、划出和划回等事项，要向人力资源社会保障部、财政部报告，并且仅限于境内投资。

而在交易架构上，则需要通过养老基金委托投资合同、托管合同和投资管理合同等对委托人、受托人、托管机构、投资管理机构四个主体的权利、义务等进行统筹安排，尽可能化解和降低投资的风险。

二、PPP 与结构性融资方式

除了上述传统的资金和融资方式外，为了开拓 PPP 项目的资金来源和投融资结构，国家也鼓励通过设立产业基金等形式入股提供项目资本金，鼓励项目公司进行结构化融资，发行项目收益票据和资产支持票据等，成立私募基金，引入战略投资者，发行企业债券、项目收益债券、公司债券、非金融企业债务融资工具等方式拓宽投融资渠道。这些新型融资方式的特点主要是采用结构化金融并与资本市场紧密结合，为 PPP 项目的资金来源和融资结构带来更大的想象空间和发展前景。

（一）基金融资

在新一轮的 PPP 项目中，基金融资的重要性越来越受到关注。一方面 PPP 基金可以为机构投资者提供需求更长远和稳定的收益，另一方面又可以解决 PPP 项目的社会投资人和政府合作方的巨大资金缺口。目前，按照发起主体区分，PPP 基金主要包括政府主导、金融机构主导和社会企业主导，基金的组织形式则包括公司型、合伙型和契约型三种。

1. 基金的类型

（1）私募基金。国务院指出，要大力发展股权投资基金和创业投资基金，鼓励民间资本采取私募等方式发起设立主要投资于公共服务、生态环保、基础设施、区域开发、战略性新兴产业、先进制造业等领域的产业投资基金。国家在多个关于PPP的指导性文件中也提出了基金的概念，比如，在国家发展改革委也明确提出，“鼓励项目公司或合作伙伴通过成立私募基金、引入战略投资者、发行债券等多种方式拓宽融资渠道”。[①]尽管目前尚未制定出台更为详细的私募基金投资PPP的细则或指引，但至少在政策层面，PPP项目中引入私募股权基金已经不再存在障碍。

理论上，私募基金的投资方式既可以是直接投资于PPP项目，也可以是以股权投资于PPP项目的运营公司，间接参与PPP项目。由于PPP模式多侧重于有长期需求和效益的项目，是政府和私人资本之间的长期合作关系，周期可长达20年、30年。而私募基金的投资期限则相对较短，一般都不会超过5年，因此会对PPP项目的运营带来一定的不确定性。

另外，目前私募投资基金对于PPP项目的投资热情还受到两个方面的影响：一是在风险相近下，PPP项目的投资回报率普遍低于市场上自由资金的成本；二是PPP项目的投资缺乏有效的退出渠道和机制保障。

最后，值得关注的是，PPP和私募投资基金在中国都处于初级阶段，两者的叠加效应能否取得预期的效果，不仅有待于私募投资基金投资PPP项目的具体实施细则等方面的规范，也有待于政府和社会资本投资者对于PPP模式的初衷和本质的理解。

（2）政府投资基金。政府投资基金，是指由各级政府通过预算安排，以单独出资或与社会资本共同出资设立，采用股权投资等市场化方式，引导社会各类资本投资经济社会发展的重点领域和薄弱环节，支持相关产业和领域发展的资金。

根据财政部《关于财政资金注资政府投资基金支持产业发展的指导意见》）的规定：“财政基金可以参股一些产业龙头企业发起设立的基金，扶优扶强，推动产业链协同发展，优化产业布局。”为此，财政部专门制定了《政府投资基金暂行管理办法》，这里的政府出资是指财政部门通过一般公共预算、政府性基金预算、国有资本经营预算等安排的资金。

---

① 《关于开展政府和社会资本合作的指导意见》（发改投资〔2014〕2724号）。

同时，在《关于在公共服务领域推广政府和社会资本合作模式指导意见的通知》中，国务院也提出由中央财政出资引导设立中国政府和社会资本合作融资支持基金，作为社会资本方参与项目，提高项目融资的可获得性；鼓励地方政府在承担有限损失的前提下，与具有投资管理经验的金融机构共同发起设立基金，并通过引入结构化设计，吸引更多社会资本参与。

再者，国务院提出政府可以依法发起设立基础设施建设基金、公共服务发展基金、住房保障发展基金、政府出资产业投资基金等各类基金，充分发挥政府资金的引导作用和放大效应。

当然，政府投资基金应当用于特定的用途。按照国务院的要求，政府投资资金只投向市场不能有效配置资源的社会公益服务、公共基础设施、农业农村、生态环境保护和修复、重大科技进步、社会管理、国家安全等公共领域的项目，以非经营性项目为主，原则上不支持经营性项目。对确需支持的经营性项目，主要采取资本金注入方式投入，即股权投资方式，也可适当采取投资补助、贷款贴息等方式进行引导。①

2. 基金的组织形式

就实践中基金的具体组织形式来看，主要可分为三种类型：

（1）公司型基金，通常是成立有限责任公司，投资人作为股东直接参与投资，以其出资额为限，对公司债务承担有限责任。公司型基金具备独立法律人格，其成立、治理结构和运作等应当遵守《公司法》的相应规定。基金管理人既可以是股东，也可以是外部聘请的机构，实践中通常是股东大会选出董事、监事，再由董事、监事投票委托专门的投资管理公司作为基金管理人。管理人收取资金管理费与效益激励费。

（2）合伙型基金，是指基金的投资人作为有限合伙人参与投资，以其认缴的出资额为限对基金组织的债务承担责任。实务中，合伙型基金通常采用有限合伙形式，由有限合伙人（LP）和普通合伙人（GP）共同组成，其中后者通常是由基金管理公司担任，并实际管理基金。

在合伙型基金中，有限合伙的 LP 为主要的基金份额持有人，其出资额

① 《国务院关于深化投融资体制改革的意见》。

一般占全部出资的80%以上，LP以其认缴的出资额为限对基金债务承担有限责任；GP由基金管理人担任，其出资一般不少于1%，并对外代表基金开展经营活动，对债务承担无限连带责任。

（3）契约型基金。投资人基于对基金管理人的专业能力的信任，通过投资人、基金管理人之间的基金合同将资金交由其管理和投资，并将资金托管给基金托管人。通常认为，契约型基金的主要法律关系是信托关系。契约型基金的设立法律性文件是信托契约，而没有基金章程，即基金管理人、托管人、投资人三方当事人的行为通过信托契约来规范。

上述三种基金组织形式中，除了各自设立的依据和法律关系不同外，在税务处理上也有很大的区别。合伙型和契约型基金采用"先分后税"的方式，只需要缴纳一次所得税，具有明显的税收优势。而公司型基金采用"先税后分，双重收税"方式，其税负较重。尽管如此，实践中绝大部分基金都采用公司型组织形式。[①]

3. PPP基金的交易结构

不论是私募基金还是政府产业投资基金[②]，不论是公司型基金，还是合伙型或者契约型的基金，在典型的PPP基金中，其通常涉及地方政府、金融机构、基金管理人、运营企业、项目承包商等主体。但在具体的实际交易结构和模式上，存在一定的差异性，比如：

（1）政府主导的PPP投资基金通常情况下由省级政府和地方政府以母子基金模式进行操作[③]，即先由省级政府与金融机构发起成立省级母基金（又

---

① 据统计，截至2017年6月30日，经过备案的66422支基金中，以有限公司形式成立的私募基金占92%。

② 产业投资基金，或简称产业基金，是指一种对未上市企业进行股权投资和提供经营管理服务的利益共享、风险共担的集合投资制度，即通过向多数投资者发行基金份额设立基金公司，由基金公司自任基金管理人或另行委托基金管理人管理基金资产，委托基金托管人托管基金资产，从事创业投资、企业重组投资和基础设施投资等实业投资。按投资领域的不同，产业投资基金可分为创业投资基金、企业重组投资基金、基础设施投资基金等类别。

③ 比如，2014年12月，河南省政府与建设银行、交通银行、浦发银行签署"河南省新型产业投资基金"战略合作协议，总规模将达到3000亿元，具体可细分为"建信豫资城镇化建设发展基金""交银豫资产业投资基金"和"浦银豫资城市运营发展基金"。

称“产业引导基金”），聘请基金管理公司进行管理，再由母基金与地方政府、金融机构共同成立子基金，其中地方政府作为劣后级，金融机构作为优先级，而母基金则处于中间级或者优先级的地位，最后由子基金投资于PPP类项目。政府主导的PPP产业基金大多以公司型为主要组织形式。

（2）以金融机构主导的PPP产业基金[①]则通常以有限合伙的形式成立，由地方政府和金融机构共同成立专项资管计划，再由专项资管计划和项目建设运营商出资成立PPP基金，直接投资于PPP项目，其中专项资管计划作为优先级，而建设运营商则作为劣后级。

（3）以社会资本主导的产业基金结构中，以项目的建设运营承包商为发起人，与金融机构的专项资管计划共同成立PPP产业基金，前者作为劣后级，后者为优先级，并以产业基金投资PPP项目。

除了上述PPP产业基金外，私募基金也会参与某些特定PPP项目的投资，但就其交易结构而言，与PPP产业基金存在诸多差异。相比较而言，私募基金参与特定PPP项目更具灵活性，其可以股权或债权方式直接投资，也可以采用母子基金或者与信托计划、资管计划等结合，进行PPP项目的投资。

值得注意的是，在上述不同类型的基金投资方式中，还会涉及管理人，即一般情况下会同时委托由地方政府、金融机构，或者联合建设运营承包商共同组建的基金管理公司进行管理，并由基金管理公司在合伙型基金中担任普通合伙人。

（二）资产证券化

大型基础设施项目的资产证券化是指以基础设施项目资产或者以其产生的现金流、应收账款、收费权等权益作为信用和支付基础，通过结构化方式进行信用增级，并在此基础上发行资产支持证券的业务活动。主要包括证监

---

① 比如，2015年2月兴业基金管理有限公司与厦门市轨道交通集团签署了厦门城市发展产业基金合作框架协议，基金总规模达100亿元，将投资于厦门轨道交通工程等项目。该基金采用PPP模式，由兴业基金全资子公司兴业财富资产管理有限公司通过设立专项资管计划，与厦门市政府共同出资成立“兴业厦门城市产业发展投资基金”有限合伙企业。

会主管的企业资产证券化、银监会主管的企业信贷资产证券化、中国银行间市场交易商协会主管的“资产支持票据”、保监会主管的“项目资产支持计划”。在PPP项目中，项目公司的现金流、应收账款、收费权、信托收益权，以及基础设施资产、不动产、商业物业等固定资产都可以作为基础资产，并且基础资产可以是单项财产权利或者财产，也可以是多项财产权利或者财产构成的资产组合。

1. 资产证券化政策指导

资产证券化作为重要的金融手段，在中国更多的是指信贷资产证券化。早在2005年，中国人民银行和银监会就联合发布了《信贷资产证券化试点管理办法》，对资产证券化进行了规范，但体量较少。据统计，截至2014年10月，中国发行的资产支持证券总规模仅为2000亿元，约占债券市场规模1%，且开展的资产证券化产品主要以企业的应收账款、租金为主。但到了2015年、2016年，其发行规模则超过了5930亿元和8420亿元。

就基础设施项目建设，采用资产证券化则是近两年才被正式提出，并受到一定程度的重视。2014年，国务院颁布了《关于创新重点领域投融资机制鼓励社会投资的指导意见》，明确提出要推动铁路、公路、机场等交通项目建设企业应收账款证券化，为基础设施建设领域的资产证券化提供了政策指引。在《国务院关于加强地方政府性债务管理的意见》中，也提出推广使用政府与社会资本合作模式进行的项目，投资者或特别目的公司可以通过银行贷款、企业债、项目收益债券、资产证券化等市场化方式举债并承担偿债责任。

除国务院之外，部委机关也在相关的政策性文件中表达了对资产证券化在基础设施投融资和建设领域运用的支持态度。比如，财政部在其制定的PPP合同指引中提出，根据项目规模和融资需求的不同，具体的债务融资方式除贷款外，也包括债券、资产证券化等方式。交通部的《交通运输部关于深化交通运输基础设施投融资改革的指导意见》、发改委的《关于进一步鼓励和扩大社会资本投资建设铁路的实施意见》、中国银监会、国家发展和改革委员会联合发布的《关于银行业支持重点领域重大工程建设的指导意见》等都有类似的规定。

2016年12月，国家发展改革委、中国证监会联合印发了《关于推进传统基础设施领域政府和社会资本合作（PPP）项目资产证券化相关工作的通知》，提出要对工程建设质量符合相关标准，已建成并正常运营2年以上，投资回报机制合理，现金流持续、稳定，原始权益人信用稳健，具有持续经营能力的传统基础设施领域PPP项目进行证券化融资。紧接着，财政部、人民银行和证监会于2017年6月联合发布了《关于规范开展政府和社会资本合作项目资产证券化有关事宜的通知》，鼓励项目公司开展资产证券化优化融资安排、探索项目公司股东和其他相关主体开展资产证券化。此后，上交所和深交所先后出台了资产支持证券挂牌条件指南，用来规范和引导资产证券化操作。

当然，需要注意的是，上述各项政策引导的好处在于能够推动资产证券化的发展，但是，就目前来看，这些文件也仅是政策性的指引文件，至于具体如何推广、落实基础设施PPP项目的再融资，以及实践中如何具体操作，则仍然没有法律、法规的明确规定，有待进一步立法规范。

2. PPP资产证券化的条件

根据现行政策规定，符合进行资产证券化的PPP项目应当同时具备下列条件：

（1）项目已严格履行审批、核准、备案手续和实施方案审查审批程序，并签订规范有效的PPP项目合同，政府、社会资本及项目各参与方合作顺畅；

（2）项目工程建设质量符合相关标准，能持续安全稳定运营，项目履约能力较强；

（3）项目已建成并正常运营2年以上，已建立合理的投资回报机制，并已产生持续、稳定的现金流；

（4）原始权益人信用稳健，内部控制制度健全，具有持续经营能力，最近三年未发生重大违约或虚假信息披露，无不良信用记录。

财政部也明确指出开展资产证券化的PPP项目实施方案科学、合同体系完备、运作模式成熟、风险分配合理，并通过物有所值评价和财政承受能力论证；项目公司预期产生的现金流，能够覆盖项目的融资利息和股东的投资收益，项目公司作为发起人（原始权益人）的，应当已落实融资方案，前期融资实际到账。

同时，发改委和证监会也提出将积极引入城镇化建设基金、基础设施投资基金、产业投资基金、不动产基金以及证券投资基金、证券资产管理产品等各类市场资金投资 PPP 项目资产证券化产品，推进建立多元化、可持续的 PPP 项目资产证券化的资金支持机制。

3. PPP 资产证券化的交易结构

资产证券化的主体主要包括特殊目的载体、原始权益人、管理人、托管人、投资人。资产证券化的特殊目的载体是指证券公司、基金管理公司子公司为开展资产证券化业务专门设立的资产支持专项计划或者中国证监会认可的其他特殊目的载体。原始权益人是指向专项计划转移其合法拥有的基础资产以获得资金的主体。管理人是指为资产支持证券持有人之利益，对专项计划进行管理及履行其他法定及约定职责的证券公司、基金管理公司子公司。托管人是指为资产支持证券持有人之利益，按照规定或约定对专项计划相关资产进行保管，并监督专项计划运作的商业银行或其他机构。此外，信用评级机构、律师事务所、会计师事务所、承销商、外部担保机构、资产服务机构、交易所等也是资产证券化不可或缺的参与主体。

目前实践中，除信贷资产证券化外，企业资产证券化、资产支持票据和资产支持计划都可以应用于 PPP 项目中，其各自的交易结构略有区别，但基本包括重组现金流、构建资产池、设立特殊目的载体、资产权属让渡、增信和评级等几大操作步骤。在 PPP 项目的资产证券化融资中，其基本的交易结构中主要包括下列一些法律关系：

（1）组建资产池，各服务机构为资产证券化提供增信、法律、财务、产品销售等专业服务，并由 SPV 支付服务费用；

（2）管理人设立和管理 SPV，与托管银行签署资金托管协议，形成资金托管关系，并受监管银行的监管；

（3）SPV 与原始权益人（发起人）之间签署资产出售协议，形成资产买卖关系，由 SPV 受让基础资产并以募集的资金向原始权益人支付对价；

（4）合格投资人与 SPV 之间签署认购协议，形成买卖法律关系，由投资人支付资金，购买专项计划项下资产份额和利益；

（5）资产服务商与 SPV 签署服务协议，负责基础资产现金流的回收和分配，用以归还投资本金和利息，剩余部分则作为发起人的收益。

4. 资产证券化基础资产法律特征

PPP 资产证券化本质上是以出售基础资产未来的运营收益和现金流进行融资的方式，因此其核心的要素之一便是基础资产。作为 PPP 资产证券化的基础资产，应当符合法律法规规定，权属明确，可以产生独立、可预测的现金流并且可以特定化的财产权利或者财产。其可以是单项财产权利或者财产，也可以是多项财产权利或者财产构成的资产组合。

资产证券化的基础资产主要分为收益权资产、债权资产和股权资产，具体可以包括企业应收款、租赁债权、信贷资产、信托受益权等财产权利，基础设施、商业物业等不动产财产或不动产收益权，以及中国证监会认可的其他财产或财产权利。按照规定，在项目运营阶段，项目公司作为发起人（原始权益人），还可以按照使用者付费、政府付费、可行性缺口补助等不同类型，以能够给项目带来现金流的收益权、合同债权作为基础资产，发行资产证券化产品。

但是也应当注意到，基础资产不得附带抵押、质押等担保负担或者其他权利限制，按照基金业协会编制的资产证券化负面清单的规定，以地方政府为直接或间接债务人的资产、以地方融资平台公司为债务人的资产，以及矿产资源开采收益权、土地出让收益权等产生现金流的能力具有较大不确定性的资产也不得作为 PPP 资产证券化的基础资产。

（三）杠杆租赁融资

杠杆租赁融资（Leveraged lease financing）是以资产为基础的融资方式，也是国际项目融资中经常使用的结构性融资方式之一，并常被用于以大型成套设备投入为主的能源、石化、通信类基础设施项目，比如油田开发、矿产开发、风电等项目，以及飞机、轮船的融资租赁。它是在项目投资人的要求和安排下，由资产出租人以租赁费优先获得权的转让和租赁资产的抵押向贷款人取得贷款，融资购买项目的资产，然后租赁给资产承租人的融资方式。简单来说，就是项目投资人、资产承租人以项目运营收入支付租赁费以获得资产的使用权。杠杆租赁融资的资产出租人和贷款银行的收入以及信用保证主要来自该租赁项目的税务优惠、租赁费用、项目的资产以及对项目现金流的控制。因此，除了考虑项目现金流以外，杠杆租赁融资的结构设计还需要关注税务结构的影响因素。[①]

与常见的传统项目融资和一般的融资租赁不同，杠杆租赁融资的交易结构和环节较前两者更为复杂。其涉及的主体主要包括出租人、承租人、股权参与者（Equity participants）、贷款人、特殊目的载体、承包商或者生产商、经纪人（租赁公司）、担保人等。

在一个典型的杠杆租赁融资中，其基本交易结构通常包括以下一些法律关系[②]：

（1）投资人设立项目公司，或受托人（owner trustee）向投资人签发信托凭证，并由其作为出租人与承租人签署租赁协议，承租人向契约受托人支付租金；

（2）契约受托人向租赁资产生产商支付价款，生产商向所有者受托人转移资产所有权；

（3）所有者受托人向贷款人签发票据或债券，投资人向契约受托人提供股权资金，贷款人向契约受托人提供短期债务资金，契约受托人向贷款人提供相应的服务；

（4）所有者受托人与契约受托人（indenture trustee）签署保证协议，并在租赁资产上设立抵押，租赁协议和租金转让给契约受托人作为保证。

三、其他特殊融资来源

在PPP项目的多元化融资来源中，还有一些较为特殊的并不常见的融资方式也值得社会投资人和PPP项目的其他参与人关注和合理借鉴、使用。

（1）工程保理

工程保理，又称托收保付，在PPP项目建设和运营中，承包商、运营商

---

① 笔者注：尽管税务优化是设计杠杆租赁融资时的重要衡量因素，实务中还有一些并非围绕税务优化设计的杠杆租赁融资，投资人也需要注意区别。

② Peter Nevitt, Project Financing, 7th, Euro-money, 2000, at 151.

将其现在或将来的基于工程合同、运营合同所产生的应收账款转让给提供保理服务的金融机构，并由金融机构提供资金融通、资信评估、账户管理、信用风险担保、账款催收、坏账担保等一系列服务的综合金融服务方式。工程保理也可以分为有追索权保理和无追索权保理：前者是指在应收账款到期无法从债务人处收回时，银行可以向债权人反转让应收账款，或要求债权人回购应收账款或归还融资；后者是指应收账款在无商业纠纷等情况下无法得到清偿的，由银行承担应收账款的坏账风险。

工程保理运作机制的法律基础在于EPC合同或其他工程合同项下债权债务的转移，以承包商的应收账款作为换取银行提供相应贷款的对价，对此类债权的转移，根据《合同法》的规定，承包商应当依法履行相应的通知义务，否则该转让效力存在法律上的缺陷。

（2）出口信贷

在海外大型基础设施PPP项目中，出口信贷也是经常使用的融资方式之一，它是一国政府对大型成套设备项目（如铁路、轨道交通、风电、核电等）的出口产品给予利息补贴、提供出口信用保险及信贷担保的一种政策性金融方式。出口信贷可分为买方信贷、卖方信贷，前者系由具有信贷权的银行对符合条件的出口商提供出口信贷资金，再由该出口商向相应的进口商提供延期付款信贷的出口信贷；后者则是指有信贷权的银行直接对符合条件的进口商或进口银行提供贷款，用于支付其进口所需款项的出口信贷方法。

在出口信贷业务中，通常先由出口商和进口商双方签订主合同、贷款银行和借款人签订贷款协议、担保人提供担保、借款人预付款金额、出口商根据合同发放货物、贷款银行在出口商发货后发放贷款、借款人根据贷款协议定期偿还贷款本息及费用等。同时也应注意的是，通过出口信贷所获得的资金用途具有特定性，即只能用于购买贷款国出口的资本货物和技术以及有关劳务。

（3）福费廷

福费廷（Forfeiting）是指在延期付款的大型设备贸易中，出口商把经进口商承兑的远期汇票（期限在半年以上到五六年）售予出口商所在地的银行或金融机构，以提前取得现款的一种融资形式，其主要以无追索权形式为出口商贴现大额远期票据提供融资以防范信贷风险与汇价风险。

在实务中，福费廷融资方式的基本操作流程包括出口商接受银行方面报价（含贴现率、承担费、多收期）后，双方签订福费廷融资协议；根据约定，出口商在发货之后立即将全套的单据交银行议付；议付行将相关票据寄给开证行/担保行承兑后退回出口商；出口商在银行承兑的远期汇票或本票上背书并注明“无追索权”字样，随后连同其他单据在承诺期内交给贴现行审核；贴现行对出口商提交的单据进行审单付款；贴现行对出口商付款后，在到期日之前将票据寄给付款行索偿。

笔者理解，福费廷在本质上是为出口商贴现已经承兑的并由进口商方面的银行担保的远期票据服务，属于票据融资。因此，在处理福费廷业务时，还应遵守《票据法》等相关法律法规关于票据无因性的规定。

第三节 多元化的投融资结构

在目前中国推广实施的PPP项目中，其融资方式也具有多元化的特点。在这些投融资方式中，最主要的方式还是股权投融资和债权投融资，以及传统的项目融资方式。国务院在《关于创新重点领域投融资机制鼓励社会投资的指导意见》中就提出支持重点领域建设项目开展股权和债务融资。

在具体设计PPP项目的投融资结构时，通常还需要结合融资的来源和方式，综合采用股权、债权、股债联动的投融资方式，以及采用夹层融资、结构性融资等方式，同时还需要考虑项目特征和现金流、项目投资回报等因素的影响。

一、股权投融资

股权投融资（Equity financing）是PPP项目运行的重要方式之一，也是基础设施投融资的常见方式，其主要的运作是在设立项目公司或者其他SPV时，依托投资协议，由投资人以参股的形式参加PPP项目的投资、建设和运营，并依据其投资入股后获得的股东身份和股权取得相应的回报和收益。股权投资也是政府比较推荐的方式。比如，在住房和城乡建设部《关于印发进一步鼓励和引导民间资本进入市政公用事业领域的实施意见的通知》中就提出鼓励民间资本通过参与企业改制重组、股权认购等进入市政公用事业领域。

在近几年大力推广的PPP项目中，政府和社会合作方都开始意识到股权投融资的重要性，并在积极探索股权投融资的具体操作方式。但就目前的PPP项目实施情况来看，股权投融资还处于起步阶段，政府方和社会合作方出资参股介入PPP项目的时机绝大多数是在设立项目公司之时，比如，由政府方指定相关机构，如融资平台公司参股，与社会合作方合资设立项目公司。而对于项目建设过程中，或者建成之后运营阶段的股权转让、再融资等问题仍有待时间和实践的检验。与债权投资不同，股权投资的最大特征是投资与风险共存，故而与此原则相悖离的做法都不应属于法律意义上的股权投资。

（一）股本投资

股权投资的方式包括股本投资（或称初始股权投资）和股权受让。在PPP项目实务中，大多数是以初始投资的方式介入，即由社会投资人独自或与政府方一起以各自缴纳的股本和资本金进行初始股权投资，共同设立项目公司，以获得相应的股东身份和资格，并按照投资协议、公司章程的约定享有权利、承担义务。

在股本投资中，PPP项目的社会投资人以及其他投资者应当遵守《公司法》的相关规定，履行相应的出资义务，缴纳出资，办理有关产权的过户手续，以便将投资者的资产与项目公司的资产加以区分，保障各自的权益。

在以股权受让的方式进行投融资时，一方面需要注意《公司法》、公司章程对股权转让的规定，另一方面也要注意PPP合同、合资协议中关于股权转让的限制和条件。做好相应的论证和准备工作，办理与股权转让相关的各类审核、批准手续。

（二）基金股权投资

基金投资是这一轮PPP项目的特点之一。《基础设施和公用事业特许经营管理办法》即明文规定要鼓励以设立产业基金等形式入股提供项目资本金，这也为基金参与基础设施项目的股权投资提供了依据。

如前所述，基金股权投资PPP项目具有多样性的特点，包括直接投资和间接投资。根据PPP项目进展情况和融资介入的时间的不同，基金股权投资的时间既可能是在项目公司等SPV设立阶段，也可以是在项目建设阶段、项目运营阶段。

另外，也应当注意现行规范对于基金股权投资的特殊限制，比如，中国PPP基金进入项目的资本金不得超过项目规模的10%，不超过项目资本金的30%。[①] 具体的比例等限制还取决于基金本身的相关规定。如果基金通过受让股权的形式参与投资，则还应当注意有关股权转让的特别规定，包括涉及上市公司和国有股权的特殊规则。

二、债权投融资

除了股权投融资方式之外，在目前中国的大部分PPP项目中，以债权方式（Debt）进行的基础设施投融资是更为普遍的方式。债权投融资即包括直接利用金融机构的贷款等方式，也包括以债券、票据等方式进行的融资。

早在1996年，国务院就发布了《关于固定资产投资项目试行资本金制度的通知》，规定对某些投资回报率稳定、收益可靠的基础设施、基础产业投资项目，以及经济效益好的竞争性投资项目，经国务院批准后，可以试行通过发行可转换债券或组建股份制公司发行股票方式筹措资本金，即提出了债权方式进行基础设施投融资的政策。在2014年国务院发布的《关于加强地方政府性债务管理的意见》中也再次肯定和支持投资者或特别目的公司通过银行贷款、企业债、项目收益债券、资产证券化等市场化方式举债并承担偿债责任。

根据上述政策指引和实践，与股权投融资一样，PPP项目的债权投融资的类型和实施方式也呈现多元化的特点。

（一）公司债 / 企业债

公司债和企业债是较为常见的用于基础设施项目间接债务融资方式。公司债即由公司依法发行约定在一定期间内还本付息的有价证券，债券持有人

---

① 中国PPP基金，全称中国政企合作投资基金管理有限责任公司，由国务院批准、财政部牵头和全国社会保障基金理事会、中国建设银行、中国邮政储蓄银行等十家金融机构共同设立的，注册资本1800亿元，是唯一的国家级PPP引导基金。

有权按期收回本金取得利息。企业债则是指在具有法人资格的企业在境内依照法定程序发行，约定在一定期间内还本付息的有价证券。公司债和企业债都属于债权融资，债权人都无权参与公司的经营管理。

企业债与公司债的区别在于:（1）发债主体不同: 前者的发债主体为中央政府部门所属机构、国有独资企业或国有控股企业，后者的发债主体是股份有限公司与有限责任公司;（2）发债法律依据不同: 前者依据《企业债券管理条例》等规定，后者依据《公司法》《证券法》的相关规定;（3）审批程序和主管机关不同: 前者的发行需要通过国家发改委的审核程序，发改委每年会规定下一定的发行额度，后者是发行证监会核准，对于总发行规模没有限制。

早在 1993 年，中国国务院就制定颁布了《企业债券管理条例》，但是对发行企业债券的监管较为严格，明确规定企业发行企业债券必须按照规定进行审批; 未经批准的，不得擅自发行和变相发行企业债券; 中央企业发行企业债券，由中国人民银行会同国家计划委员会审批; 地方企业发行企业债券，由中国人民银行省、自治区、直辖市、计划单列市分行会同同级计划主管部门审批。企业发行企业债券的总面额不得大于该企业的自有资产净值。国家并对企业债券的使用，尤其是在固定资产投资方面有着较为严格的限制。

此轮 PPP 热潮中，国家发改委在其发布的《关于充分发挥企业债券融资功能支持重点项目建设促进经济平稳较快发展的通知》中提出“鼓励企业发债用于特许经营等 PPP 项目建设。在加强市场监管、强化偿债保障、严格防范风险的基础上，更加有效地发挥企业债券的直接融资功能，科学设置发债条件，简化发债审核审批程序，扩大企业债券融资规模，大力支持市场化运营、资产真实有效的企业以自身信用为基础发行企业债券融资，支持企业加快结构调整和转型升级，支持企业以各种形式参与基础设施投资建设”。

但是，根据《公司法》和《证券法》的规定，公司发行债券必须符合法定的条件[①] 并且需要获得证监会的核准。因此，尽管有上述政策上的引导和

---

① 《证券法》第 16 条规定首次发行公司债应当满足下列条件:（1）股份有限公司的净资产不低于人民币三千万元，有限责任公司的净资产不低于人民币六千万元;（2）累计债券余额不超过公司净资产的百分之四十;（3）最近三年平均可分配利润足以支付公司债券一年的利息;（4）筹集的资金投向符合国家产业政策;（5）债券的利率不超过国务院限定的利率水平;（6）国务院规定的其他条件。

支持，PPP 项目的社会投资人或者项目公司若要公开发行债券，仍存在一定的法律障碍。

（二）项目专项债券

项目专项债券是一种特殊类型的债务融资方式。PPP 项目专项债券是指由 PPP 项目公司或社会资本人发行，募集资金主要用于以特许经营、购买服务等 PPP 形式开展项目建设、运营的企业债券。发行 PPP 项目专项债券应当遵守《公司法》《证券法》《企业债券管理条例》《项目收益债券管理暂行办法》，以及国家发改委发布的其他相关规范性文件的要求，并同时满足下列条件：

（1）发行 PPP 项目专项债券募集的资金，可用于 PPP 项目建设、运营，或偿还已直接用于项目建设的银行贷款。

（2）PPP 项目运作应规范、透明，已履行审批、核准、备案手续和实施方案审查程序。鼓励聘请具有相应行业甲级资质的中介机构为项目编制可行性研究报告。

（3）应建立以 PPP 项目合同为核心的合同体系，相关合同文件应合法、规范、有效，包含股东持股比例、项目运营收益来源和标准、项目风险分担模式等内容。

（4）PPP 项目应能够产生持续稳定的收入和现金流，项目收益优先用于偿还债券本息。来源于政府付费和财政补贴的项目收益应按规定纳入中期财政规划和年度财政预算。

（5）传统基础设施领域的 PPP 项目应纳入传统基础设施领域 PPP 项目库。

实务中，PPP 项目专项债券的发行人可以根据项目资金回流的具体情况设计债券发行方案，支持合理灵活设置债券期限、选择权及还本付息方式，但债券存续期不得超过 PPP 项目合作期限。现阶段 PPP 项目专项债券重点支持的是能源、交通运输、水利、环境保护、农业、林业、科技、保障性安居工程、医疗、卫生、养老、教育、文化等传统基础设施和公共服务领域的项目。

（三）项目收益债券

项目收益债券（Project Revenue Bonds）是由项目实施主体或其实际控制人发行的，与特定项目相联系的，债券募集的资金用于特定项目的投资与建设，债券的本息偿还资金完全或主要来源于项目建成后运营收益的企业债券。项目收益债券也是目前推广 PPP 项目允许采用的融资方式。为此，国家发改委还强调了要重点支持基础设施和公用事业特许经营项目，以及其他有利于结构调整和改善民生的项目、提供公共产品和服务的项目，通过项目收益债券进行融资。

项目收益债券本质是以项目收益为基础的债务融资方式，发行人与投资人之间属于债权债务关系，在法律上属于特定债。因此，为了保障债权人的利益，通过发行项目收益债券募集的资金，只能用于该项目建设、运营或设备购置，不得置换项目资本金或偿还与项目有关的其他债务，但偿还已使用的超过项目融资安排约定规模的银行贷款除外。

同时，应当注意到，除了依法可以办理抵押、质押的资产或收益，在债券存续期内，发行人不得对项目及其收益设定抵押、质押等他项权利。而在募投项目竣工验收并办理权利凭证后 10 个工作日内，发行人应当将项目建设、运营所形成的资产或收益权中可以抵押或质押的部分，足额向债权代理人办理抵押、质押手续。上述规定一方面对发行人随意在项目资产和收益上设立担保的行为进行了限制，为保障投资人的利益提供依据，另外也为后续利用项目收益权融资和再融资提供了可行性，留出可操作的余地。

此外，为了进一步保护投资人的合法权益，发行人应在募集说明书中约定投资者保护机制，明确项目发行人或项目本身在发生下列重大事项时的应对措施：

（1）项目实施主体除募投项目之外的其他资产或业务发生重大不利事项；

（2）债券发行后，募集资金投资项目超过三个月未开工；

（3）项目建设或运营过程中出现可能影响项目建设进度或收益的重大事项；

（4）债项评级下降；

（5）项目现金流恶化或其他可能影响投资者利益等情况；

（6）项目收益债券发生违约后的债权保障及清偿安排；

（7）发生项目资产权属争议时的解决机制。

（四）项目收益票据

项目收益票据（Project Revenue Notes）是指非金融企业在银行间债券市场发行的，募集资金用于项目建设并且以项目产生的经营性现金流作为主要偿债来源的债务融资工具。可发行项目收益票据的特定项目主要包括市政、交通、公用事业、教育、医疗等与城镇化建设相关的、能产生持续稳定经营性现金流的项目。

非金融企业可以选择公开或非公开定向的方式在银行间市场发行项目收益票据；项目收益票据的发行期限可以涵盖包括项目的建设、运营与收益在内的整个生命周期。但是，企业发行项目收益票据获取财政补贴等行为必须依法、合规，不应存在任何直接、间接形式的地方政府担保。

项目收益票据与项目收益债券类似，都是债务融资方式，同属于广义上的项目收益类债券。但是两者又与公司债、企业债不同，后两者属于公司融资方式，而前两者属于基于项目收益的融资方式。而且，目前在中国，项目收益票据主要由中国银行间市场交易商协会主管，项目收益债券则归国家发改委主管。因此，对于上述特殊规定和实践中不同的主管部门，投资人和项目采购人在拟采用项目收益票据或项目收益债券时都应当予以关注和区别。

三、夹层融资

除了常见的股权和债权融资外，实务中有时候也会采用股债联动的方式。而作为另一类型投融资方式的夹层融资（Mezzanine Financing）在基础设施项目的投融资中也并不鲜见，它具体是指还款顺序介于银行的债务融资与社会投资人的股权融资之间的一种融资方式，也就是说，在此类结构中，融资还款的第一顺位是银行的债务融资，第二顺位是夹层融资，第三顺位才是社会资本方的股权融资。从这一点也可以看出来，债务偿还顺序的选择和确定也是债务融资较股权融资更具优势的特征之一。

本质上，夹层融资是无担保的长期债务，具有从属债务（subordinate

debt）的特性，并且资金需求方在融资的同时附带给予有投资者权益认购权[①]。因此，在操作中一般采取次级贷款的形式，但也可能采用可转换票据或优先股的形式。鉴于其较好的流动性和较低的风险，夹层融资通常作为公司整体战略和融资规划的考虑方式，但也应当注意在安排夹层融资时，资金需求方在提供担保时的相应手续、对同一担保物的额度和先后顺序的安排。

四、信托和资管计划

在大型基础设施 PPP 项目中使用信托和资管计划也并非新鲜事物，过去也被地方政府及其融资平台广泛使用。但因信托和资管计划存在刚性兑付、资金投向不规范、重投资轻风控等诸多不完善的地方，因此政府的监管也较为严格。相对其他融资方式，目前在实践中，信托和资管计划更多的是被用作为银行和保险资金参与 PPP 项目的通道手段。

（1）信托。在信托资金投资基础设施项目方面，早在 2002 年 7 月就有上海“外环线隧道项目资金信托计划”，该计划中，投资方采用“政信信托”方式[②]，以集合资金信托作为资本金投入项目，并由上海市人民政府给予相应的补贴。近几年来，在推广基础设施 PPP 项目的发展中，也再一次为信托资金投资基础设施项目提供了政策支持，为发展“PPP 信托”创造了条件和契机，包括在铁路领域，国家也提出要积极发挥信托功能，支持铁路发展基金募集，强调要支持通过设立专项信托计划募集铁路发展基金。

政信信托与 PPP 信托是常见的信托类别，都是地方政府用来融资建设基础设施项目的方式，但政信信托则是充当普通债权人，不承担项目经营风险；而在 PPP 信托中，信托资金可以作为项目股东分担项目风险和分享项目收益，体现了 PPP 模式“利益共享、风险共担”的原则。

---

① 袁华江：《夹层融资是怎样一种融资》，载《国际融资》2009 年第 11 期，第 48 页。

② 传统的政信信托是由各级地方政府以某个特定的基础设施项目为标的，通过政府机关下属的地方融资平台向信托公司融资。这类项目的还款通常会由地方政府或地方财政局做出承诺，或者直接以地方政府的债权收益权作为融资标的，政府类信托一般都是以政府的财政预算或者政府类的应收账款作为还款的保障，因此政府方面的资金风险较大。

（2）保险投资计划投资。随着PPP项目资金来源和方式的开放及《保险资金间接投资基础设施项目管理办法》的颁布，保险资金进入PPP项目已无法律上的障碍。根据相关规定，保险投资计划拟进行投资的PPP项目，应当符合以下条件：

a. 属于国家级或省级重点项目，已履行审批、核准、备案手续和PPP实施方案审查审批程序，并纳入国家发展改革委PPP项目库或财政部全国PPP综合信息平台项目库；

b. 承担项目建设或运营管理责任的主要社会资本方为行业龙头企业，主体信用评级不低于AA+，最近两年在境内市场公开发行过债券；

c. PPP项目合同的签约政府方为地市级（含）以上政府或其授权的机构，PPP项目合同中约定的财政支出责任已纳入年度财政预算和中期财政规划，所处区域金融环境和信用环境良好，政府负债水平较低；

d. 建立了合理的投资回报机制，预期能够产生持续、稳定的现金流，社会效益良好。

同时，保险资金投资PPP项目还应当符合《保险资金间接投资基础设施项目管理办法》规定的其他条件。

第四节　政府资金在PPP项目中的地位

PPP项目的本质是政府方和投资人的合作，这种合作关系不仅体现在协同工作、相互配合方面，也体现在资金方面的合作。政府资金在PPP项目中的运用主要体现在两个方面：一方面，政府方可以与社会投资人共同出资成立项目公司；另一方面，政府方结合项目的特点给予一定的财政补贴等资金支持和税务优惠等。具体来说，政府在PPP项目全生命周期过程的财政支出责任，包括股权投资、运营补贴、风险承担、配套投入等。根据相关规定，县级以上人民政府有关部门可以探索与金融机构设立基础设施和公用事业特许经营引导基金，并通过投资补助、财政补贴、贷款贴息等方式，支持有关特许经营项目建设运营。

一、PPP 项目政府资金的类型

由于 PPP 和特许经营涉及的大多属于应由政府提供的基础设施和公用事业项目，因此，建设和运营这些项目所需的资金本应由政府提供和支付。尽管目前 PPP 项目采用政府和社会投资人共同筹措，或者是由社会投资人全额筹集。但是，除非能够成功运作，并且项目运营本身所产生的收益能够全部覆盖投资建设、运营的费用，否则对于这些项目所需要的费用最终仍可能由政府资金支付和解决，自然也无法从根本上解决地方政府债务和财政的压力与社会发展产生的公众对政府服务的需要之间的矛盾。也正因为如此，所以在 PPP 项目的前期决策前需要进行物有所值和政府财政承受能力的论证，充分论证项目的可行性。

严格来讲，PPP 项目涉及的上述资金与政府预算密切相关。按照规定，对当年新签约的、符合纳入预算管理要求的 PPP 项目，行业主管部门应当按照部门预算编制程序和要求，将下一年度项目合同中符合预算管理要求的财政资金收入，报请财政部门审核后纳入本部门预算草案，经本级政府同意后报人民代表大会审批，新签约的 PPP 项目涉及当年财政资金收支的，按照预算调整有关规定执行。

应当注意到，政府资金在 PPP 项目实务中的表现形式多种多样，项目资本金、投资回报、可行性补贴、补助、政府付费、政府付费项目的保障等都会涉及政府资金的使用。同时，PPP 项目中的政府收入和支出也会影响政府资金的使用：其中前者包括政府在 PPP 项目全生命周期过程中依据法律和合同取得的资产权益转让、特许经营权转让、股息、超额收益分成、社会资本违约赔偿和保险索赔等，以及上级财政拨付的 PPP 专项奖补资金等；后者则包括政府在 PPP 项目全生命周期过程中依据法律和合同需要从财政资金中安排的股权投资、运营补贴、配套投入、风险承担，以及上级财政对下级财政安排的 PPP 专项奖补资金支出。

此外，国务院在其下发的《关于创新重点领域投融资机制鼓励社会投资的指导意见》中也特别指出，要改进政府投资使用方式，在同等条件下，政府投资优先支持引入社会资本的项目，根据不同项目情况，通过投资补助、基金注资、担保补贴、贷款贴息等方式，支持社会资本参与重点领域建设。

二、财政能力与融资偿还

不论是采用传统的贷款模式、发行债券还是采用其他方式融资建设运营基础设施 PPP 项目，项目资金的偿还能力始终是需要政府和投资人考虑的重要因素。

目前，中国的 PPP 项目仍然是以政府为主导，尤其是对于那些并非以项目本身的收益和现金流作为偿还融资的基础设施项目，更是需要政府财政资金的支持。而采用 PPP 模式的基础设施项目，与一般的基础设施项目融资和建设相比，其投资成本也会更高，因此，政府机构需要提前分析和论证 PPP 项目模式中的融资偿还能力和政府的财政承受能力。

为此，财政部先后颁布了《PPP 项目物有所值评价指引（试行）》和《PPP 项目财政承受能力论证指引》两个规范性文件，对新建、改建的基础设施等项目实行项目识别和评定制度，只有同时满足和符合物有所值指标（包括定性评价和定量评价）和财政承受能力评价两项指标的项目，才可以被批准采用 PPP 模式实施。

由于 PPP 模式的关键是政府和社会资本双方“共享收益、共担风险”，因而，还需要转变以往由政府提供项目支付保障或者资金偿还保障的模式和观念。这在财政部《关于进一步做好政府和社会资本合作项目示范工作的通知》中也有明确的体现，即严禁通过保底承诺、回购安排、明股实债等方式进行变相融资。《关于在公共服务领域推广政府和社会资本合作模式指导意见的通知》中也再次强调，严禁融资平台公司通过保底承诺等方式参与政府和社会资本合作项目，进行变相融资。在《关于进一步增强企业债券服务实体经济能力严格防范地方债务风险的通知》中也再次强调严格 PPP 模式适用范围，审慎评估政府付费类 PPP 项目、可行性缺口补助 PPP 项目发债风险，严禁采用 PPP 模式违法违规或变相举债融资；各地财政部门应当按规定在年度预算中安排资金及时支付给依法合规承接政府投资项目的企业，防止地方政府恶意拖欠企业工程款。但从另一方面来看，对于政府主导的 PPP 项目，如果欠缺合理的收益保障，或者项目本身可融资性存在瑕疵，如何吸引投资并确保投资人的利益和投资回报的预期，也是政府面临和需要解决的难题。

三、政府预算

中国2014年的《预算法》修改给政府预算制度和预算的执行带来了重大的变革。比如,《预算法》要求“各级政府应当建立跨年度预算平衡机制”，明确了政府预算包括“一般公共预算、政府性基金预算、国有资本经营预算和社会保险基金预算”，强调“经人民代表大会批准的预算，非经法定程序，不得调整，各级政府、各部门的支出必须以经批准的预算为依据，未列入预算的不得支出”，“国家实行财政转移支付制度，以推动地区间基本公共服务均等化，建立健全专项转移支付定期评估和推出机制”等。这一系列的预算制度的规范化也同样对政府投资基础设施和公用事业产生了不同方面的影响。

与《预算法》相配套，国务院和财政部也相继发布了一系列的文件，对政府预算的制定和实施、地方政府债务的管理进行规范和整顿，比如,《财政承受能力论证指引》第25条规定:“每一年度全部PPP项目需要从预算中安排的支出责任，占一般公共预算支出比例应当不超过10%……”这些管理制度的变化也都对政府以及地方融资平台公司投资基础设施项目产生重大的影响。

除此之外，这些新规定对基础设施项目的影响主要表现在，一方面地方政府及其融资平台公司不得再大行举债投资基础设施项目，除了符合条件的过渡期内的在建项目，不得新增政府债务余额；另一方面要求将以PPP模式投资建设产生的政府债务转化为企业自身的债务和非政府债务，不再作为政府的债务处理，并且政府及其融资平台公司也不得通过保底承诺等方式变相采用PPP模式进行融资。

上述这些新举措同时也意味着今后PPP项目的盈亏将只取决于项目公司或者项目本身的经营情况，当然换一个角度来看，这样的变化的好处也使得PPP项目的各方参与主体更加注重项目本身的质量，真正地把目光聚焦在提高项目运营的效益上面。

四、财政补贴

在国务院和相关主管机关有关PPP的文件中都规定了对项目收入不能覆

盖成本和收益，但社会效益较好的 PPP 项目，地方各级财政部门可给予适当补贴，并分类纳入同级政府预算。但对如何补贴、决定补贴的主体和程序所涉及的规定却并不明确。

财政专项资金是财政补贴的形式之一，由上级人民政府拨付本行政区域和本级人民政府安排的用于社会管理、公共事业发展、社会保障、经济建设以及政策补贴等方面具有指定用途的资金。财政补贴在我国并没有统一的制度性规定，财政部和各地方政府关于财政补贴的规定十分繁杂，中央财政和地方各级财政都有权对特定的行业、企业和人群进行补贴。

本质上财政补贴也是政府的一项支出，按规定应该纳入预算管理，所以，只要按预算法等规定进行预算审批，并按各地的地方性规定履行了相应资金的审批程序，财政补贴是有法律依据的。反之，如果没有经过合法的程度，仅政府承诺给予补贴，则在法律效力上存在瑕疵，在最终的兑现上也存在风险。所以社会投资人在投资 PPP 项目前有必要研究地方财政补贴的相关规定，并要求政府依据规定履行相应的程序，而不能仅在合同中规定一个条款就认为万事大吉。

在财政补贴的问题上，依据《中华人民共和国预算法》的规定，第一，经人民代表大会批准的预算，非经法定程序，不得调整。各级政府、各部门、各单位的支出必须以经批准的预算为依据，未列入预算的不得支出。如果没有列入预算，财政补贴是不能实现的。第二，预算法规定预算年度自公历 1 月 1 日起，至 12 月 31 日止，即按年进行预算，但 PPP 项目持续的时间长，往往二三十年，财政补贴的预算需要年年审批，并不能一劳永逸地一次性审批，这对于 PPP 项目来说也是个问题。财政部也提出，要求从以往单一年度的预算收支管理，逐步转向强化中长期财政规划，但毕竟还没有从具体的法律规范上落实。

五、地方政府债券

中国的这一轮 PPP 模式推广，与地方政府债务有着重要的关系，在某种程度上也可以看作是中国这一轮 PPP 热潮的初衷之一。从《预算法》到财政部的各项规定来看，对于地方政府债务整理的目的就是要减少地方政府的负债率、解决财政赤字问题。

地方政府举债进行基础设施建设一直以来都受到关注。比如，在国务院、财政部和银监会等主管机关颁布的政策性文件中都有相应的规定。从内容上来看，严格限制，甚至是禁止地方政府举债投资建设基础设施项目是主要的目的。同样，新《预算法》也明确规定：经国务院批准的预算中必需的建设投资的部分资金，可以在确定的限额内，通过发行地方政府债券的方式筹措。具体规模由国务院报全国人大或全国人大常务委员会批准。省级政府依照国务院下达的限额举借的债务列入本级预算，报本级人大常务委员会批准。举借的债务应当有偿还计划和稳定的偿还资金来源，只能用于公益性资本支出，不得用于经常性支出。除此之外，地方政府及其所属部门不得以任何方式举借债务。

由此可见，地方政府单纯地以预算列支的方式直接投资基础设施建设受到了严格的限制，即需要省级人大常委会批准。由于目前还有为数不少的PPP项目是属于政府应当提供的社会公益服务、公共基础设施、农业农村、生态环境保护和修复等非经营性项目。所以在这些项目中，政府超然于项目之外显然并不可行也不现实。因此，对于确实需要政府参与部分投资和项目，除了税收和财政预算之外，如何增加这些基础设施建设资金的来源也是地方政府面临的难题之一和重点工作之一。

从目前政策的发展趋势和角度来看，中央政府对地方政府举债投资建设基础设施项目采取了变通的方法，即从限制单纯的债务支出变为支持发行债券。比如，国务院提出要建立规范的地方政府举债融资机制，支持地方政府依法依规发行债券，用于重点领域建设；地方政府举债采取政府债券方式；没有收益的公益性事业发展确需政府举借一般债务的，由地方政府发行一般债券融资，主要以一般公共预算收入偿还；有一定收益的公益性事业发展确需政府举借专项债务的，由地方政府通过发行专项债券融资，以对应的政府性基金或专项收入偿还。省级政府可以为了具有一定收益的公益性项目发行政府债券，约定一定期限内以公益性项目对应的政府性基金或专项收入还本付息。

上述这些政策一方面限制地方政府以财政预算等进行直接投资基础设施

的方式，另一方面则在避免扩大财政赤字的前提下，为地方政府利用债券间接投资发展基础设施提供了政策依据。

第五节 PPP 项目的投资回报机制

从 PPP 项目的目的和本质来看，政府和社会资本合作投资、建设特定项目，重点在于通过对该特定项目进行运营，以运营所产生的收益来覆盖投资和建设的成本，这与纯粹的以施工成本和利润为基础的施工项目截然不同。因此，这也对实际参与 PPP 项目的社会投资人的管理、运营能力提出了更高的标准和要求。

同时，基于 PPP 项目的公益性质，对于社会投资人的投资回报，一方面应当尊重和考虑其合理的投资回报，避免暴利，政府应当保障社会投资人的投资和回报机制；另一方面也应当意识到 PPP 项目本身的风险，需要政府和社会投资人风险共担，而不应由政府承担投资损失。

一、投资回报的合理性

社会投资人参与 PPP 项目必然需要考虑其经济利益。因此，PPP 项目都要进行合理评估，以保障项目本身能够顺利完成，投资人的投资能得到合理的回报，最终实现项目的综合社会效益。对此，国家发改委也提出要探索付费模式，采取资本金注入、直接投资、投资补助、贷款贴息，以及政府投资股权少分红、不分红等方式支持项目实施，提高投资回报，鼓励社会资本创新商业模式及体制机制，提高运营效率，降低项目成本。

但是，推进基础设施领域的价格改革，合理确定价格收费标准，依法适当延长特许经营年限，提供广告、土地等资源配置，充分挖掘项目运营商业价值，建立使用者付费和可行性缺口补贴类项目的合理投资回报机制，既要使社会资本获得合理投资回报，也要有效防止政府和使用者负担过重。

为此，根据相关规定，在 PPP 项目运营期内的每个计息年度，项目收入应该能够完全覆盖债券当年还本付息的规模；项目投资内部收益率（IRR）原则上应大于 8%；对于政府购买服务项目，或债券存续期内财政补贴占全部收入比例超过 30% 的项目，或运营期超过 20 年的项目，内部收益率（IRR）的要求可适当放宽，但原则上不低于 6%；债券存续期内合法合规的财政补贴占项目收入的比例合计不得超过 50%。

这里需要注意的一点是，为了降低风险、获得相对稳定的投资回报，实践中，投资合同中可能会约定“名股实债”的内容。在新华信托与港城置业破产债权确认案中，法院认为名义股东的处理需区分内部和外部关系，对前者产生的股权权益争议纠纷，可以当事人的约定为依据，或是隐名股东，或是名股实债；而对后者则应遵守《公司法》股东以登记为准，未经登记不得对抗第三人的规定，第三人不受当事人之间的内部约定约束，而是以当事人之间对外的公示为信赖依据。①

二、PPP 项目的固定回报

由于“风险共担”是 PPP 模式的核心要素之一，社会投资人在 PPP 项目中能否获得收益取决于多方面的因素，因此，对于社会投资人所追求的固定回报应当注意加以区分。对于一些纯债务投融资的项目，鉴于目前法律已经允许企业之间为生产、经营需要订立民间借贷合同，各方当事人可以约定固定的债务投资回报。但是，也应当注意其利息额度不得超过年利率 24% 的限额②。而对于股权类投资所追求的固定回报则有必要注意其法律风险。

实践中，对于投资 PPP 项目要求固定回报的案例并不鲜见。因此，PPP 项目的主管行政机关也明确规定“要坚决杜绝各种非理性担保或承诺、过高补贴或定价，避免通过固定回报承诺、明股实债等方式进行变相融资；要杜绝固定回报和变相融资安排，在保障社会资本获得合理收益的同时，实现激励相容”。③财政部也一再强调地方政府不得以借贷资金出资设立各类投资基金，严禁地方政府利用 PPP、政府出资的各类投资基金等方式违法违规变相举债，除

---

① 新华信托股份有限公司与湖州港城置业有限公司破产债权确认纠纷案，浙江省湖州市吴兴区人民法院（2016）浙 0502 民初 1671 号民事判决书。

② 《最高人民法院关于审理民间借贷案件适用法律若干问题的规定》第 11 条、第 29 条。

③ 财政部和发改委《关于进一步共同做好政府和社会资本合作（PPP）有关工作的通知》。

国务院另有规定外，地方政府及其所属部门参与PPP项目、设立政府出资的各类投资基金时，不得以任何方式承诺回购社会资本方的投资本金，不得以任何方式承担社会资本方的投资本金损失，不得以任何方式向社会资本方承诺最低收益，不得对有限合伙制基金等任何股权投资方式额外附加条款变相举债。①

另外，还需要注意的一点是，尽管PPP项目的行政主管机关多次下发文件禁止约定固定投资回报。但是，由于法律和行政法规对此并没有禁止性规定，而《合同法》关于合同无效的规定也仅限于违反法律和行政法规的效力性强制性规定，因此，对于合同中约定固定投资回报的做法，严格来讲仍然具有法律的约束力。并且，笔者认为对于发达和不发达地区出于吸引资金的紧迫性的需要，可以考虑区别不同的情形，不能一概而论。

至于外商投资的PPP项目，从1995年国家计委、电力部、交通部联合发布《关于试办外商投资特许权项目审批管理有关问题的通知》起，我国政府也多次发文明确规定政府不得对外商投资项目提供固定投资回报率的保证。但是如前所述，由于政府部门关于取消、清理固定回报承诺的通知的法律效力较低，并不能直接影响合同的效力。这就可能出现政府在PPP合同中约定的固定回报条款在法律上仍然有效，但在实际中由于违反政府已发布的规范性文件的规定而导致无法实际履行的局面。

三、关于PPP投融资的特殊问题

由于PPP模式的特殊性和复杂性，在涉及PPP项目的投融资时，还应当注意以下几点：

（1）防止变相融资。为了杜绝地方政府违规举债，违背PPP的初衷，应当防范变相融资的行为，即：①社会资本全资或是控股项目公司，应当依法运作，严禁通过固定回报承诺、回购安排、明股实债、借助抽屉协议将项目运营返包给政府等方式变相融资。②政府因按照PPP项目合同约定，在取得公共服务的同时立即进行足额支付，严禁采取延期支付方式变异为购买融资服务，严禁通过政府购买服务方式进行变相融资，规避财政承受能力论证和

① 《关于进一步规范地方政府举债融资行为的通知》（财预〔2017〕50号）。

物有所值评价。③严禁地方政府融资平台公司通过建设—租赁—移交等运作方式，将原有融资平台建设项目包装成PPP项目，直接与政府签订PPP合同，规避政府债务管理规定。

从上述规定可以看出，固定回报承诺、回购安排、明股实债、运营返包、延期支付、政府购买服务、融资平台公司以BLT模式规避债务管理等都属于变相融资的行为，同时也禁止将PPP模式包装成变相融资模式，对此，政府和社会投资人都应注意此类风险。

（2）结构性融资的注意事项。如前所述，PPP与结构性融资会越来越密切，但也有必要注意一些特殊的事项，比如：①非金融企业发行项目收益票据获取财政补贴等行为必须依法、合规，不应存在任何直接、间接形式的地方政府担保。②资产证券化产品的偿付责任，由SPV以其持有的基础资产和增信安排承担，不得将资产证券化产品的偿付责任转嫁给政府或公众，并影响公共服务的持续稳定供给。③项目收益包括但不限于直接收费收入、产品销售收入、财政补贴以及因项目开发带来的土地增值收入。其中，财政补贴和土地增值收入应该纳入有权限政府的财政预算并经同级人大批准列支；债券存续期内纳入预算的财政补贴占项目收入的比例合计不得超过50%。

上述规定对于设计结构性融资时都是重要的考虑因素，对于交易结构和投资回报也有或多或少的影响。

（3）投资回报优先顺序。投资回报可能涉及股权投资和债权投资，前者遵循同股同权的原则，没有先后之分；而后者则可由优先级和劣后级的区分，其法律基础在于债的偿还先后顺序。债务偿还的优先顺序可以基于债权债务形成的先后和双方的约定，并结合担保等措施，以实现投资回报的先后顺序。

由此可见，投资回报与债务偿还的法律属性不同，权利救济方式也有着本质的区别，在设计投资回报的时候就应当充分意识到此类区别对于各方权利义务的影响。

第六节 项目可融资性和再融资

正如本章前文所述，从2014年开始大力推广的基础设施PPP项目，项目资金的来源逐渐呈现多元化、复杂性的特点，投资的方式也由单纯的银团贷款等债权继而向股权、股债结合，以及新型的信托、资产证券化等结构性融资方式转变。从政策层面上来看，中央政府及财政部、发改委等主管部委也都制定、颁布了大量的规范性文件，旨在鼓励积极拓展 PPP 项目的融资渠道和投资方式，为积极推动 PPP 项目提供了政策支持。

同时，基础设施项目建设所需资金大、周期长的特点，决定了除了前期需要进行物有所值评价等项目识别和评估之外，PPP 项目的可融资性和再融资方式也是特定项目能否采用 PPP 模式进行建设的前提条件和重要考虑因素。

一、项目的可融资性

可融资性是成功项目融资和 PPP 的判断标准，也是大中型基础设施能否采用项目融资、PPP 等方式操作的重要衡量因素，主要用来判断某种技术和产品的认可度，是否可靠和值得信赖并最终获得贷款机构的整体投资。

可融资性的本质是从贷款银行等机构的角度来衡量融资的风险程度，以及银行对融资结构和项目其他因素的可接受程度。因此，通常情况下，银行等金融机构在考虑给基础设施项目提供融资贷款时，更加关注项目的稳定性，以及风险的可控性，而非快速、高额的回报和收益。银行在项目融资中的收益主要由相对固定的费用和利息组成，鉴于项目融资和 PPP 的有限追索和无追索的特点，项目运营产生的预期收入是否足以覆盖还款的金额和周期将成为各方进行融资谈判的核心条件。

项目可融资性的主要考核指标是项目的市场融资能力，同时也需要兼顾项目的周期、市场环境、项目风险分配、项目的可行性，以及融资结构、合同架构和条款等方面的内容和影响因素。而在衡量项目的可行性时，通常需要从当地政治经济、法律（稳定性、可执行性等）、项目财政（商业计划、现金流等）和项目技术四个维度进行综合分析。并且每一个项目的可融资性都具有各自的特点，没有两个项目是完全相同的，因此，可以说项目可融资性的确定不仅需要建模等科学技术手段，也更像是一门综合性的艺术。

二、PPP 项目的再融资

基础设施项目较为显著的特点就是项目周期长、所需资金巨大。除了项目建设外，还有更长的运营周期，不论是采用项目融资方式，还是 PPP 模式，项目建设期间和运营期间同样都可能涉及大量的融资需求。

尽管项目前期的融资计划能够满足项目的部分资金需求，但是，从长期来看，PPP 项目的再融资计划也是投资人在进行前期投资决策时需要提前考虑和布局的事项之一。不过，再融资方式则需要结合 PPP 项目的具体运作模式和项目特征而定并有所区别。在这些当中，本章前文所述的传统银行贷款，以及基金、资产证券化、债券、信托和项目收益权融资等较为新型的方式，甚至是 IPO，都可以作为 PPP 项目再融资的资金来源和投融资方式。

而对于存量的已经在建的基础设施项目，财政部、人民银行、银监会在《关于妥善解决地方政府融资平台公司在建项目后续融资问题的意见》中也明确提出，对于已签署贷款合同的项目，其贷款额不能满足建设需求，并且适合采取 PPP 模式的融资平台公司在建的基础设施项目，优先采用 PPP 模式，弥补在建项目的增量融资需求。可见，符合条件的新建和存量 PPP 项目同样都可以受惠于新型融资和再融资方式的运用。

三、项目收益权融资

项目收益权融资与传统的项目融资比较相似，即主要依赖于项目本身能够获得的收益、现金流等作为融资的偿还资金。根据《物权法》第 40 条的规定，所有权人有权在自己的不动产或者动产上设立用益物权和担保物权；用益物权人对他人所有的不动产或者动产，依法享有占有、使用和收益的权利。这为项目收益权的设立、行使等提供了明确的法律依据。

国务院也提出要支持开展排污权、收费权、集体林权、特许经营权、购买服务协议预期收益、集体土地承包经营权质押贷款等担保创新类贷款业务；并探索利用工程供水、供热、发电、污水垃圾处理等预期收益质押贷款，允许利用相关收益作为还款来源。国家发展改革委、财政部和水利部在联合发布的《关于鼓励和引导社会资本参与重大水利工程建设运营的实施意见》

中也明确允许水利建设贷款以项目自身收益、借款人其他经营性收入等作为还款来源，允许以水利、水电等资产作为合法抵押担保物，探索以水利项目收益相关的权利作为担保财产的可行性。

从上述政策指引以及相关的司法实践[①]来看，目前项目收益权融资仍然是以收益权质押为主，偏重作为融资贷款的附属担保，而非独立的融资来源。但是在实践当中，收费收益权的融资方式可以包括直接融资，也可以包括间接融资，以及收益权担保贷款、收益权资产证券化、信托计划等融资支持方式，具体则需要视不同的项目特点和资金来源而定。因此，拓宽项目收益权融资渠道和投资方式，将收益权本身与信托计划、资产证券化等融资方式相结合，以及提供相应的法律保障可以说是后续基础设施 PPP 项目实现有效再融资的重要途径，同时也为目前大部分 PPP 项目由政府提供支付保障向以项目收益作为偿还资金为主的项目融资方式的转变提供有利的契机。

① 最高人民法院指导案例 53 号：福建海峡银行股份有限公司福州五一支行诉长乐亚新污水处理有限公司、福州市政工程有限公司金融借款合同纠纷案：特许经营权的收益权可以质押，并可作为应收账款进行出质登记；特许经营权的收益权依其性质不宜折价、拍卖或者变卖，质权人主张优先受偿权的，法院可以判令出质债权的债务人将收益权的应收账款优先支付给质权人。

5

CHAPTER

第五章

特殊目的载体

众所周知，在大型基础设施项目中，设立特殊目的载体（SPV, Special Purpose Vehicle）是一种非常有效的风险防范和风险隔离措施，同时也是投资人实现表外融资的重要方式。大型基础设施项目的融资、投资、建设和运营等大多会涉及多方参与主体，包括而又不限于项目发起人、政府方、社会资本方、特殊目的载体、银行等融资机构、政府实施机构、承包商、运营商等。而在这些参与主体中,SPV是最核心的主体，基础设施项目的融资、建设、运营等都围绕着特殊目的载体这一核心因素进行。

实践中，SPV的形式因项目特性、税务安排、项目需求等不同而不同，其中，项目公司是SPV的主要形式，与之相应的股东资格、股权分配、股权转让、公司治理、投资人的回报和退出等诸多法律事务也应当引起PPP项目各方主体的关注。

第一节　特殊目的载体的形式

在项目融资中，设立SPV是较为重要的一个环节。在较为传统和典型的项目融资交易结构中，SPV一般以项目公司的形式设立，实行有限责任，投资人以出资为限承担责任，公司以自身资产承担责任，以便在投资人和特定项目之间实现风险隔离。

在基础设施PPP、特许权经营、项目融资中，SPV通常是PPP合同的主体，与政府方合作从而获得项目，同时也是后续实施融资、建设和运营的主体。SPV是社会投资人单独或者与政府共同组建的独立的主体，而不是代理人或受委托人。因此，SPV的运营管理应当秉承独立自主的原则，避免与出资人、股东之间的利益输送和利益冲突。

一、设立 SPV 的形式

在讨论 SPV 的形式之前，有必要先讨论设立 SPV 是否是 PPP、特许经营、项目融资的必备条件这一问题。尽管 SPV 或者项目公司的设立对于项目融资和 PPP 有着重要的作用，但也应当注意到是否设立项目公司，以及设立何种 SPV 形式并无统一的标准。《基础设施和市政公用事业项目特许经营管理办法》规定，PPP 项目的实施机构应当在招标或谈判文件中载明是否要求成立特许经营项目公司。可见，对于项目公司的设立，政府方具有一定的主导地位。当然，社会投资人在获得 PPP 项目后，也可以根据实际需要决定是否设立项目公司。①

实践中，从项目运作、税务安排、风险防控等综合因素考虑，SPV 的形式可以是有限责任、有限合伙、企业联营以及其他特殊 SPV 形式。

（一）有限责任公司

作为 SPV 最常用的项目公司通常以有限责任公司的形式设立。有限责任公司是现代公司的基本形态。其本质特点在于两个有限：即股东仅以出资为限承担责任，而公司也仅以本身资产为限承担责任。这一原则对于项目融资和 PPP 中的项目公司也同样适用。公司以其资产为限承担责任也意味着项目公司有独立的法人资格和独立的财产，投资人的资产和项目公司的资产各自独立。简言之，PPP 项目公司就是依法设立的自主运营、自负盈亏的具有独立法人资格的经营实体。

同时，除了依法可以自行通过公司章程约定外，项目公司的设立和运营应当遵守《公司法》的相关规定，比如股东身份、出资形式、公司资本制度、公司三会（股东会、董事会、监事会）的建立、利润分配、议事和表决、转

① 值得注意的是，根据 2017 年 7 月 1 日财政部、住房城乡建设部、农业部、环境保护部颁布的《关于政府参与的污水、垃圾处理项目全面实施 PPP 模式的通知》（财建〔2017〕455 号）的规定，政府与社会资本间应签署 PPP 协议，明确权益分配和风险分担机制，并通过成立具有独立法人资格的 PPP 项目公司实现项目商业风险隔离。据此，在污水和垃圾处理 PPP 项目中，应当设立项目公司进行运作。

投资、对外担保、董监高，以及财务、会计制度等。

按照目前的公司登记管理实践，有限责任公司登记的营业期限一般在20~30年，因此，政府实施机构和社会投资人在考虑设立项目公司的存续期限时也应当与PPP合作期限、特性经营权期限、融资期限结合。

此外，对于在中国境外进行投资的PPP项目，设立项目公司以及项目公司的经营管理，还应当符合东道国相关公司或运行实体的法律条件和要求，由此可见，在项目投资前期，进行东道国的法律环境调研也是必不可少的环节，有助于预防和减少后续项目实施的风险。

（二）合伙企业

合伙企业，是指自然人、法人和其他组织依照本法在中国境内设立的普通合伙企业和有限合伙企业。按照《合伙企业法》的规定，合伙企业分为两种：

（1）普通合伙企业，即由普通合伙人组成，合伙人对合伙企业债务承担无限连带责任；

（2）有限合伙企业，即由普通合伙人和有限合伙人组成，普通合伙人对合伙企业债务承担无限连带责任，有限合伙人以其认缴的出资额为限对合伙企业债务承担责任。

对于以有限合伙企业形式设立的SPV，投资人有必要注意一些不同于有限责任公司的特殊规则，比如有限合伙人既不执行合伙事务，也不得对外代表有限合伙企业；但是，第三人有理由相信有限合伙人为普通合伙人并与其交易的，该有限合伙人对该笔交易承担与普通合伙人同样的责任。有限合伙人未经授权而以合伙企业名义与他人交易造成合伙企业或造成其他合伙人损失的，应当承担赔偿责任。这些规则对于有限合伙企业作为PPP项目的载体时执行融资、建设和运营时具有重要的影响。

（三）企业联营

联营企业是一种特殊的企业组织，其本身的法律属性根据联营的具体方式和组织而有所不同。根据《民法通则》[①]的规定，企业联营包括三种形式：

（1）法人型联营，即企业之间或者企业、事业单位之间联营，组成新的经济实体，独立承担民事责任，具备法人条件的，经主管机关核准登记，取得法人资格。

（2）合伙型联营，企业之间或者企业、事业单位之间联营，共同经营、不具备法人条件的，由联营各方按照出资比例或者协议的约定，以各自所有的或者经营管理的财产承担民事责任。依照法律的规定或者协议的约定负连带责任的，承担连带责任。

（3）契约型联营，企业之间或者企业、事业单位之间联营，按照合同的约定各自独立经营，它的权利和义务由合同约定，各自承担民事责任。

在大型基础设施投融资项目中，通常由投资人组成联合体共同参加项目竞标，此时的联合体具有企业联营的法律属性。[②]在有些PPP项目中，如果不涉及政府方的出资，投资人也可以考虑不另行设立项目公司，而是直接以企业联营的方式具体实施PPP项目的融资、建设和运营，并且企业联营方式对于避免二次招标的法律障碍也是很好的解决方式。

（四）其他特殊目的载体形式

除了上述较为常见的SPV形式外，实务中还有一些特殊的SPV形式可供参考。

（1）跨境离岸公司

在跨境的交易中，通过设立离岸公司的形式也并不鲜见。离岸公司通常是

---

① 2017年3月15日颁布实施的《民法总则》将民事主体分为法人和非法人主体，前者又分为营利法人（包括有限责任公司、股份有限公司、其他企业法人）、非营利法人和特别法人，后者包括个人独资企业、合伙企业和不具有法人资格的专业服务机构。由于《民法总则》实施后《民法通则》并未废止，故两法并存适用。

② 联合体属于契约型联营还是合伙型联营，法律上并没有明确的规定。有观点认为，《招标投标法》和《建筑法》规定联合体投标和承包的，成员之间承担连带责任，因此，联合体属于合伙型联营。但是，也应当注意到，联合体之间承担连带责任也可以是基于成员之间提供的连带责任保证，因此，法律和联合体协议关于成员之间承担连带责任的内容并不直接是直接确定企业联营类型的依据。

指在英属维尔京群岛、开曼群岛、百慕大群岛、塞舌尔群岛等离岸金融中心注册，并在注册地以外经营的公司。相比较投资人的直接投资，设立跨境离岸公司可以实现避免双重征税、税务减免、减少投资限制、风险隔离，以及海外上市，甚至是国际投资仲裁的管辖权认定等方面都有重要的影响和作用。

（2）其他特殊载体

在大型复杂的项目融资交易结构中，信托、基金、专项计划等都可以通过设立SPV作为载体，直接或者间接投资基础设施项目，这也常被称为双层SPV结构，即投资或者借贷给项目公司的资金并非直接来源于融资机构，而是通过信托、基金、资产证券化、债权计划等方式设立第一层的SPV，再由第一层的SPV以股权或者债权的方式投入项目公司中。

随着项目融资交易结构的复杂化、资金渠道的多元化，以及资金安全性考虑等因素，尤其是采用结构化金融的项目融资中，双层SPV结构有着非常独特的优势。

二、项目公司的股东构成

按照目前中国PPP项目的运作方式，通常会设立一个项目公司作为融资、设计、建设和运营的主体。项目公司具有独立的法人资格，其设立和运营应当符合《公司法》的相关规定。在PPP项目公司中，股东可以是由政府方和社会资本方共同组成，也可以完全由参加PPP项目的一家或者多家资本方组成，具体情形在实践中会因项目不同而各有不同。

（一）项目公司的政府方股东

由政府方和社会资本方共同组建PPP项目公司是目前较为普遍和流行的做法。而项目公司的股东通常由政府方和社会投资人共同组成。实务中，对于政府方的股东资格、股东范围、地位和作用、职能等都是需要关注和考虑的问题。

1. 政府方股东的主体类型

作为PPP项目的重要参与者，政府机关及其职能部门、事业单位作为实施机构通常被授权负责项目评审、组织协调、检查督导，以及项目准备、采购、监管和移交等工作，并可以作为一方主体与社会投资人共同签署 PPP 合同。但是，由于政府本身的特殊职能，一般情况下，政府机关及其职能部门并不直接成为股东[①]，按照目前的 PPP 项目政策，是鼓励地方政府采用资本金注入方式投资传统基础设施 PPP 项目，并明确政府出资人代表，参与项目准备及实施工作。实务中，通常是由政府机关授权项目实施机构（如部门主管机关、地方管委会）或者引入政府基金等方式出资入股，成为政府方股东。

此外，对于事业单位的身份和地位也是实践中应当注意的问题。如前所述，事业单位与政府及其职能部门一样，可以作为 PPP 项目的实施机构，但是，笔者认为，事业单位也不宜作为项目公司股东。理由在于事业单位是中国特有的组织机构，与政府职能部门的职责、功能均类似，其承担部门政府公益性或非公益性具体事务的执行职能。而且《民法总则》也明确规定了，事业单位属于非营利法人[②]。因此，事业单位本身的非营利属性与 PPP 项目公司、社会投资人股东的营利属性，以及事业单位本身的决策程序、效率与项目公司、社会投资人股东的决策程序、效率方面都存在天然的差异，所以，事业单位与政府行政机关一样，都不宜作为PPP项目公司政府方的股东代表。

在实践中，还有一个需要注意的问题是，严格来讲，按照《公司法》的规定，股东的身份和资格来源于投资人的实际出资行为，否则就不享有股东的身份。如果实际出资人与名义出资人之间约定由实际出资人出资并享有投资权益，以名义出资人为名义股东，则属于股权代持，除非有依法认定为无效的情形外，否则双方之间的合同依法有效。[③]

在博智公司与鸿元公司股权纠纷案[④]中，最高人民法院认为鸿元公司是

---

① 笔者认为，公司属于营利法人，而政府拥有国家行政权力，如果允许政府及其职能部门直接作为股东参与项目公司，一方面违背了政府不得从事营利活动的基本原则，难以保障行政权力不会干预公司的独立、自主的经营的行为，以及利用行政权力为项目公司谋求不正当利益的可能；另一方面也与中国一直致力的政治改革、政企分立的目标，乃至是此番大力推广 PPP 项目的初衷相背离。

② 《民法总则》第 87 条。

③ 《最高人民法院关于适用〈中华人民共和国公司法〉若干问题的规定（三）》第 25 条。

④ 博智资本基金公司与鸿元控股集团有限公司、上海欣鸿投资管理有限公司等合同纠纷申请再审案，最高人民法院（2015）民申字第 136 号民事裁定书。

受博智公司的委托投资新华人寿，但鸿元公司并未以博智公司的名义投资，也未将案涉股权登记在博智公司的名下，而是以自己的名义投资并将案涉股权登记在鸿元公司的名下，鸿元公司也履行了股东的义务并行使了股东的权利，案涉股权归鸿元公司享有，符合法律规定。同时，股权归属关系与委托投资关系是两个层面的法律关系。前者因合法的投资行为而形成，后者则因当事人之间的合同行为形成，实际出资人不能以存在合法的委托投资关系为由主张股东地位，受托人也不能以存在持股比例限制为由否定委托投资协议的效力。根据双方当事人的约定，鸿元公司代为持有股权而非自己享有股权。虽然上述协议均系双方当事人真实意思表示，但由于股权归属关系应根据合法的投资行为依法律确定，不能由当事人自由约定。因此，尽管有当事人的约定，也不能据此认定双方之间属股权代持关系，而应认定双方之间系委托投资合同关系。

由上述法律规定和司法实践可知，一方面，政府方不适宜直接投资作为项目公司的股东，其可以通过股权代持或者委托投资方式参与 PPP 项目；另一方面，如果政府通过其他机构向项目公司出资，由于股权认定需要结合实际出资行为，因此其在法律也并不属于项目公司的股东，因而不具有股东享有的权利，也并不承担股东应当承担的义务。对此类问题以及相应的法律风险，在以政府主导的 PPP 项目中仍需政府方、社会投资人综合考虑，同时，也有待于立法、司法的实践证明。

2. 政府方股东的职能和地位

股东在项目公司中的权利、义务的内容等主要取决于《公司法》、公司章程的规定。实务中尤其应当注意的是，政府方的股东在项目公司中行使的只能是股东权，而不是作为政府机关的行政权力，否则容易造成公权和私权不分的情况，违背公司的自主经营、决策权，不利于公司的运营、管理。

按照《财政承受能力论证指引》的规定，政府、实施机构对 PPP 项目的监管主要是各级财政部门以财政承受能力论证结论为依据，会同有关部门统筹做好项目规划、设计、采购、建设、运营、维护等全生命周期管理工作。因此，从 PPP 项目的操作角度来看，政府方股东在项目公司中出资以及职能、地位也应当是重在监督、管理，而不是以营利为目的、过多干预或影响项目公司的独立运营、管理。为此，PPP 项目的相关规定对政府出资股东也作了相应的限制，包括：

（1）在项目公司中的持股比例应当低于 50%；

（2）不具有实际控制力及管理权；

（3）所承担的出资应能计入政府承担的股权投资支出责任，即应使用政府财政资金，而非企业自有经营性资金。

目前，在实践中的某些 PPP 项目公司的股权结构，股东方的股权比例会比较少，比如控制在 10% 以内，甚至直接约定不分配公司利润。但是，由于 PPP 项目的全生命周期长、资金量大的特点，政府方作为 PPP 项目的主导者，政府方股东必然需要加强对项目现金流的监控，利用其股东身份和地位对项目公司进行内部监管。

3. 政府方出资作为股东的利弊

政府方出资入股成为项目公司的股东有利有弊。对于项目公司而言，其好处在于 PPP 项目本身是以政府方为主导，从项目发起到项目的识别、准备、采购，以及项目公司成立后的活动都离不开政府方，并可以为 PPP 项目、项目公司的运营提供许可、审批、执照、决策、资源等方面的合法便利，比如在融资环节，可以监督社会投资人融资计划的实施，提供融资相关的协助。在涉及承包合同、运营合同时，政府方股东也能够加强决策管理，比如建设阶段监督建设成本、工期、质量和验收，运营阶段监督收入和走向，移交环节做好社会资本和接受单位的衔接。

当然，不容忽视的是，政府方出资入股成为项目公司的股东也有其弊端。这既包括前文所述的政府方股东系获得政府的行政授权而具有行政职能的，也包括其本身不具有营利性的特征，对于其能否保障项目公司的盈利目的，能否确保股东决策的高效、有利于项目公司仍具有较大的不确定性。

（二）项目公司的投资人股东

与政府方股东相对，项目公司的另一方股东则是实际参与 PPP 项目的社会投资人，具体来看，其可以包括项目的工程承包商、运营商、设备供应商以及融资机构等。根据 PPP 项目分属新建项目或者存量项目的不同，以及政府方所侧重的目标需求、股东的地位和作用等不同情况，这些股东在项目公司的组建、运营、管理、融资等方面的职责和权益也各不相同。

1. PPP 项目社会投资人的界定

关于社会投资人的，财政部和发改委分别作了相应的界定。比如，财政部规定，社会资本人是指与政府方签署PPP项目合同的社会资本或项目公司，主要是指已建立现代企业制度的境内外企业法人，但不包括本级政府所属融资平台公司及其他控股国有企业。而按照发改委的规定，社会资本的范围更宽、更具体，其包括符合条件的国有企业、民营企业、外商投资企业、混合所有制企业，或者其他投资经营主体。

实务中，经常遇到的问题是地方融资平台能否作为社会投资人的问题。融资平台公司是指由地方政府及其部门和机构等通过财政拨款或注入土地、股权等资产设立，承担政府投资项目融资功能，并拥有独立法人资格的经济实体。根据融资平台公司的属性，可以划分商业性和公益性两类企业，前者为经营性质，与政府财政脱钩，按市场规律自主经营、自负盈亏；后者为公益性质，可继续承担政府投资代表职责。其债务类型具体分为三类：

（1）融资平台公司因承担公益性项目建设举借、主要依靠财政性资金偿还的债务；

（2）融资平台公司因承担公益性项目建设举借、项目本身有稳定经营性收入并主要依靠自身收益偿还的债务；

（3）融资平台公司因承担非公益性项目建设举借的债务。

但是，财政部已明确将地方融资平台排除在 PPP 项目的社会投资人的范围外。然而，地方融资平台公司作为地方政府基础设施项目投资的重要工具，有着其独特的背景和现实需求。为此，国务院在《关于在公共服务领域推广政府和社会资本合作模式指导意见的通知》中提出要大力推动融资平台公司与政府脱钩，进行市场化改制，健全完善公司治理结构，对已经建立现代企业制度、实现市场化运营的，在其承担的地方政府债务已纳入政府财政预算、得到妥善处置并明确公告今后不再承担地方政府举债融资职能的前提下，可以作为社会投资人参与当地 PPP 项目。但是，同时也禁止融资平台公司通过保底承诺等方式参与基础设施和公用事业 PPP 项目，进行变相融资。

2. PPP 项目社会投资人的资格

采用 PPP 方式采购的项目，主要是选择适格的合作伙伴，这里所说的适格的合作伙伴应当是经过公平竞争、择优选择出来的，具有相应管理经验、专业能力、融资实力，以及信用状况良好的社会资本合作方。一般来讲，参与 PPP 项目采购的投标人应当同时具备以下基本条件：

（1）具有独立承担民事责任的能力；

（2）具有良好的商业信誉和健全的财务会计制度；

（3）具有履行合同所必需的设备和专业技术能力；

（4）有依法缴纳税收和社会保障资金的良好记录；

（5）参加政府采购活动前三年内，在经营活动中没有重大违法记录；

（6）法律、行政法规规定的其他条件。

然而，这些只是投标人的基本条件和硬性指标，即使投标人具备上述条件，也并不足以确保投标人是适格的合作伙伴，更为重要的是，社会资本是否具有较强的融资能力、管理能力以及相应的工程建设和运营经验才是 PPP 项目采购中需要重点考虑和衡量的因素。

此外，不容忽略的是，就目前有关 PPP 项目采购来看，由于适用《政府采购法》和《招标投标法》的情况都存在，因此，关于投标人参加政府采购和工程招标投标所应具备的条件和限制性规定也同样适用于 PPP 项目的采购。比如，单位负责人为同一人或者存在直接控股、管理关系的不同社会资本，以及为采购项目提供整体设计、规范编制或者项目管理、监理、检测等服务的社会资本，不得再参加该采购项目的其他采购活动。对于拟作为社会投资人参加 PPP 项目的设计单位、施工单位而言，这些规定都需要引起足够的重视。

3. 社会投资人的身份混同

在整个 PPP 项目中，社会投资人股东的身份比政府方股东的身份更为复杂，所涉及的法律问题也更多。在实践中，大型基础设施 PPP 项目，多数情况下是由建筑施工企业和设计企业单独或者组成联合体一起作为社会投资人参与项目。对此，首先，应当注意到，正如前文所述，现行的 PPP 法律规范对于 PPP 社会投资人的范围、类型有着较为明确的规定和限制。同时，在采取二次招标投标的PPP项目中，如果社会投资人参与了前期项目方案或者提供服务，则还将会被限制参加后续设计、施工等项目的投标。

其次，尽管项目公司由社会投资人组建，但是，毕竟与社会投资人分属于各自独立的法人，有着各自独立的财产和人格，两者在PPP项目中的地位、作用、权利和义务都有很大的区别。因此，在由社会投资人联合体组建项目公司的情况下，不仅需要将社会投资人本身与项目公司区分开来，也应当注意区分组建联合体的社会投资人之间，以及成为项目公司股东之后的权利、义务和相应的职责。

最后，在PPP项目中，如果设计、施工、运营直接交由组建项目公司的设计方、承包商、运营商等社会投资人实施，尤其是在设计方、承包商、运营商又同时作为项目公司控股股东的情况下。按照《公司法》的规定，控股股东是指其出资额占有限责任公司资本总额50%以上或者其持有的股份占股份有限公司股本总额50%以上的股东；出资额或者持有股份的比例虽然不足50%，但依其出资额或者持有的股份所享有的表决权已足以对股东会、股东大会的决议产生重大影响的股东。这就又出现项目公司与同时作为股东和项目实施承包商的社会投资人存在直接的关联关系，对此，社会投资人应当在实践中注意类似的法律问题，特别是在上市公司作为社会投资人的情况下，更应确保此类交易的合法、合规性。

（三）金融机构的股东资格

考虑到大型基础设施PPP和项目融资都需要巨额的资金，而融资既是PPP与项目融资区别于一般项目建设的重要区别，也是社会投资人的重要职责。众所周知，大型基础设施的融资方式包括债权融资和股权融资，金融机构提供债权融资是较为主要的融资方式。

以股权投资方式融资的，则有诸多限制，这其中即包括了不能进行直接投资的限制和禁止性规定。以商业银行为例，现行《商业银行法》明确规定，除非国家另有规定，商业银行在中国境内不得向非自用不动产投资或者向非银行金融机构和企业投资。与此类似，证券公司也不得以其他形式开展直接投资业务，而应当设立直接投资业务子公司并开展业务；保险公司的直投子公司可以使用自有资金或设立直投基金，对企业进行股权投资或债权投资，或投资于与股权投资、债权投资相关的其他投资基金。

在新形势下，国务院、金融监管部门也在进行体制改革，金融机构以股权方式投资基础设施项目的限制也在慢慢地放开。比如，根据法律法规的规定，保险资金可以投资基础设施类不动产、非基础设施类不动产及不动产相关金融产品；保险资金可以直接投资企业股权或者间接投资企业股权[①]；间接投资股权，是指保险公司投资股权投资管理机构发起设立的股权投资基金等相关金融产品的行为；保险投资计划可以采取债权、股权、物权及其他可行方式投资基础设施项目。与商业银行不同，在PPP大潮下，政策性银行参与PPP的力度和热情也较为为高涨，并获得了国家层面的多种支持。

综上可以看出，对于拟参与PPP项目的金融机构和金融资本，在进行投资决策前，一方面需要关注现行法律、法规对其投资PPP项目的限制性和禁止性规定。另一方面也有必要及时关注国家层面对金融机构参与PPP的新趋势和政策引导。

（四）外资股东的特殊规定

目前，中国仍然对内资和外资企业实行区别对待的制度，内外资两者在公司出资、注册、政府监管、公司治理、争议解决等方面都有不同的内容，因此，在外资投入参股的PPP项目公司中，需要对一些特殊的法律事项引起注意，比如：

（1）与内资的项目公司一样，合资各方按出资比例分享利润和分担风险及亏损，并以各自认缴的出资额为限对合资企业承担责任。合资各方的出资方式可以货币，或者其他实物，但是外方若以货币出资的，按缴款当日中国人民银行公布的基准汇率折算成人民币或者套算成约定的外币。

（2）按照外资企业法的规定，在中外合资有限公司的注册资本中，外国

---

① 直接投资股权，是指保险公司［含保险集团（控股）公司］以出资人名义投资并持有企业股权的行为；间接投资股权，是指保险公司投资股权投资管理机构发起设立的股权投资基金等相关金融产品的行为。

合资者的投资比例一般不低于25%，这是区别内外资公司的标准之一。如果外国投资比例低于此比例，尽管有外资成分，则仍然属于内资企业。

（3）合资者各方签订的合营协议、合同、章程，在中国境内设立合营企业，必须经中国商务部审查批准，经批准之后，由商务部颁发批准证书，并向工商行政机关办理执照。

（4）外资项目公司的合资经营企业不设股东会，其最高权力机构是由中外合资者委派组成的董事会，企业实行董事会领导下的总经理运营管理体制。

（5）在税收减免等优惠措施方面，外资项目公司参与PPP也比内资项目公司有更多的优势。

三、项目代建制

项目代建制也是中国基础设施和市政公用事业项目建设经常采用的方式之一。项目代建制起源于美国的CM项目管理模式，即Construction Manager，为项目业主提供工程管理的服务，其后又演化成为Construction Agent at Risk和Construction Agent。早在2004年的《国务院关于投资经济体制改革》中提出要在非经营性的政府投资项目中加快推行“代建制”，由政府通过招标的方式，选择专业化的项目管理单位，负责项目的投资管理和建设组织实施工作，项目建成后交付使用单位的制度。

由此可见，中国代建制的本质是委托第三方的专业机构进行基础设施项目建设的管理等，实现政府职能的转变，代建单位按照合同约定代行项目建设的投资主体职责①，而政府职能的重点则放在项目决策、资金运筹和监督管理方面。

（一）项目代建制的类型

项目代建制在中国的基础设施和公用事业建设中有着较长的历史。经过发展和实践，迄今为止，已经形成了三种较为完善的代建制模式。

---

① 《北京市政府投资建设项目代建制管理办法（试行）》第2条。

1. 委托代理合同模式

委托代理合同模式，即在政府投资主管部门下面，设立具有法人资格的建设工程项目法人，或者指定一个部门作为项目业主，由项目法人或项目业主采用招标投标方式选定一个工程管理公司作为代建单位，再由项目法人或项目业主作为委托方，与代建单位签订代建合同，再由代建单位与工程设计、施工等单位签署设计合同、施工合同等。这种模式的优缺点在于：

（1）项目投资资金的管理权仍然掌握在作为投资人的项目法人、项目业主的手中，可以实现防止基础设施和公用事业工程项目招投标、采购的腐败行为和对工程建设的专业化管理的政策目的。

（2）政府投资主管部门自己作为建设单位开发建设工程项目，然后将建成之后的工程项目分配或者划拨给使用单位，属于工程项目的“统一分配制”，与政府职能、投资体制改革的目标存在偏差。

（3）委托代理合同模式多适用于项目工程的使用单位或者管理单位尚不存在的情形，并且项目建成后的使用单位并不是项目投资合同、工程承包合同的当事人。因此，实践中难以发挥使用单位在投资、建设、管理方面的积极性，甚至使用单位不予协助、配合，增加工程开发、建设的困难。

2. 指定代理合同模式

指定代理合同模式是指由政府投资主管部门依照招标投标方式选定一个项目管理公司作为代建单位，由作为代建单位的项目管理公司以代理人身份，与作为被代理人的使用单位签订项目代建合同。其特点表现在：

（1）政府投资主管部门虽然是项目的投资人，但并不是各类工程项目合同的当事人。与委托代理合同模式类似，这种模式也可以防止公用事业工程项目采购的腐败行为，以及实现工程建设专业化管理的目的。

（2）投资和资金的管理权仍然掌握在使用单位手中，而作为投资人的政府投资主管部门又不是合同当事人，因此，在政府投资主管部门选定项目代建单位后，实际上并不能对项目投资资金的运用和工程项目的建设实施有效监督。

3. 三方代建合同模式

三方代建合同模式由政府投资管理部门与项目代建单位、使用单位签订三方代建合同，共同完成项目开发建设。在三方代建合同中，除了规定代建单位的权利、义务和责任外，还需要明确规定政府主管部门和使用单位的权利、义务、职责。其特点主要是：

（1）可以发挥政府投资主管部门、建设单位和使用单位三方当事人的积极性，实现三方当事人的相互制约。同时，对于防止工程招标采购的腐败行为，实现项目投资资金和项目建设的专业化管理，实现政府投资体制改革目标都有重要的意义。

（2）政府投资主管机关、代建单位和使用单位三者分属相对独立的机构，在项目前期准备、开发建设、竣工移交、项目接收等环节会出现各自为政的情况，这就需要这三者之间建立有效的协调、决策机制。

（3）在设计建设环节，容易出现设计与施工脱节的情形，从而导致施工阶段的设计变更、施工降效、工期拖延、费用增加等结果，容易出现设计单位与承包商之间相互推脱质量、安全责任，不利于业主的投资控制、合同管理。

（二）项目代建制的适用范围

目前在公路工程和水利工程方面，相关的行政主管机关都颁布了相应的项目代建管理办法，而在地方上，北京、浙江等省市也已经颁布了类似的政府投资项目实施代建制规定，用于调整和规范政府投资项目的代建管理问题。从实务角度来看，采用代建制，主要适用于公益性工程建设项目，具体包括：

（1）党政工团、人大政协、公检法司、人民团体机关的办公业务用房以及培训教育中心等。

（2）科教文卫体、民政及社会福利等社会事业项目。

（3）看守所、劳教所、监狱、消防设施、审判用房、技术侦察用房等政法设施。

（4）环境保护、市政道路、水利设施、风沙治理等公用事业项目。

（5）其他公用事业项目。

（三）PPP与项目代建制的关系

在项目代建制中，通常并不涉及社会投资人问题，项目资金由政府方提供，而设计单位、施工单位仅承担工程项目开发建设的任务。比如，在财政部的《关于切实加强政府投资项目代建制财政财务管理有关问题的指导意见》中也指出，政府设立或者授权设立或者招标产生项目代建单位的，其使用单位发生的项目前期费用由计划、财政部门按原渠道下达给项目使用单位；如前期工作委托代建单位完成，前期费可直接安排给代建单位，并按基建财务制度规定计入建设成本。而在大型基础设施和公用事业PPP项目中，社会投资人是项目的主要主体，全面负责进行融资、建设和运营。

另外，与项目代建制相关的还有项目法人制，即为了项目开发建设的需要成立项目法人，并由项目法人独自对经营性建设项目的策划、资金筹措、建设实施、生产经营、债务偿还和资产的保值增值等全过程负责。项目法人制可以用于有效的风险隔离和规避，不论是对政府等公共部门，还是私人资本方，都有着积极的意义。按照相关规定，对于国有单位经营性基本建设大中型项目在建设阶段必须组建项目法人，项目法人可按《公司法》的规定设立有限责任公司、国有独资公司和股份有限公司等形式。从这一点上来看，项目代建制、项目法人制与目前的PPP项目公司具有相似性。同样，PPP项目的适用范围与项目代建制也有高度的相似性。

第二节 项目公司的出资规则

作为PPP、项目融资的重要媒介，项目公司的设立具有重要的作用，项目公司的股东也多种多样，因此，设立项目公司则应当依法遵循《公司法》有关出资的规则。

一、项目公司的出资形式

根据《公司法》的规定，股东可以用货币出资，也可以用实物、知识产权、土地使用权等可以用货币估价并可以依法转让的非货币财产作价出资，对作为出资的非货币财产应当评估作价，核实财产，不得高估或者低估作价。PPP 项目公司的出资也一样，如果股权投资支出责任中以土地等实物投入或无形资产投入，则应当依法进行评估，合理确定价值，股权投资支出金额、比例也应当依据项目资本金要求，以及项目公司股权结构合理确定。

在司法实践中，最高人民法院对于投资人的出资也有明确的规定，比如：

（1）如果出资人以非货币财产出资，但未依法评估作价的，法院受理相关履行出资义务的诉讼案件后应当对该财产评估作价；如果评估确定的价额显著低于公司章程所定价额的，则会认定出资人未依法全面履行出资义务。

（2）如果出资人以房屋、土地或者知识产权等财产出资，已经交付公司但是未办理权属变更手续，法院受理后应当责令当事人在指定的合理期间内办理权属变更手续，若按时办理权属变更手续的，应当认定其已经履行了出资义务。

但是，对于出资形式，政府方和社会投资人也应当注意到一些限制性的规定，比如股东不得以劳务、信用、自然人姓名、商誉、特许经营权或者设定担保的财产等作价出资。若出资人以其他公司股权出资，只有符合下列条件才会被认定为出资人已履行出资义务：

（1）出资的股权由出资人合法持有并依法可以转让；

（2）出资的股权无权利瑕疵或者权利负担；

（3）出资人已履行关于股权转让的法定手续；

（4）出资的股权已依法进行了价值评估。

如果股权出资不符合前款三项的规定，公司、其他股东或者公司债权人请求认定出资人未履行出资义务的，应当责令该出资人在指定的合理期间内采取补正措施，以符合股权出资条件；逾期未补正，则应当认定未依法全面履行出资义务。

大型基础设施和公用事业项目中，项目建设与土地有着不可分割的关系，对于以土地出资的 PPP 项目中，还需要注意一些特殊的法律问题：

（1）按照规定，以作价出资或者入股方式取得土地使用权的，应当以市、县人民政府作为出资人，制定作价出资或者入股方案，经市、县人民政府批准后实施。

（2）对可以使用划拨土地的能源、环境保护、保障性安居工程、养老、教育、文化、体育及供水、燃气供应、供热设施等项目，除可按划拨方式供应土地外，鼓励以出让、租赁方式供应土地，支持市、县政府以国有建设用地使用权作价出资或者入股的方式提供土地，与社会资本共同投资建设。并且应当明确以下两点：

a. 国有建设用地使用权作价出资或者入股的使用年限，应当与政府和社会资本合作期限相一致，但不得超过对应用途土地使用权出让法定最高年限。

b. 作价出资或者入股土地使用权实行与出让土地使用权同权同价管理制度，依据不动产登记确认权属，可以转让、出租、抵押。

（3）对于不符合《划拨用地目录》的，除公共租赁住房和政府投资建设不以营利为目的、具有公益性质的农产品批发市场用地可以作价出资方式供应外，其余土地均应以出让或租赁方式供应，及时足额收取土地有偿使用收入。

二、政府投资和入股

推广 PPP 模式的一个初衷是加快转变政府职能，实现政企分开的目的。因此，在处理政府投资和入股，以及项目公司治理结构的相关问题时，也应本着这一原则行事。

在 PPP 项目中，除了项目资金投入外，政府方还承担提供项目配套工程，包括土地征收和整理、建设部分项目配套措施、完成项目与现有相关基础设施和公用事业的对接、投资补助、贷款贴息等投入责任。通常，政府方的配套投入支出应依据项目实施方案合理确定，并需要综合考虑政府方提供的其他配套投入总成本和社会资本方为此支付的费用。

与之相应的，大力推广 PPP 项目，也是为了解决地方政府债务问题。因此，国务院对于地方政府违规举债的行为作了一系列的限制性规定，其中就包括：

（1）禁止明股实债，政府不能对社会资本承诺，在合作期间内购回社会资本对项目公司的股权，如果政府承诺在合作期间到期前买回股权，这就相当于将社会资本方的借款包装成投资，政府返还借款包装成股权买回的法律关系。同时，财政部也规定国有金融企业不得以明股实债的方式向 PPP 项目提供融资[①]。

（2）地方政府不得将公益性资产、储备土地注入融资平台公司，不得承诺将储备土地预期出让收入作为融资平台公司偿债资金来源。这是由于目前中国土地财政收支两条线的政策现状决定的。

（3）地方政府不得以借贷资金出资设立各类投资基金，严禁地方政府利用PPP、政府出资的各类投资基金等方式违法违规变相举债。

笔者认为，从控制政府投资项目，弱化政府方在PPP项目中的出资入股责任的角度考虑，对于需要政府投资和入股的项目，应当明确限定在政府投资资金只投向市场不能有效配置资源的社会公益服务、公共基础设施、农业农村、生态环境保护和修复、重大科技进步、社会管理、国家安全等公共领域的项目，并应当以非经营性项目为主，原则上不支持经营性项目，经营性项目可以采用传统的项目融资方式，而对于确需支持的经营性项目，主要采取资本金注入方式投入，也可适当采取投资补助、贷款贴息等方式进行引导，并考虑采用项目融资为主的投融资政策和实施措施。

三、项目资本金制度

项目资本金与注册资本是与PPP、项目公司密切相关的两个法律术语，但是这两者在法律上并非同一个概念。项目公司的注册资本是公司章程中规定并经工商行政管理机关登记的，由公司的投资人或者股东认缴出资额的总和。项目公司应当遵守资本维持、资本法定和资本不变三原则，同时，注册资本也是项目公司对外承担财产责任的界限，非经法定程序不得随意增减。2015年《公司法》修正案取消了实缴注册资本而改为认缴制。这也使得PPP项目公司的设立无须再受实缴资本的限制。

而项目资本金则是指在投资项目总投资中，由投资者认缴的出资额，对投资项目来说是非债务性资金，项目法人不承担这部分资金的任何利息和债务。固定资产贷款发放和支付过程中，贷款人应确认与拟发放贷款同比例的

① 财政部《关于规范金融企业对地方政府和国有企业投融资行为有关问题的通知》（财金〔2018〕23号）。

项目资本金足额到位，并与贷款配套使用。贷款人应当按照国家关于固定资产投资项目资本金制度的有关规定，综合考虑项目风险水平和自身风险承受能力等因素，合理确定贷款金额。

实务中，与一般的公司运作不同，基础设施项目属于固定资产投资，涉及资金量大、周期长，因此，除了公司注册资本的规定外，还需要符合国家关于项目资本金制度的规定。按照国务院的规定，城市和交通基础设施项目：城市轨道交通项目由25%调整为20%，港口、沿海及内河航运、机场项目由30%调整为25%，铁路、公路项目由25%调整为20%；保障性住房维持20%，城市地下综合管廊、城市停车场项目，以及经国务院批准的核电站等重大建设项目，可以在规定最低资本金比例基础上适当降低。并且，投资项目必须落实资本金才能进行建设。

鉴于中国对大型基础设施项目的管理体制，PPP项目投融资与资本金密不可分。社会投资人和政府方在前期实施方案编制和论证时都应当考虑所涉PPP项目的资本金与融资额度、财政承受能力测算、投资回报等相关内容。

第三节　项目公司股权法律问题

股权是项目公司的核心要素，涉及股东的股利分配权、公司剩余资产取得权、参与公司会议和表决权、股权转让和受让权、公司信息知情权等内容，股权与公司所有权一样，其最终的指向都是项目公司的财产[①]。正因如此，在PPP项目中，政府方股东、社会投资人行使股东权利、履行股东义务、项目公司的正常运转，都有赖于股权制度以及基于股权安排的决策机制等。

一、股权配置规则

项目公司的股权配置比例取决于出资人之间的协商确定，并以股东协议和公司章程的规定为依据。从实际效果来看，股东在项目公司中所占股权比例，以及在公司决策中的表决权，都将直接影响到项目公司的运营，乃至

---

① 刘俊海:《现代公司法》，法律出版社2015年版，第283页。

PPP 项目本身的成败。

政府方股东和社会投资人股东设置项目公司的股权比例，属于公司意思自治的范畴。因此，对于《公司法》允许股东自行约定的事项，尤其是与股权和公司治理相关的事项，公司章程应当结合项目实际情况作出具体的约定。当然，不能忽略的是，项目公司治理结构同样应当遵循和综合考虑《公司法》的一些强制性规定，并且，对于这些强制性的事项，股东不得以公司章程形式自行约定改变。

此外，在项目公司的股权配置上，还应当注意避免 50% ： 50% 的比例。在实务中，公司治理中涉及的决策至少需要超过二分之一的表决权方可通过，而 50%:50% 的比例将对项目公司的股东会决议等带来不利影响，容易导致公司僵局①，甚至引发公司强制解散②。为此，按照目前财政部的相关指导意见，作为 PPP 运作主体的项目公司，政府在项目公司中的持股比例应当低于 50% 且不具有实际控制力及管理权。笔者认为，政府方作为股东的主要职责在于监督项目公司的运营，而不参与具体管理和决策，因此，从公司治理结构和政府监管的角度来看，10%—20% 的持股比例已经能够满足基本的需要，过多反而不利于项目公司的自主经营和管理。

二、项目公司股权变动

股权的创设及股权的转让，本质上属于私法自治的行为。法律并不禁止各方通过协议约定而不以登记机关的登记作为判断公司实际股权状况的依据。就公司内部关系而言，股权变动应当遵照意思主义原则，公司登记机关的股权变更登记不是股权变动的生效要件，其仅在公司外部关系上，具有对

---

① 对于以 50% 的股权比例作出的股东会决议的效力，司法实践中有着不同的观点，如上海凯大建设工程有限公司诉赵成伟公司决议效力确认纠纷案［（2016）沪一中民终字第 10409 号民事判决书］，法院认为股东会决议有限；而在北京鑫科运通信息技术有限公司与中标全国产品与服务统一代码管理中心有限公司其他股东权纠纷案［（2007）朝民初字第 28543 号民事判决书］中，法院认定 50% 股东做出的决议无效。

② 林方清诉常熟市凯莱实业有限公司、戴小明公司解散纠纷案，江苏省高级人民法院（2010）苏商终字第 0043 号民事判决书。

抗第三人的效力。在解决实际股东与受让人之间就实际股东所享有的权益的转让而产生的纠纷中，完全可以适用合同法的一般规定，只要相关约定不违反法律的强制性规定等导致合同无效的情形，即在当事人之间具有法律约束力。[①]

同样，《公司法》也明确规定了股权转让的合法性和有效性，即PPP项目公司的股东之间可以相互转让其全部或者部分股权；股东向股东以外的人转让股权，应当经其他股东过半数同意。

（一）股权变更限制

PPP项目公司设立和运营的初衷和目的都围绕着PPP项目的投融资、建设和运营，为确保项目公司的稳定性以及PPP项目本身的有序运转，PPP项目合同和公司章程中对于股权的变更会有诸多的限制，甚至在某些PPP项目合同中会约定合作期间项目公司的股权不得变更。但是，笔者认为，股权能否变更应当视项目情况而定，不能一概予以禁止。

首先，如果项目公司的股东中既有财务投资人、工程承包商，又有运营商的情况下，根据项目进展所处的不同阶段，各股东的工作重心有所不同，各自之间的股权比例分配和侧重也会不同，允许股权变动可能更符合项目开发、建设和运营的需求。

其次，股权的自由转让是股东的主要权利之一，只要符合《公司法》的规定，股份在公司股东之间进行转让，股东以及任何第三人都无权予以禁止、限制，即使是向股东之外的第三人转让股份，也符合股份自由转让的规定，并且，在必要时，以股权转让和变更的方式也可以实现PPP项目的退出，因此也不应当予以禁止。当然，在PPP项目合同、投资协议中也可以为股权变更设置一定的条件，但不应过度限制，尽量避免采用“未经政府方同意，社会投资人不得变更股权”等笼统的约定和表述。

---

① 中国地质物资供销北京储运有限公司与广西海通投资集团有限公司合同纠纷案，最高人民法院（2016）民申字第953号民事裁定书。

（二）股权动态变化机制

由于PPP项目的合作周期长达15—20年，乃至20—30年，此期间也决定了项目公司的存续也是一个相当长的期间。投资人在合作期间的投资进入、资金运用、退出都可能会影响和发生股权的变化，而这些股权变动情况也属于公司运营的正常现象。

因此，笔者认为建立股权动态变化机制要比简单的限制和禁止股权转让更为有效。正如前文所述，笔者认为从项目公司高效运营的角度出发，允许在项目公司的各阶段根据实际情况和需要，按照投资人在PPP项目的融资、建设、运营不同阶段的不同地位和作用适当的进行股权比例调整。而且，随着项目进展，政府方在项目公司中的股权比例也可以结合需要进行适当的递增，而不是在项目移交环节一次性进行转让进而产生高额的股权转让税费。

而且，还有一点需要在实践中注意的是，为PPP项目的需要，利用SPV股权进行再融资也是经常采用的融资手段，如果一味地限制和禁止股权变动，也可能会给PPP项目的融资和运作造成制约。为避免此类风险，一方面需要在PPP项目合同中、出资协议和公司章程中约定股权变更的情形、条件和程序，另一方面也需要由政府方股东依据章程和股东权行使有效的监督，避免出现股权转让的无序，防范相应的法律风险。

三、股权分级制度

尽管股东之间可以约定出资比例与股权比例、表决权、分红权不同，但是同股同权、同股同利则是股权的基本特征，也是股权平等原则在《公司法》中的体现[①]。对此，《公司法》也明确规定了，股东所持每一股份享有一个表

---

① 应当注意的是，《公司法》并没有直接规定阐述股权平等，而是在相应条款做类似的安排，其依据源于《合同法》《物权法》等民法规定。参见刘俊海：《现代公司法》，法律出版社2015年版，第314页。

决权。与此相应的，在公司董事会中，董事会的决议也实行一人一票制度。

股权平等、同股同权的规定侧重于同一种类的每一个股权对应的内容、权利、义务的一致性，而不是厚此薄彼。这与实践中常见的优先股、次优先股、普通股的股权分级制度有着不同的内涵和外延。

优先股是指在普通种类股份之外，另行发行的其他种类股份，其股份持有人优先于普通股股东分配公司利润和剩余财产，但参与公司决策管理等权利受到限制。优先股一般应用于上市公司和非上市的公众公司，而且其发行也应当符合《公司法》的相关规定。

而在 PPP 项目中，一般以有限责任公司的形式设立项目公司，虽然关于有限责任公司的股东权利能否设定不同顺序的股权次序，法律并无明确的规定。但是，仅就目前现行《公司法》的基本规定和国务院关于优先股试点的指导意见来看，有限责任公司的股权仍应当遵循同等权利原则而无股权优先劣后的区别。至于在 PPP 项目公司中可能出现的关于政府方股东一票否决权的规定，其依据也是对于《公司法》中关于股东会的议事方式和表决程序，除《公司法》有规定的外，可由公司章程另行规定的体现，而不是股权的分级制度安排。

四、公司章程的制定和议事规则

公司章程是体现项目公司意思自治的法律文件，也是项目公司有效管理的依据，素有公司“宪法”之称。它根据法律规定由全体股东或者发起人共同制度的规范公司的组织与行为，规范公司与有关各方权利义务关系的基本规则的法律文件，是公司存在和活动的基本依据，是公司行为的根本准则，公司内部的组织活动及公司所从事的经营活动均应当遵守公司章程的规定。

关于公司章程的性质和效力，理论界和实务界有着多种不同的观点。如自治法说、契约法说等[①]，其性质也有对内和对外的区别。但是，普遍认可和达成的共识是章程属于公司的必备条件，设立公司应当依法制定公司章程。

---

① 赵旭东：《新公司法讲义》，人民法院出版社 2006 年，第 65—66 页。

项目公司设立之后，其融资、建设和运营等一系列活动都将依法、依约进行，而这些活动又都受制于《公司法》和公司章程的规定，因此，公司章程中关于股东权益、议事规则等公司治理的约定尤为重要。

（一）公司章程的内容

实务中，PPP 项目和特许经营项目大多采用有限公司的形式。依据《公司法》的规定，有限责任公司章程应当载明下列基本事项：

（1）公司名称和住所；

（2）公司经营范围；

（3）公司注册资本；

（4）股东的姓名或者名称；

（5）股东的出资方式、出资额和出资时间；

（6）公司的机构及其产生办法、职权、议事规则；

（7）公司法定代表人；

（8）股东会会议认为需要规定的其他事项。

根据上述内容，结合 PPP 项目公司组建、股东协议等约定，其章程还可以由股东自由约定进行特殊安排，比如，股东的分红比例、认缴公司新增资本比例与出资比例、股东一票否决权、限制股权转让的同意权及优先购买权、排除股东资格的继承、股东会会议通知期限，以及董、监、高转让股份高于公司法的限制等。而上述事项一旦登记在公司章程中，那么股东以及董、监高都应当严格遵守，同时也就有了对抗第三人的对外公示效力。

另外，实务中经常遇到的一个难题就是公司章程与出资协议不一致时的处理。目前的《公司法》对此并没有专门的规定。现有法律规范中仅《中外合作经营企业法实施细则》规定了合作企业协议、章程的内容与合作企业合同不一致的，以合作企业合同为准。

正因如此，理论界和司法实践中对公司章程与出资协议不一致有着不同的处理方式。比如，有些法院认为，公司章程是规范公司组织和活动的基本规则，是公司设立的基本条件，具有最高效力，合资协议与公司章程不一致时，一般应当以公司章程规定为准[①]。部分地方法院，比如山东高院的司法指导意见也规定公司成立后，发起人协议或投资协议与公司章程不一致的，以公司章程规定为准，但发起人有特殊约定的除外。

但也有一些法院持不同的观点，认为股东投资协议与公司章程系由投资人形成的两种本质不同的协议安排，两者之间应为相互平行而非前后承接的法律关系。在公司完成工商登记设立后，由全体投资人所共同参与订立的股东投资协议仍具有法律效力，其中涉及以公司成立后的股东之间、股东与公司之间的权利义务关系为调整对象的协议内容，只要未违反法律的强制性规定或与公司章程的规定相冲突，就对各缔约投资股东依法具有规范和约束的效力。公司成立后，股东投资协议在没有被修改、变更、解除以及与公司章程的内容相悖的情况下，其效力并不自然终止或被公司章程的效力所取代，只是在具体个案的司法诉讼中，两者具有不同的证明和适用对象，不存在以两者中哪个为准的问题。[②]

（二）公司股权分配与治理结构

目前实务中大多数 PPP 项目公司都由政府方股东和投资人股东共同出资设立。鉴于 PPP 模式的推广不仅是为了吸引社会资本投资，也是为了发挥社会资本在管理、技术方面的长处，提高公共服务质量和效率，因此，由投资人主导项目公司的管理和经营较为合适。

在项目公司的股东会、董事会、监事会的组建和权责方面，应当严格遵循《公司法》的规定，明确法定代表人的人选、各股东方选派的董事会成员的人数、监事会成员和财务负责人的委任和更换等事项。这些事项又往往取决于各股东在 PPP 项目中的地位和作用，以及各自在公司中的股权分配。而对于项目公司法定代表人、董事、监事、高级管理人员的选聘方面也应当区

---

① 泰安阿拉斯佳空调有限公司与山东泰山路桥工程公司、泰安市公路局股东出资纠纷，山东省泰安市中级人民法院（2014）泰商终字第 324 号民事判决书。

② 上海宏胜物业有限公司与陈某某公司决议纠纷案，上海市第二中级人民法院（2012）沪二中民四（商）终字第 65 号民事判决书。

别与行政机关、事业单位和社团组织，尤其是还应当注意政府、项目实施机构中的公务人员在担任董、监、高等职务时的身份禁止事项。

（三）公司议事规则

议事规则是项目公司治理的重要内容。现行的《公司法》对股东会、董事会的议事规则做了相应的规定，同时也明确了股东会、董事会的议事方式和表决程序，除《公司法》另有规定外，可以由公司章程另行规定。

在PPP项目公司的治理结构中，遵守《公司法》是项目公司在做出有关融资、建设、运营、担保等管理事务的决定、决议时必须遵守的基本原则，否则，其股东会、董事会决定、决议有可能被依法认定为无效或撤销，进而引发争议。同时，政府方股东和投资人股东也可以运用《公司法》赋予公司章程的自主权，结合实际情况对公司议事规则做出特别的安排。

实践中，为了保障PPP项目资金、建设和运营能够按照预期的目标实施的需要，除了政府利用行政职能进行监管之外，政府方股东还可能需要借助项目公司治理实施有效监管，具体包括由实施机构的代表可以出席或是列席股东会、董事会；对于董事、监事、高级管理人员的变动拥有知情权；政府方虽然不具有控股权，但在某些重大事项上可以有一票否决权；项目建设环节由政府方股东决定监理的聘请等。相比较简单的行政职权的监督和干预，合法有效的运用法律手段，行使股东权利监控和推动项目公司的有序运营更符合PPP项目的初衷和目标。

第四节　国有企业特殊法律问题

目前，在PPP项目中，大量的国有企业凭借着企业规模、信贷、政策、身份等方面的优势大举进军PPP项目，涉及的领域涵盖公路、铁路、水利、电力、通信、城市公用等几乎所有的传统基础设施项目和公用事业项目。在某些PPP项目中，国有企业甚至还提出要作为项目实施机构、以政府方股东代表的身份参与项目实施和组建项目公司，对此类问题，有必要加以梳理和规范，避免因误读而影响项目实施，背离PPP的初衷和实质。

一、国有企业的身份认定

尽管并无统一的数据显示中国的国有企业的具体数量，但是，在PPP实践中，国家级、中央级、省市级的国有企业的参与度，不论是项目类型还是项目规模都大大超过了民营企业、外资企业，并且，在地方PPP项目中，国有企业的特殊行政级别、身份也为其获得PPP项目提供了更多的便利条件。

在处理国有企业相关的法律问题时，首先需要解决的就是国有企业的身份认定。目前实践中，就如何认定国有独资公司和国有企业，不同的行政主管部门采用了不同的标准。

（一）工商行政主管机关的认定标准

根据国家工商行政管理总局和国家统计局共同确定的标准，国有企业是指企业全部资产归国家所有，并按《中华人民共和国企业法人登记管理条例》规定登记注册的非公司制的经济组织，不包括有限责任公司中的国有独资公司。[①] 由此规定可知，工商行政管理机关认定国有企业时应当同时满足两个标准：（1）国家拥有全部资产；（2）非公司制。

关于国有独资公司，具体是指国家授权的投资机构或者国家授权的部门单独投资设立的有限责任公司。《公司法》也明确规定了，国有独资公司是指国家单独出资、由国务院或者地方人民政府授权本级人民政府国有资产监督管理机构履行出资人职责的有限责任公司。由此而知，国有独资公司出资设立的全资子公司则不属于国有独资公司。

根据上述规定可知，从工商行政管理机关的角度，以下具有国有资产背景的企业均不应被认定为"国有企业"或"国有独资公司"：（1）两个或两个以上不同所有制性质的企业法人或事业单位法人共同投资组成的公司或非公司制经济组织，包含国有参股的公司或非公司制经济组织、国有控股的公司

---

① 《关于划分企业注册类型的有关规定》（国统字〔2011〕86号）第3条。但全国人大法工委在《〈合伙企业法〉释义》第3条中指出，国有企业的概念则较宽泛，可以理解为包括国有独资企业、国有控股企业和国有控股公司。

或非公司制经济组织；（2）国有独资公司的全资子公司或其全资子公司再全资设立的“孙公司”。

（二）财政部的认定标准

根据财政部的相关规定，在认定国有企业时主要从两个方面进行衡量：[①]

（1）从企业资本构成的角度看，“国有公司、企业”应包括企业的所有者权益全部归国家所有，属《企业法》调整的各类全民所有制企业、公司（指《公司法》颁布前注册登记的非规范公司）以及《公司法》颁布后注册登记的国有独资公司，由多个国有单位出资组建的有限责任公司和股份有限公司。

（2）从企业控制力的角度看，“国有公司、企业”还应涵盖国有控股企业，其中，对国有股权超过50%的绝对控股企业，因国有股权处于绝对控制地位，应属“国有公司、企业”范畴；对国有股权处于相对控股的企业，因股权结构、控制力的组合情况相对复杂，如需纳入“国有公司、企业”范畴，须认真研究提出具体的判断标准。

可见，按照财政部的认定标准，国有企业的认定既要考虑企业资本也要考虑股权比例，其涵盖的范围要比工商行政主管机关的更为广泛。

（三）其他认定标准

除了上述两个机关对于“国资、国有企业、公司”的认定外，不能忽略的还有国家发改委和国资委对于“国有、国资”的认定。

（1）国家发改委的认定标准。2012年6月14日，国家发改委财政金融司颁布了《股权投资企业备案指引》，其中即规定国有企业系指国有股权合计达到或超过50%的企业。如果持股比例未达到此标准，则不属于国有企业。与此类似，劳动保障部和税务总局也采用50%的股权比例作为认定国有企业的标准。

（2）国资委的认定标准。按照国资委的相关规定，符合下列情形的都属于国有及国有控股企业、国有实际控制企业：a. 政府部门、机构、事业单位

① 财政部《关于国有企业认定问题有关意见的函》（财企函〔2003〕9号）。

出资设立的国有独资企业（公司），以及上述单位、企业直接或间接合计持股为 100% 的国有全资企业；b. 前述所列单位、企业单独或共同出资，合计拥有产（股）权比例超过 50%，且其中之一为最大股东的企业；c. 本条两款所列企业对外出资，拥有股权比例超过 50% 的各级子企业；d. 政府部门、机构、事业单位、单一国有及国有控股企业直接或间接持股比例未超过 50%，但为第一大股东，并且通过股东协议、公司章程、董事会决议或者其他协议安排能够对其实际支配的企业[①]。可见，国资委从资产性质的角度出发，从股权角度出发对国有企业做了较为广泛的界定。

二、国有企业参与 PPP 的限制性规定

实践中，国有企业作为投资人参与 PPP 项目的现象非常普遍，但是仅就参与 PPP 项目本身来看，还需要注意现行法律规范的一些限制性规定，具体如下：

（1）不得担任普通合伙人。如前文所述，PPP 项目的 SPV 可以是项目公司，也可以是合伙企业，在基金、资产证券化等融资方式中，也可能涉及以合伙形式设立特殊目的载体。而现行《合伙企业法》明确规定了，国有独资公司、国有企业、上市公司以及公益性的事业单位、社会团体不得成为普通合伙人。依据该条规定，在 PPP 项目中，国有企业不得以普通合伙人身份参与其中。其原因在于普通合伙人承担的是无限连带责任，此条禁止性规定可以说是为了实现国有资产保护和风险防范的目的。

尽管实践中有国有企业担任普通合伙人的实例。但是，都属于没有相应的法律或者行政法规依据的情形。笔者认为，从 PPP 项目合法性、合规性的角度出发，并根据现行法律规定，国有企业担任普通合伙人仍存在相应的法

---

① 《企业国有资产交易监督管理办法》第 4 条。也可参考《关于施行〈上市公司国有股东标识管理暂行规定〉有关问题的函》（国资厅产权〔2008〕80 号），在认定国有企业时应当符合下列情形：（1）政府机构、部门、事业单位、国有独资企业或出资人全部为国有独资企业的有限责任公司或股份有限公司；（2）上述单位或企业独家持股比例达到或超过 50% 的公司制企业，上述单位或企业合计持股比例达到或超过 50%，且其中之一为第一大股东的公司制企业；（3）上述（2）中所述企业连续保持绝对控股关系的各级子企业；（4）以上所有单位或企业的所属单位或全资子企业。

律风险。如果要合理的规避风险，则需要结合前文有关国有企业认定中所述的标准，尽可能地避免以国有企业的身份出现。

（2）不得作为政府方代表签署 PPP 合同。然而，财政部在《第三批示范项目评审标准》中明确禁止国有企业或融资平台公司作为政府方签署 PPP 项目合同。依此规定，国有企业只能以投资人身份作为 PPP 合同的一方签约主体。

（3）不得作为项目实施机构。按照规定，项目实施机构是由政府指定的有关职能部门或事业单位，或者行业管理部门、事业单位、行业运营公司或其他相关机构，具体负责项目准备、采购、监督和移交等工作。尽管对于国有企业是否能够担任 PPP 实施机构并无具体的规定。但是，笔者认为国有企业不应担任项目实施机构。其原因在于，第一，财政部在《第三批示范项目评审标准》中以排除国有企业担任 PPP 合同的政府方代表的身份，那么举轻以明重，相应地，也就排除了其作为项目实施机构的可能性；第二，政企分开、理顺政府与国有企业的出资关系不仅是政府职能、国企改革的目标，同时也是此番推广 PPP 模式的动因之一，项目实施机构所需要的部分行政职权也不宜交由市场化运作的企业行使。

三、国有企业的股权转让

作为 PPP 项目公司股东的国有企业，如需在公司存续期间转让股权，除了应当遵循《公司法》关于股东之间以及股东向第三人转让股权的基本规则之外，还应当注意国有股权转让的特殊事项。

（一）直接转让

就项目公司中国有企业的股权转让问题，根据《企业国有资产法》的规定，除国家规定可以直接协议转让的以外，国有资产转让应当在依法设立的产权交易场所公开进行。这里的国有资产指国家对企业各种形式的出资所形成的权益，自然也包括了 PPP 项目公司中的国有企业股权。

按照规定，对于存量 PPP 项目中涉及存量国有资产、股权转让的，应由项目实施机构会同行业主管部门和财政部门按照国有资产管理相关办法，依法进行资产评估，防止国有资产流失；因产权转让致使国家不再拥有所出资企业控股权的，须由国资监管机构报本级人民政府批准；如果受让方为境外投资者的，还应当符合外商投资产业指导目录和负面清单管理要求，以及外商投资安全审查有关规定。

（二）增资扩股

PPP 项目公司运营过程中因融资等需要进行增资扩股，虽然项目公司本身不是国有企业，但是其中如果涉及国有资产增资，同样也需要遵守《企业国有资产交易监督管理办法》中估价、公开交易的相关规定。

与此类似，在存量 PPP 项目中，如果项目公司具有国有参股、控股或者国有独资公司的性质，而社会投资人以增资入股方式参与到项目公司中，应当由项目公司按照《公司法》和公司章程、内部管理制度进行决策，形成书面决议；如因增资致使国家不再拥有所出资企业控股权的，也须由国资监管机构报本级人民政府批准。

可见，实务中，社会投资人如以增资扩股方式参与到存量的 PPP 项目中，除了有必要事先对项目公司进行尽职调查外，也需要注意上述有关的审批规定。

第五节　项目公司的资产

项目公司的资产和权利是其运营、管理的基础和核心。而项目公司对资产和权利又存在所有和非所有的区别。因此，实务中，政府方和社会投资人首先需要厘清资产的范围和资产的权属，才能为后续的使用资产、获得收益提供条件。

一、项目资产的范围

项目资产并非法律概念，其本身涉及的范围也较为广泛。会计学将资产定义为企业过去的交易或者事项形成的，由企业拥有或者控制的，预期会给企业带来经济利益的资源[①]。从这一角度看，土地、设施、设备、建筑物、特

① 《企业会计准则—基本准则》第 20 条。

许权、债权、知识产权等都可以归入项目资产的范畴。

比如，在收费公路特许经营权项目中，项目资产范围即包括社会投资人和政府方，以及项目公司为实施特许经营权而投资、建设完成的实物资产，这些实物资产的范围实际上涵盖了项目设备、器材等固定资产、项目运营维护手册和指南等文件、财务资料、保险资料、项目技术和知识产权的使用权等。而且，项目资产还包括收费公路的收费权、广告经营权、服务设施经营权等非实物资产和项目建设、运营期间形成的无形资产。

按照《政府和社会资本合作财政管理暂行办法》的规定，各级财政部门应会同相关部门加强 PPP 项目涉及的国有资产管理，督促项目实施机构建立 PPP 项目资产管理台账。政府在 PPP 项目中通过存量国有资产或股权作价入股、现金出资入股或直接投资等方式形成的资产，应作为国有资产在政府综合财务报告中进行反映和管理。

二、项目资产的权属

虽然项目资产的权属与立项并没有直接的关系，但是 PPP 项目的立项主体对于确定项目资产的权属仍有着重要的影响。现行的法律规范对立项主体并没有具体的规定。仅就发改委《政府核准投资项目管理办法》的规定而言，企业投资建设实行核准制的项目，应当按照国家有关要求编制项目申请报告，项目单位在报送项目申请报告时，应当根据国家法律法规的规定附送选址意见、土地预审意见、环评报告、节能报告等文件。据此，在申请项目立项时，应当至少需要明确项目单位。

然而，在 PPP 项目操作的识别、准备、采购、执行和移交五个阶段中，项目的立项申请通常在准备阶段就需要完成，社会投资人则在采购阶段才能确定，项目公司也是在采购完成之后的执行阶段依法设立。可见，在识别和准备阶段，PPP 项目的参与主体中，社会投资人和项目公司是不确定的，无法成为 PPP 项目的立项主体和项目单位。

结合实践，PPP 项目多数是以政府为主导，因此，如果在项目采购前完成立项，通常只能以政府方名义申报并立项在政府方名下，一般情况下，项目的土地资产也都在政府或者项目实施机构名下，而其余的项目资产尚未投资建设、特许权主体等也尚未确定，因而不存在权属问题。如果后续需将项目的立项主体和土地资产变更为社会投资人、项目公司，则应当依法办理相应的出资、变更手续。

另外，在PPP项目中经常涉及的土地和建筑物、附属设施的权属也是需要引起关注的问题。就此类权属，理论上和实务中主要有三种不同的观点[①]：

（1）房地一体、房随地走、地随房走。这是物权法确定的基本规则，即建设用地使用权人建造的建筑物、构筑物及其附属设施的所有权属于建设用地使用权人，但有相反证据证明的除外[②]。从字面上来理解，该规则的适用前提是建筑物、构筑物及其附属设施的建造人与土地的使用权人属于同一人，否则，即不适用于该条的规定。涉及土地和房地产的流转时，土地和房屋等建筑物业也应当一并转让而不宜分开。

（2）谁立项谁所有。换言之，即项目资产的权属取决于立项主体。基础设施项目的建设用地通常情况划拨给项目的立项主体，因此，按照房地一体的基本原则，项目投资建设形成的固定资产也应当一并属于立项主体所有。但是，法律上并没有关于谁立项谁所有的具体规定，而且，如果项目固定资产并非立项主体投资建设，除非PPP合同有具体的约定，否则，仅以谁立项谁所有为由获得项目资产所有权缺少相应的依据。

（3）谁投资建造谁拥有。根据《政府和社会资本合作项目财政管理办法》第32条的规定，项目实施机构与项目应当根据法律法规和PPP项目合同约定确定项目公司资产权属。如果合同没有约定，则依据《物权法》第30条的规定，因合法建造、拆除房屋等事实行为设立或者消灭物权的，自事实行为成就时发生效力。由此可知，建造房屋的事实行为取得项目资产所有权，此为物权原始取得的规定，也是物权公示原则的具体规定，因此项目公司投资兴建项目资产，依此规定应认定项目公司取得项目资产的所有权。

同时，不能忽视的是，根据《物权法》的规定，铁路、公路、电力设施、电信设施和油气管道等基础设施，依照法律规定为国家所有的，属于国家所

---

① 余文恭：《PPP模式与结构化金融》，经济日报出版社2017年版，第111页。

② 《物权法》第142条。

有。而《公路法》规定，公路受国家保护，任何单位和个人不得破坏、损坏或者非法占用公路、公路用地即公路附属设施。

综上，笔者认为，项目资产的权属并非采用单一的规则所能确定，由于项目资产的范围较为广泛，项目资产本身的性质、项目所处的环节、政府审批等都会对资产权属的获得产生不同的影响。即使是PPP项目合同中有约定，也不排除在项目前期的识别和准备阶段由于主体不确定等因素而难以界定产权所有者的情形。因而，除了合同本身的约定外，审批制度、土地制度等相应的改革也是解决这一矛盾的关键因素。

三、项目资产权利的行使

明确了项目资产的范围和权属之后，对于项目公司而言，合法高效的行使资产权利、确保项目的投融资、建设、正常运转就是其主要的职能和目标。

项目公司对资产的权属具体可以分为所有权或者相互独立的占有权、使用权、处分权、收益权等不同的内容。按照规定，在特许期内，项目公司拥有特许权项目设施的所有权，以及为特许权项目进行投融资、工程设计、施工建设、设备采购、运营管理和合理收费的权利，并承担对特许权项目的设施进行维修保养的义务；对于归属项目公司的资产及权益的所有权和收益权，经行业主管部门和财政部门同意，可以依法设置抵押、质押等担保权益，或进行结构化融资。

在项目资产的处分方面，项目公司应当注意现行法律规范的限制性和禁止性规定。比如，对于属于国有资产性质的一定金额以上的固定资产以及土地使用权、债权、知识产权等资产对外转让时，应当按照内部管理制度履行相应决策程序后，在产权交易机构公开进行；在收费公路项目中，应当注意诸如长度小于1000米的二车道独立桥梁和隧道、二级公路，以及收费时间已超过批准收费期限2/3的项目收费权不得转让的规定。

第六节　项目公司增信和担保

现代新型的融资方式都需要项目公司具有较强的资信情况、业绩等，而

PPP 项目中的项目公司大多是为了某个特定项目而设立，特别是对于新建项目，公司成立时间段、资信等级低、无业绩等都成为制约其融资能力的缺点。因此，为了实现以项目公司为主体进行融资的目的，在信用评级的基础上，采取必要的增信和担保措施是融资双方经常使用的有效方式。

一、信用评级

信用，也即项目公司的资信。信用评级是由专业的机构对项目公司进行全面了解、考察调研和分析的基础上，按照一定的方法和程序作出有关其资信行为的可靠性、安全性程度的评价活动。

在 PPP 项目中，不论是进行传统的贷款融资，还是采用企业债、公司债、资产证券化、项目收益债、项目票据等新型融资方式，不论其融资主体是投资人还是项目公司，通常需要进行信用评级。对社会投资人和 PPP 项目公司而言，通过信用评级可以有利于低成本筹集资金，对融资机构而言，信用评级也为确定贷款风险程度和信贷资产风险管理提供了依据和基础。

目前来看，为了大力推动 PPP 模式的运用，国家在政策上也鼓励对项目收益票据探索新型信用评级方式；鼓励对项目收益票据采用投资者付费模式等多元化信用评级方式进行信用评级。同时，也提出要完善企业债券市场化约束机制，企业可发行无担保信用债券、资产抵押债券、第三方担保债券。这些措施与信用评级体系的配合能够为降低 PPP 项目融资成本、提高资金利用率、推动 PPP 模式融资创新提供有益的帮助。

二、增信措施

增信简言之就是增加信用等级。实务中，融资增新措施和手段复杂多样，最常见的有担保、保险、承诺函、股权和资产回购、权益转让等方式。

以往金融机构在和政府或政府平台进行融资合作时，主要关注政府的财力、增信措施、是否纳入财政预算和出具安慰函。在 PPP 模式下，项目审核的关键点转变为 PPP 项目的整体盈利性、项目运营主体的建设经营能力和财务状况，还款来源依赖于项目的现金流和相应的增信措施。因此，在实际操作中，可以采用股权质押、应收账款收益权质押、项目公司资产抵押、其他社会资本方保证等增信措施，降低投融资风险。比如，在长春农村商业银行股份有限公司与衡水银行股份有限公司站前支行、衡水银行股份有限公司合同纠纷案[①]中，最高人民法院认为，以受益权转让作为增信措施具有法律效力，合同当事人应当依法履行约定。

为了遏制地方政府借PPP之名违规举债融资，财政部也多次明确禁止地方政府提供担保、承诺回购、承诺最低收益、禁止以国有或公益性资产提供抵押、禁止土地收益捆绑等。在这一形势下，金融机构可考虑其他合法的增信途径，例如社会投资人为项目公司提供担保、合作方提供担保、以收益较高的项目补偿收益较低或者亏损的项目、承包商、运营商的独立担保等。

采用新型融资手段时，增信措施也应符合相应的合法、合规要求，比如实施主体负责募投项目的投资、建设和运营，根据约定享有项目的收益权，是保证债券还本付息的第一责任人；发行人应于募投项目竣工验收并办理权利凭证后10个工作日内，将项目建设、运营所形成的资产或收益权按照法律法规规定可以抵押或质押的部分，足额向债权代理人办理抵质押手续。

三、项目公司的担保

项目公司为了融资、生产经营，可能会对外提供保证、抵押、质押等担保。担保是为了确保债权的实现，由债务人本人或者第三人提供的履约保障措施，也是最常见的增信措施之一。这就要求项目公司即要遵守《公司法》和公司章程有关对外担保的规定，同时也应当遵守《物权法》《担保法》等有关担保的相关规定。

担保的主要特点和基本原则在于担保合同附属于主合同，其目的和功能在于保障主合同债务的实现。根据《物权法》的规定，担保合同是主债权债务合同的从合同。主债权债务合同无效，担保合同无效，但法律另有规定的除外。

抵押担保的特点在于债权人可以通过不转移占有的方式，以债务人或者

① 长春农村商业银行股份有限公司与衡水银行股份有限公司站前支行、衡水银行股份有限公司合同纠纷案，最高人民法院（2016）最高法民终801号民事判决书。

第三人的抵押物作为债权的担保，并在债务人不履行债务时，以该抵押物折价或者以拍卖、变卖的价款获得优先于普通债务的受偿权。债务人不履行债务时，抵押权的实现方式主要是通过折价或者以拍卖、变卖抵押财产获得的价款优先受偿，并且法律也明令禁止“流押”，即抵押权人在债务履行期届满前，不得与抵押人约定债务人不履行到期债务时抵押财产归债权人所有。同样，质押权人也不得因为债务人未清偿而直接获得质押物的权属。

（一）担保类型

对政府方而言，投资人是否能够按照预期的工期目标和预算目标提供符合要求标准的项目是其主要的关切点。为实现这些目标，由项目公司提供相应的担保就成为必不可少的措施。实践中，在投资人、项目公司、承包商、运营商的担保措施中，履约担保的使用也非常的普遍，其具体包括下列几种类型：

（1）建设期内的担保：在特许经营项目中，政府为了督促项目公司按时投入项目建设资金、按工期进度计划施工，通常会要求项目公司提供数额不等的履约担保，担保形式以银行保函为主。

（2）运营保函：项目竣工验收合格后，为保障项目在运营期间各项指标均达到国家要求，向公共提供良好的产品和服务，以及在移交时政府能够得到的项目状况良好，并能正常运营，政府会要求项目公司担保，担保形式以银行保函为主。

（3）移交保函：为保证特许经营期满后，项目质量符合移交标准，且仍可良好运营，政府会要求项目公司在移交前提供一份移交保函，作为保证。移交保函期限通常为移交后3个月到1年不等。

（4）母公司担保，通常是由投资人为承包商、运营商提供的按期、保质履行承包合同、运营合同提供的担保。

而项目公司向政府方提供担保之后，承包商、运营商业也可能同样需要向项目公司或者政府方提供相应的担保。

当然，在实务中，项目公司也需要就融资向银行等贷款机构提供担保，股权质押和资产抵押是其中常见的方式。比如，在福建海峡银行诉长乐亚新污水处理公司、福州市政工程公司金融借款合同纠纷案[1]中，法院就认定：（1）特许经营权的收益权可以质押，并可作为应收账款进行出质登记；（2）特许经营权的收益权依其性质不宜折价、拍卖或变卖，质权人主张优先受偿权的，人民法院可以判令出质债权的债务人将收益权的应收账款优先支付质权人。而对于涉及土地担保，则投资人则更应当注意其性质、权属等风险。由此可见，担保措施的使用和合理的设计、规划对于项目的实施也有着极为重要的影响。

（二）担保决策

项目公司对外提供担保将会影响其自身的实力，带来经济负担。但是，与公司法关于对外投资需由股东决议的规定不同，《公司法》本身并没有具体规定公司对外担保应由股东会还是董事会决策，而是留给公司章程自行规定。

根据《公司法》的规定，公司向其他企业投资或者为他人提供担保，依照公司章程的规定，由董事会或者股东会、股东大会决议；公司章程对投资或者担保的总额及单项投资或者担保的数额有限额规定的，不得超过规定的限额；公司为公司股东或者实际控制人提供担保的，必须经股东会或者股东大会决议。而对于担保决议本身，也应当注意，为股东或者实际控制人提供担保时，被担保股东或受实际控制人支配的股东不得参加表决。

实务中，对于项目公司的对外担保，还会经常遇到以下两个需要解决的问题：

（1）未经股东会或者董事会决议的对外担保的效力。《合同法》第52条原则规定了违反法律和行政法规的合同无效的情形，最高人民法院在合同法解释二第14条进一步明确了导致合同无效的"强制性规范"仅指效力性强制性规范，而不包括管理性强制性规范。对此，实务中一般可以依照以下规

---

① 福建海峡银行股份有限公司福州五一支行诉长乐亚新污水处理有限公司、福州市政工程有限公司金融借款合同纠纷案，最高人民法院指导案例第53号（最高人民法院审判委员会讨论通过2015年11月19日发布）。

则认定和处理：a. 如果法律和行政法规明确规定违反禁止性规定将导致合同无效或不成立的，依该规定；b. 如果法律和行政法规没有明确规定违反禁止性规定将导致合同无效或不成立的，但违反该规定以后若使合同继续有效将损害国家利益和社会公共利益，也应当认为该规范属于效力性强制性规范；c. 法律法规虽没有明确规定违反禁止性规定将导致合同无效或不成立，违反该规定以后若使合同继续有效并不损害国家利益和社会公共利益，而只是损害当事人的利益，应认定为管理性强制性规范。[①]

（2）关于为关联关系人担保的问题。关联关系是公司控股股东、实际控制人、董事、监事、高级管理人员与其直接或者间接控制的企业之间的关系，以及可能导致公司利益转移的其他关系。PPP 项目公司的股东通常由政府方和社会投资人组成，其中社会投资人占有多数股份，而且同时又担任项目的施工、运营等核心工作，因而与项目公司可能存在关联关系。此时，项目公司若为投资人提供担保，那么作为股东的投资人或者受实际控制人支配的股东不得参加担保事项的表决。

此外，还应当注意到，董事、经理违反《公司法》的规定，以公司资产为本公司的股东或者其他个人债务提供担保的，担保合同无效。除债权人知道或者应当知道的以外，债务人、担保人应当对债权人的损失承担连带赔偿责任。

第七节　PPP 项目的退出机制

社会投资人在 PPP 项目中的全生命周期中需要经历投资、建设、管理、运营、移交、退出等诸多环节，但最终目的是要顺利地退出项目。PPP 项目中，社会投资人的退出方式可先由合作双方在 PPP 合同中详细约定。国务院也在《关于创新重点领域投融资机制鼓励社会投资的指导意见》中提出政府要与投资者明确 PPP 项目的退出路径，保证项目持续稳定运行。

---

① 王利明：《论无效合同的判断标准》，载《法律适用》2012 年第 7 期。

一、权益和资产的转让

除了PPP项目合作期限届满之后的正常移交退出外，社会投资人还可以依托各类产权、股权交易市场，为社会资本提供多元化、规范化、市场化的退出渠道。这其中就包括通过产权交易市场的转让退出。

与合作期满的移交退出类似，社会投资人通过项目公司权益和项目资产转让的方式退出PPP项目是较为正常的方式。这里的权益转让既包括项目公司的股权转让，也包括基础设施资产的权益转让，即向外商和国内经济组织转让国有公路、桥梁、隧道、港口码头、城市市政等公用基础设施的经营权、使用权、收益权以及股权等方式。

资产的转让则是对项目公司资产范围内的有形、无形财产的处理，PPP项目资产最终都将移交给政府所有、运营，因此考虑到PPP本身的特点，其资产的特征、法律属性与一般的资产转让有诸多不同，其受让方也多为政府，此时，如果提前转让退出，还需要结合转让退出的原因，根据PPP项目合同的约定确定是否需要给予投资人一定的补偿。

二、项目公司清算

正如前文所述，项目公司作为PPP项目的特殊目的载体，其设立、存续与PPP项目密切关联，其存续、运营的期限也与PPP项目、特许权的期限不可分割。

如果项目公司因期限届满、合并或分立、股东会决议等原因解散，或者因经营不善而破产，则需要依法进行清算。此类方式的退出可以归入非正常的退出方式。在这种情形下，政府方股东、社会投资人可以凭借项目公司有限责任的法律属性，避免遭受经济损失。相类似的，如果只是社会投资人的解散或破产，则项目公司仍可以继续持有和运营，直至顺利移交退出PPP项目。

三、项目上市

项目上市是社会投资人比较理想的PPP退出方式，能够通过资本市场为

PPP 项目的持续运营获得资本支持，也是政府方比较满意的结果，中国早期的基础设施项目也有实现上市的成功案例。当然，从 PPP 项目本身来看，能否获得上市资格取决于其是否符合上市的条件，上市后的融资能力和能否持续地获得资本市场的青睐，也有不确定的因素，对于融资获得的资金，项目公司也应当用于项目本身，而不作为其他用途。

与项目上市类似，通过资产并购或者股权并购的方式也可以说是顺利退出 PPP 项目的有效方式，但不论是何种并购方式，不仅应当考虑并购应当遵循的程序和实体条件、审批或核准等规定，同时也有必要考虑项目最后的归属问题，毕竟，对于绝大多数社会投资人而言，投资并不是为了永久地持有或者运营 PPP 项目，而出于 PPP 模式本身的考虑，政府将成为最终的所有者和持有者。

四、其他退出方式

除了上述各种退出方式外，多元化的退出机制也在探索和实践中。融资方式和结构的多样性，也可以为 PPP 项目的退出提供有益的借鉴，比如资产证券化、信托、基金等本身不仅可以作为社会投资人和项目公司融资的手段，也可以作为顺利退出项目的方式。

至于其他更多的退出方式，则不仅需要政策的指引、市场的开放，也需要社会投资人在前期进行融资设计和规划时为退出留出一定的余地，确保项目的可融资性，并在 PPP 项目合同中做出相应的安排。

CHAPTER 6

第六章

PPP 项目和工程的采购

在项目融资和PPP项目中，以及工程建设领域中，尤其是涉及国有资金的使用和关系到社会公共利益的项目，招标投标采购一向是政府部门行使行政监督、管理职权的重要手段。是否遵守招标投标的相关规定，对于后续合同的履行等都会造成不同程度的影响。而从司法实践的角度来看，违反相关的招标投标的规定，对应当招标而不招标的或者中标无效的，则还将导致合同无效的法律后果。

据此，在PPP项目和项目融资中，无论是对涉及项目本身的招投标采购，还是涉及工程建设领域的设计、施工和货物的采购，都应当遵守相关的法律法规规定的实体条件和程序要求，以确保项目采购的合法有效。

第一节 PPP项目采购的法律适用

目前，中国政府正在大力推广PPP项目，为此，财政部、发改委等部门相继发力，制定和颁布了一系列有关PPP项目的规定，这其中就包括大量涉及PPP项目采购的规定和规范性文件。因此，在中国政府大力推广基础设施PPP项目建设的过程中，如何解决适用《招标投标法》和《政府采购法》可能产生的冲突和衔接，如何协调PPP项目中涉及工程建设项目的采购，如何处理投资主体招标和施工承包人招标的冲突和协调，也都将是合同各方主体，政府主管部门以及法院和仲裁机构在处理后续相关争议时需要面对和解决的重要议题。

一、政府采购法和招标投标法的关系

在中国的工程建设领域，《招标投标法》和《政府采购法》一直以来都是界定工程建设项目招投标采购活动经常适用和主要适用的基本法律，这两

套法律体系同时并存、交错适用。

不过，截至目前，对于《政府采购法》和《招标投标法》各自具体适用的范围和调整的法律关系，实践中仍然存在不同的理解和误区，尤其是涉及PPP项目的采购时，在具体的操作层面和政府监管方面，财政部、发改委和住建部这三个主管政府部门也没有达成统一的意见，甚至在司法实践中，不同的法院也有不同的处理结果。因此，分清两者之间的关系和区别，有助于解决工程领域招标投标相关的疑问和困境。

（一）政府采购法和招标投标法的联系

依据《招标投标法》的相关规定，在中国境内的工程建设项目，包括项目的施工、勘察、设计、监理以及与工程建设有关的重要设备、材料的招标投标活动，应当遵守《招标投标法》的相关规定。与之相对应，《政府采购法》也规定其适用于在中国境内进行的，使用财政性资金采购依法制定的集中采购目录以内的或者采购限额标准以上的工程、货物和服务。通常情况下，《政府采购法》更适合用于小型施工工程项目以及勘察、设计、监理专业服务之外的服务内容。

为了更加明确上述两个法律各自的适用范围，《政府采购法》还特别规定，政府采购工程进行招标投标的，适用《招标投标法》。同样，《政府采购法实施条例》也对此进一步明确，政府采购工程以及与工程建设有关的货物、服务，采用招标方式采购的，适用《招标投标法》及其实施条例；采用其他方式采购的，适用《政府采购法》及其实施条例的规定。

此外，中国财政部还专门制定了《政府采购货物和服务招标投标管理办法》《政府采购非招标采购方式管理办法》以及《政府和社会资本合作项目政府采购管理办法》，用于规范和调整有关政府采购工程、服务和货物的相关活动。

根据上述法律法规的规定，笔者认为，《政府采购法》和《招标投标法》各自对于工程建设项目以及相关的服务和货物的法律适用和调整范围等是比较明确的，并不难区分。

（二）政府采购法和招标投标法的区别

尽管有着上述明确规定，在实务当中，仍有观点认为政府采购的工程项目应当完全依据《政府采购法》规定的招标投标程序进行，而不是按照《招标投标法》规定的招标投标程序。笔者认为，对于符合《招标投标法》及相关配套规范关于招标规模标准和范围内的建设工程项目的施工、设备、材料以及勘察、设计、监理服务的采购，应当遵守《招标投标法》及其配套规范的规定。其主要理由在于：

《政府采购法》第 2 条规定其适用于在中国境内进行的，使用财政性资金采购依法制定的集中采购目录以内的或者采购限额标准以上的工程，包括建筑物和构筑物的新建、改建、扩建、装修、拆除、修缮等。第 4 条规定政府采购工程进行招标投标的，适用《招标投标法》。

此外，财政部颁布的《政府采购非招标采购方式管理办法》第 3 条也规定“按照招标投标法及其实施条例必须进行招标的工程建设项目以外的政府采购工程”可以采用非招标方式进行采购。另外，《招标投标法》第 3 条也规定，凡是在中华人民共和国境内进行的工程建设项目的施工，如果满足必须招标投标的条件的，则应当依法进行招投标。

《政府采购法实施条例》中也规定了政府采购工程以及与工程建设有关的货物、服务，采用招标方式采购的，适用《中华人民共和国招标投标法》及其实施条例；采用其他方式采购的，适用政府采购法及本条例。

因此，从上述规定中可以得知，对于财政性资金采购的符合规模标准范围的建设工程施工项目，应当依据《招标投标法》中有关施工招标投标的规定进行采购。

另外，根据上述分析可以看出，《政府采购法》和《招标投标法》在调整工程建设领域的施工、服务和货物采购上，主要有以下几个区别：

（1）两者适用的项目标准不同：《招标投标法》属于规模标准范围内工程、货物和服务；而《政府采购法》适用于 PPP、公用事业特许经营权等项目、非规模标准范围内的工程、货物和服务。

（2）两者的项目资金来源和性质不同：《招标投标法》可以适用于财政和

非财政资金投资建设的项目；而按照《政府采购法》采购，一般仅适用于财政性资金投资的建设项目。

（3）两者的法定采购方式不同：《招标投标法》规定的采购方式为招标，并以公开招标为主、邀请招标为辅；《政府采购法》规定的采购方式则包括公开招标、邀请招标、竞争性谈判、单一来源采购、询价以及其他可行的方式。

（4）两者的政府主管部门不同：适用《政府采购法》采购的项目，由财政部门审批、实施；《招标投标法》的主管机关则更多，涉及多个行业主管部门，但就招标投标程序有关的监管，更多的是由住建部和标办等机构实施。

二、两种不同采购平台的选择

对于《政府采购法》和《招标投标法》适用的项目范围的差异，也导致了实践当中采购平台选择的不同。按照目前的做法，财政部门主要监管政府采购，而住建部门则主管工程招标投标。

尽管两者都可以适用于新建、改建、扩建工程、工程货物和工程服务，但是实际上，在中国目前的法律环境下，这两部法律所规范和调整的采购行为主要涉及工程招标采购平台的选择和政府监管职能的区分问题。前者适用政府采购系统平台，后者适用建委标办系统平台。

关于不同的平台选择是否会影响工程合同效力的问题，笔者认为，招标投标的目的在于公开和公平竞争，采购平台的选择仅是政府行政主管部门进行对招标投标活动进行监督管理的方式和手段之一，只要发包人和投标人遵守了各平台的交易规则，这种监管手段不应当成为阻碍工程合同效力的影响因素。退一步来讲，对于发包人错误选用采购平台的行为，行政主管部门亦不应当施加行政处罚等不利的法律后果。但是，在实务中的确需要衡量项目所在地对招标投标平台的选择的特殊规定，以避免出现后续的合同备案、施工许可证等申报的困难。

三、PPP 项目采购的法律适用

在确定和解决 PPP 项目采购适用政府采购法律法规还是招标投标法律法规的问题时，除了需要注意前文所述的两者区别和适用采购平台的差异之外，笔者认为，其中还有一个重要和关键的衡量因素是对于 PPP 项目的性质的识别，即对于政府来讲，PPP 模式下采购的究竟是基础设施建设本身，还是基础设施项目服务，或是其他。

结合前述关于中国政府推行 PPP 模式采购的目的，PPP 模式还被视为一种有效的融资手段，更多的是需要解决基础设施建设的资金和运营问题，由此来看，PPP 模式的采购实际兼有工程建设和融资、运营服务两种不同的性质。也正因如此，PPP 模式的法律适用问题才变成难题。

但是，国务院办公厅在《关于政府向社会力量购买服务的指导意见》中提出，政府向社会购买服务，应当按照《政府采购法》的有关规定确定承接服务的主体。为此，财政部也专门制定了《政府和社会资本合作项目政府采购管理办法》。根据该办法的规定，PPP 项目采购是指政府为达成权利义务平衡、物有所值的 PPP 项目合同，遵循公开、公平、公正和诚实信用原则，按照相关法规要求完成 PPP 项目识别和准备等前期工作后，依法选择社会资本合作者的过程。PPP 项目的采购人在项目实施过程中选择合作社会资本（供应商）的，适用本办法。

据此，目前在没有其他相关的法律、行政法规对 PPP 模式采购的法律适用进行明确规定的情况下，依据《政府采购法》及其实施条例、《政府和社会资本合作项目政府采购管理办法》等规范选择 PPP 模式中的社会资本方，在一定程度上更具可行性。

除此之外，结合 PPP 项目采购的特殊性，笔者认为，总体上来看，一般的公共服务，包括融资、运营服务、一般的货物采购应当按照《政府采购法》的规定进行；而对于涉及工程施工、勘察、设计、监理以及与工程相关的重要材料和设备的采购，则仍应适用《招标投标法》的规定。

第二节　PPP 项目的采购方式

PPP 项目的采购方式与《政府采购法》《招标投标法》中规定的采购方式并不完全相同。根据《政府和社会资本合作项目政府采购管理办法》第 4 条的规定，“PPP 项目采购方式包括公开招标、邀请招标、竞争性谈判、竞争性磋商和单一来源采购。项目实施机构应当根据PPP项目的采购需求特点，依法选择适当的采购方式”。

对于采用公开招标、邀请招标、竞争性谈判、单一来源采购方式开展采购的PPP项目，则应当按照政府采购法律法规及有关规定执行。

一、招标采购方式

招标是工程建设项目采购的主要方式，同样也是PPP项目采购的主要方式，具体包括公开招标和邀请招标两种形式。

（一）公开招标

公开招标主要适用于采购需求中核心边界条件和技术经济参数明确、完整、符合国家法律法规及政府采购政策，且采购过程中不作更改的项目。

根据《政府采购法》和《政府采购货物和服务招标投标管理办法》的规定，采购人采购货物或者服务应当采用公开招标方式的，其具体数额标准，属于中央预算的政府采购项目，由国务院规定；属于地方预算的政府采购项目，省、自治区、直辖市人民政府根据实际情况，可以确定分别适用于本行政区域省级、设区的市级、县级公开招标数额标准。[①]

对于公开招标的PPP项目，依据相关规定，招标人不得将应当以公开招标方式采购的货物或者服务化整为零或者以其他任何方式规避公开招标采购。招标人也不得限定或者指定品牌或供应商、非法限定供应商所有者形式、以特定区域或行业的业绩奖项作为加分或中标条件、设定的技术需求指向特定供应商或产品等方式对供应商进行不合理的差别待遇、歧视待遇。

（二）邀请招标

邀请招标是招标的另一常用形式，但与公开招标不同，采用邀请招标的PPP项目有其特殊的条件。按照《政府采购法》的相关规定，只有符合下列情形之一的货物或者服务，可以依照本法采用邀请招标方式采购：

① 《政府采购货物和服务招标投标管理办法（2017年）》第4条。

（1）具有特殊性，只能从有限范围的供应商处采购的；

（2）采用公开招标方式的费用占政府采购项目总价值的比例过大的。

而对于 PPP 项下需要独立招标的工程，如果达到规定的标准，则仍可能需要根据《招标投标法》有关邀请招标的条件和要求进行。

二、非招标采购方式

非招标方式是指公开招标和邀请招标之外的采购方式，PPP 项目的非招标采购方式主要是指竞争性谈判、竞争性磋商和单一来源三种[①]。

（一）竞争性谈判

竞争性谈判是除招标投标以外较常用的采购方式，它既有相对的灵活性，又能够在形成有效竞争的基础上提高采购的效率。

根据《政府采购法》第 30 条规定，对于符合下列情形之一的货物或者服务采购，可以采用竞争性谈判方式：

（1）招标后没有供应商投标或者没有合格标的或者重新招标未能成立的；

（2）技术复杂或者性质特殊，不能确定详细规格或者具体要求的；

（3）采用招标所需时间不能满足用户紧急需要的；

（4）不能事先计算出价格总额的。

此外，对于非采购人所能预见的原因或者非采购人拖延造成采用招标所需时间不能满足用户紧急需要，以及公开招标的货物、服务项目，招标过程中提交投标文件或者经评审实质性响应招标文件要求的供应商只有两家时，也可以采用竞争性谈判的方式进行采购。

（二）竞争性磋商

不同于工程建设项目中的采购和一般的政府采购，竞争性磋商是 PPP 项

① 《政府采购法实施条例》第 25 条规定，对于政府采购依法不进行招标的工程，应当依照政府采购法和本条例规定的竞争性谈判或者单一来源采购方式采购。

目采购特有的采购方式[①]，财政部《政府和社会资本合作模式操作指南（试行）》和《政府采购竞争性磋商采购方式管理暂行办法》都对此有相应的规定，其核心内容在于“先明确采购需求、后竞争报价”的两阶段采购模式，倡导“物有所值”的价值目标。

竞争性磋商采购方式，是指采购人、政府采购代理机构通过组建竞争性磋商小组与符合条件的社会资本方就采购货物、工程和服务事宜进行磋商，社会资本方按照磋商文件的要求提交响应文件和报价，采购人从磋商小组评审后提出的候选名单中确定最终合作者的采购方式。采用竞争性磋商方式开展采购的项目，通常需要具备如下条件：

（1）政府购买服务项目；

（2）技术复杂或者性质特殊，不能确定详细规格或者具体要求的；

（3）因艺术品采购、专利、专有技术或者服务的时间、数量事先不能确定等原因不能事先计算出价格总额的；

（4）市场竞争不充分的科研项目，以及需要扶持的科技成果转化项目；

（5）按照招标投标法及其实施条例必须进行招标的工程建设项目以外的工程建设项目。

由于竞争性磋商过程中，各方对于合作的条件可能会有不同的立场和利益诉求，因此，在PPP项目采购文件中明确可能根据与社会资本方的谈判情况进行实质性变动的内容，如采购需求中的技术、服务要求以及项目合同草案条款等是更为合适的做法。

（三）竞争性谈判和竞争性磋商的区别

竞争性谈判和竞争性磋商都是PPP项目采购的非招标方式，两者在流程设计和具体规则上既有联系又有区别：

（1）在“明确采购需求”阶段，二者关于采购程序、供应商来源方式、磋商或谈判公告要求、响应文件要求、磋商或谈判小组组成、审批程序等方面的要求基本一致。

---

① 英国现行政府采购法中也有竞争性磋商（Dialogue）的程序，与中国目前的竞争性磋商类似。

（2）在“竞争报价”阶段，竞争性磋商采用了类似公开招标的“综合评分法”，区别于竞争性谈判的“最低价成交”。之所以这样设计，就是为了在需求完整、明确的基础上实现合理报价和公平交易，并避免竞争性谈判最低价成交可能导致的恶性竞争，将政府采购制度功能聚焦到“物有所值”的价值目标上来，达到“质量、价格、效率”的统一。

（3）供应商提交响应文件的时间不同，竞争性谈判为不少于3个工作日，而竞争性磋商则不少于10个工作日；对于澄清或者修改的内容，采用竞争性谈判方式应当在提交首次响应文件截止之日3个工作日前进行，而竞争性磋商则是5日。

（4）竞争性磋商方式中，如果供应商未按照磋商文件要求提交磋商保证金的，响应无效，而竞争性谈判方式采购的项目无此规定。

此外，两者最大的区别在于各自适用的范围不同，而且竞争性磋商并非《政府采购法》设定的采购方式，属于专用于PPP项目的采购方式，而竞争性谈判则是《政府采购法》明确规定的采购方式。

（四）单一来源采购

单一来源也是《政府采购法》所设立的PPP项目采购方式之一。根据《政府采购法》第31条的规定，符合下列情形之一的货物或者服务，可以依照本法采用单一来源方式采购：

（1）只能从唯一供应商处采购；

（2）发生了不可预见的紧急情况不能从其他供应商处采购的；

（3）必须保证原有采购项目一致性或者服务配套的要求，需要继续从原供应商处添购，且添购资金总额不超过原合同采购金额百分之十的。

这里的“只能从唯一供应商处采购的”具体是指因货物或者服务使用不可替代的专利、专有技术，或者公共服务项目具有特殊要求，导致只能从某一特定供应商处采购。

另外，对于已经签署政府采购合同的项目，如果采购人需要在合同履行过程中追加与合同标的相同的货物、工程或者服务的，在不改变合同其他条款的前提下，可以与供应商协商签订补充合同，但是，所有补充合同的采购金额不得超过原合同采购金额的10%。

三、采购方式的变更

如前文所述，PPP 项目的各采购方式，都有其适用的条件和情形，采购人应当遵守《招标投标法》及其实施条例，以及相关规章的规定。在涉及具体的项目采购时，需要注意的是：

（1）政府采购工程依法不进行招标的，应当依照政府采购法及其实施条例的规定，采用竞争性谈判或单一来源采购方式进行。

（2）对于应当公开招标的项目，如果采用竞争性谈判等非招标方式进行采购的，应当经本级财政部门批准之后方可实行。

（3）如果拟采购的 PPP 项目通过资格预审的社会资本不足 3 家的，采购人应当在调整资格预审公告内容后重新组织资格预审；如果经重新资格预审后合格的社会资本仍然不够 3 家的，则可以依法变更采购方式。

根据《政府采购法》的相关规定，各级人民政府财政部门是负责政府采购监督管理的部门，依法履行对政府采购活动的监督管理职责。对于上述因特殊情况需要采用公开招标以外的采购方式的，采购人应当在采购活动开始前获得设区的市、自治州以上人民政府采购监督管理部门的批准。即使是因为特殊原因导致废标、否决投标而变更采购方式的，也仍然需要事先获得批准。

第三节 PPP 项目的采购规划

毋庸置疑，鉴于 PPP 项目本身的复杂性和合法性的强制要求，在项目早期进行系统的招标投标规划对于实施整个项目的成本和周期至关重要，可以在一定程度上避免因为出现合规性等问题导致的重复招标投标的现象，从而有助于推动整个项目的顺利进行。

结合目前现有的《招标投标法》和《政府采购法》以及相关的配套法规、规章的规定，PPP 项目的采购人在进行可行性研究报告阶段，就有必要前瞻性地考虑到后续相关的一系列招标投标等采购问题，其中比较关键的几个事项就是 PPP 项目本身的采购规划、涉及工程勘察和设计的采购选择、涉及工程施工采购安排，以及工程分包和货物的采购处理等。

一、招标投标的决策

招标投标活动是一项系统工程。招标决策是整个招标活动的前提，对招标人而言，在决定招标之前，做好招标决策工作尤为重要。

从实践中看，招标决策包括：

（1）对招标人员的组织和安排。

（2）对各部门之间的职能划分和资源分配的协调。

（3）在招标活动进行之前，对整个工程建设项目的招标活动提出纲领性的计划和安排。

（4）各个招标项目以及相互各项目之间在合同权利义务方面的安排和分配。这是招标决策时比较重要的内容，其关系到各个招标项目之间能否顺利衔接，影响后续各类合同能否相互配合，同时也避免各承包商、供应商之间相互推诿扯皮。

二、选择合适的 PPP 项目采购方式

就 PPP 项目本身的采购方式，如前文所述，既可以采用招标投标等方式，也可以采用竞争性谈判和竞争性磋商等非招标方式，笔者认为，这需要取决于项目的特点，以及采购人所需要的合作方所提供的服务内容，以及社会合作方本身所具备的能力等。

至于 PPP 项目中涉及工程建设项目的施工、设计和货物等，采购人必须提前考虑一次招标和二次招标的问题。结合《招标投标法实施条例》的规定，已通过招标方式选定的特许经营项目投资人依法能够自行建设、生产或者提供的，可以不进行招标。换句话来说，按照目前的法律法规的规定，在社会资本方具备施工等资质和能力的前提下，如果 PPP 项目本身已经采用招标方式，那么一般情况下，项目施工无须再进行招标；而如果 PPP 项目本身没有经过招标，那么工程项目的施工则必须进行招标[①]。

---

① 需要注意的是，《招标投标法实施条例》第 9 条第 1 款第（三）项所针对的是特许经营项目，而 PPP 项目和特许经营项目两者存在一定的区别，并非所有的 PPP 项目都有特许经营，因而理论界和实务界对该条款的适用范围仍有不同的理解，目前尚无统一的观点和做法。

由此可见，PPP 项目的采购人选择何种有效的采购方式，会产生不同的效果。如果招标人可以采用招标投标的方式确定 PPP 项目的社会合作方，而合作方又具有符合条件的资格和能力，采用招标投标的方式或许可以一次性的解决后续的招标投标等问题，避免因重复招标产生的问题，节省项目的建设周期和不必要的成本。

三、对 PPP 项目中工程采购的规划

更进一步，在 PPP 项目的采购中，采购人还需要在前期决策阶段，尤其是在开始设计之前确定该工程建设项目在工程设计、施工的协调问题。比如，采用工程总承包还是工程施工总承包的选择问题；如果采用工程总承包、EPC 模式，承包人在现有条件下能否满足设计、施工的需求；如果采用传统的设计和施工两分法，那就要考虑设计和施工的协调问题；如果决定采用施工总承包的，那么在划分标段、确定工期等方面，招标人还需要合理划分标段、确定工期，同时，还需要对可能涉及的各个专业分包工程的选择或货物采购招标等方面的布置，以便统筹安排项目建设。

就工程采购在 PPP 项目中的选择问题，采购有必要在工程项目的前期进行整体规划，特别是针对专业分包工程，还需要结合项目管理的需要并兼顾相关法律法规的规定。如前所述，在工程实务当中常用的专业工程、暂列金额和暂估价项目的采购主要包括如下三种方式：

（1）发包人招标。大多数主体工程的施工承包采购多采用此方式，也就是说发包人通过招标投标方式直接选定中标人作为工程施工的承包人。

（2）承包人招标。这种方式常见于需要进行二次招标的专业工程的分包，即由承包人自行采购选定分包人、供应商的情形。

除了上述两种相对简单的采购方式外，由承发包双方联合招标也是实务中常见的方式，这种联合发包的形式多用于暂列金额工程项目的采购招标。在以此方式进行的施工招标中，发包人对采购的介入程度要比前者更为深入。

第四节 特许经营项目的采购

特许经营项目与PPP项目既有一定的关联又有区别，目前在中国理论界和实务界都没有达成统一的观点[①]。对于特许经营项目的采购，现行的法律法规规定较少，但是以BOT为代表的项目实践却有着近30年的历史。而PPP这一概念在中国境内被广泛宣传和使用则是在2014年。

按照目前现行的法律规范的规定，当前中国能够适用特许经营方式的项目主要分布在能源、交通运输、水利、环境保护和市政工程领域，这里的市政工程包括城市供水、供气、供热、公共交通、污水处理和垃圾处理，以及城市轨道交通等。

一、特许经营权的采购方式

与PPP项目的采购方式类似，在实践中，特许经营权的采购方式同样具有多样化的特点，包括招标、竞争性谈判、拍卖等方式，具体则根据项目的特性、所属行业领域以及项目所在地的地方规章规定的不同而有所差异。总体上来看，特许经营权项目采购遵循的基本原则是应当采用竞争方式选择合适的特许经营权人。

比如，《市政公用事业特许经营管理办法》和《国务院关于投资体制改革的决定》规定市政公用事业项目的特许经营权只能通过招标方式授权；《收费公路管理条例》规定经营性公路建设项目应当向社会公布，采用招标投标

---

① 特许经营是指政府采用竞争方式依法授权中华人民共和国境内外的法人或者其他组织，通过协议明确权利义务和风险分担，约定其在一定期限和范围内投资建设运营基础设施和公用事业并获得收益，提供公共产品或者公共服务。而对于PPP的概念，则有不同的表述。PPP与特许经营既有联系又有区别，目前在中国的理论界和实务界中，有观点认为，PPP项目采购和特许经营视为两种不同的采购项目类型。当然，也有观点认为，PPP和特许经营并无本质的区别，可以合二为一。笔者认为，PPP项目和特许经营两种从内涵和外延上都有一定的差异，两者系属种关系，即PPP包含了特许经营的范畴。PPP项目也并不一定需要有政府授予特许经营权。与之对应的，政府部门颁布的行政规章也是将PPP和特许经营分开，甚至在司法系统也是对两者区别对待，因此，在没有法律法规做出进一步统一规定的情况下，区别对待两者有其合理的地方。

方式选择投资者；《经营性公路建设项目投资人招标投标管理规定》进一步规定经营性公路建设项目投资人招标应当采用公开招标方式。此外，尽管大多数项目的特许经营权以招标取得为主，但并不是说只能采用招标方式。同时，也需要注意的一点是，具体采购方式还需要结合考虑项目所在地的规定执行。

二、特许经营权的采购程序

具体到特许经营权的采购程序，目前也并无统一的规定和做法，即使是在实践中常用的招标方式也是如此。因此，现行的招标人采用的具体程序还可能会基于项目所处的行业类型以及项目所在地规定的不同而进行调整。

比如，根据《市政公用事业特许经营管理办法》第8条的规定，主管部门应当依照下列程序选择投资者或者经营者：

（1）提出市政公用事业特许经营项目，报直辖市、市、县人民政府批准后，向社会公开发布招标条件，受理投标；

（2）根据招标条件，对特许经营权的投标人进行资格审查和方案预审，推荐出符合条件的投标候选人；

（3）组织评审委员会依法进行评审，并经过质询和公开答辩，择优选择特许经营权授予对象；

（4）向社会公示中标结果，公示时间不少于20天；

（5）公示期满，对中标者没有异议的，经直辖市、市、县人民政府批准，与中标者签订特许经营协议。

而根据《经营性公路建设项目招标投标管理规定》，其招标程序则具体包括下列环节：

（1）发布招标公告；

（2）潜在投标人提出投资意向；

（3）招标人向提出投资意向的潜在投标人推介投资项目；

（4）潜在投标人提出投资申请；

（5）招标人向提出投资申请的潜在投标人详细介绍项目情况，可以组织潜在投标人踏勘项目现场并解答有关问题；

（6）投标人编制投标文件，并提交招标人；

（7）招标人组织开标，组建评标委员会；

（8）实行资格后审的，评标委员会应当在开标后首先对投标人进行资格审查；

（9）评标委员会进行评标，推荐中标候选人；

（10）招标人确定中标人，并发出中标通知书；

（11）招标人与中标人签订投资协议。

另外，如果项目实行资格预审的，潜在投标人编制资格预审申请文件，并递交招标人；招标人应当对递交资格预审申请文件的潜在投标人进行资格审查，并向资格预审合格的潜在投标人发售招标文件；实行资格后审的，由招标人向提出投资申请的投标人发售招标文件。

三、特许经营权招标投标的条件

特许经营权的招标和投标应当具备相应的条件，包括项目进行招标时项目本身应当具备的条件以及特许权投标人的条件等，具体取决于项目的实际情况。

（一）特许权项目招标的条件

在中国，特许经营权项目与PPP项目类似，都需要经过相应的可研、立项、审批等程序后，才能进入实质性的特许经营权采购阶段，具体的区别则在于立项审批的政府主管部门的层级和行业主管部门的不同。

如《北京市城市基础设施特许经营者招标投标程序性规定》规定，经市或区县人民政府批准的城市基础设施特许经营项目实施方案规定特许经营者需通过招标方式确定的，实施机关可根据需要制定特许经营者招标工作方案，确定特许经营者招标的范围（国内招标或国际招标），招标代理机构，招标时间及进度计划，招标费用及其解决方案，评标方法与主要标准，拟进行资格预审或者资格后审的条件、方法等。

而根据《经营性公路建设项目投资人招标投标管理规定》第7条的规定，需要进行投资人招标的经营性公路建设项目应当符合下列条件：

（1）符合国家和省、自治区、直辖市公路发展规划；

（2）符合《收费公路管理条例》第十八条规定的技术等级和规模；

（3）已经编制项目可行性研究报告。

（二）特许权项目投标人的条件

根据《市政公用事业特许经营管理办法》的规定，参加市政公用事业特许权项目招标投标的投标人必须符合下列要求：

（1）依法注册的企业法人；

（2）有相应的注册资本金和设施、设备；

（3）有良好的银行资信、财务状况及相应的偿债能力；

（4）有相应的从业经历和良好的业绩；

（5）有相应数量的技术、财务、经营等关键岗位人员；

（6）有切实可行的经营方案；

（7）地方性法规、规章规定的其他条件。

而《经营性公路建设项目投资人招标投标管理规定》则进一步规定经营性公路的投标人应当具备下列基本条件，并可以根据招标项目的实际情况，提高对投标人的条件要求：

（1）总资产 6 亿元人民币以上，净资产 2 亿 5 千万元人民币以上；

（2）最近连续三年每年均为盈利，且年度财务报告应当经具有法定资格的中介机构审计；

（3）具有不低于项目估算的投融资能力，其中净资产不低于项目估算投资的 35%；

（4）商业信誉良好，无重大违法行为。

与上述两个规定不同，《基础设施和公用事业特许经营管理办法》则作了较为原则的安排，即要求实施机构应当公平择优选择具有相应管理经验、专业能力、融资实力以及信用状况良好的法人或者其他组织作为特许经营者；鼓励金融机构与参与竞争的法人或其他组织共同制定投融资方案；特许经营者选择应当符合内外资准入等有关法律、行政法规规定。

第五节　工程建设项目的采购原则

从采购对象和范围的角度来看，工程建设项目的采购与PPP项目、特许经营权项目采购并无完全一致。前者的采购对象和范围集中在工程建设相关的施工、服务和货物方面，而后两者的采购对象更侧重其是否能够为项目提供有效的融资或者是融资和建设、运营能力，相比较而言，后者的采购范围更为广泛。

中国现行的工程法律法规、招标投标制度，对工程建设项目涉及的施工、服务（包括勘察、设计和监理）、货物的招标投标条件、招标项目的范围、各种采购方式的选择和例外、投标人的资质条件等都有非常详细的规定，并且，对于招标投标采购方式的选择和法律适用并不区分政府投标还是私人投资[①]。

因此，对于那些必须进行招标的工程建设项目，招标人和投标人除了需要遵守项目招标投标的范围标准和规模标准的总体要求之外，还需要严格遵守招标、投标、评标等方面的法律规定，避免出现应当招标而未招标，或者因为招标、投标、评标、中标无效等情形导致双方签署的工程合同也归于无效的情形。

一、强制招标投标的项目范围标准

招标投标范围是确定工程建设项目是否应当采用招投标采购方式的关键和前提条件，同时也是后续落实具体程序和步骤的重要条件。但是，就目前现行的法律法规的内容来看，其规定仍然存在不清晰和容易混淆的地方，造成了理解和实际运营的困难。依据现行的《招标投标法》第3条的规定，必须进行招标投标的施工建设项目应当同时满足项目范围和规模标准两个条件。

---

① 尽管国务院、发改委和地方政府对私人投资的项目是否必须招标的标准趋向宽松，但整体上，至少从《招标投标法》的层面并没有做彻底的改变。

（一）公开招投标的项目范围

这一标准主要用于确定何种类型的工程建设项目需要列入必须招标投标的范围，具体来讲，根据国务院《关于〈必须招标的工程项目规定〉的批复》，主要包括以下几大类型：

（1）大型基础设施等关系社会公共利益、公众安全的项目；

（2）公用事业等关系社会公共利益、公众安全的项目；

（3）全部或者部分使用国有资金投资的项目；

（4）全部或者部分使用国家融资的项目；①

（5）使用世界银行、亚洲开发银行等国际组织贷款、援助资金的项目；

（6）使用外国政府贷款、援助资金的项目。

（二）公开招标项目的规模标准：

这一标准主要用来解决属于前述规定的项目类型中，在何种金额标准上才需要进行招标投标采购的问题。根据国务院《关于〈必须招标的工程项目规定〉的批复》确定的标准，具体分为四种情形②：

（1）施工单项合同估算价的400万元人民币以上的；

（2）重要设备、材料等货物的采购，单项合同估算价在200万元人民币以上的；

（3）勘察、设计、监理等服务的采购，单项合同估算价在100万元人民

---

① 国务院关于《必须招标的工程项目规定》的批复规定，全部或者部分使用国有资金投资或者国家融资的项目包括：（1）使用预算资金200万元人民币以上，并且该资金占投资额10%以上的项目；（2）使用国有企业事业单位资金，并且该资金占控股或者主导地位的项目。而对于除使用国有资金、国家融资以及使用国际组织、外国政府贷款和援助资金之外的大型基础设施、公用事业等关系社会公共利益、公众安全的项目，其必须招标的具体范围则由发改委会同国务院有关部门按照确有必要、严格限定的原则另行制定，报国务院批准。

② 而按照原计委3号令的规定，必须招标的标准为：（1）施工单项合同估算价在200万元人民币以上的；（2）重要设备、材料等货物的采购，单项合同估算价在100万元人民币以上的；（3）监理等服务的采购，单项合同估算价在50万元人民币以上的；（4）单项合同估算价低于第（1）、（2）、（3）项规定的标准，但项目总投资额在3000万元人民币以上的。

币以上的；

（4）同一项目中可以合并进行的勘察、设计、施工、监理以及与工程建设有关的重要设备、材料等的采购，合同估算价合计达到前款规定标准的。

二、公开招标的例外情形

必须招标投标的项目又可分为公开招标投标和邀请招标投标，其中以公开招标投标为主，特殊情况下可以邀请招标投标。比如,《工程建设项目招标范围和规模标准规定》第9条规定，依法必须进行招标的项目，全部使用国有资金投资或者国有资金投资占控股或者主导地位的，应当公开招标。而对于非国有投资或资金，则可以采用公开招标或者邀请招标的方式。此外，对于一些特殊项目，还可以不进行招标投标。除此之外的项目，则可以由项目业主自行决定是否以招标投标方式进行施工采购。

（一）邀请招标的项目

与公开招标相类似，邀请招标的程序与公开招标基本一致。按照《招标投标法实施条例》和《工程建设项目施工招标投标办法》的规定，对于依法必须招标的项目，如果具有下列情形之一的，可以采用邀请招标方式确定工程合同的承包人：

（1）国有资金占控股或者主导地位的依法必须进行招标的项目

①技术复杂、有特殊要求或者受自然环境限制，只有少量潜在投标人可供选择；

②采用公开招标方式的费用占项目合同金额的比例过大。

（2）其他可以邀请招标投标的项目

①涉及国家安全、国家秘密或者抢险救灾，适宜招标但不宜公开招标的；

②属于利用扶贫资金实行以工代赈、需要使用农民工等特殊情况；

③受资源和环境条件限制，只有少数潜在投标人可供选择的；

④法律、法规规定不宜公开招标的。

当然，需要注意的是，邀请招标的使用由其严格的限制性，按照国家有关规定需要履行项目审批、核准手续的依法必须进行施工招标的工程建设项目，其招标范围、招标方式、招标组织形式应当报经项目审批部门审批、核准。因此，对于此类项目，如果采用邀请招标或者不进行招标投标的，则应当依法办理相应的审批、核准手续。

（二）可以不招标的项目

公开招标和邀请招标是工程建设项目采购的主要方式。除法律、行政法规有特别规定之外，某些项目也可以不进行招标。比如，《工程建设项目招标范围和规模标准规定》就明确规定，建设项目的勘察、设计，采用特定专利或者专有技术的，或者其建立艺术造型有特殊要求的，经项目主管部门批准，可以不进行招标。

除了前述必须进行招标的项目，包括公开招标或者要求招标的项目，依据《招标投标法》以及《招标投标法实施条例》的规定，具有下列特殊情形时，也可以不进行招标：

（1）涉及国家安全、国家秘密、抢险救灾，不适宜进行招标的项目；

（2）属于利用扶贫资金实行以工代赈需要使用农民工等特殊情况，不适宜进行招标的项目；

（3）需要采用不可替代的专利或者专有技术；

（4）采购人依法能够自行建设、生产或者提供；

（5）已通过招标方式选定的特许经营项目投资人依法能够自行建设、生产或者提供；

（6）需要向原中标人采购工程、货物或者服务，否则将影响施工或者功能配套要求；

（7）国家规定的其他特殊情形。

另外，对于依法必须进行施工招标的项目，如果投标人少于三个的，招标人在分析招标失败的原因并采取相应措施并重新招标后，投标人仍少于三个的，属于必须审批、核准的工程建设项目，报经原审批部门审批、核准后可以不再进行招标；其他工程建设项目，招标人可自行决定不再进行招标。而在一些地方性法规和地方规章中也规定特殊情形下不招标的项目，如江苏省还规定停建或者缓建后恢复建设的工程，且承包人未发生变更的，施工企业自建自用的工程，且该施工企业资质等级符合工程要求的。上海市则规定，通过招标、竞争性谈判、竞争性磋商等竞争方式取得建设项目的建设单位，具有勘察、设计、施工资质并由其自行进行该项目勘察、设计、施工的，该项目的勘察、设计、施工可免于招标；对于在建工程追加的附属小型工程或者主体加层工程，在原项目审批范围内，造价累计不超过原中标价的30%且低于1000万元的，也可以不招标。

此外，还需要引起特别注意的是，在实务中，招标人应当避免任意划分标段，《工程建设项目施工招标投标办法》第27条规定，依法必须进行施工招标的项目的招标人不得利用划分标段规避招标，否则招标无效。施工招标项目需要划分标段、确定工期的，招标人应当合理划分标段、确定工期，并在招标文件中载明。对工程技术上紧密相连、不可分割的单位工程不得分割标段。

三、项目中标的原则

对于需要采用招标投标采购的PPP项目和工程建设项目，采购人和评标委员会应当且只能按照招标文件事先确定的评标标准和方法进行评审和比较；而不能采用招标文件没有规定的标准和方法进行评标和定标。

（一）中标条件

按照中国《招标投标法》的相关规定，法定的中标条件包括两个内容：

（1）能够最大限度地满足招标文件中规定的各项综合评价标准。该条件的依据必须是招标文件中确定的各项指标。

（2）能够满足招标文件的实质性要求，并且经评审的投标价格最低；但是投标价格低于成本的除外。对于此条件的理解和操作，应当注意的是经评审的投标价格是一个换算后的价格，仅在评标时使用，与投标人的实际投标价格不是一个概念，招标人与中标人仍应按照投标报价签署合同。

此外，对于划分有多个单项合同的招标项目，如果招标文件允许投标人为获得整个项目合同而提出优惠条件的，评标委员会可以对投标人提出的优惠进行审查，以决定是否将招标项目作为一个整体合同授予中标人；如果决定将招标项目作为一个整体合同授予的，那么整体合同的中标人应当按照最有利于招标人的原则确定。

（二）中标人的确定规则

有了上述中标的法定条件以及招标文件规定的评标标准和办法，根据《招标投标法》第40条以及《评标委员会和评标方法暂行规定》第46条的规定，招标人和评标委员会确定中标人可以有以下两种方式：

（1）招标人根据评标委员会提出的书面评标报告和推荐的中标候选人确定中标人，评标委员会推荐的中标候选人不超过3人，并应当标明排列顺序。

（2）招标人授权评标委员会直接确定中标人。

前述是关于确定中标人的基本方法，但是在具体决定中标人时，还应当特别区分不同的工程建设项目性质等因素对定标的影响，具体按照以下规则进行：

（1）对于使用国有资金投资或者国家融资的项目，招标人应当确定排名第一的中标候选人为中标人。

但是，如果中标候选人放弃中标、因不可抗力提出不能履行合同、招标文件规定应当提交履约保证金而中标候选人未在规定期限内提交的、存在影响中标结果的违法行为等情形，不符合中标条件的，招标人可以按照评标委员会提出的中标候选人名单排序依次确定其他中标候选人为中标人。

（2）按照上述规则，对于因前述四个原因而未选择排名第一的候选人为中标人时，则应当选择排名第二的候选人为中标人；如果因为上述同样的原因无法确定中标人，则应选择排名第三的候选人为中标人。

（3）但是，如果依次确定其他中标候选人与招标人预期差距较大，或者对招标人明显不利的，招标人可以重新招标，无须按照评标委员会推荐的候选人确定中标人。

（4）对于不属于“使用国有资金投资或者国家融资的项目”，如果没有其他特殊规定，招标人可以在评标委员会推荐的1名至3名中标候选人中任选一名作为中标人，而不限于选择排名第一的中标候选人。

第六节　不同类型的工程建设项目采购规则

如前文所述，采用PPP模式的项目本身以及与项目相关的工程设计、工程施工、货物采购等可能都属于招标投标的范围。

当然，在以PPP模式，或者项目融资方式投资、建设的工程项目中，也都可能会涉及工程总承包和联合体，而根据中国目前现行的法律法规的规定，这两种方式在实务中也存在诸多需要招标人、投标人关注的事项，笔者将在后文中阐述。

一、工程项目设计的招标投标

工程设计招标是主要的招标投标采购的项目内容之一，也是工程项目建设不可缺少的环节，工程设计的招标投标与后续的工程施工招标投标和工程合同的履行有着密切的关联性。工程设计招标投标的标准是设计服务的单项采购合同估算价在100万元人民币以上的项目，在采用设计—施工或者设计—施工—采购的总承包模式中，如果单项的设计合同估算低于100万元人民币，但是设计与施工、采购的合同总估算达成100万元人民币以上的，也应当进行招标。

实务中，工程设计分为概念设计、方案设计和施工图设计，针对不同的工程设计内容，现行法律法规也分别做出了不同规定。

（一）方案设计招标

方案设计分为概念性方案设计招标和实施性方案设计招标，根据原建设部颁布的《建筑工程方案设计招标投标管理办法》的规定，建筑工程方案设计招标应当具备下列条件：

（1）按照国家有关规定需要履行项目审批手续的，已履行审批手续，取得批准。

（2）设计所需要资金已经落实。

（3）设计基础资料已经收集完成，主要是现场状况、地下管线图、项目总体规划图、地质勘察报告等。

（4）符合相关法律、法规规定的其他条件。

不过上述规定并没有细分方案设计的招标投标，笔者认为，房屋建筑工程项目的概念性方案设计和实施性方案设计的招标都应当具备上述条件。

（二）施工图设计招标

一般情况下，招标人都会在施工图审查通过之后再进行施工承包的招标投标。但是，在工程法律实务中，招标人也可能根据项目的实际需要，结合工程设计所处的阶段和设计的深度采用扩初图招标、施工图招标等不同的方式，相应的，招标文件的要求和施工合同条件也会有所差异。因此，投标人在准备投标文件时有必要依照招标文件和工程合同的内容，以及项目特色、设计文件的深度采用不同的报价方式，并且还有必要进行实地现场勘察和后期项目管理方法。

从设计角度出发，工程施工图设计更多的是涉及结构质量和安全的内容，因此，施工图设计招标一向是工程设计招标投标监督管理的重点。

《工程建设项目勘察设计招标投标办法》第9条关于依法必须进行设计招标的工程建设项目的招标规定与前述方案设计有着完全相同的条件。至于工程设计的招标投标程序，按照现行的法律规范的规定，与工程施工招标投标活动相同，并无特别的例外规定。

（三）工程设计招标的例外情形

对于符合招标投标范围和规模标准的项目，采购工程设计服务应当进行招标。但是，如果建设项目的工程设计需要采用特定专利或者专有技术的，或者其建筑艺术造型有特殊要求的，或者工程项目的改建、扩建或者技术改造，由其他设计机构设计影响项目功能配套性的，经项目主管部门批准，也可以不进行招标。

《建设工程勘察设计管理条例》第16条也明确规定，下列建设工程的勘察、设计，经有关主管部门批准，可以直接发包：

（1）采用特定的专利或者专有技术的；

（2）建筑艺术造型有特殊要求的；

（3）国务院规定的其他建设工程的勘察、设计。

二、工程项目施工的招标投标

工程项目施工在整个PPP投资、建设中占据非常重要的地位和作用，历来也是招标投标监督管理的重点内容。

根据招标投标法律法规的规定，施工单项合同估算价的400万元人民币以上的项目，也应当采用招标投标方式。对于符合上述项目范围和规模标准的施工项目，发包人必须通过招标的方式来确定承包人，除此之外的施工项目，则可以采用议标或者直接发包等方式选择施工承包人。

需要特别注意的是，对于属于国务院发展计划部门（现为国务院发展改革部门）确定的国家重点建设项目，各省、自治区、直辖市人民政府确定的地方重点建设项目，以及全部使用国有资金投资或者国有资金投资占控股或者主导地位的工程施工项目，只能采用公开招标的方式，而不能采用其他方式进行采购。

此外，在实务当中，绝大多数的招标投标项目都以单项合同估算价为衡量招标与否的标准，鲜有以投资总额为判断标准的。但是，投资总额的标准仍然有必要引起重视，由于法律规范的滞后，以及监管部门对规定的不同理解，尤其是一些政府投资项目和项目所在城市的要求，项目的各方参与主体也应当从单项合同估算和投资总额两个角度同时考虑，以避免因为是否必须招投标的疑问从而影响合同的效力，以及后期的审计风险或者行政追责。

三、工程货物的招标投标

工程货物的招投标采购也是PPP项目以及工程建设领域需要关注的事项。根据《招标投标法》的规定，与工程建设有关的重要设备、材料等货物的采购，如果属于必须招标的项目范围和金额标准，就应当进行招标。就工程货物的招标投标采购，需要注意以下几点：

（1）依法应当按照招标投标的方式进行采购的工程货物主要是指与工程

建设有关的货物，具体是指构成工程不可分割的组成部分，且为实现工程基本功能所必需的设备、材料等，比如电梯、强弱电、消防等设备，钢筋、建筑幕墙、石材等材料，而不是所有的工程建设可能涉及的货物。

（2）需要招标的工程货物应当是属于法定招标项目类型，且单项合同估算价在200万元人民币以上，或者单项合同估算价低于上述标准，但货物采购和施工的合并金额达到100万元人民币的。

（3）需要招标的工程货物不属于总承包合同范围内的货物，或者是以暂估价或者暂列金额的形式包含在总承包合同范围内的货物。

当然，除了以直接采购和公开招标方式进行采购之外，在一定条件下，工程货物的采购也可以采用邀请招标的方式进行。

并且，在实务中还需要注意的是，对于应当依法招标采购的主要设备或者供货合同的主要部分，招标人不得要求或者允许分包，也不得指定品牌和指定供应商，以避免影响和破坏招标采购的公正性和竞争性。

四、招标投标与标准化合同

除了应当遵守招标投标的一般性规定外，工程设计、工程施工的招标投标还有其比较特殊的，并需要招标人和投标人加以注意的事项，那就是标准化工程合同在招标投标中的运用。

按照目前的法律制度，实践中绝大多数工程项目都需要通过招标投标活动来选择合适的承包人，招标人（包括业主、总承包人）将有关部委主管机关编制的标准化工程合同或者经过修改的标准化工程合同作为招标文件的重要组成部分也早已经成为常态。

（一）用于招标投标的工程合同的属性

在实务中，对于招标文件中的工程合同条件，承包人都要进行实质性响应，通常不能做任何修改，否则就可能被作为废标处理或者投标被否决。如前所述，标准化的工程合同本身不属于格式合同，但是，如果招标人对这些标准化的工程合同条件进行修改并反复用于其所有相关的工程项目的招标投标，并利用其在招标投标活动中的主导地位和优势禁止投标人对合同条件进行任何修改。那么依据《合同法》的规定，这些合同条件就有可能构成格式合同或者格式条款[①]，这在工程法律实务中也有必要引起各相关方的注意。

笔者认为，招标投标的目的在于充分的、公平的竞争，这种关系不应仅限于投标人之间，同样也约束招标人和投标人之间的关系，也就是说，招标人和投标人也应当建立公平的关系。如果借招标投标活动和招标人的优势地位在合同文件中设置不合理的条件或者限制承包人的权利的条款，行政机关或者司法机关就有必要予以矫正，否则，标准化工程合同和条款将可能变成新的霸王条款、不公平条款，不利于建设行业的规范和发展，导致乱象丛生的后果。

尤其是在目前大力推广 PPP 模式进行基础设施建设的趋势下，可以预见绝大多数的公共建设项目都要采用招标投标方式和标准工程合同选择投资人和承包人。在某种意义上，工程领域"僧多粥少"的局面并没有改变，如果招标人借用法律规定的强制招标投标程序而将某些本不属于合同一方的义务和责任错误地强加在该方主体之上，则显然违背了法律的原则和精神，而且也不利于后续的项目建设的顺利进展以及争议的解决。

（二）实务中运用招标投标合同条件的注意事项

现行《合同法》规定，采用格式条款订立合同的，提供格式条款的一方应当遵循公平原则确定当事人之间的权利和义务，并采取合理的方式提请对方注意免除或者限制其责任的条款，按照对方的要求，对该条款予以说明。最高院《关于适用〈中华人民共和国合同法〉若干问题的解释（二）》也规定，提供格式条款的一方对格式条款中免除或者限制其责任的内容，在合同订立时采用足以引起对方注意的文字、符号、字体等特别标识，并按照对方的要求对该格式条款予以说明的，人民法院应当认定符合合同法所称"采取合理的方式"。

因此，无论是业主还是承包人作为招标人，对于招投标过程中使用的招

---

① 《合同法》第 39 条，格式条款是当事人为了重复使用而预先拟定，并在订立合同时未与对方协商的条款。

标文件和合同条件有必要引起足够的重视，采用合理有效的方法提醒投标人注意。但是，尽管如此，从行业规范、有序发展以及法治进步的角度来看，司法机关也仍有必要对使用的合同条件等进行约束、规制和必要的矫正，如果双方对合同条款的理解和执行发生争议，也应倾向于做出不利于提供合同条件的一方主体的解释。

第七节　PPP 项目采购和工程采购的注意事项

除了上述有关 PPP 项目和工程建设项目采购应当遵守的规则之外，招标人和投标人在参与招标投标时，还需要注意以下两个事项。

一、PPP 项目中投资人和承包人的选择和协调

在中国目前实行的 PPP 项目采购中，大部分都集中在基础设施建设和公用事业建设领域，因此，除了融资需求外，其涉及的工程项目的建设也是其中最主要的环节和工作内容。而目前中国在《招标投标法》和《政府采购法》的法律适用上还存在一定的不协调之处，有待立法和司法实践的指导。

如前所述，招标人如果是需要有一个中标人对 PPP 项目提供全生命周期的服务，那就会涉及融资、设计、建造、运营等一系列的工作，就产生了采购人在 PPP 项目的投资人和承包人的选择和协调问题。

在涉及 PPP 项目的全周期服务中，对于前期融资、中期建设和后期运营等在具体适用招投标问题时，笔者认为，还应当做如下区分：

（1）如果仅涉及前期的融资，选择社会资本的供应商，应视为政府采购服务行为，采用政府采购途径实施，无论是否进行公开招标投标，后续的施工、设计和货物采购等如果属于《招标投标法》的范围和规模标准，则仍然应当依法进行招标。

（2）对于前期已通过招标方式选定了特许经营项目投资人，并且投资人依法能够自行建设、生产或者提供的工程建设项目，则可以不再进行招标；反之，则需要进行招标。

（3）如果在采用 PPP 模式整体采购项目时，如果社会资本系以联合体方

式投标，联合体成员本身有能力进行施工、设计和货物采购的，可以不再进行招标，反之，则应当进行再次招标。

（4）如果采用 PPP 模式整体采购项目，即使是以联合体方式承包，但是最终的工程项目的施工、勘察、设计、货物采购等并非由联合体成员承担，那么仍然应当依据《招标投标法》的规定进行招标。

在实务中，常见的 PPP 操作形式是政府通过下属职能机构与社会资本共同出资设立项目公司（SPV），再由项目公司另行选择工程的施工、勘察、设计和货物采购的提供者。在这种模式下，由于项目公司于前面所涉及的政府采购的招标投标并非同一主体，严格来讲，后续的工程建设项目仍然要进行招标投标。

二、投标保证金

招标人在招标文件中要求投标人提交投标保证金的，投标保证金不得超过招标项目估算价的 2%。投标保证金可以是现金、支票、银行汇票等形式。实践中，为了避免因投标保证金不足导致投标无效或被否决的不利后果，投标人应当查阅招标文件的要求，严格按照要求提供投标保证金，防止出现投标保函金额不足的情形。

需要注意的是，不同于工程建设项目的招标投标，在政府采购的工程项目中，投标保证应当以支票、汇票、本票或者金融机构、担保机构出具的保函等非现金形式提交。

（一）投标保证金的性质

投标保证是投标人向招标人提供的确保其在中标后依据招投标文件确定的条件和中标通知书的要求签署工程合同的担保方式。依据法律法规的规定，投标保证金的有效期应当与投标有效期一致。通常情况下，投标有效期由招标人在招标文件中确定，但是按照相关的规定，投标有效期最低不应少于投标截止日后的 120 天，这其中已经包括了发出中标通知书后为签署工程合同所准备的 30 天，从这些规定和实际措施来看，投标保证金在法律上具有立约保证的功能。

（二）投标保证金的提交

关于投标保证金的比例，《招标投标法实施条例》颁布之前，一般以投标人报价的2%计取。《招标投标法实施条例》实施之后和《工程建设项目施工招标投标办法》修改之后，投标保证金则以项目估算价的2%为上限，且最高不得超过80万元人民币。笔者认为，这一变化有利有弊，一方面避免了投标人各自提交的保证金金额的差异，在一定程度上可预防串标行为，另一方面也可能使招标项目的标底或者合同价款被事先透露。同时，换一个角度来看，标底的透明化或许有利于规范目前市场上不正常的低价竞争以及将报价作为衡量能否中标的唯一标准的弊端。

形式上，最常用的投标保证方式是现金形式或支票形式，也有一些采用投标保证金保函的情形，对此，法律法规没有明文的禁止或限制性规定，采用何种形式，则由招标人自行决定。另外，现行法律法规还要求依法必须进行施工招标的项目的境内投标单位，如果以现金或者支票形式提交投标保证金，则应当从其基本账户转出。在PPP项目采购中，应当特别注意，社会资本合作方交纳保证金的，应当以支票、汇票、本票或者金融机构、担保机构出具的保函等非现金形式，并且保证金数额不得超过项目预算金额的2%。

（三）投标保证金的退还

如前所述，投标保证金的目的在于确保工程合同的签署，一旦招标人和中标人签署了工程合同，投标保证金即达到了效果。因此，招标人就应当在与中标人签订工程合同后，向中标人和未中标的投标人退还投标保证金本金及银行同期存款利息。此处的“银行同期存款利息”从投标人递交投标保证金之日起至招标人实际退还保证金之日，最晚不得超过双方签署合同后5日。

此外，还需要注意的一点是投标人在投标截止时间前撤回已提交的投标文件，招标人应当自收到投标人书面撤回通知之日起5日内退还已收取投标保证金的。笔者认为，这是招标人的法定义务，也是投标人的法定权利，招标人不得以投标人撤回投标为由没收投标保证金，如果招标文件有此等约定的，也不具有法律的约束力。

在实务中，投标人的投标保证金一般都提交给招标代理机构，由其统一管理。在《招标投标法实施条例》颁布之前，法律、法规并没有明确规定投标保证金利息的归属，因此，多数情况下，这些利息都由招标代理机构处理。《招标投标法实施条例》的颁布和实施则为投标保证金的处理提供了法律依据。

另外，实践中对于未中标的项目，招标人通常不予以任何补偿，但是笔者认为，为提高投标人的积极性，同时也是对投标人知识成果的重视和保护，对投标人劳动成果的尊重，招标人应考虑给予投标人合理的补偿。对此，也有相应的法律法规的依据，如《政府和社会资本合作财政管理暂行办法》第14条就规定，PPP项目中参加采购评审的社会资本所提出的技术方案内容最终被全部或部分采纳，但经采购未中选的，财政部门应会同行业主管部门对其前期投入成本予以合理补偿。

（四）投标保证金的没收

《招标投标法实施条例》和《工程建设项目施工招标投标办法》分别对没收投标保证金的事项进行了规定，具体情形包括：

（1）在投标有效期终止之后，投标人撤销投标文件的；

（2）中标人无正当理由不与招标人订立合同的；

（3）在签订合同时向招标人提出附加条件的；

（4）中标人不按照招标文件要求提交履约保证金的。

此外，根据《工程建设项目施工招标投标办法》规定，在原投标有效期结束前，出现特殊情况的，招标人可以书面形式要求所有投标人延长投标有效期；投标人可以接受也可以拒绝延长，如果投标人拒绝延长的，则招标人不得没收投标保证金。如果招标人不履行与中标人订立的合同的，应当双倍返还中标人的履约保证金；给中标人造成的损失超过返还的履约保证金的，还应当对超过部分予以赔偿，没有提交履约保证金的，应当对中标人的损失承担赔偿责任。

需要注意的是，在PPP项目采购中，如果投标人出现下列情形之一的，则保证金不予退还：

（1）供应商在提交响应文件截止时间后撤回响应文件的；

（2）供应商在响应文件中提供虚假材料的；

（3）除因不可抗力或谈判文件、询价通知书认可的情形以外，成交供应商不与采购人签订合同的；

（4）供应商与采购人、其他供应商或者采购代理机构恶意串通的；

（5）采购文件规定的其他情形。

三、项目招标的时限规定

招标时限是招标人完成招标活动所需要的法定或者约定的期限，对于招标人和投标人都有法定的约束力。工程建设项目招标采购中，应当遵守下列时限规定：

（1）招标公告的时限。招标人应当按招标公告或者投标邀请书规定的时间、地点出售招标文件或资格预审文件，自招标文件或者资格预审文件出售之日起至停止出售之日止，最短不得少于5个工作日。

（2）出售招标文件的时限。根据《招标投标法》的规定，招标人应当确定投标人编制投标文件所需要的合理时间；对于依法必须进行招标的项目，自招标文件开始发出之日起至投标人提交投标文件截止之日止，最短不得少于20日。

（3）如果潜在投标人或者投标人对资格预审文件或者招标文件提出异议的，招标人应当自收到异议之日起3日内作出答复，并应当在答复前暂停招标投标活动。

（4）招标人对已经发出的招标文件进行修改和澄清，应当至少在投标截止日15天前以书面形式通知所有购买招标文件的潜在投标人。

（5）招标人已收取投标保证金的，应当自收到投标人书面撤回通知之日起5日内退还。[①] 定标之后，招标人应当在签署书面合同后5日内向中标人和未中标人退还保证金以及同期银行存款利息。

招标人除了应当遵循上述时限规定外，还应当注意招标活动本身期限的

---

① 《招标投标法实施条例》第35条。

延长事宜。招标人通常会在招标文件中规定投标有效期，投标人在投标截止日前提交投标文件，即进入开标、评标和定标阶段。

但是，在原投标有效期结束之前，如果出现不可抗力或者其他特殊情况的，招标人可以书面形式要求所有投标人延长投标有效期。对此，投标人同意延长的，不得要求或被允许修改其投标文件的实质性内容；投标人也可以拒绝延长投标有效期并有权收回其投标保证金。除了因不可抗力需要延长投标有效期之外，如果招标人因延长投标有效期给投标人造成损失的，还应当给予补偿。

另外，实务中需要注意的是，特许经营权项目的招标时限规定与工程建设项目略有不同。比如，《经营性公路建设项目投资人招标投标管理规定》要求招标人应当合理确定资格预审申请文件和投标文件的编制时间：

（1）编制资格预审申请文件时间，自资格预审文件开始发售之日起至潜在投标人提交资格预审申请文件截止之日止，不得少于30个工作日；

（2）编制投标文件的时间，自招标文件开始发售之日起至投标人提交投标文件截止之日止，不得少于45个工作日。

四、限制投标的规定

一般情况下，只要符合法律法规规定和招标文件规定的资格和资质条件的主体都可以参加招标项目的投标，招标人不得不合理地限制和排斥投标人。但是，为了确保招标活动的公平性、竞争性，现行的法律规范也明确规定了，对于存在某些特殊情形的项目参与，应当对投标主体的资格进行限制。这些限制情形主要包括：

（1）单位负责人为同一人或者存在控股、管理关系的不同单位，不得参加同一标段投标或者未划分标段的同一招标项目投标；

（2）与招标人存在利害关系并可能影响招标公正性的法人、其他组织或者个人，不得参加投标；

（3）招标人的任何不具独立法人资格的附属机构（单位）；

（4）为招标项目的前期准备或者监理工作提供设计、咨询服务的任何法人及其任何附属机构（单位），都无资格参加该招标项目的投标；

（5）以联合体形式参加政府采购活动的，联合体各方不得再单独参加或者与其他供应商另外组成联合体参加同一合同项下的政府采购活动[①]。

如果投标人存在违反上述（1）和（2）两项规定的情形，那么相关的投标将归于无效。

为了避免出现投标无效影响合同效力的后果，以及避免行政监督的处罚，在采用二次招标的时候，尤其是PPP和特许经营项目中，承包人与SPV的股东之间为同一主体，或者存在管理或者关系时，那么相关的投标依法无效。

五、招标投标中的无效行为

在基础设施PPP和工程建设项目的采购过程中，各方主体应当注意现行的《招标投标法》等法律法规有关招标、投标、评标等一系列规定，避免因为招标投标中的无效行为导致中标无效，进而影响最终签署的合同的效力。

根据《招标投标法》及其实施条例等法律、法规和规章的规定，招标代理机构、招标人和投标人的违法行为都可能导致中标无效的后果。这些行为包括：

（1）招标人在评标委员会依法推荐的中标候选人以外确定中标人或者在所有投标被评标委员会否决后自行确定中标人的；

（2）依法必须进行招标的项目，招标人与投标人就投标价格、投标方案等实质性内容进行谈判，并影响中标结果的；

（3）招标人或者招标代理机构向他人透露已获取招标文件的潜在投标人的名称、数量或者可能影响公平竞争的有关招标投标的其他情况，导致影响中标结果的[②]；

（4）招标人泄漏标底，导致影响中标结果的；

（5）招标代理机构与招标人、投标人相互串通损害国家利益、社会公共利益或者其他人合法权益等行为影响中标结果；

（6）投标人以向招标人或者评标委员会成员行贿的手段谋取中标的；

① 《政府采购法实施条例》第22条。

② 《招标投标法》第52条。

（7）投标人以他人名义投标或者以其他方式弄虚作假，骗取中标的。

根据《合同法》的规定，基于评标无效和中标无效行为签署的工程合同，包括施工合同、勘察设计合同、监理合同、采购合同也将归于无效。并且，依据《合同法》的规定，无效的工程合同自始至终都没有法律约束力。合同无效后，因该合同取得的财产，应当予以返还；不能返还或者没有必要返还的，应当折价补偿；有过错的一方应当赔偿对方因此受到的损失，双方都有过错的，应当各自承担相应的责任。[①]因此，双方当事人在合同中约定的诸如质量标准、工期奖罚、违约责任等条款也因缺少合同依据而归于无效。当然，合同无效并不意味着不会产生任何法律后果，或者说合同主体就得不到任何法律上的保护、救济或惩处。相反，合同主体仍然可以从程序和实体权利方面得到适当的保护，违法者也要承担相应的责任。

第八节　项目招投标对工程合同的影响

在目前中国的建筑市场管理体系中，招标投标对工程合同的影响是巨大的，这不仅体现在政府对工程建设项目招标投标、合同履行的监督、管理方面的影响，还体现在对工程合同的成立和生效、工程合同的法律效力等问题影响上。

一、招投标对工程合同的行政监管

从制定《招标投标法》以及相应的配套法规、规章的初衷来说，招标投标在规范工程建设项目的公平、公开竞争，保障工程质量和安全等方面发挥了巨大的作用。

但是，经过十多年的法律适用的实践，不得不承认的是，过多的招标投标的强制性规定，在某种程度上也限制了正常的市场竞争体制，尤其是在招标人与投标人之间，造成工程建设市场一边倒的趋向，同时也是造成目前不正当低价竞争的原因之一。依照目前的招标投标规定，承包人是不能对招标

① 《合同法》第58条。

文件，包括工程合同提出异议的，一旦有异议，即有可能被认为是废标，或者不能中标。而有些招标人会在编制招标时使用的工程合同条件中，加入诸多不合理甚至是苛刻的条件，使承包人面临要么不中标，要么接受苛刻条件的两难境地。

虽然，建委和标办等行政监管机构会对招标文件和合同文件进行事前事后的备案管理，但是，这种管理一方面有行政干预民事行为之嫌，与行政管理职能转变的趋势相悖；另一方面这种行政管理也并不能从根本上解决承发包双方在民事合同法律关系的自由意志的体现，包括合同双方对工程合同条件的协商谈判。

另外，事实证明，工程建设领域的虚假招投标现象有目共睹，如果仅是从质量把控的角度或是防治腐败的角度出发加强招标投标，未必是最好的方法。笔者认为，结合工程实践来看，事前的各种禁止性和限制性的措施并没有从根本上解决质量、虚假招投标、阴阳合同等问题，因此，换一种思路，加强事中的监督和事后的惩处，或者实行二元化的工程建设项目招标投标，即区分具有财政投资性质的项目的强制招标投标监管，而对非财政的私人投资的建设工程项目则由当事人选择是否进行招标投标，或许能对工程建设市场和行业的维护和发展起到一定的作用。

二、招投标对工程合同效力的影响

招标投标对于工程合同而言，直接关乎合同的效力和权利救济问题。其中主要涉及应当招标而没有招标或者中标无效的情形，以及黑白合同的问题。

（一）未招标或者中标无效

根据《招标投标法》及其实施条例的规定，对于依法必须进行招标的工程建设项目，评标无效、中标无效的，应当重新进行评标或者重新进行招标。如果招标人不进行重新招标或者评标，根据《合同法》的规定，属于违反法律和行政法规的强制性规定的情形，与之相伴，基于评标无效和中标无效行为签署的工程合同，包括施工合同、勘察设计合同、监理合同、采购合同也自然归于无效。

此外，虽然，《招标投标法》仅规定必须招标的项目而没有招标的，或者将招标项目化整为零或以其他方式规避招标的，可以暂停项目执行而没有明确规定招标无效或中标无效。但是，最高人民法院《关于审理建设工程施工合同纠纷案件适用法律问题的解释》则明确规定，建设工程必须进行招标而未招标或者中标无效的，施工合同应当认定为无效。

对于上述无效的工程合同，除争议解决条款外，其他条款均属无效。并且，合同无效后应当恢复原状，返还因该无效合同取得的财产；不能返还或者没有必要返还的，应当折价补偿。而且，各方还要承担过错责任，即有过错的一方应当赔偿对方因此所受到的损失，双方都有过错的，应当各自承担相应的责任。

（二）黑白合同的处理

黑白合同也是工程实务中经常遇到和讨论的议题，也是实务中容易引起混淆的议题。根据《招标投标法》第46条和第59条规定，招标人和中标人应当自中标通知书发出之日起三十日内，按照招标文件和中标人的投标文件订立书面合同；招标人和中标人不得再行订立背离合同实质性内容的其他协议。如果双方又签署了一份与招标投标合同条件不一致的合同，那就出现了实践中常说的“黑白合同”情形。黑白合同与招标投标过程中的实质性谈判密切相关，但又有所区别。界定黑白合同的一个关键标准在于招标人和投标人有规避招标投标的行为和目的；而实质性谈判则是通过改变投标人的投标条件从而达到中标的目的。

黑白合同和实质性谈判的共同点都是对招标投标文件中的实质性内容进行了变更，就“实质性内容”所涵盖的内容而言，工程合同的标的、价款、支付方式、质量、工期等属于主要条款[①]即属于实质性内容，除非投标人在招标投标阶段提出合理的偏差并且被接受，应当与招标文件和投标文件的内容保持一致，不得变更。否则，对于其他投标人而言，招标投标失去公平竞争的本质要求，同时也使评标失去了既定的标准和尺度。而且，司法实践中，

① 《招标投标法实施条例》第57条。

最高人民法院也明确了招标人和中标人另外签订改变工期、工程价款、工程项目性质等影响实质性内容的协议，导致合同双方当事人就实质内容享有的权利义务发生较大变化的，应当认定为变更中标合同的实质性内容。[①]

黑白合同和实质性谈判两者的区别在于所处时间和行为结果不同。实质性谈判通常发生在招标投标阶段，包括中标后签署书面合同之前，并经常出现以是否同意实质性谈判内容作为合同签署的前提条件，其行为结果是最终只签署了一份工程合同，并且该合同的条款与招标投标文件的内容已有实质性的变化。而黑白合同通常是招标人和中标人签署了两份合同，一份是用于政府备案的白合同，另一份是用于实际履行的黑合同。

对于黑白合同，如同招投标过程中实质性谈判的处理，首先应当注意的也是对实质性内容的认定问题。通常，招标人和中标人另行签订的改变工期、工程价款、工程项目性质等中标结果的约定，应当认定为变更中标合同实质性内容。在中国对外建设有限公司与鞍山华创德隆房产开发有限公司建设工程施工合同纠纷上诉案件[②]中，最高人民法院裁定有关工程范围、价款、质量、管辖争议条款等均是合同的实质性内容。但是，由于工程建设项目的特殊性，工程变更等属于正常的情况，如果在建设工程开工后，发包方与承包方因设计变更、建设工程规划指标调整等原因，通过补充协议、会谈纪要、往来函件、签证等形式变更工期、工程价款、工程项目性质的，则不应认定为变更中标合同的实质性内容，不构成黑白合同的情形。并且，根据《合同法》关于双方协商一致可以变更合同的规定，在工程合同的履行过程中，双方可以协商变更合同内容。

对于黑白合同争议的处理还需要考虑合同签订时间的影响，如果是在中标之前双方已经签署合同或就实质性条款进行谈判，那么同时也构成了实质性谈判的情形，黑白合同均属于无效。对此，最高人民法院在山东日建建设集团有限公司与日照君泰房地产（集团）有限公司建设工程施工合同纠纷申

---

① 《全国民事审判工作会议纪要（2015 年）》第 44 条。

② 中国对外建设有限公司与鞍山华创德隆房产开发有限公司建设工程施工合同纠纷上诉案件，最高人民法院（2014）民一终字第 00067 号民事裁定书。

请再审一案[①]中也给出了明确的答案。至于中标之后签署黑白合同的情形，法律并没有明确各自的效力问题，司法机关在处理此类争议时也并不对此进行明确的规定。在司法实务中处理黑白合同多数集中在工程价款的结算审核问题上，其基本原则是一般按照白合同，即以在建设行政主管部门登记、备案的合同作为工程项目最终结算的依据。

① 山东日建建设集团有限公司与日照君泰房地产（集团）有限公司建设工程施工合同纠纷申请再审一案，最高人民法院（2013）民申字第572号民事判决书。

CHAPTER 7

第七章 项目融资和 PPP 的合同体系

在以项目融资、PPP、BOT 等方式运作的大型基础设施项目中，其投资、融资、建设和运营等大多会涉及包括发起人、投资人、融资机构、承包人、运营商、供应商等在内的多方参与主体，这些主体通过不同的合同文件形成相互之间或密切，或松散，或直接，或间接的合同关系、管理关系。换言之，PPP 和特许经营项目是由一系列的合同、法律文件构建的商业交易体系。

实践中，基础设施项目融资和 PPP 的合同、法律文件中主要包括 PPP 合同、特许经营权协议、融资协议、合资协议、设计—采购—施工（EPC）合同、设计—施工（DB）合同、早期工作协议、项目管理 / 执行协议，或者独立的施工总承包合同、设计合同、工程分包合同、设备和材料采购合同、保险合同、设施管理合同、担保合同、销售协议、燃料供应协议、燃料运输协议、供水协议、购电协议、运营和维护协议、房地产及土地使用协议等，以及上述协议、债务及股权融资文件的附件、技术支持文件等。在实践中，具体的合同、法律文件还会因项目类型、项目规模、所属行业和领域的不同而不同。

此外，基础设施项目中合同文件的另一个特点就是其签署、执行和实施都要受到行政主管机关的监督和管理，融合了行政法和民事法的内容，除了法律和行政法规的规定外，国务院各部门、项目所在地的地方法规、规章，甚至是一些规范性文件也会对合同产生或多或少的影响。因此，合同当事人在签署、履行相关合同时，还应当注意行政主管部门监管的要求，特别是涉及 PPP 项目的基金、信托、公司债券以及资产证券化等结构化金融产品的相关协议、合同的合法、合规更是关系到融资、再融资目的的实现。

第一节　合同架构和注意点

PPP 和项目融资是由一系列的协议、合同以及附属法律文件等组成的复杂交易结构，这些法律文件是一个完整的、系统的宏观体系，而不仅仅是单独、孤立的合同文本。因此，项目各方参与主体在起草、签署的各类协议、合同文件中厘清相互之间的关系不仅是避免和减少歧义、争议的重要方式，同时也是顺利推进项目实施、实现合同目的，对项目风险进行合理转移、消化的重要途径。

一、起草合同文件的注意事项

起草合同文件，一方面，自然要充分体现合同各方主体的真实意愿，以“当事人意思自治”为基本原则；另一方面，合同各方主体在起草和讨论合同过程中，也需要注意相关法律法规规定在合同中的体现和反馈。对于法律法规中已有明确规定的内容，有时为了引起双方的重视和注意，需要在合同中予以重述，有些则不必要；而对于法律法规允许双方自行约定的事项，则应当在合同中予以明确，以更好地反映合同各方的想法，但不得违反法律、行政法规的禁止性规定和限制性规定；而对于不具有强制法律约束力的法规规定，合同各方也可以考虑根据项目具体情况和各自需求决定是否在合同中进行合约化处理。

具体来说，结合法律、法规的规定和实践，合同文件内容的表述主要分为以下几类：

（1）宣示性条款。这些条款通常是对法律规定的重述，起到提示作用，其本身并不影响相关法律规定的效力。换言之，即使不在合同中做此类表述，法律、法规的规定也同样对合同各方当事人具有约束力。比如，出资协议约定的“公司为公司股东或者实际控制人提供担保的，必须经股东会或者股东大会决议”、工程承包合同中约定的“未经业主同意，承包人不得对工程进行分包，不得进行转包”等内容。

（2）授权性条款。即允许双方对法律规定的内容做出变更。此类合同条款的重点在于对法律、法规中的授权性或者任意性条款的修改或者补充。对于此类条款，双方有约定的按照约定，没有约定的，则仍然依据法律已有的规定执行，比如，未履行出资义务即转让股权时的受让人追偿权，《公司法》即规定“当事人另有约定的除外”。对于授权性条款的把握应当从严，只适用于相关法律中明示双方可以另行约定的内容，否则合同条款的约定将无所限制，法律规定的内容也将形同虚设。

（3）约定性条款。这部分条款在合同内容中占据很大的比例，凡是除前述宣示性条款和授权性条款之外的内容，都可以归入此类。约定性的条款绝大多数属于法律没有具体规定或者是没有涉及的内容，允许合同双方当事人自行约定相关的内容，典型的内容如公司章程中关于出资比例、分红比例、投票权的约定，贷款协议中的贷款额度和条件，工程承包合同中的工程价款、工期奖励等条款。

另外，在法律实务中，使用行业惯例、交易习惯的现场也不足为奇。比如，《合同法》就规定第 61 条就规定，合同生效后，当事人就质量、价款或者报酬、履行地点等内容没有约定或者约定不明确的，可以协议补充；不能达成补充协议的，按照合同有关条款或者交易习惯确定。

二、标准化合同的使用[①]

在实践中，使用标准化合同文件是商业社会交易模式和交易行为规范化发展的趋势之一。标准化合同文件最直观的优点就是能够借鉴已有经验、提高效率、减少双方的交易成本，避免双方对交易文件中的每个具体条款再次经历起草、协商和讨论的过程。标准化合同对双方的权利义务的安排更加贴近产业、行业的发展趋势和合同各方的相对平衡，并且对合同风险的分配相对较为公平和公正。同时，中国目前现行的一些标准化合同文件大多是在政府主管机构的主导下颁布和推广施行，这也在一定程度上使合同双方在权利义务的安排上能够保持一定的平衡，使双方能够处在相对公平的谈判地位上。

无论是在国际上还是在国内，标准化合同文件的使用都有着悠久的历

① 林立：《工程合同：法律、规则和实践》，北京大学出版社 2016 年版，第 22~27 页。

史，此类合同的推广使用不仅对合同双方的权益平衡起到了重要的作用，而且对于不同行业领域本身的建设和发展的作用也不可小觑。

首先，值得关注的是，每一份合同文件都有其内在的理念和逻辑，因此，对于标准化合同的选择和使用应当顺势而为。无论是政府方、社会投资人、融资机构，在确定拟使用的合同时，都有必要先行考虑各自的需求和项目的特征、各自的管理能力和权利义务的分配，然后再选择合适的合同模式与之对应和配套。比如，在一个新建的基础设施项目中，政府方或者业主需要的是承包人提供设计和施工一体化的服务，那么就应当选择设计—施工一体的工程承包合同，而不是简单的在工程施工合同的基础上加上一些有关工程设计的条款和内容。但是，如果仅仅是出于工程承包合同签署的紧迫性而选择不恰当的合同模式，或者简单地认为可以在施工总承包合同的基础上加上设计内容就能成为 DB 或者 EPC 合同模式的做法，或者删除 EPC 或 DB 合同模式中的设计内容就可以用于纯施工项目建设的做法都是不可取的，必将给后期的工程承包合同履行带来不可避免的硬伤和潜在的风险。

其次，如前所述，每一类或每一份标准化合同都由其内在的体系、架构、逻辑和理念，以及使用的条件，选择使用某一类型的合同文件，除了对合同条款中可以结合各方的需求和项目特征通过专用条款进行适当调整和修改之外，应当尽可能保持其结构的稳定性，不轻易变动。退而求其次，即使确有必要进行修改和调整，也是基于每个项目的特点，同时需要考虑合同各方的风险分配和权利义务平衡，避免违背该合同模式本身的内在逻辑和安排，乃至实践普遍认可的原则。当然，这样做的目的不仅在于确保标准化合同的原则和精神不被擅自修改，而且也能避免由于修改、变动导致合同约定的不明确和冲突，并由此发生争议。

此外，现有的行政监管或许对于标准化合同的运用起到一定的保障作用，比如，在现行的招标投标等行政监督体制下，使用标准化工程承包合同可能还会遇到主管部门对标准化工程承包合同的审查，以及限制对合同条款的修改、补充等弊端。在某种意义上可以说有助于标准化工程承包合同中的既定原则和精神不被擅自修改，但是，其弊端也久为人所诟病，即行政行为对民事活动的过度干预。

最后，笔者认为，对于显示公平、霸王条款的约束和纠正也刻不容缓，特别是一些强势的合同主体利用其地位、影响力、优势市场、交易特点等，使对方不得不接受对其不利、不公平的条件，对于此类合同条款，笔者认为，除了立法规制外，司法机关、仲裁机构也能够起到终极和更为有效的解决手段，以促进公平交易的市场环境和氛围，以及行业的长远发展。

三、合同主要条款的起草

从根本上来说，PPP 和项目融资的合同体系所要解决的是哪个主体依据哪类合同承担何种工作以及与之相应的权利、义务和责任问题。由此可见，在项目融资、PPP 的合同体系中，各个合同都应当至少具备诸如合同主体、合同标的、合同价款等条款。除此之外，对于以下一些特殊的具有共性的条款也应当在起草相关协议时引起重视。

（一）法律适用条款

在跨境大型基础设施项目中，法律适用条款是合同的必备条款，如因适用法律约定不明，则会导致各方权利义务的不明确，不仅不利于合同执行，也不利于争议解决，故而法律适用条款是跨境项目的必备条款。但是，如果是涉及外商投资的位于中国境内的大型基础设施项目，其中的中外合资经营企业合同、中外合作经营企业合同、中外合作勘探开发自然资源合同，则只能适用中国法律。①

同样的，境内的基础设施项目合同的签署、执行和实施由于受到相关行政主管机关的监督和管理，除了法律和行政法规的规定外，各部门、各地方的法规、规章，甚至是一些规范性文件也会对合同产生或多或少的影响。因此，签署合同时，除了要以当事人意思自治为原则，同样也不得违反相关法律、行政法规的规定，并且还应当符合项目所在地的地方性法规、规章的内容。

---

① 《合同法》第 126 条。

（二）违约责任条款

"有约必守，违约必究"是契约精神的具体体现。《合同法》也规定了当事人应当按照约定全面履行自己的义务。为了约束各方依约行事，在大型基础设施项目的各类合同中都有必要明确的约定一方违约时所应当承担的责任。按照《合同法》的规定，违约责任主要包括赔偿损失、支付违约金、继续履行、采取补救措施、解除合同等。其中，较为典型的也是比较常用的违约责任承担方式就是在合同中约定违约方向对方支付一定数额的违约金，或是约定因违约产生的损失赔偿额的计算方法。

（1）违约金是主要的违约责任形式，分为法定违约金和约定违约金两种。多数情况下，违约金的适用以双方约定为主，如果合同中缺少相应的违约金条款，则由法定违约金进行规范。司法实践中，一般把按照中国人民银行公布的同期逾期付款利率标准计算的利息即罚息认定为法定违约金；但是，司法实践中也有法院同时认为该种违约金仅适用于付款（给付货币）逾期场合，且应当是当事人在合同中约定了违约金，但未约定违约金的计算标准的情况下，才有逾期付款违约金适用的余地。

此外，实务中也应当注意违约金的适用条件。比如，在达宝物业与中岱企业、中岱电讯、中珊实业股权转让合作纠纷案[①]中，最高人民法院就指出：违约金是合同双方对合同义务不履行时违约方应付损害赔偿额的约定，所以违约金是针对特定的义务而存在的。这种特定的义务有时是合同中的某一项义务，有时是合同约定的双方的任何一项义务，法院首先必须准确地认定违约金所针对的义务内容。在认定后，还要审查该义务是否实际发生，商事合同中双方常常对合同义务附加前提条件，在条件未成就时合同义务实际上并不存在，故也谈不上履行问题，此时，针对该义务约定的违约金条款就不能适用。

（2）损害赔偿。损害赔偿是合同违约情况下的重要救济方式。根据《合

---

① 广东达宝物业管理有限公司与广东中岱企业集团有限公司、广东中岱电讯产业有限公司、广州市中珊实业有限公司股权转让合作纠纷案，最高人民法院（2010）民提字第153号民事判决书。

同法》的规定，当事人一方不履行合同义务或者履行合同义务不符合约定，给对方造成损失的，损失赔偿额应当相当于因违约所造成的损失，包括合同履行后可以获得的利益，但不得超过违反合同一方订立合同时预见到或者应当预见到的因违反合同可能造成的损失。其中，可预见规则作为限制违约损害赔偿范围的最重要的标准之一，在世界各国民法或合同法中得到了普遍承认。可预见规则的法理基础在于诚实信用原则，可预见规则与因果关系在功能、判断标准、所确定的赔偿范围、保护的重点等方面存在不同，而判断是否可预见的因素主要是合同当事人的身份和合同的主要内容。[①]

在实务中，需要引起合同各方主体注意的是损害赔偿的举证责任分配、损害赔偿的因果联系、损害赔偿的计算、损害赔偿与其他违约救济方式的共存性等问题，而这些通常也是争议较为集中的问题。

（3）继续履行。一般来讲，继续履行作为违约救济方式需要区分不同的债权债务性质而有所区别，其表现形式存在不同之处。根据《合同法》的规定，对于金钱债务的违约责任，当事人一方未支付价款或者报酬的，对方可以要求其支付价款或者报酬。而对于非金钱债务违约的继续履行，《合同法》也做出了明确的规定，即当事人一方不履行非金钱债务或者履行非金钱债务不符合约定的，对方可以要求履行。

继续履行可以普遍地作为合同违约的补救措施，并且该义务不影响违约金的给付义务。按照《合同法》的规定，当事人就迟延履行约定违约金的，违约方支付违约金后，还应当履行债务。但继续履行义务的适用性也有例外的情况。一般来说，金钱债务不会出现不能继续履行的情况，而对于非金钱债务，《合同法》明确规定了这些例外情形，即法律上或者事实上不能履行、债务的标的不适于强制履行或者履行费用过高、债权人在合理期限内未要求履行。

此外，实务中，在合同中约定违约责任的不公平分担、约定排除一方因违约行为造成的责任、约定违约方承担高额的违约金和赔偿金等条款的现象也并非不常见。对此，笔者认为或许可以依据法律有关显失公平的规定予以

---

① 毛瑞兆：《论合同法中的可预见规则》，载《中国法学》2003年总第114期，第89页。

矫正。但是，不可否认，对于何谓“公平”、何谓“显失公平”，无论是理论还是实践，每个人也都有不同的理解和观点。而且，即使是最高院已经明确规定了一方当事人利用优势或者利用对方没有经验，致使双方的权利义务明显违反公平、等价有偿原则的，可以认定为显失公平。① 但是，也并不能就此认为法律上对于公平和显失公平已经有了统一的标准。实际上该条规定本身对于显失公平的适用有着严格的限制，而且也没有具体的客观评定标准，因而就显失公平条款的实际运用，仍存在不确定性。

（三）合同解除条款

合同的解除是合同履行的非正常终结，包括法定的解除和约定的解除。合同的解除可以基于当事人的约定和法律的规定，在法律实务中需要注意的是违约不一定导致合同解除，而合同的解除也并不一定意味着合同当事人的违约，因此，在处理违约和解除的争议上，需要具体案件具体分析，针对不同的原因划分责任，确定是否应当承担违约责任和损害赔偿责任。

（四）争议解决条款

争议解决条款也是合同中的必备条款。根据或裁或诉的基本原则，合同主体务必注意在合同中明确选择仲裁或诉讼解决方式，避免出现约定不明、无效条款的情形。但是，应当特别注意的是，在建设工程施工合同纠纷中，对于管辖法院则只能按照不动产纠纷由工程所在地法院专属管辖，不得另行约定管辖法院；② 而对于 PPP 项目所涉及的中外合资经营企业合同、中外合作经营企业合同、中外合作勘探开发自然资源合同发生的纠纷，也只能由中国法院管辖。

另外，在合同中设置多层级争议解决机制也是近几年的发展趋势，可以避免直接将争议提交仲裁或诉讼，从而起到缓冲争议的作用。因此，这些制度也为有效协商解决争议提供了有利的法律支持。

---

① 最高人民法院《关于贯彻执行〈中华人民共和国民法通则〉若干问题的意见》第 72 条。

② 最高人民法院《关于适用〈民事诉讼法〉的解释》第 28 条。

第二节 PPP 项目合同

PPP 项目合同是大型基础设施项目投融资和建设、运营的基础文件，也是最核心的法律文件。为了规范 PPP 项目的运作，目前，中国财政部已经颁布了《PPP 项目合同指南（试行）》，发改委也颁布了《政府和社会资本合作项目通用合同指南》，两者成为实践中用于推广使用的指引性的合同文件。当然，实践中政府方和社会投资人也可以根据 PPP 项目的实际特征和需求等编制更为合适的 PPP 合同条件。

一、PPP 合同的法律属性

PPP 合同属于行政合同还是民事合同，历来纷争不断，也由此产生了一系列的法律问题，包括各方权利义务的分配、权利受损时的救济途径等。

财政部在关于印发《政府和社会资本合作模式操作指南（试行）》的通知中规定："在项目实施过程中，按照项目合同约定，项目实施机构、社会资本或项目公司可就发生争议且无法协商达成一致的事项，依法申请仲裁或提起民事诉讼。"在财政部下发的《政府和社会资本合作项目政府采购管理办法》第 22 条中也规定："项目实施机构和中标、成交社会资本在 PPP 项目合同履行中发生争议且无法协商一致的，可以依法申请仲裁或者提起民事诉讼。"据此，有观点认为 PPP 合同属于民事合同。

但是，由于《基础设施和公用事业特许经营管理办法》和《中华人民共和国行政诉讼法》都将"特许经营权"争议明确列入行政复议和行政诉讼的范畴，因此，也有观点认为 PPP 属于行政合同。

目前，立法上对此并无统一的规定①，但实务界和理论界的共识是倾向于

① 在财政部牵头起草的《政府和社会资本合作法（征求意见稿）》中，其第 49 条［争议解决］规定："开展政府和社会资本合作，社会资本与实施单位就合作协议发生争议并难以协商达成一致的，可以依法提起民事诉讼或仲裁。"在发改委牵头起草的《基础设施和公用事业特许经营法（征求意见稿）》第 44 条［法律救济］中规定："特许经营者与实施机关就特许经营协议发生争议并难以协商达成一致的，可以依法提起民事诉讼或仲裁。"

将 PPP 项目分为不同的类型，进而分别界定其法律属性，其中，涉及政府授予特许经营权的 PPP 项目，其特许权争议由行政法律规范调整，而除此之外的 PPP 合同争议，则作为民事争议处理。

另外，笔者理解，PPP 合同不是单纯的融资合同，其主要目的也并非为了融资，而是为了通过公私合作的方式实现政府提供公共服务的目的。同时，PPP 合同也不同于一般的工程建设合同。按照合同法理论，PPP 合同具有混合合同的特征。因此，在实际涉及 PPP 合同的法律争议时，还需要结合合同的内容和所属特性进行定性分析。

二、PPP 合同的主要内容

就目前政府推广的 PPP 合同以及实践中运用的 PPP 合同来看，其内容体系复杂多样，一般情况下，主要条款至少需要包括以下一些事项：合同主体、项目公司的设立、项目公司股权安排和治理、项目合作条件、投融资条款、项目资产和权益、合作期限、合作履约担保、工程设计和建设、项目运营服务、项目移交、付费机制、排他性约定、不可抗力、政府方的接管、违约事项及处理、合同解除、争议解决等条款，以及与质量、验收、运营相关的各种附属协议、技术文件等。而在涉外 PPP 项目中，合同对于法律适用条款、合同文本和工作语言等内容也应当做出明确的约定。

（1）合同主体。PPP 合同的签约主体一方是政府，或者通过其授权实施机构，另一方则是社会资本方。实践中，绝大多数 PPP 项目的社会投资方是以联合体方式参加投标，此时项目公司尚未成立，而中标的主体也是社会投资方组成的联合体。因此，在项目公司设立之前，如果需要签署 PPP 合同，则应当是由全体社会投资人共同签署，待项目公司成立后再办理换签手续。笔者认为，中标的社会投资方与项目公司在法律上并非同一主体，如果是在项目公司成立之后再以项目公司的名义直接与政府方签署 PPP 合同，一是双方的法律关系处于不稳定状态，二是若因项目公司成立时间过长，则可能无法满足现行《政府采购法》《招标投标法》关于中标之后 30 天内签署合同的规定，三是能保障中标主体和签约主体的一致性。因此，笔者认为采用合同换签的方式，属于债权债务的概括转移，与法有据，在项目合规性要求上较由项目公司直接签署 PPP 合同更为合适。

（2）项目合作条件，包括政府方提供的便利、前期工作安排（如土地、规划、拆迁、项目审核等）、税务、声明和承诺。这些合作条件有些是在 PPP 项目的立项之前就应当解决的内容，也有一些则是社会投资人在履行 PPP 合同过程中依赖于政府方的工作内容，但无论是何种情形，都有必要在合同中进行明确的安排，避免因约定不明导致权责不清。

（3）项目公司相关条款。对于需要设立项目公司并由项目公司承担投融资、设计、建设和运营的实施主体，那么 PPP 合同中就应当对项目公司的资本金、股权比例、公司决策机制、公司治理结构、股权转让和退出、公司清算和解散等内容进行约定。并且，这些约定还应当符合《公司法》的相关规定。而对于项目公司的设立和运营，也同样应当明确政府方应当提供的协助、税务优惠，政府方的出资形式和额度，以及政府方代表在项目公司治理中的角色和定位。

（4）合作期限。PPP 项目的合作期限是一个固定期限，一般在 10 年到 30 年之间。比如，《财政部关于进一步做好政府和社会资本合作项目示范工作的通知》规定 PPP 示范项目的期限原则上不低于 10 年，而《基础设施和公共事业特许经营管理办法》规定 PPP 的合作期限最长不超过 30 年。但也应当注意特殊 PPP 项目的规定，比如，《收费公路管理条例》规定收费期限最长为 30 年，因此，在收费公路项目中，政府方和社会资本的合作期限自然要与收费期限相匹配。

（5）项目资产和权益。这里需要约定项目资产的权属，涉及的项目权益的受益主体等。项目资产的权属需要根据实际情况确定，并且还需要考虑国有资产的相关管理规定，而对于合同主体享有的资产收益等，也应在合同中分别约定。

（6）排他性约定，即在 PPP 合同中约定，政府方在与社会投资人合作约定的 PPP 项目，不得再另行与其他社会投资人合作与之相竞争的类似项目。这是为了避免出现同类项目的不正当竞争，从而避免影响社会投资方的投资收益。

（7）投融资条款，包括投融资计划和方案、股债比例、资金筹措、融资条件、融资进入的先决条件、融资关闭、投资回报及测算体系、资金监管、政府的融资支持等内容，这也是PPP合同中的核心内容。

（8）项目设计和建设期工作，包括设计工作、项目建设标准和进度、工程价款支付等条款。具体内容则还可由项目公司以EPC或者DBB方式与设计方、承包商签订设计合同、施工合同予以进一步的细化和明确。

（9）项目运营和维护，由于经营性和准经营性PPP项目的收益主要来源于项目运营产生的效益，而非经营性项目能否获得政府的补贴等资金也取决于运营和维护是否达到项目预期的目标，因此，在PPP合同中明确约定项目运营和维护条款则显得尤为关键。

（10）政府方对PPP项目和项目公司的监督、接管和介入权。在PPP项目中，通常情况下，政府方处于相对超然的地位，并不过多地参与或者干预项目的实施或者项目公司的经营管理。但是，也不排除在某些特殊情况下由政府接管和介入项目的需要，因此，提前在PPP合同中约定政府方的相关权利有助于预防风险。

三、PPP合同的特别注意事项

PPP项目实施方案中的定价和调价机制通常与消费物价指数、劳动力市场指数等因素挂钩，会影响运营补贴支出责任。在可行性缺口补助模式下，运营补贴支出责任受到使用者付费数额的影响，而使用者付费的多少因定价和调价机制而变化。因此，在计算运营补贴支出数额时，需要充分考虑定价和调价机制的影响。

同时，在进行PPP项目合同审核时，还应当对照项目实施方案、物有所值评价报告、财政承受能力论证报告及采购文件，检查合同内容是否发生实质性变更，并重点审核PPP合同是否满足以下要求：

（1）根据实施方案中的风险分配方案，在政府与社会资本双方之间合理分配项目风险，并确保应由社会资本方承担的风险实现了有效转移。

（2）约定项目具体产出标准和绩效考核指标，明确项目付费与绩效评价结果挂钩。

（3）综合考虑项目全生命周期内的成本核算范围以及成本变动因素，设定项目基准成本。

（4）根据项目基准成本和项目资本金财务内部收益率，参照工程竣工决算合理测算确定项目的补贴或收费定价基准。项目收入基准以外的运营风险由项目公司承担。

（5）合理约定项目补贴或收费定价的调整周期、条件和程序，作为项目合作期限内行业主管部门和财政部门执行补贴或收费定价调整的依据。同时，对于PPP合同中约定的调价机制，如果涉及公众支付使用费的项目，如水、电、气等，则还应当注意现行的《价格法》的相关规定，以确定合同条款的合法性和可行性。

第三节　特许经营权协议

特许经营权协议（Concession Agreement）是项目投资人与项目发起人之间订立的，在约定的特许经营期限和特许经营范围内，取得特定基础设施项目的特许经营权，并由双方按约定承担有关义务和责任的协议。特许经营协议是以特许经营方式运作的基础设施和公用事业项目的核心文件。

特许经营协议的基本内容根据特许的模式不同而有所区别，通常包括特许经营项目运作的基本结构、项目公司、投资人和政府在项目开发和运营过程中的权利与责任。BOT模式是特许经营项目最基本的运营模式，其他诸如BOOT、TOT等模式的特许经营协议则可以考虑结合BOT特许经营协议的框架和内容进行相应的调整和修改。

一、特许经营协议的性质

如同PPP合同性质的争议一样，特许经营协议也同样面临着民事合同与行政合同之争。两者的不同之处在于，PPP项目侧重与政府于社会资本的合作，是风险共担、利益分享的经营行为，更倾向于平等主体之间的民事合同。而作为特许经营协议基础的特许权则不同，它来源于政府的授予，是政府行政权力的体现和延伸。

在兴源公司、和田天瑞与和田市人民政府合同纠纷一案[①]中，最高院认为，案涉《和田市天然气利用项目合同》及其《补充合同》系由和田市政府作为一方当事人根据其行政机关公权力所签订，体现了其依据有关市政公用事业管理法规，对天然气的利用实施特许经营，行使行政职权的行为。虽然兴源公司作为一方当事人的目的在于获取一定经济利益，但案涉合同本身是要对天然气这一公共资源进行开发利用，建设并提供公共产品和服务，从而满足公众利益的需要，体现出政府实施行政管理的公益性目的。另外，案涉合同内容虽然存在对双方权利义务的约定，在一定程度上体现了双方协商一致的特点，但其中关于特许经营权的授予、经营内容、范围和期限的限定、价格收费标准的确定、设施权属与处置、政府对工程的监管等内容，均体现了政府在合同签订中的特殊地位。本案所涉特许经营权的授予属于行政许可行为，虽然《市政公用事业特许经营管理办法》已明确市政公用事业市场化方向，允许并鼓励通过签订合同的形式推进基础设施的建设以及提供服务的情况下，但不宜因行政许可系因合同方式取得而否定其行政性质。此外，本案中，和田市政府解除合同的依据以及向和田市建设局出具批复同意其接管兴源公司和天瑞公司天然气运营业务的行为，在性质上应属于行政行为，兴源公司和天瑞公司针对和田市政府解除合同、强行接管其相关财产及经营权而提起本案诉讼，应当属于行政诉讼管辖范围。

而在北方公司与乌鲁木齐市交通运输局回购款纠纷[②]案中，最高人民法院认为，本案当事人间就回购款支付依据发生的争议，是否属行政诉讼范围，应以争议是否针对具体行政行为判断。本案有关回购原因的行政行为与回购争议本身相互独立，北方公司对终止《BOT 协议》之前的相关行政行为并无异议。根据北方公司诉讼请求及一审查明的事实，双方争议的回购款依据问题，不涉及具体行政行为，北方公司本案亦未针对具体行政行为提出相关诉

---

① 新疆兴源建设集团有限公司、和田天瑞燃气有限公司与和田市人民政府合同纠纷案，最高人民法院（2014）民二终字第 12 号民事判决书。

② 北京北方电联电力工程有限责任公司与乌鲁木齐市交通运输局回购款纠纷，最高人民法院（2014）民二终字第 40 号民事判决书。

求，故本案不属于行政诉讼受案范围。一审裁定关于《BOT协议》《补充协议》具公益目的，作为一方当事人的行政机关在合同订立、解除等方面享有单方优越主导地位，合同履行与行政许可紧密关联，两协议不属平等主体间的民事合同的观点，混淆了上述协议履行过程中涉及的行政行为与协议终止后的回购款支付行为的性质，各方当事人在回购款的支付问题上，处于平等的法律地位，不能排除民事法律规范的适用。

结合上述不同的司法案例，笔者认为，特许经营协议在现有的法律体系和规定中仍然存在未明确的界限，为了避免对特许权协议的合同性质认定不同带来的不确定性和法律风险，立法上、司法上可以考虑将特许权和特许协议进行进一步的细化区分，依其不同情况分别按照行政争议和民事争议处理。

二、特许经营协议的内容

特许经营权是项目公司通过特许经营协议取得的基本权利，特许经营权的内容既是特许经营协议的基本条款，也是项目公司行使权利的范围。因此，特许经营协议中关于特许权的界定、范围和内容，以及政府与投资人或项目公司各自的权利义务条款就显得尤为重要，合同各方在起草和约定时应当明确、具体，避免歧义和疏漏。

就具体条款来看，特许经营权协议的内容与PPP合同比较相似。按照相关规定和实践操作，特许经营协议主要包括以下内容：

（1）特许经营项目的区域、范围。特许经营权项目的四至范围关系到投资人和项目公司的权利界限，也是项目合法性的重要前提条件。双方在协议约定时务必核对政府发改、土地等主管部门核发的范围，并应当严格以此为据。

（2）项目公司的经营范围、注册资本、股东出资方式、出资比例、股权转让等。这些内容，除了当事人可以自行约定的外，也需要遵守《公司法》的强制性规定。

（3）项目设施设备的权属、相应的维护和更新改造，以及特许经营期限届满后，项目、资产的移交方式、程序和要求等。

（4）项目的设计、建设和运营。项目前期投资所涉及的主要是建设期的成本费用问题，如果需要由项目公司进行融资，则需要对设计、建设和运营的期限、成本进行核算，在融资环节考虑资金的分布，并且将融资协议和特许经营权协议的内容相协调。

（5）收益取得方式和收益权转让。收益的取得与特许经营项目的收费定价机制等密切相关，也是项目收益回报的主要来源。故应当在特许经营协议中约定。

（6）项目变更条款。基础设施和公用事业项目的建设过程中都会涉及变更的问题，无论是何种变更都可能会引起特许经营权各方权利义务的变化，并产生一连串的反应，尤其是影响到施工阶段承包人的工作，并可能引发工期和费用索赔，以及后续运营成本的提高、产品和服务要求和标准的变化。因此，在设计相关合同条款时，既要保证合同的稳定性，又要考虑变更可能带来的影响，注重原则性和灵活性的结合。

（7）政府方的义务。特许经营权来源于政府的授权，为了保障特许经营权的获得和行使，协议中应当约定政府方对于许可、审批、税务优惠和减免，法律变化等进行约定，并依据协议中的约定做好配套的落实工作。同时，鉴于政府的多重身份，也有必要限制政府方作为合同一方的行为，以避免政府的行政干预。

（8）应急预案和临时接管预案。对于特许经营期间，如果投资人、项目公司出现擅自转让、出租特许经营权、擅自将所经营的财产进行处置或者抵押的，或者擅自停业、歇业，严重影响到社会公共利益和安全等情形，政府方则可以取消特许权，并可以依法进行临时接管。

三、特许经营权协议的特殊注意事项

除了上述常备的条款之外，特许经营协议对于涉及项目公司权益的一些事项也需要引起特别的重视，根据项目特征可以考虑尽可能在协议中明确约定。

（一）特许经营权的范围

就基础设施和公用事业领域的特许经营权，按照目前现行的法律法规，针对不同的项目属性具有不同的规定。比如，《市政公用事业特许经营管理办法》主要规范和调整城市供水、供气、供热、公共交通、污水处理、垃圾处理项目。而《基础设施和公用事业特许经营管理办法》则涵盖了能源、交通运输、水利、环境保护、市政工程等基础设施和公用事业领域的特许经营活动。

就特许经营权本身的内容来看，主要是包括项目资产的权属及其处分权和限制、项目公司融资的权利、勘察设计委托权、项目建设权、项目公司的独立经营和管理权、项目的运营权和收益权，其核心是运营收益权。

（二）特许经营协议的期限

特许经营协议的期限与特许经营权的期限并非完全等同，但两者在实践中往往是重合的，需要相互照应。特许经营权的期限，决定了项目公司通过项目运营获得收益的期限，对项目公司而言有着非常重要的意义。根据规定，市政公用事业的特许经营期限应当根据行业特点、规模、经营方式等因素确定，最长不得超过30年。而在经营性公路项目中，其特许权的期限又可分为多种情形，其中：

（1）政府还贷公路的收费期限，按照用收费偿还贷款、偿还有偿集资款的原则确定，最长不得超过15年；国家确定的中西部省、自治区、直辖市的政府还贷公路收费期限，最长不得超过20年。

（2）经营性公路的收费期限，按照收回投资并有合理回报的原则确定，最长不得超过25年。国家确定的中西部省、自治区、直辖市的经营性公路收费期限，最长不得超过30年。

为了避免特许经营权被随意变更、提前终止，需要加强对政府公权力的限制和对投资人私权利的保障。

（三）项目标准

基础设施和公用事业项目的建设、运营都有其自身特殊的标准。因此，在特许经营权协议中，关于项目标准的条款就属于必不可少的内容，尤其是一些采用特殊技术的项目，设计、建设、运营、产品和服务标准都有必要提前进行敏感性分析，以便确定标准的可行性和影响。

（1）设计、建设标准。特许经营项目的设计、建设通常由项目公司负责，而项目公司又需要委托设计和施工承包人具体实施，项目的公益性决定了如果项目建设不达标，将会对公共安全产生影响。

如果由于设计的原因，或者项目建造的原因导致项目不能按时投入运营，投资人便不能通过项目而收益，相应的，不仅影响贷款人的收益，也会对社会公共利益产生影响。

（2）产品和服务标准。公共产品和服务的标准，涉及社会公共安全与利益，因此，项目公司所提供的产品或者服务的数量、质量和标准同样也应当在特许经营协议中明确规定。因此，协议中对运营标准的约定，将给双方履行合同提供明确的依据。

对于项目涉及的设计和建造的标准，除了要满足项目运营的需要外，还应当符合有关法律法规规定的强制性标准，包括项目所在地的地方标准。

（四）价格和收费

特许经营协议中的价格和收费是影响项目收益的核心条件，也是融资方关注的焦点问题之一。采用特许经营方式的项目多为公用事业型的项目，比如，市政供热、供水、供电等，特许经营权协议关于价格和收费方面中应包括：

（1）收费价格的确定方法、标准。特许经营项目提供的公共产品及服务，大多数是涉及公共利益的重大行政许可事项，因此，投资人通常不能自行决定。但是可以借助财务顾问，通过前期可行性研究、项目前景预测等尽可能精确的计算价格和收费。

（2）收费价格的调整。PPP和特许经营是长期合同，考虑到项目公司的运营成本与收益，以及运营期间各种经济因素对产品和服务的影响，投资人可以考虑在特许经营权协议中约定在合理情况下，投资人、项目公司有权要求政府通过法定程序调整价格。如果政府制定的价格无法维持或保障项目的运营收益，则可以事先约定由政府给予补贴[①]。

---

① 由于PPP和特许经营权本身具有风险，能否获得补贴需要视该项目是否属于非经营性或准经营性而定，并且，随着PPP项目的推广，未来也并不排除取消项目补贴的可能。

（五）特许经营权的变更补偿

特许权是附期限的权利，投资人的资金、运营管理等都会考虑特许权的期限，如果特许经营权发生变更、中断或提前终止，势必对投资人和项目公司产生影响，因此，应当允许特许权变更时给予项目公司延长特许经营期限或一定的额度的补偿金。这其中，对于补偿金的核算是较为核心的基础问题之一，而可得利益损失的认定则是难中之难。

（1）可得利益的赔偿。在商业活动和交易行为中，一方违约通常还会导致另一方的可得利益损失。对于因违约而产生的可得利益的赔偿，《合同法》已经给予了明确的规定，即一方不履行合同义务或者履行合同义务不符合约定，给对方造成损失的，损失赔偿额应当相当于因违约所造成的损失，一方因违约给对方所造成的损失包括了合同履行后可以获得的利益。不过，对于可得利益赔偿的论证则是理论和实务中较难掌握的问题，实践中的做法并无统一的认定规则，法官自由裁量的影响较大。

（2）可得利益的类型。最高院提出要区分可得利益损失类型，妥善认定可得利益损失，而根据交易的性质、合同的目的等因素，可得利益损失主要分为生产利润损失、经营利润损失和转售利润损失三种类型。

（3）可得利益的认定。司法实践中，法院会综合运用可预见规则、减损规则、损益相抵规则以及过失相抵规则等，从非违约方主张的可得利益赔偿总额中扣除违约方不可预见的损失、非违约方不当扩大的损失、非违约方因违约获得的利益、非违约方亦有过失所造成的损失以及必要的交易成本。

（4）可得利益损失的证明。同其他违约和损害赔偿一样，在认定可得利益损失时，法院也需要合理分配举证责任。一般情况下，违约方应当承担非违约方没有采取合理减损措施而导致损失扩大、非违约方因违约而获得利益以及非违约方亦有过失的举证责任；非违约方应当承担其遭受的可得利益损失总额、必要的交易成本的举证责任。对于可以预见的损失，既可以由非违约方举证，也可以由人民法院根据具体情况予以裁量。

第四节　合资协议

合资协议（Incorporation Joint Venture），也称股东协议、出资协议、发起人协议，它是投资人决定以设立项目公司或合伙企业等SPV方式具体实施PPP项目时，对各自权利义务安排、项目公司或合伙企业运营管理等内容进行的约定。PPP项目设立SPV的形式不同，则合资协议的内容和侧重点也会各不相同。

一、合资协议的内容

对于设立项目公司进行融资、建设、运营的PPP和特许经营权项目，合资协议[①]是公司设立的法律文件之一，也是公司在正式成立之前出资人依法活动的重要依据。

合资协议的内容并无统一规定，其内容可繁可简。一般来说，主要包括公司设立的目的、公司的资本金、出资方式和比例、时间、对出资的管理、出资人的义务、未出资的处理、公司设立的开支、公司董事会和监事会的组成及职权、公司利润分配、股权转让、公司日常管理、公司僵局的处理等。

二、投资保底条款

合资协议的签署，意味着出资人对于项目公司的设立、经营承担相应的风险，即如果有盈利，而可以获得分红收益，如果亏损，则应当分担损失。但是实践中，有些合资协议可能会约定一方只收益而不承担亏损的情形，即保底条款，对此，投资人应当注意其中风险。

PPP项目的投资人之间的合资协议与联营合同具有相同的法律属性。联营合同中的保底条款，通常是指联营一方虽向联营体投资，并参与共同经营，分享联营的盈利，但不承担联营的亏损责任，在联营体亏损时，仍要收回其

① 合资协议的法律性质也是争议较多的议题，有观点认为合资协议在法律性质上被视为合伙协议。参见赵旭东：《公司法（第2版）》，高等教育出版社2006年版，第145页。

出资和收取固定利润的条款。保底条款违背了联营活动中应当遵循的共负盈亏、共担风险的原则，损害了其他联营方和联营体的债权人的合法权益。按照相关法律法规的规定，保底条款属于明为联营，实为借贷，原则上无效，只有为生产、经营需要订立的借贷合同，且在不违反法律规定的情况下[①]，法院才予以认可。

由此可见，投资人在PPP项目的合资协议中如果约定保底条款，其法律效力将因个案所涉具体情况而有不同的处理结果，这就需要投资人在起草合资协议时，合理合法的对各方的权利、资金动向等做出安排，以避免出现无效的法律后果。

第五节　融资贷款协议[②]

融资贷款协议也是项目融资和PPP项目等交易中常见和核心法律文件之一。融资贷款协议的内容与PPP合同、特许经营权协议一脉相承、密不可分，两者相互依赖。甚至在有些项目中，社会投资人能否获得融资关系到政府方是否同意授予特许经营权或者PPP项目的重要考虑因素之一；反过来，PPP合同的实施条件也会影响融资协议的具体安排。

一、融资备忘录

融资备忘录（offering memorandum），或称为前期信息备忘录（PIM）。在安排具体的项目融资事务之前，签署融资备忘录也是通行的做法。同样，融资备忘录对于尚处于前期采购和评审环节的PPP项目也具有重要的意义。融资备忘录的签署在于向贷款人提供必要的信息以便贷款人做出最初的信贷决

---

① 即不属于《合同法》第52条的规定，以及《关于审理民间借贷案件适用法律若干问题的规定》第14条规定的情形，（1）套取金融机构信贷资金又高利转贷给借款人，且借款人事先知道或者应当知道的；（2）以向其他企业借贷或者向本单位职工集资取得的资金又转贷给借款人牟利，且借款人事先知道或者应当知道的；（3）出借人事先知道或者应当知道借款人借款用于违法犯罪活动仍然提供借款的；（4）违背社会公序良俗的；（5）其他违反法律、行政法规效力性强制性规定的。

② 严格来讲，融资包括股权和债权，各自涉及的合同条件也不相同，本节仅以债权贷款为例。

定，以及就具体信贷所做的初步计划。

融资备忘录的内容一般包括，贷款资金类型、条款清单、利率和利息、承诺费、项目公司、资金、产品市场、竞争、产品生产、管理人员、商业风险、项目公司融资信息和历史、计划和预测以及保护性法律文件等。

二、双边贷款协议

双边贷款协议是指借款人和贷款人均为单一主体的借贷方式。签署 PPP 合同时，如果融资已经启动，那么，双边贷款协议的签署时间和条件对于 PPP 项目的获得，以及合同的签署、履行也有一定的积极影响。

双边贷款按照偿还期限可分为短期贷款、中期贷款和长期贷款。按照贷款利率不同可分为固定利率贷款和浮动利率贷款。按照贷款担保方式不同，又可分为信用贷款、担保贷款和票据贴现。

双边贷款协议的种类繁多，有贷款人、银行律师起草的各种协议文件。实践中，一般也会考虑采用银行业协会制定的标准化合同条件，比如，中国银团委员会的双币种固定资产贷款合同、双币种留档资金贷款合同、银团贷款转让交易协议，而对于跨境基础设施项目中，还可能会使用伦敦信贷市场协会的 LMA 协议、亚太信贷市场协会的 APLMA 协议、香港 HKLMA 协议等。

以国内的双边贷款协议为例，贷款协议的内容主要包括借款种类、币种、用途、数额、利率、贷款期限、发放时间和还款方式等基本条款。为了保护贷款人的利益，商业银行通常还会在借款合同中约定保护贷款人利益的一些关键条款，包括：

（1）对借款人重要财务指标的约束性条款；

（2）对借款人特定情形下获得的额外现金流用于提前还款的强制性条款；

（3）对借款人的主要或专用账户的监控条款；

（4）确保贷款人对重大事项知情权或认可权的借款人承诺条款。

此外，为了保障贷款资金的安全，降低风险，如果在贷款期限内出现诸如重要股东的变化、经营战略的重大变化、重大投资项目变化、营运成本的异常变化等重大不利变化、产生新的重大债务或对外担保、重大资产出售、分红策略的重大变化、担保人的担保能力或抵质押物发生重大变化、影响企业持续经营的其他重大事项等情形时，贷款人还可能采取进一步的风险防范措施。

三、银团贷款协议

银团贷款，是指由数家商业银行基于相同的贷款条件，依据同一贷款协议，按照各自的贷款比例联合共同向借款人提供中长期贷款的方式。银团贷款包括辛迪加贷款（syndicated loan）和联合贷款两种形式，实务中辛迪加贷款为主要形式，也通常用于指代银团贷款。大型基础设施PPP项目本身交易就比较复杂，而其中若涉及银团贷款，其交易结构较一般的贷款更复杂、参与主体也较一般贷款更多。

（一）银团贷款协议的内容

如同PPP项目合同本身就有一整套的法律文件共同组成一样，银团贷款的法律文件也有一套完善的体系，其中贷款协议的内容则通常包括先决条件、陈述和声明、币种和利率、贷款提取和还款、额度取消、利息和费用、转让条款、违约、适用法律、争议解决、通知条款、保密条款等。

（1）先决条件（condition precedent）。即贷款人提供贷款资金的条件，通常包括担保的落实、政府审批、许可的获得、项目已经投保等。因此，可以说，贷款协议是附条件的协议，而并非双方签署协议即可随时提取贷款资金。

（2）陈述和声明。一般是借款人对借款事实的承诺，包括借款人的法律地位、财务和商务状况，这里既包括在签订贷款协议时的状况，也包括借款人在借款期限内始终保持这种适格条件和状态的陈述和保证。尤其对于后者，也应当注意区分特殊事项和免除情形。

（3）信贷安排条款。信贷安排用于约定贷款的规模和类型。同时，贷款协议中还需要明确约定借款人提款的程序、条件、期限、额度等内容，同样，对于还款的相应时间、金额、程序，提前还款的条件、本息处理等也需要在贷款协议中予以明确。

（4）利率条款是贷款协议的核心条款之一。利率分为固定、浮动两种形式。贷款协议中可以根据项目情况和借款人需要、借贷市场变化等约定利率形式，同样也可以约定部分固定、部分浮动的复合型利率方式。

（5）消极担保条款。与双边贷款协议一样，银团贷款协议一方面要求借款人提供偿还贷款的担保，另一方面也会约定消极担保条款，用于限制和禁止借款人对项目公司的股权、资产、项目收益等设立抵押、质押等影响借款人偿债能力的行为。

（二）银团贷款的注意事项

银团贷款与普通的双边贷款有共同的地方，但由于其主体包括借款人，即项目公司或者社会投资人，以及牵头行、代理行、参与行、保险行、担保人等，因此，还需要特别注意：

（1）在银团组建之前，通常由牵头行负责贷款筹措，承销或包销项目所需资金，投资人或项目公司作为借款人一旦签署银团贷款协议，银团成员之间即形成了一个“贷款集团”并统一由代理行全权代表银团对借款人发放和收回贷款，负责处理银团贷款的日常管理和联络工作。如果各参与行将承诺的贷款交由代理行，则借款人无权直接要求参与行履行贷款义务，而如果借款人无法偿还借款，各参与行业无权直接要求借款人还款。此时，借款人和参与行之间则相对隔离，与代理行之间形成了具体的贷款执行法律关系。

（2）按照银团贷款交易的惯例，银团贷款中的各家银行各自独立承担其承诺提供的贷款，银团成员之间不属于委托关系，银团成员之间也不对借款人承担连带的贷款义务。因此，如果银团任何一方未及时拨款，投资人或项目公司就有可能面临着贷款资金不到位进而影响项目顺利推进的风险。

（3）对于跨境项目融资和PPP项目，投资人还应当注意东道国的主权风险、本国资金外出、当地汇兑管制、汇率、利率等对贷款协议本身，以及对PPP合同、工程承包合同、运维合同的不利影响。

第六节　工程承包合同

工程承包合同是整个基础设施项目建设中除了融资之外的主要环节之一。众所周知，工程建设项目具有复杂性和周期较长的特点，尤其是在建造阶段更能体现承发包双方管理和履约能力。同时，这一过程历来也是承发包双方“兵家必争之地”和参与工程建设相关的各方主体斗智斗勇的舞台。按照以往的经验来看，在工程建设的实务领域中，关于工程施工合同的争议和纠纷向来占据着很大的比重，尤其是质量和价款争议。政府、司法机构等也一直在努力从各方面预防、减少和解决工程领域的争议。

经过多年的执业实践，笔者发现工程领域的法律事务纷繁复杂，法律关系纵横交错，无论是国际工程，还是国内工程，引发争议的大多数根源主要集中在三个方面：首先，在于履约管理不到位；其次，工程承包合同中的权利义务和风险分配的不公平；最后，承发包双方的对抗性明显要强于双方的合作关系。这三个影响因素实际上也在一定程度上制约工程建设行业的公平、正常、有序和可持续的发展。因此，笔者认为，从根本上来讲，签订一份合适、可行的工程承包合同，公平合理的在承发包双方之间建立风险分配机制，并在项目实施过程中时时遵循合同的约定，做好履约管理，有助于防止和减少工程承包合同履行过程中的争议。

另外，实践也证明了，工程法和工程承包合同最重要也是最大的特点就在于必须将法律和工程管理、工程经济等专业知识结合起来，综合加以理解和运用，在某些特殊情况下，还可能需要结合工程技术的内容，这也是工程法最有难度、最有挑战性的地方，同时也是工程法的魅力所在。

在中国目前的管理体制下，工程法和工程承包合同的另一个特点就是其签署、执行和实施都要受到行政主管机关的监督和管理，融合了行政法和民事法的内容，除了法律和行政法规的规定外，各部门、各地方的法规、规章，甚至是一些规范性文件也会对工程承包合同产生或多或少的影响。

一、PPP 项目常用工程合同

工程承包合同条件的适用有其普遍适用的一面，也有各种独特的一面。无论是国际工程还是国内工程，包括涉外工程项目，都有能够找到适用的标准化的特定工程承包合同条件。综观国内的工程建设项目，既有使用中国本土的工程承包合同条件，也有使用国外通行的工程承包合同条件的，实践中并无统一的做法。

但是，在实践中尤其需要注意的是项目所在地的行政主管机构对工程项目所用合同条件的特殊要求，比如，对于涉外工程项目，如果采用 FIDIC 合同条件时，就需要提前咨询当地行政主管机关是否允许，对工程承包合同的语言是否有特别限制，以避免给将来的备案等造成不利的影响。有些地方政府主管机关有自行制定的合同文件，也会要求在当地的工程项目中强制使用，否则，招标投标、合同备案等工作都会受到影响。

二、中国现行的工程合同

目前，中国国内常用的工程施工合同主要有国家发展与改革委员会（发改委）制定的工程承包合同序列以及住房和城乡建设部（住建部）制定的工程承包合同序列两大类。实践中，两者都有较高的使用频率，具体还需要结合项目特点以及项目所在地主管部门对此是否有强制性要求。

（一）发改委序列的工程合同

发改委制定的工程承包合同序列，主要适用于国有资金投资或者主要是国有资金投资的工程建设项目，具体包括：

（1）标准设计施工总承包招标文件合同条件，主要用于依法必须进行招标的设计施工一体化的总承包项目。

（2）标准施工招标文件合同条件，主要用于业主提供设计，承包人按照工程设计完成施工内容的项目。

（3）简明标准施工招标文件合同条件。按照发改委的相关文件规定，该合同条件主要适用于依法必须进行招标，工期不超过 12 个月、技术相对简单，设计和施工也不是由同一承包人承担的小型项目。

（4）标准设计招标文件中的合同条件。这是 2017 年发改委最新编制的配套招标文件和合同条件，除设计之外，还包括了勘察、设计、监理、设备和材料采购等项目所涉的合同文件。

（二）住房和城乡建设部的工程合同

住房和城乡建设部是工程建设项目的主要行政主管机关。早在 1991 年，原建设部就已经在建筑工程中使用和推广标准化的工程承包合同文本。其后，住建部分别在 1999 年、2013 年、2017 年编制发布了三版建设工程施工合同范本。

目前，住建部制定使用的工程承包合同序列，具体包括：

（1）建设工程项目总承包合同。该合同适用于建设项目工程设计—施工总承包，和设计—施工—采购一体化的承发包方式。

（2）建设工程施工合同（示范文本）（GF–2017–0201）。该合同为非强制性使用，可以适用于房屋建筑工程、土木工程、线路管道和设备安装工程、装修工程等建设工程的施工承发包活动。

（3）建设工程专业分包合同（GF–2003–0213），该分包合同最早用于和 GF–1999 版的施工合同配套使用，主要用于专业工程的分包活动，目前正在进行讨论修订新的合同条件。

（4）建设工程劳务分包合同（GF–2003–0214），这是建设行政主管部门在承认劳务分包合法性的基础上编制的第一份合同条件，与建设工程专业分包合同（GF–2003–0213）同期论证和颁布，具有一定的适用性。

（5）建设工程设计合同示范文本，其包括的合同条件分别应用于建设工程设计和专业工程设计。2015 年，住建部和工商总局又联合推出了新版的设计合同，即《建设工程设计合同示范文本（房屋建筑工程）》（GF–2015–0209）和《建设工程设计合同示范文本（专业建设工程）》（GF–2015–0210）两个示范合同文件。

（三）发改委序列和住建部序列工程合同的区别

由于发改委序列和住建部序列的工程合同并没有特别限定和区分其适用的工程项目类型和特征。一般来说，无论是土木工程还是房建市政类工程都可以根据实际情况和需要选择使用上述两个序列的工程承包合同。在考虑选择拟采用的合同模式时，首先需要了解这两个序列的工程承包合同在性质上有哪些主要区别；其次研读两个序列中的工程承包合同对风险和各方权利义务的安排、分配；最后还要结合双方的需求和客观现状，最终确定选择采用某一序列项下的某一合同形式。

在具体操作实践中，业主和承包人仍然有必要对下列问题加以注意，以便选择合适的合同条件：

（1）合同适用的项目性质不同。发改委序列主要适用于政府投资项目。采用PPP模式，政府部门作为投资主体，可能同时又是项目业主，采用发改委序列的合同似乎更符合其需求。而住建部序列的合同适用性更广泛。在政府投资项目中，两个合同条件均可适用，故需要结合项目性质、采购方式以及项目所在地的政府主管部门的要求来确定。

（2）是否强制使用不同。《招标投标法实施条例》第15条规定，编制依法必须进行招标的项目的资格预审文件和招标文件，应当使用发改委会同有关行政监督部门制定的标准文本，而上述标准化文件中即包括了工程合同条件[①]。住建部序列的工程承包合同属于非强制性使用的文本。

（3）合同适用的工程建设项目的类型不同。住建部的工程承包合同一般情况下多用于大型土木工程、房屋建筑、市政工程、设备安装、装修等工程类型；相比较而言，从政府主管职能的分工角度来看，发改委序列的工程承包合同更多的是适用于公路、铁路、港口航道、水利等土木工程建设项目。前者的适用项目类型较广。

（四）其他通用的工程合同

除了上述全国范围内比较常见和通用的工程合同外，国内各个地方建设行政主管部门如北京、上海、广东、山东、重庆、陕西等地，也结合各地的实际需要颁布了各自的工程施工合同文件，这些工程施工合同文件大多沿袭了签署住建部序列和发改委序列的合同条件。此外，住建部序列的工程承包合同大多适用于房屋建筑、市政公用道路和设施等项目的建设，但对其他行业项目的适用性相对有差异。因此，交通运输部、水利部等行业主管部门也会结合各自行业的特殊性，制定了相应的工程合同。

综上，笔者建议，发包人在决定采用何种工程合同条件前，需要结合项目所在地的行政主管单位的要求和工程项目的性质，综合考虑可采用的合同

① 但在实务和理论中，对于《招标投标法实施条例》直接以行政立法的形式规定必须适用发改委制定的标准化合同的做法也有不同的意见。

条件，以便使合同条件更加符合项目的实际情况和需要。

三、国际工程通行的合同文件

（一）英国工程合同

英国的工程合同体例不仅在英国本土被广泛应用和推广，获得各级法院的认可，而且在国际上也被广泛借鉴，这些合同条件主要包括：

（1）JCT 序列，由英国工程承包合同联合会制定的系列合同。JCT 是英国使用最广的合同条件之一，英国高等法院的大部分案例法和工程惯例、规则都是引申自 JCT 合同纠纷。

（2）原 ICE 合同，即英国土木工程师学会制定的标准化合同，颁布到第 7 版，目前 ICE 合同条件已经停止使用。ICE 合同在大型土木工程中的使用率也非常高，在 1999 年编制新的合同体例前，ICE 合同可以说是 FIDIC 合同的模板，尽管 FIDIC 有了新的合同架构，但是基本的原理仍然来源于 ICE 合同。

（3）NEC4 合同，强调合作伙伴关系（Partnership）的合同模式，伦敦奥运会体育馆即采用此合同条件。

（二）其他工程合同条件

除了上述合同条件，设计外商投资的 PPP 项目、特许经营项目还可能会涉及使用另外一些合同条件，具体包括以下几种：

（1）FIDIC 合同序列。目前常用的是彩虹（Rainbow）系列，包括红皮书、黄皮书、绿皮书和绿皮书，以及金皮书、蓝皮书、粉皮书、白皮书等。

FIDIC 合同条件以英国的 ICE 土木工程承包合同为蓝本编制，1985 年第四版之前的合同条件在内容和体系上与 ICE 合同条件一脉相承。但从 1999 版开始，新版合同开始采用全新的体系。FIDIC 被世界上大多数跨境基础设施项目所认可和采用，同样，中国的工程项目中也经常使用 FIDIC 合同条件。

（2）中国香港工程合同。在过去的十多年时间里，香港的四大测量师行和工料测量师们深入参与了全国各地的工程建设项目，同时也带来了香港经验以及在香港通行的工程合同，尤其是在港资的工程建设项目或者聘请香港测量师行的建设项目中，使用香港版工程合同的频率相对较高。这也是除FIDIC合同条件之外，在境内工程项目中使用较为广泛的合同条件之一。

（3）美国工程承包合同。主要是AIA系列，即由美国建筑师协会编制的合同条件，包括施工合同、设计合同。虽然美国法与英国法同属英美法系，但是在工程领域，美国工程法和英国工程法存在较大差异，其中所适用的法律原则也有诸多不同。鉴于美国自身法律体系的特点，其工程承包合同系列在国际项目和中国境内使用较少。但对于希望参与美国基础设施项目投融资和建设的中国企业，则有必要了解和学习其工程承包法律和合同体系。

在选择国际上通用或者香港地区通用的工程合同条件时，应当注意，由于我国大陆法律制度、法律体系、法律观念具有其特殊性，上述一些通用的工程合同条件和结构、管理模式等并非完全适合于中国法律环境。因此，如果要在境内工程上使用这些工程合同，则需要对其中的内容进行相应的调整和修改，但是，这种修改合同条款的方式一方面可能会破坏合同原有的体系和框架，另一方面在出现纠纷时，也会因修改原合同架构导致对合同理解的较大偏差，进而增加争议解决的难度。同样，在海外投资项目中使用国际通行的工程合同时，也需要结合东道国的法律规定进行调整。这就需要在确定工程建设项目的管理模式、价格方式、拟采用的工程合同条件时，合同各方应当提前进行综合的分析和论证。

第七节　运营和维护合同

与工程施工建设不同，大多数基础设施项目，特别是BOT、BOO、BOOT、TOT等方式运作的PPP项目，项目公司在完成工程项目的建设后，还需要进行运营和维护。运营和维护是基础设施PPP、项目融资的重要环节，对于现金流的产生至关重要，同时也是决定政府方能否按照初衷获得相应的产品和服务，以及投资人能否获得预定的收益和回报的基础。

关于运营和维护的工作内容在PPP合同、特许权协议中都有涉及。但是，如果是由项目公司另行委托第三方实施运营和维护，那么签署独立的运营维护合同则是必需品。因此，这一环节的运营和维护（O&M）合同是其中非常重要的法律文件之一。

一、运营维护合同的法律属性

现行《合同法》对15种合同进行了分类和详细规定，但是，在这些法定的有名合同类型中，并没有涉及运营维护合同的内容，因此，运营维护合同属于无名合同。原则上，对于无名合同，应当适用《合同法》总则的规定，并可以参照《合同法》分则或者其他法律最相类似的规定。由于《合同法》对各类合同的权利义务、责任、权利救济都有不同的规定，因此，如何根据《合同法》分则的规定界定运营维护合同的法律性质显得尤为重要。

综观《合同法》分则对于有名合同的约定，笔者认为其中承揽合同更为符合运营维护合同的本质和特征，即承揽人按照定作人的要求完成工作，交付工作成果，定作人给付报酬的合同。PPP项目中的运营维护与此相似，即由运营商根据项目公司的要求和标准，提供包括管理、检测、巡视、保养等在内的运营和维护服务，并收取相应的报酬，具有承揽合同的属性。

二、运营维护合同的内容

明确了运营维护合同的法律性质，在具体起草合同条款、约定合同主体各方权利义务时就会有据可循。需要注意的是，PPP项目的运营维护内容应当与项目公司按照PPP合同承担的运营维护保持高度的一致性。

通常情况下，PPP运营维护合同的内容包括合同价款和计价方式、政府提供的条件、试运营和正式运营、运营服务标准、运营服务变更、运营维护与修理、更新改造和追加投资、主副产品的权属、项目运营服务计量、运营期的特别补偿、运营期保险、运营期政府监管、运营支出、转让、不可抗力、运营期违约事项和处理等。

三、项目验收和移交

PPP项目的验收和移交具体涉及两个环节，一个是建设期满后对项目的竣工验收并移交给运营商，另一个是项目运营期届满或终止之时对项目的验收以及移交给政府方或者政府方指定的接收机构。这两个验收和移交环节首尾相连，对项目公司都至关重要，而运营商同样也连接和贯穿这两个验收和移交环节。

在工程项目建设竣工后，项目公司应当进行检测、验收并接收项目，为进入运营期提供物质条件。此环节工作的最终目的是能够满足后续项目运营的需要，保障 PPP 项目按照既定的指标运行，而不是单纯为了给施工方、运营商施加不必要的义务和责任。

而在项目运营结束后，项目公司应将项目移交政府或政府指定的第三方。在正式移交之前，项目公司和政府方同样需要对项目进行验收，并且还会涉及项目公司与运营商之间的交接。

第八节　供应合同

按照《合同法》的界定和分类，大型基础设施项目中的供应合同在性质上属于买卖合同。实践中的供应合同主要可以分为两大类，一类是用于工程建设项目所必需的材料、设备设施；另一类则是用于项目建成之后用于运营所需的燃料等原材料。这两类合同所涉及的设备、材料等并不相同，因此，实践中在处理这些合同时各自的法律关系和关注点也各不相同。

一、货物采购合同

项目建设期间，涉及各种建筑原材料、设备的采购，建筑原材料采购合同是项目建设期最常见，也可以说是数量最多、涉及面最广的合同。

（一）货物采购合同的主要内容

一般情况下，建筑货物采购合同的内容通常包括当事人的名称或者姓名和住所、标的、数量、质量、价款或者报酬、履行期限、地点和方式、违约责任、解决争议的方法。对于一些货物，还需要明确约定包装方式、检验标准和方法、结算方式等内容，如果是涉及境外采购的货物，则还应当约定合同适用法律、使用的文字及其效力等条款。此外，对于《合同法》允许当事人自行约定的所有权保留、风险转移和所有权保证等内容，合同签署各方也可以根据实际情况做出相应的安排。

项目实务中，建筑货物采购合同，多数系由作为项目建设主体的工程施工承包方进行采购，但也存在由项目公司作为业主方直接采购或者指定承包方采购的情形，因此，不同的采购方式，对于各方主体的权利义务各不相同。比如，最高人民法院就规定业主提供或者指定购买的建筑材料、建筑构配件、设备不符合强制性标准的造成建设工程质量缺陷的，应当承担过错责任。与之类似的，设计单位也不得指定建筑材料、建筑构配件的生产厂、供应商。

由于建筑原材料、设备等物料，经过工程施工后直接与工程项目本身融为一体，如钢筋、水泥，有些则成为项目不可或缺的组成部分，如各种机械设备。因此，一方面，在进行相关的隐蔽验收以前，施工承包人应当通知发包人检查，发包人也应当及时检查，避免造成停工、窝工等损失；另一方面，供应商在提供货物时，也应当一并提交包括保险单、保修单、普通发票、增值税专用发票、产品合格证、质量保证书、质量鉴定书、品质检验证书、产品进出口检疫书、原产地证明书、使用说明书、装箱单等在内的单证和资料，[①] 这些都是后续执行合同、价款支付、缺陷责任、履行保修义务、项目验收、竣工备案、项目移交等不可缺少的资料文件。

（二）货物采购合同与工程合同

在工程实务和司法实践中，比较容易混淆的是工程承包合同与买卖合同的差别，尤其是一些供应加安装等工作的合同，如何定性直接涉及合同各方的权利义务的分配，法律救济的途径和方式。如果将供应及安装合同定性为工程承包合同或者承揽合同，则承包人 / 承揽人可以享有法律规定的留置权，优先受偿权等权利，而若定性为买卖合同，则卖方可以依法行使法律规定的所有权保留，并承担法定的权利保证义务。而且，在发生诉讼时，工程承包合同与买卖合同可选择的管辖法院也适用不同的规则。

对于设备、货物的供应连同安装、调试等工作的合同性质，现行的《合

① 最高人民法院《关于审理买卖合同纠纷适用法律问题的解释》第7条。

同法》并没有具体的规定。《合同法》第124条规定了“无名合同”的处理原则，即《合同法》分则或者其他法律没有明文规定的合同，适用《合同法》总则的规定，并可以参照《合同法》分则或者其他法律最相类似的规定。但这一规定并没有从根本上解决问题，实践中仍然会就合同本身的定性产生不同的诉求和不同的理解。因此，有必要事先在合同中做好相应的约定和安排，从而避免引起不必要的争议。

在北京市五建公司和荣丰公司施工合同纠纷案中[①]，建设单位荣丰公司和承包商五建公司签署施工合同后，荣丰公司又指定了锅炉供电母线槽的品牌及价格，并由五建公司采购安装。工程按时竣工验收后由建设单位交付使用。双方另签订了工程质量保修书，约定母线槽安装、电气管线安装工程的保修期限为2年。之后，在运营中发行母线槽质量不合格，且已经超过2年缺陷责任期。为此，荣丰公司要求五建公司承担质量责任。法院经审理后认为，本案中五建公司与荣丰公司之间属于建设工程施工合同关系，而非产品销售买卖关系，建设工程不适用产品质量法。房屋建筑工程在保修范围和保修期限内出现质量缺陷，五建公司应当履行保修义务。因此五建公司承担的是工程质量责任，而不是产品质量责任。荣丰公司主张母线槽出现维修事项的时间已过保修期。故荣丰公司请求五建公司更换母线槽的请求不予支持。

由上案可知，由于合同的性质不同，合同各方的权利义务就不同，特别是在涉及质量问题时，合同属于工程承包合同还是货物买卖的界定，对于承包商、供应商所承担的质量保修、保证期限会有不同的结果。

二、原料供应合同

虽然，这里的原料采购合同（input contract）与工程项目建设过程中所使用的原材料采购合同（raw material supply contract）在法律上都属于买卖合同，然而两者所涉及的内容、工作、权利义务却存在很大的差异。在能源类基础设施项目中，这里的原料与设施、项目的运营密切相关，主要是指保证

---

① 北京市第五建筑工程集团有限公司与北京荣丰房地产开发有限公司建设工程施工合同纠纷案，北京市第二中级人民法院（2014）二中民终字第09261号民事判决书。

项目正常运营所必需的物料，比如，燃煤火电项目中的煤矿燃料。

原料供应合同的类型因项目而不同。根据项目特性可以分为按需供应，定时定量供应、预留供应等不同的方式。在原料供应合同中，关于原料的质量、数量、价格、运送时间等都是其中的重点条款。当然，对于原料运输、原料管理、原料供应能力、质量等风险也应当提前调研和预估，相应的也需要事先在合同中做好预防措施，以及出现上述风险时的应对，供应方出现违约情形时的补救等内容。而对于合同权利义务的转移、转让等内容也可以根据项目特征提前考虑，避免在后续履行过程中出现障碍。

三、产品和服务购买协议

产品和服务购买协议（offtake agreement）、能源销售协议（PPA）、收费协议（tolling agreement）是以 BOT、BOO 等方式运作的项目融资中最常见的基础协议之一。尤其是后者，在大型发电项目中，其使用更为普遍。而实践中还会涉及除电力之外的诸如自来水、燃气、热力等的供应，同样也会使用到此类合同内容。

中国现行《合同法》将涉及公众利益的水、电、气、暖等市政公用作为特殊的合同类型加以规定，并且这些规定仅适用于消费者与供水、供水、供暖等市政公用事业单位之间。不过，这 PPP 项目本身与产品和服务购买协议涉及的主体并不相同。

但是，PPP 项目中的产品和服务购买协议的价格与后续消费者支付的费用密切相关。因此，价格条款也是前者中必须明确的内容。根据《合同法》的规定，合同中价款或者报酬不明确的，按照订立合同时履行地的市场价格履行；依法应当执行政府定价或者政府指导价的，按照规定履行。执行政府定价或者政府指导价的，在合同约定的交付期限内政府价格调整时，按照交付时的价格计价。逾期交付标的物的，遇价格上涨时，按照原价格执行；价格下降时，按照新价格执行。逾期提取标的物或者逾期付款的，遇价格上涨时，按照新价格执行；价格下降时，按照原价格执行。

由于此处的产品和服务购买协议所确定的价款与 PPP 合同的约定密切相关，而且，考虑到产品和服务购买协议的期限长达 20 年、30 年，因此，若采用固定价格的影响，势必在实际执行过程中会受到因为利率、通货膨胀或紧缩、经济周期变化、物料价格上涨等各种因素的影响。所以，通常在这份协议中还会约定调价机制。但是此处关于价格的约定，最主要的问题是价格的确定既要考虑当前的价格，同时也考虑后续进行价格变更所涉及的政府审批、消费者公众的听证对执行价格变更的影响和制约因素。

另外，作为项目融资的主要还款来源和支付保障，产品和服务合同除了具备前述内容外，其还有一项重要的约定，那就是“照付不议”（take-or-pay），也就是由产品和服务的购买方绝对的和无条件的按照确定的价格和数量购买未来的产品和服务，除非征得另一方的同意，通常这种支付义务即使在项目设施毁损、不可抗力、核爆炸、被征收也不受影响，因而这项支付义务也被称为赴汤蹈火，在所不辞（come hell-or-high water）[①]。

四、融资租赁合同

融资租赁在风电、光伏、核电等能源类项目和大型工业项目中经常被使用。融资租赁合同是出租人根据承租人对出卖人、租赁物的选择，向出卖人购买租赁物，提供给承租人使用，承租人支付租金的合同。[②] 在一个典型的融资租赁合同中，同时涉及买卖法律关系和租赁法律关系，并且赋予承租人的购买选择权。

融资租赁合同的内容主要包括租赁物名称、数量、规格、技术性能、检验方法、租赁期限、租金构成及其支付期限和方式、币种、租赁期间届满租赁物的归属等条款。

就融资租赁合同的主体，一般会涉及承租人、出租人（买受人）、出卖人三方主体，但是，在某些项目中，也可能会出现承租人以自有的设备等出卖给出租人，并通过融资租赁合同将租赁物从出租人处租回的情况，使交易的主体变成双方，而承租人和出卖人实际上变成同一人，但根据最高院的规定，这种情况也仍然应当认为构成融资租赁法律关系。而融资租赁合同的租

---

① Peter. Navitt, Project Financing, 7th, Euromoney Book, 2000, at 323.

② 《合同法》第 237 条。

金，除当事人另有约定的以外，通常根据购买租赁物的大部分或者全部成本以及出租人的合理利润确定。

另外，在融资租赁法律关系中，合同当事人还应当注意两点：

（1）出租人、出卖人、承租人可以约定，出卖人不履行买卖合同义务的，由承租人行使索赔的权利；承租人行使索赔权利的，出租人应当协助。

（2）出租人根据承租人对出卖人、租赁物的选择订立的买卖合同，未经承租人同意，出租人不得变更与承租人有关的合同内容。

以上只是普通的融资租赁合同的内容，在以杠杆租赁进行融资的项目中，除了融资租赁合同本身外，还有一系列的融资协议、担保协议等共同构成交易，其法律关系则更为复杂。

第九节　保险合同

保险与风险密不可分。保险的重要功能是分散投保人的风险和损失。在PPP领域，采用保险方式分配和转移风险也是常用的保障措施。保险合同在整个PPP项目的合同体系中也占据了重要的地位，它是投保人与保险人约定保险权利义务关系的协议。

一、PPP项目保险的种类

大型基础设施项目中，涉及的保险种类和主体、保险利益繁多，包括财产险、责任险①、保证保险②、人身险和信用保险是较为主要的险种。在这些保险中，有些集中在PPP项目的某个环节，有些则贯穿了项目建设和运营的整个周期。

根据PPP项目的不同阶段和保险目的，项目公司以及相关参与主体投标

① 《保险法》第65条第4款规定，责任保险是指以被保险人对第三者依法应负的赔偿责任为保险标的的保险。

② 保证保险，又被称为契约保证保险，是指因为被保证人不履行合同义务而造成权利人经济损失时，由保险人代替被保证人进行赔偿的一种保险，其功能与担保较类似，多用在建筑工程承包合同中。

的险种也有区别，比如，工程建设期内，常见的财产险的险种有建安一切险（all risk insurance），包括建筑一切险和安装一切险两个险种，以及施工机具险等，其承保的范围包括工程项目本身、与工程项目建设有关的设备、材料，以及承包人为了工程施工所需的设备、机具等，对于采购的需要运输的材料、设备则有货物运输保险、运输工具航程保险。就责任保险方面，常用的保险有雇主责任险、第三者责任险或公众责任险、执业责任险，后者多用于设计师、工程师等专业人士的执业过失保险等。就人身保险方面，主要是人身伤害保险、工伤保险，以及属于社会强制保险范畴的保险类型。而信用保险则较为特殊[①]，多用于海外投资项目中，其承保的范围则是政治风险和商业风险等普通商业保险无法覆盖的险种，比如，项目所在国发生的国有化、战争、暴乱、债务人拖欠付款、无力偿付债务、破产等情形，甚至是因工期延误导致的预期收益的损失。

上述保险类别中，有些属于法定的强制社会保险，如工伤保险，而有些则属于商业保险，如第三者责任险。对于不同的保险险种，其法律属性不同，则法律关系不同，各参与主体的权利义务和能够获得的保障也就各有差异。

此外，还特别需要注意的是，大型基础设施项目的保险尤其以财产险为主，其中有些保险险种之间对保险标的物的存在重合之处，而财产保险的原则之一是不得重复保险，如果投保人对同一财产重复进行保险，那么超出部分无效，各保险人赔偿保险金的总和也不得超过保险价值。由此可见，业主、承包商、运营商等在投保财产险时也需要进行专门的规划，投保合适的险种，既能减少工程风险，也能避免因重复投保导致超额无效的情形，节约成本。

二、保险合同的主要内容

保险合同投保人与保险人约定保险权利义务关系的协议。保险合同因具体的险种、承保范围的不同而千差万别，但其内容应当至少包括下列事项：

---

① 根据《最高人民法院关于审理出口信用保险合同纠纷案件适用相关法律问题的批复》指出，对出口信用保险合同的法律适用问题，保险法没有作出明确规定。鉴于出口信用保险的特殊性，人民法院审理出口信用保险合同纠纷案件，可以参照适用保险法的相关规定；出口信用保险合同另有约定的，从其约定。

（1）合同主体，在保险合同法律关系中，主要涉及投保人、保险人。另外财产保险还可能涉及再保险人，在人身保险中，还有被保险人和保险受益人。保险人即保险公司。目前，中国的保险也采取财产保险和人身保险分离制度，保险人不得兼营人身保险业务和财产保险业务。

投保人则有项目业主、承包商、运营商、设计单位、供应商等项目参与主体。人身保险的被保险人即涉及项目业主、项目公司、承包商、运营商等各自的雇佣人员，也可能包括项目公司聘请的设计、工程师、测量师等专业人员。

（2）保险利益，即投保人或者被保险人对保险标的具有的法律上承认的利益。这是保险合同的核心要素之一。保险利益需满足合法利益、可用金钱衡量和可用确定三个构成要素。当保险事故发生导致保险标的不完全而受到损害或者因保险事故的不发生而免受损害时具有的利害关系。没有保险利益的保险合同依法无效。人身保险合同无效时，保险人还应当退还扣减相应手续费后的保险费。

（3）保险责任和责任免除。保险责任是保险人承担赔付义务的保险范围，具体的范围可以双方协商，但是应当注意到，保险责任范围的大小与保险费的多少密切相关，因此，投保人在衡量保险费时也需要考虑责任范围。至于保险责任的免除主要由三种情形，基于主体的免责事项、基于事件的免责和基于损害的免责，这三者都可以由投保人和保险人在保险合同中进行约定[①]。

（4）保险期间和保险责任开始时间。这两个时间对于投保人和保险人非常关键，时间的确定对于保险人是否承担保险责任、支付保险金有着直接的影响。通常情况下，保险合同签订之日，保险期间即开始起算。

（5）保险金额、保险费以及支付办法。保险金额是保险人承担赔偿或者给付保险金责任的最高限额，财产保险中以投保财产的价值为限。而保险费和支付方式等则可由合同当事人结合保险责任范围等自由约定。

（6）保险金赔偿或者给付办法。保险合同对赔偿或者给付保险金的期限有约定的，保险人应当按照约定履行；如果保险人未及时履行前款规定义务

① 林立：《工程合同：法律、规则和实践》，北京大学出版社2016年版，第491页。

的，除支付保险金外，还应当赔偿被保险人或者受益人因此受到的损失。

（7）合同的签署。通常，保险合同应当由投保人或者投保人的代理人亲自签盖，如果保险合同由保险人或者保险人的代理人代为签盖的，对投保人不生效。但投保人已经交纳保险费的，则视为其对代签字或者盖章行为的追认。对于投保人为项目公司、承包商等法人单位的，尤其应注意合同签署人的资格和身份。

（8）订立保险合同的时间。保险单和保险合同签订时间关系到保险期间和保险责任的起算。如果保险合同没有特别约定或者双方就保险期限发生争议，则可能以保险单的签发时间[①]和合同签署时间为准。

三、保险合同的特殊规则

在实务中，保险合同多由保单和合同条款组成，并且这些内容和条款绝大多数是采用格式条款的方式。《合同法》和《保险法》对于格式条款的适用有着严格的限制性规定，因此，投保人和保险人还应当注意以下一些特殊规定：

（1）采用保险人提供的格式条款订立的保险合同中的条款包含免除保险人依法应承担的义务或者加重投保人、被保险人责任，或者排除投保人、被保险人或者受益人依法享有的权利的条款无效。

保险人提供的格式合同文本中的责任免除条款、免赔额、免赔率、比例赔付或者给付等免除或者涉及减轻保险人责任的条款，可以认定为“免除保险人责任的条款”。

（2）订立保险合同，采用保险人提供的格式条款的，保险人向投保人提供的投保单应当附格式条款，保险人并应当向投保人说明合同的内容。对保险合同中免除保险人责任的条款，保险人在订立合同时应当在投保单、保险单或者其他保险凭证上做出足以引起投保人注意的提示，并对该条款的内容以书面或者口头形式向投保人做出明确说明；否则，该条款不产生效力。

---

① 史克银：《如何确定保险合同的保险期限起算时点——中国平安人寿保险股份有限公司安徽分公司与赵长英、贲兴潮、闻长兰保险合同上诉案评析》，载中国法院网，2017年5月9日访问。

保险合同订立时，保险人在投保单或者保险单等其他保险凭证上，对保险合同中免除保险人责任的条款，采用足以引起投保人注意的文字、字体、符号或者其他明显标志作出提示的，应当认定其履行了提示义务；保险人对保险合同中有关免除保险人责任条款的概念、内容及其法律后果以书面或者口头形式向投保人作出常人能够理解的解释说明的，也应当认定保险人履行了《保险法》规定的明确说明义务。

（3）签署保险合同时，投保人故意不履行如实告知义务的，保险人对于合同解除前发生的保险事故，不承担赔偿或者给付保险金的责任，并不退还保险费。投保人因重大过失未履行如实告知义务，对保险事故的发生有严重影响的，保险人对于合同解除前发生的保险事故，不承担赔偿或者给付保险金的责任，但应当退还保险费；保险人在合同订立时已经知道投保人未如实告知的情况的，保险人不得解除合同；发生保险事故的，保险人应当承担赔偿或者给付保险金的责任。

（4）如果保险合同中记载的内容不一致的，则按照下列规则认定：

a. 投保单与保险单或者其他保险凭证不一致的，以投保单为准。但不一致的情形系经保险人说明并经投保人同意的，以投保人签收的保险单或者其他保险凭证载明的内容为准。

b. 非格式条款与格式条款不一致的，以非格式条款为准。

c. 保险凭证记载的时间不同的，以形成时间在后的为准。

d. 保险凭证存在手写和打印两种方式的，以双方签字、盖章的手写部分的内容为准。

最后，由于保险合同一般都附有明确的保险期间，并规定了保险责任的开始和结束时间，而PPP项目包括建设期和运营期，其周期通常都比较长，为了在整个项目生命周期内都能发挥保险分散和转移风险的功能，确保保险合同的持续有效性，保持保险的延续性就显得尤为重要。

8

CHAPTER

第八章

项目融资和 PPP 中的工程合同

无论是以项目融资方式建设还是以PPP模式建设的基础设施项目，除了前期的融资来源和架构问题是项目各方关注的焦点之外，有关项目的建设和管理也是关键的影响因素。项目建设期的特殊性和复杂性决定了这一阶段的项目管理和法律问题容易引发项目各方的争议和纠纷，因此，在项目融资和PPP项目建设中倡导和强调合作关系，有助于预防和减少纠纷，促进项目建设的顺利进行。

当然，由于不同的项目管理架构和工程合同模式对各方主体的权利、义务、责任和风险的分配各不相同，即使是同一类型的工程合同，各方在不同的项目类型中的利益诉求也会存在差异。这些不同的权益和诉求都会不同程度地体现在工程合同的相关条款之中，因而，加强PPP项目的履约管理，包括合同管理，对于减少争议，实现各方对项目的预期目标具有重要的作用。

第一节　项目建设模式和管理

在大中型基础设施项目的建设管理实务中，常见的基础设施项目建设和管理模式主要包括平行管理模式和垂直管理模式。这两种不同的项目管理模式各有利弊，特殊目的载体（SPV）作为业主在选择适用的同时也需要对项目的特征、内部管理团队经验、能力以及自身对管理的需求等诸多因素进行综合考虑。

一、平行管理模式

在平行管理模式中，项目业主与设计、管理公司、工料测量师、施工承包商、专业承包商、材料设备供应商等项目参与人之间直接签署相对应的各类合同，并由项目业主直接管理各项目参与人，并协调各项目参与人之间的工作，进而实现项目建设管理的目标。

平行管理模式的优点在于业主方能够直接参与到项目建设管理中，选择业主认为合适的参与人，实时了解项目建设的进展和问题，在控制工程质量、造价和进度方面具有较明显的优势。但同时，也应注意到，在平行管理模式中业主的组织、管理和协调的工作较大，需要配备专业的内部管理人员，故管理成本较高。单就项目建设实施来看，由于各参与人直接与项目业主建立合同关系，各自之间并没有合同、管理关系，因而在项目出现质量问题、工期延误等情形时，较难区分和界定各项目参与人的责任边界，故容易发生争议。

另外，如本书前文所述，在中国法律环境下，由于招标投标等法律法规的强制性规定，工程建设相关的设计、施工、货物供应等都需要依法进行招标投标，因此，在采用平行管理模式时，还有可能因为复杂的招标投标流程、时限等行政管理制度方面的影响，产生工程进度和实施安排上的制约。并且，业主进行平行管理，还需要考虑中国法律环境下对于禁止业主肢解发包等相关规定。综上，对于上述法律法规的特殊规定，特殊目的公司（SPV）作为业主都有必要提前了解和做好法律尽职调查，并提前规划好各专业工程、服务和货物项目的采购计划，避免在项目实施过程中因合法、合规性问题影响进度安排。

二、垂直管理模式

垂直管理模式，也可称为总分包管理模式，即由业主将工程项目全过程或者某个阶段的全部工作交由一个合适的总承包商完成，由该总承包商将专业性较强的设计、专业工程施工、设备定制等内容分别交由不同的承包商进行，并由总承包商与各分包人之间签署相应的合同的方式。在垂直管理模式中，甚至可以直接由总承包商根据需要单独聘请项目管理公司等咨询机构，服务于该项目的建设管理。在实践中，垂直管理模式也有不同的操作模式，比如，EPC 总承包、管理承包、施工总承包等。

采用垂直管理模式，一方面，业主只需要与总承包商签署合同，在这种单向、简单的合同结构下，业主的管理相对方只有总承包商，因而有利于业主的项目组织协调，有利于实现在工程质量、工程造价和工期等方面的统一管理。另一方面，由于总承包商承担较多的工作和责任，因此其风险责任大、管理目标重，需要很强的管理、协调能力和经验，相应的，总承包商的合同报价也会比较高。

与平行管理模式一样，在中国境内实施的大中型基础设施项目，业主采用垂直管理模式也同样需要考虑现行法律法规的强制性和禁止性规定，比如，禁止转包、禁止再分包、项目管理公司的特殊法律身份等影响因素。

三、PPP 项目的工程总承包

工程总承包是指从事工程总承包的企业按照与建设单位签订的合同，对工程项目的勘察、设计、采购、施工等实行全过程的承包，并对工程的质量、安全、工期和造价等全面负责的承包方式。关于工程总承包的形式并没有固定和统一的标准，从工程实践来看，具体采用的模式主要取决于项目业主对设计、施工、项目管理等工作和内容的分配和安排。在大型的基础设施建设特许经营项目实践中，以 EPC 总承包和施工总承包最为普遍。

同时，也应注意工程总承包企业不得是工程总承包项目的代建单位、项目管理单位、监理单位、招标代理单位或者与前述单位有控股或者被控股关系的机构或单位；进行初步设计工程总承包的，工程总承包企业不得是项目的初步设计文件或者总体设计文件的设计单位或者与其有控股或者被控股关系的机构或单位。

四、选择项目管理模式的影响因素

在大中型基础设施项目建设中，特殊目的载体（SPV）是主要和关键的投融资、建设、运营主体，项目建设的实施和管理也主要依赖于特殊目的载体的安排。实践中，影响工程建设项目管理模式选择的因素多种多样，每一个业主、每一个项目的特点都各不相同。因此，在选择项目建设的管理模式时，更多的是需要依据项目特征和规模、项目经济预期、业主管理需求、外部影响等进行分析和评估。

通常来讲，一方面，特殊目的载体需要考虑自身的管理团队组成情况和项目经验以及所选择的外部咨询机构的能力，结合自身管理目标和需求进行分析和评估；另一方面，也需要根据工程项目的特征、原材料供应、劳动力市场等客观条件，考虑能够选择到的总承包商范围、各承包商之间的协作性、项目管理公司的实力和经验能否担当和实现项目管理的责任、目标。但是，即使是采取 EPC 模式，也不能完全忽视特殊目的载体自身在项目建设和运营过程中的管理，否则将会影响和制约项目建设目标的实现。

当然，尤其不能忽略的是，无论是境内还是境外的基础设施建设项目，遵守当地法律法规是项目合法实施的重要前提条件，因而，特殊目的载体、业主在选择具体的项目管理模式时，除了考虑上述两个衡量因素之外，还需要依据项目所在地法律法规是否存在限制性或者禁止性规定来综合评判选择平行管理和垂直管理的优劣。

第二节　项目融资和 PPP 中的合作关系

在基础设施项目中，尤其是采用 PPP 模式的项目，建立和健全各方参与主体之间的合作关系是影响项目成败的关键要素。

在传统的工程合同中，突出和强调的是合同各方在权利、义务、风险和责任的安排与分配，基于这种合同理念和架构，当事人之间的关系很容易陷入非此即彼的境地。也就是说，一方主体权利的享有则意味着另一方对应义务和责任的承担。由此，在前期的合同条件谈判以及后续合同执行中引发的争议也会变得越来越多、越来越激烈。

相对而言，合作型的工程合同（Partnership 或者 Collaborate working）更强调合同各参与方对完成项目本身的协同工作上。它的目的在于促使项目业主、设计师、工程师、总承包商、分包人构成一个合作团队，朝着共同的目标和谐、协作地实施和完成项目，并通过早期预警机制（Early warning）在争议和风险发生之前即进行合作解决。英国的 John Egan 爵士早在 1998 年的报告“Rethinking the construction”中就倡导建立友好合作型的关系，树立共同工作的理念，而 NEC 合同和 PCC 合同系列则可以说是体现这一理念的合作型工程合同的典型代表。

当然，从工程项目管理的角度来看，合作型的工程合同对于缓解工程争议、促进项目建设起到非常重要的作用。但是，需要注意的是，在中国的现行法律体制下，采用这种合同模式，尤其是在涉及承包商的早期介入（Early involvement of the contractor）时，必须对合法性问题予以足够的重视，尤其是在必须依法招投标的工程项目中，承包商的前期参与可能会导致实质性谈判的结果，以及出现限制参与投标的情况，从而最终导致合同无效的法律后果。

第三节　工程合同模式的选择

在大型基础设施项目建设中，可采用的合同模式和架构千变万化，选择合适的工程合同架构和模式，理顺各方的权利义务和职责分工，有助于项目的顺利实施和推进。在考虑和安排工程合同的价格形式以及具体内容时，还需要综合考虑工程合同与融资方式、项目管理、价格体系等方面的影响因素。

一、大型基础设施项目常用的合同模式

不可否认的是，除了前述常见的传统型施工合同、设计—建造合同以及设计—建设—采购一体化的工程合同类型之外，在实务中还会经常运用到一些非典型的工程合同模式。而这些合同模式的采用或多或少地结合了项目融资和工程管理的实际需要。

（一）设计—施工—采购合同

设计—施工—采购合同是对传统工程施工和工程设计的延伸，也是在设计—施工合同基础上对承包商工作范围和内容的进一步扩充和拓展。

这种合同模式的特点在于由承包商完成自设计至施工完成的全部过程，其中也包括了工程项目所涉及的设备的设计、供应及安装。这样，与项目建设有关的全部工作均由一家承包商办理，对业主方而言，减少了不同的工作界面和工作内容的划分造成的责任界定、工作界面的衔接等一系列问题。对承包商人而言，可以将设计和施工有效结合起来，整体统筹和安排工序、工种等内容，比如，土建和大型设备的设计、安装之间的协调，从而达到缩短

工期，降低施工成本的目的。

当然，由于设计—施工—采购合同需要承包商承担一揽子的工作内容，因此，相对于传统的工程施工合同，承包商享有的合同权利是最大的，业主的干预也较少。相应的，由于其通常采用固定总价形式，承包商面临的工作内容也更广，承担的责任和风险也更大。

（二）建设管理合同

采用建设管理（Construction Management）合同形式，通常由业主和参与项目的所有专业机构，如设计师、工程师、测量师等以及工程施工承包商签署合同，建立直接的合同法律关系。并且，业主通常还会再聘请一家项目管理公司担任项目管理人（Construction Manager）和咨询顾问的角色，用来协调设计和建设两项基本工作，并且还可能由项目管理人就工程管理涉及的工料测量、招投标、采购等内容与其他机构一起提供专业的服务。

依据中国法的相关规定，一方面，业主与项目管理人之间是一种委托法律关系，项目管理人作为受委托人，它的管理和意见、建议等发生的后果均由委托人——业主承担，在业主没有专业的管理团队或者没有丰富的项目管理经验的情况下，项目管理人的专业能力对项目的进展至关重要。另一方面，项目管理人与设计师、工程师、测量师以及施工承包商之间都没有直接的合同关系，而是一种平等的、协调合作的关系。因此，除非另有书面的约定，对于工程实施中涉及的问题，最终均由业主做出决定才能对工程合同的各方主体产生法律约束力。

（三）管理承包合同

在管理承包（Management Contracting）合同框架下，业主在聘请设计师、工程师、测量师等专业机构的同时还会再聘请一个管理承包商（Management Contractor），并由管理承包商与承担工程具体实施的施工承包商建立合同关系。与建设管理合同一样，业主选择管理承包合同的承包商看重的是承包商的管理能力，而不指望其对分包人的履约行为承担全部责任。

管理承包在国际工程中是被允许且较为常用的方式，但是，依据中国现行的法律法规的规定，管理承包合同模式会有非法转包之嫌，而且这种模式对项目管理公司本身的能力和实力都有极高的要求，因此，这种模式较难在中国法律环境下直接实现。

（四）设计—建造—运营合同

设计建造运营（Design-Building-Operation，DBO）合同是相对较为新型和非典型的工程合同类型。在这种合同模式下，承包商除了承担设计和建造两项重要的工作内容之外，还需要承担项目建成之后的运营阶段的服务，即将工程项目的设计 - 建造和运营阶段（Operation & Maintenance）融合在一个合同框架之下。此类合同模式更多的适用于 BOT、TOT 等基础设施特许经营项目中的建设和运营服务，并突出了运营阶段的工作。

但是，在 PPP 和项目融资中，考虑到项目的特殊需求，由于建设阶段和运营阶段的各方权利、义务、工作内容等存在很大的差别，大多数情况下会由 SPV 分别签署建设合同和运营合同。而在设计—建造—运营合同模式下，要将设计、建设、运营三个相互独立的合同融合在一起，对合同文件本身的整体框架布局和权利义务的分配、衔接的要求也较高。

（五）复合型的合同模式

随着工业技术的标准化、专业化，以及项目业主对项目采购的特殊需求和目的，还衍生出各种类型的复合型的合同模式。在中国的大型基础设施项目中，尤其是采用 PPP 模式的项目中，目前比较常见的还包括 EPCM、FEPC 合同形式。

（1）EPCM 模式。EPCM 模式通常会被应用于石油化工、采矿业、电力工程和海水淡化工程等项目中，这些工程项目的一个特点是设备、装备等工作占了绝对多数的分量，因此，在这种合同模式更加侧重承包商的项目管理能力和协调能力。

需要注意的是，在中国法下，与 EPC 模式，管理承包合同模式一样，EPCM 模式的适用也存在一定的法律障碍。即如果 EPCM 公司是作为一个独立的承包商完成设计、施工工作或者设计、施工中的任何一项，那么它就必须具备相应的设计资质或施工资质，否则，就属于无资质承包工程项目。如果无资质的 EPCM Contractor 将设计或者施工全部交由第三方完成，则构成法律上的非法转包行为，所签署的合同也将被认定为无效。

（2）FEPC 模式。简单来说，FEPC 是在 EPC 合同模式上的变形，即 Financing 加 EPC，在这里，承包商的工作除了设计、建造和采购之外，更重要的一个职能就是融资。从合同模式上来看，FEPC 也并不是简单的在 EPC 的合同条款中增加一些关于融资的条款和内容。

在目前中国大力推广的 PPP 模式趋势以及政府主管机关同时在推行工程总承包模式的情况下，采用 FEPC 模式可以在一定程度上解决《政府采购法》和《招标投标法》在法律适用的冲突之处，可以避免社会投资人和工程承包商二次招标的情形。从实务角度出发，笔者认为，严谨的 FEPC 合同需要同时起草和编制有关的融资协议和 EPC 合同，并将两者有机的结合起来。

（3）DBFO 模式。在此模式中，承包商不再是单纯的设计、施工承包商，更重要的是还要承担融资和项目后续运营工作。这一模式与 FEPC 项目相比，增加了运营的工作，而与 DBO 模式相比，则增加了融资的工作内容。DBFO 模式与 FEPC 模式类似，从更为严格的意义上讲，两者都是融资建设的合同架构，侧重于对项目的融资和运营等内容。

实务中 EPCM、DBFO、FEPC 等相关的模式多数用在大型的基础设施投融资和建设、运营的 PPP、BOT 项目中，一方面，融资、运营本身与项目相关的设计、施工、采购等工作密切关联在一起，与传统工程合同的权利义务和风险分配不同；另一方面，承包商实际上需要同时承担融资和设计、施工、采购、运营等工作，与单纯的工程设计或者施工合同模式在内涵和外延上也都有着重大的区别。

目前中国法对于 EPCM、FEPC、DBFO 等复合型的合同模式并无相关规定，而从工程法律实务以及司法实践的角度来看，如何认定 EPCM、FEPC、DBFO 等合同的法律性质也可能会发生不同的理解，并进一步造成权利救济方式和途径的差异。

二、选择合适的工程合同类型

工程合同是一个系统的工作，采用合适的工程合同形式，以及有效地履行合同也是确保工程项目顺利建设的重要保障。在考虑和安排工程合同的价格形式以及具体内容时，还需要综合考虑工程合同与融资方式、项目管理、价格体系等方面的影响因素。

（一）工程合同与融资方式的结合

对于不同来源的项目建设资金，比如，是自有资金还是融资资金，是政府预算还是社会资本，在考虑工程合同的合同模式和价款形式以及条款设计时有着不同的影响。

在大型的工程项目建设中，尤其是收费公路、发电厂、轨道交通等基础设施项目融资中，项目建设的前期资金多数是以第三方融资的方式获得，比如，传统的银团贷款、基金，新型的信托、资产证券化、房地产投资信托（REITs）等。

从整体上来看，工程合同是项目融资中的一个子系统，但也是构成整体项目融资交易中不可或缺的重要组成部分。因此，工程合同的选择，包括在选用EPC总承包合同模式还是施工承包合同模式的问题上，以及采用总价合同还是单价合同的问题上，还需要结合整体融资的安排进行，并且与融资金额、成本、支付等条件密不可分。从微观的角度来看，工程合同中的工期、质量、造价等也是需要与融资方式结合考虑的重要因素。

（二）工程合同与项目管理模式的匹配

从本质上来讲，工程合同的主要目的和功能是服务于整个项目的建设和满足项目管理的需要，工程合同的规划和架构是一项系统工程，而绝非是一份承包合同书就能够解决合同各方所关注的全部问题和风险的。因此，工程合同的权利义务的分配和安排需要结合工程项目管理的实际。不同的项目管理方式会采用不同的工程合同架构，比如，平行发包管理和垂直型的发包管理架构对工程合同的安排就有很大的不同。

建设项目工程合同采用的模式和具体内容除了需要考虑合同本身的模式

之外，还需要结合项目业主的需求和承包商针对本项目拟采用的内部管理模式。前者需要考虑承包商与可能存在的业主平行发包的承包商之间的工作界面的划分和衔接，而后者主要针对承包商的内部项目管理方面，即需要考虑承包商在项目中拟采用的分包管理、采购管理的架构。

此外，合同模式的选择还需要符合法律法规的规定。比如，以分包为例，工程项目可能涉及建造安装的施工分包和工程设计分包两个方面，在这种情况下，就需要事先结合项目所在地相关法律规范对前述两类分包是否具有禁止性或者限制性的规定进行。对国内工程而言，除了国家和部委层面的规定外，当地法院的司法实践和意见也是重要的依据，当地政府部门的行政管理规定也可以作为重要的参考。对于国际工程而言，则完全有必要提前进行法律调研，避免出现违反当地法律的后果。

另外，作为承包商也需要分析和预估项目业主是否会有指定分包、指定供应商的可能性，分析在指定分包、指定供应商的情况下相应的风险和责任，制造能够采用的风险转移和分担方式。

（三）工程合同的选择与内部管理模式

一般来讲，在建设项目的前期策划、招标文件和合同条件的起草过程中，需要结合各种需求和项目特征等对合同架构进行总体的规划与论证，业主和承包商之间针对工程设计人与施工承包商、总承包商与分包人之间、承包商和招标人指定承包商之间、承包商和材料设备供应商之间、招标人与材料、设备供应商之间关系的管理、合作、配合、衔接等关系的安排至关重要，也是一个项目的工期、质量、造价、安全得以成功实现的基础。

但是，不可否认的是在普遍实行工程招标投标的情形下，承包商作为项目建设的具体实施者，已经失去了对工程合同的模式和价格形式的选择权，而只能被动接受业主已经选择采用的工程合同。当然，在直接发包的项目中，内部管理模式仍然是工程合同的选择是的重要参考依据。

（四）工程合同架构的规划和设计

工程合同的总体架构规划和设计决定着工程项目发包人与总承包商之

间、总承包商与专业承包商之间、发包人和专业承包商之间权利义务的整体分配与协调。因此，在重大项目中，有经验的招标人通常在总承包合同的招标文件正式发出之前，花费数月的时间，与其相关顾问单位（如律师、项目管理公司、工料测量师等）一起研讨整个项目的管理模式和合同架构问题。

比如，如果决定采用三方（项目业主、承包商、分包商）合同架构模式的，三方合同的分包合同模式须在总承包商招标时即由承包商予以确认和承诺，三方合同中须由承包商承担的义务和责任、须由承包商提供的现场条件和配合等都需要在承包商招标时事先约定好，避免在承包商中标进场后不予配合或拒绝。成熟的做法是在发包商就承包商招标的招标文件中将事先拟定好的三方分包合同条款作为附件一并招标，以确保项目业主即招标人在日后的分包商招标中占据主动。

第四节 工程合同的主要关切点

工程合同是基础设施项目建设期最为关键的法律文件，它对于明确项目建设过程中的各方参与主体的权利、义务、风险、责任以及相关的争议解决起着重要的作用，而且工程合同的内容同时还涉及法律、管理、经济和技术等方面的综合知识，因此，签订一份合适的工程合同，加强工程合同的履约管理，有助于预防和减少建设过程中的争议。

在项目建设环节和工程合同中，工程造价、工期和质量三者一向被视为工程建设管理的铁三角，其中任何一项都会对其他两项内容产生影响和制约。

一、工程价款

工程价款及其支付是工程合同中非常关键的条款之一。工程价款及其支付也同样与管理模式和合同架构的选择息息相关。在工程合同法律实务中，绝大多数的争议都是围绕工程价款进行。无论是从法律角度来看，还是从工程管理的角度来看，几乎所有的争议焦点、难点问题最终都会集中体现、反映和延伸到工程价款中，比如，合同效力、招标投标、带资垫资、优先受偿权、计价方式、工程质量、工期等。因此，在工程实践中，无论是法律界还是工程界都十分重视工程价款的相关约定和履行。

（一）中国法下的工程价款基本概念

在工程基本建设中，经常会遇到一些容易混淆的术语，从项目前期的可行性研究、立项、审批到后期的建造、结算以及项目的决算都有专用的术语，并且这些术语的使用实际上也会对双方的权益产生或多或少的影响。

工程实务中，经常会遇到估算、概算、预算、结算、决算等概念和术语，因此，有必要对此做一梳理。

（1）投资估算，主要是在编制项目建议书可行性研究报告和编制设计任务书阶段，对项目从筹建、施工直至建成投产的全部建设费用进行的预估，其目的在于为项目评估、立项提供决策依据。

（2）设计概算，是根据初步设计或者扩大初步设计的图纸及说明书、设备清单、概算定额或概算指标、各项费用取费标准等资料、类似工程预（决）算文件等资料计算和确定的建筑安装工程全部建设费用。在实务中，设计人在承担方案设计工作的同时，也会承担设计概算的编制工作。

（3）施工预算，是施工企业以建安工程为对象，依据施工图纸、工程量清单、施工和验收规范、标准等，结合企业成本核算标准、施工组织设计计算出的工程施工所需要的人工、材料、机械台班的费用。

（4）工程结算，是承包商依据工程合同的约定，对已完全部工程量所发生的费用进行的核算。工程结算是承包商完成工程项目后实际能够获得的工程价款。

（5）项目决算，是业主编制对建设项目实际造价和投资效果进行的汇总和评估。项目决算的费用包括了投入实体建设的费用以及非实体建设的各项费用。

（二）工程合同的价格形式

工程合同的价格形式是工程的核心内容之一。工程合同采用何种具体的价格模式则取决于业主的需求、工程项目的采购模式、项目管理框架、工程项目设计的精度和状况等众多因素。不过，笔者建议，在项目前期和设定招标投标架构和起草工程合同的框架时，发包人和承包商都有必要事先考虑整个项目的架构，而不是单就工程合同的条款本身来讨论合同。实践证明，一份与项目管理架构和业主需要不符的合同将给合同履行带来极大的不便，可能引发更多的争议。

1. 固定价格

固定价格（Lump-sum）即在工程施工期间合同价格不会因客观因素的影响而进行调整的价格形式，采用固定价格形式需要综合考虑风险因素并在合同中约定风险费的金额。固定价格又可分为固定总价和固定单价两种。

（1）固定总价是在合同履行过程中，除业主和承包商有特别约定外，合同的总价格固定不变，即通常所说的包干价、统包价，它的特点是工程量和工程总价都已经确定，或者说根据已有的图纸等工程资料确定一个固定的价格，依据该价格形式，理论上合同价格即等于最终的工程价款。当然，实践中对固定总价的误解也源于此。

（2）固定单价是事先约定承包商完成各分部分项（子分部分项）工作内容所需的费用，然后根据承包商实际完成的工作量或提交的产品来确定最终价款的一种合同形式。固定单价合同也可以说是固定总价合同的具体细化方式。在实行工程量清单计价规范后，实践中大部分的工程项目都采用了固定单价的合同形式。实务中通常使用综合单价法进行核算，而工程的最终结算总价则根据合同确定的单价结合实际的工程量来确定，这是一种典型的定价不定量的价格形式。在国内的工程投标报价实务中，固定单价具体可以分为工料单价和综合单价法两种不同的形式。前者又称直接成本单价，即按照相应的人工、材料、机械的消耗量及其价格确定；后者又称全费用单价，其单价组成包括了直接成本、利润、税金等一切费用。

2. 重测量价格

重测量价格（Re-measurement）是指在工程竣工之后对工程量按实际进行计量，并结合承包商的报价核算最终工程造价结算的合同方式。对于一些招标投标阶段尚无法确定工作内容和范围的工程项目，其在工程合同履行期间，由于存在诸多不确定因素，合同价格和工程量都可能发生变化和调整，在这种情况下，采用重估价格方式，对合同双方主体的风险承担和权益安排则更为合适和公平。

按照重测量价格方式，无论工作是否已经在签署工程合同确定，承包商能够获得其履行合同所完成的全部工作相对应的报酬。当然，在工程实务中，法律也并不排除合同的主体双方对允许调整的范围和调整的方式做出例外的安排和约定。

3. 成本加酬金

成本加酬金（Prime Cost plus fee）是指工程成本或服务成本依据现行计价，结合业主和承包商在合同中约定的方法计算，酬金按成本乘以费率计算，两者相加，得出最终合同价格。如本书前面所述，在工程实践中，成本加酬金的方式也有很多种细分的类别，如成本加固定报酬，成本加浮动报酬，目标成本。

在国内，按照《建筑工程施工发包与承包计价管理办法》的规定，紧急抢险、救灾以及施工技术特别复杂的建筑工程，可以采用成本加酬金的方式确定合同价款。但是，笔者认为此种界定欠妥当，价格形势与技术复杂程度并无必然的联系。成本加酬金的计价模式不仅限于此，对于成熟技术项目的工程建设以及一些管理型的合同类型同样可以适用这种计价模式。

4. 混合型的价格模式

工程合同的特点在于其个性和非标化，并且发包人的需求也是多样的，因此，对于上述几种价格方式，可以单独或综合使用其中的一种或者数种价格形式。比如，部分项目采用固定价格，部分采用可调价格，或者即使在固定价格方式下，部分采用固定单价，部分采用固定总价。比如，在现行国家、行业以及地方的计量规则中无工程量计算规则的，可以在已标价工程量清单或预算书中以总价或以费率形式计算。总之，价格形式的选用需要结合发包人对造价控制和管理的需求以及具体实施不同价格形式的必要性和难易程度。

（三）工程价款的支付

工程价款的支付是工程合同的必备条款。在工程法律实践中，工程价款的支付方式呈现多样性的特点，并没有统一的做法。但是，无论如何，为了避免发生争议，承发包双方都应当对支付条款充分论证，进而做出清楚而明确的约定。

1. 工程价款和支付证书[①]

在国际工程合同和实务中，经常会遇到付款证书（Certificate of payment），由第三方签发付款证书是英国工程领域以及国际工程领域设立的付款机制的重要部分，通常也是作为业主付款的主要依据和条件之一。目前，国内的工程合同也开始接受和借鉴国际工程合同的通行做法，对相关的付款证书制度进行了规定。

但是，需要注意的是，付款证书在中国的工程法律框架下并没有相关的规定，作为工程惯例的存在和适用仍有待探讨，并且对于付款证书以及履约证书等一系列证书的法律效力、法律后果并没有形成统一的理解和做法，在中国法律环境下付款证书的法律效果与英国法下付款证书的法律效果并不完全一致，可以说还存在一定的差距，因此，在国内的工程实践中，如果工程合同中涉及付款证书，则有必要根据实际情况考虑，选择适用。

2. 付款证书的法律效果

付款证书中的记载更多地取决和依赖于证书签发人的经验和专业背景，当然，在实践中，一般情况下，中期付款或者说进度款的支付金额都是暂定的，并不一定就是需要业主最终支付的价款。

（1）付款证书是否作为付款的先决条件。对于付款证书是否应当作为获得工程款的先决条件，在英国普通法下，存在两种完全相反的观点。这首先需要根据对合同文件的解读，在合同明确约定的情况下，承包商只有在获得，或者应当获得付款证书后才有权申请价款支付[②]；反之，则不然。

在 Brodie v. Corporation of Cardiff[③] 一案中，上诉院法官也认为付款证书是承包商请求支付额外工作价款的先决条件。不过，法院也同样确认并认可，业主不应当在核发证书的过程中对工程师进行干预，如果是由于业主的不当干预导致付款证书不能发放，那么即使在没有付款证书的情况下，承包商也

---

① 林立:《工程合同：法律、规则和实践》，北京大学出版社 2016 年版，第 262–265 页。

② Henry Boot Construction Ltd v. Alstom Combined Cycles Ltd［2005］EWCA Civ 814 CA.

③ Brodie v. Corporation of Cardiff［1919］AC 337.

仍然有权获得相应的款项。[①]

（2）付款证书是否具有终局约束效力。对于付款证书、对于工程合同的双方当事人是否具有最终的约束力，法院也同样存在相反的观点，同时需要结合工程合同中的具体内容以及每个案件的具体情形来分析。

大法官 Hoffman 曾在 Beaufort Developments（NI）Ltd v. Gilbert-Ash Ltd[②] 一案中非常详尽地对此进行了阐述：

"... to make the certificate conclusive could easily cause injustice... the architect is the agent of the employer. He is a professional man but can hardly be called independent. One would not readily assume that the contractor would submit himself to be bound by his decisions, subject only to a challenge on the grounds of bad faith or excess of power..."

（四）政府审计对项目结算的影响

当前对于 PPP 项目的结算还存在一个重大的问题，那就是政府审计机关的不当干预，导致结算久拖不决。实践中，尽管有造价咨询机构及内部机构的审核，包括传统的结算阶段的造价审核和当前十分普遍的跟踪造价审核，在项目的中期或者结算阶段，仍然还会遇到国家审计机关、财政评审机构对工程结算价款的行政审计，特别是一些国有资金投资的工程建设项目。

按照《审计法》第 2 条第 2 款的规定，国务院各部门和地方各级人民政府及其各部门的财政收支，国有的金融机构和企事业组织的财务收支以及其他依照本法规定应当接受审计的财政收支、财务收支，都要接受审计监督。相应地，部分地方人大也先后出台地方性审计条例或审计监督条例，规定政府投资和以政府投资为主的建设项目应当"以审计结果作为工程竣工结算依据"。因此，在涉及使用政府财政资金的 PPP 项目中，同样面临审计监督的问题。而审计机关对工程价款做出的行政审计决定与工程当事人之间就工程价款达成的意见之间的不一致实际上凸显了公权力与私权力的冲突。

---

① Panamena Europea Navigacon v. Frederick Leyland [1974] AC 428.

② Beaufort Developments (NI) Ltd v. Gilbert-Ash Ltd [1999] 1 A.C. 266.

从法律上来看，国家审计机关和财政评审机构的审计决定是一种行政管理行为，所做出的审计决定是一种具体行政行为，对其不服的，可以提出行政复议。但是，在工程合同这种纯粹的民事合同中，不应当对工程合同当事人之间诸如工程价款等纯民事法律行为进行干预。并且，尤其需要注意的是，即使合同主体一方是政府机关设立的投融资平台，在工程合同中也是与承包商一样的平等主体，对于此类民事合同应区别于行政合同或者公共合同，将权利义务的设定由工程合同的当事人自行约定也有助于政府职能的转变。

因此，《最高人民法院关于建设工程承包合同案件中双方当事人已确认的工程决算价款与审计部门审计的工程决算价款不一致时如何适用法律问题的电话答复意见》明确指出："审计是国家对建设单位的一种行政监督，不影响建设单位与承建单位的合同效力。建设工程承包合同案件应以当事人的约定作为法院判决的依据。只有在合同明确约定以审计结论作为结算依据或者合同约定不明确、合同约定无效的情况下，才能将审计结论作为判决的依据。"笔者认为，在工程合同明确约定以审计结论为结算依据的情况下，应当尊重当事人的意思表示。但是，在合同约定不明确或者合同约定无效的情况下，是否应当将审计结论作为判决的依据，也不能一概而论。单纯将审计结论作为确定最终工程价款的做法也有可能导致更为广泛的行政干预的不利后果。

此外，最高人民法院也曾明确指出，当事人以审计机关做出的审计报告、财政评审机构做出的评审结论，主张变更有效的建设工程施工合同约定的工程价款数额的，不予支持。由此可见，审计机关或者财政机关所做的评审决定或结论并不当然地约束工程合同当事人之间有关结算的约定。

对此，笔者认为有必要进一步明确和区分政府投资项目和非政府投资项目，对于政府投资项目，如果合同明确约定以审计结论作为结算依据的从约定，如果没有约定的，则以双方确认的结算为准；对于非政府投资项目，应以当事人双方确认的结算为依据，不应以行政行为干预民商事活动。

政府审计的性质

然而，从法律上讲，审计监督是审计机关对政府等被审计单位的行政监管，它与PPP合同双方、施工合同双方之间的民事法律关系有着本质的区别。

为此，全国人大法工委在2017年的《关于对地方性法规中以审计结果作为政府投资建设项目竣工结算依据有关规定提出的审查建议的复函》中明确指出，“地方性法规中直接以审计结果作为竣工结算依据和应当在招标文件中载明或者在合同中约定以审计结果作为竣工结算依据的规定，限制了民事权利，超越了地方立法权限，应当予以纠正”。并责成各地方人大及常委会进行相关法律规范的清理工作。

对于此问题，最高人民法院也同样曾经明确规定，“审计是国家对建设单位的一种行政监督，不影响建设单位与承建单位的合同效力。建设工程承包合同案件应以当事人的约定作为法院判决的依据。只有在合同明确约定以审计结论作为结算依据或者合同约定不明确、合同约定无效的情况下，才能将审计结论作为判决的依据”。[①] 当事人以审计机关作出的审计报告、财政评审机构作出的评审结论，主张变更有效的建设工程施工合同约定的工程价款数额的，不予支持。[②]

尽管有上述规定，但是，从以往的实践来看，行政审计在项目投资、建设中仍然占有巨大的比重，并实际上造成了工程款久拖不决的后果[③]。上述全国人大、最高院的观点也体现了现实中立法机关、司法机关和行政机关在同一问题上的不同理念和博弈。由于目前审计职权的扩大化，在政府行政追责的压力下，上述规定能否扭转建设项目中审计决定对项目结算的干预和不良影响，真正落实民事合同主体之间的平等权利，仍然有待时间的验证和评断。

（五）工程价款优先受偿权

工程价款优先受偿权是工程合同纠纷中的焦点和难点之一，涉及的法律问题也比较多。优先受偿权也是承包商在工程最后阶段能够用来维护自身权益的

---

① 《最高人民法院关于建设工程承包合同案件中双方当事人已确认的工程决算价款与审计部门审计的工程决算价款不一致时如何适用法律问题的电话答复意见》(〔2001〕民一他字第2号)。

② 《全国民事审判工作会议纪要（2011年）》。

③ 尽管财政部《基本建设财务规则》第28条规定：“项目建设单位应当严格按照合同约定和工程价款结算程序支付工程款。竣工价款结算一般应当在项目竣工验收后2个月内完成，大型项目一般不得超过3个月。”但实践中，鲜有政府机关遵守上述规定。

有效手段。除了理论界和实务界对优先受偿权的法律性质本身达成一致意见导致的适用困境外，其在实践中的理解和运用还需要关注一些特殊的问题。

1. 行使优先受偿权的条件

工程价款优先受偿权的行使应当具备相应的实体和程序条件，《合同法》第286条对此做了相应的规定。但是，不可否认，如同优先权的法律属性一样，关于优先权的行使条件也仍然存在许多有待商榷和探讨的问题。

（1）权利主体

在工程项目中，工程款的支付不仅涉及施工承包商，还涉及工程设计承包商以及分包人和供应商等主体。仅就《合同法》第286条的规定而言，优先受偿权的权利主体是否包括了上述全部主体并无具体的规定。比如，即使是对装修工程的承包商的优先受偿权问题，实践中也有不同的观点。为此，最高院不得不专门就此做了批复，明确了装修工程的承包商享有优先受偿权。[①] 这也从另一个方面反映了实践中对于优先权的主体范围存在着较大的分歧。

换个角度来看，《合同法》第286条也并没有特别限定优先权的权利主体。工程实务中，设计人也属于承包商的范畴。而在一些指定分包的情况下，实际上是发包人和指定分包人之间的关系，分包人也可以归入承包商的范畴。在总分包合同关系下，如果承包商怠于行使债权，分包人甚至还享有代位权，但分包人是否可以代位行使优先受偿权则又是一个需要进一步探讨的法律问题。

按照目前司法实践，对于上述问题虽无统一规定，但是，一般认为，工程勘察人或设计人就工程勘察或设计费主张优先受偿权的，不予支持，这也意味着，工程设计的承包商被排除在优先受偿权的主体范围之外；合法分包人、转包和违法分包人、借用资质的实际施工人等也不应享有优先受偿权。

（2）触发条件

首先，触发承包商行使优先受偿权的前提必须是发包人对承包商负有到期债务，即工程款。笔者认为，对于该工程款的具体金额是否有争议，不应

---

① 《最高人民法院关于装修装饰工程价款是否享有合同法第二百八十六条规定的优先受偿权的函复》。

成为行使优先权的阻止条件，否则，承包商有可能永远无法行使这一条件。

其次，发包人没有按照工程合同的约定支付对应的工程价款。这里的合同约定的对应价款，既可以是未支付进度款，也可以是竣工结算款，也就是说，承包商行使优先权的时间不仅限于工程竣工之后，也可以是在工程的实施过程中，为避免损失的扩大而提前采取预防和补救措施。

最后，经承包商催告付款后，发包人在合理期限内仍不支付工程价款。催告是优先权行使的前置条件之一，未经此程序，权利的行使将会受到限制。这里需要注意的是，针对承包商给予多长的宽限期或者说发包人在收到催告后支付工程款的合理期限并无统一的规定，实践中的做法和观点也是各不相同，如30天、56天等。

（3）权利主张和行使方式

《合同法》规定了承包商行使优先受偿权的方式是可以与发包人协议将该工程折价或将该工程依法拍卖，并就该折价或者拍卖的价款优先受偿。实践中，常见的是在诉讼或者仲裁过程中，在起诉和提起仲裁申请时一并提出优先受偿权，并通过司法机构进行拍卖的方式实现。

2. 行使优先权的期限

《最高人民法院关于建设工程价款优先受偿权问题的批复》规定，建设工程承包人行使优先权的期限为6个月，自建设工程竣工之日或者建设工程合同约定的竣工之日起计算。

关于该期限的法律性质，司法解释并没有进一步的说明，但是，结合目前的司法实践，一般的理解都是将期限视为除斥期间，而除斥期间的特点是不适用中止、中断等规则，工程合同的双方当事人也不得另行约定排除该期限的适用，或者改变该期限的长短。但是，不同的地方法院在处理该问题时也有例外和不同的观点，比如，广东省高院在《关于在审判工作中如何适用合同法第286条的指导意见》中指出，承发包双方当事人在合同中约定行使工程价款优先受偿权期限的，该约定有效。

3. 优先受偿权可否约定排除

在工程实务中，有些发包人会在工程合同或者在其他文件中要求承包人承诺放弃工程价款优先受偿权。对于此类合同条款和承诺文件的法律效力，有必要进行分析和探讨。

笔者认为，首先，优先受偿权属于法定的权利，而非可由合同双方自行确定的约定权利，《合同法》也没有关于“双方另有约定除外”或者类似的规定，因此，严格来讲，优先权不应由合同双方当事人自行约定是否适用，就如同法律规定的除斥期间一样。

其次，有观点认为，当事人约定排除优先权，并不影响承包人享有债权，笔者对此表示认同。但是，工程实践中，工程合同双方当事人的地位和角色不同，发包人的首要义务就是支付工程款。发包人未支付工程款，就对承包人负有债务，而优先受偿权则给予承包人债权之外的额外保障。如果双方可以通过合同约定排除适用，而承包人仍然对发包人享有工程款债权，那么是否还有必要专门设立优先受偿权？

再次，实践界和司法界都有声音提出要赋予当事人可以处分工程价款优先受偿权的自由①。事实上，结合目前工程法律实践，绝大多数项目均通过公开招标投标的方式进行，招标人对招标文件具有完全的主导性，可以单方面在招标文件中要求投标人放弃优先受偿权，并提出如果投标人不予以响应，轻者在评标中予以扣分，重则投标文件直接被拒绝。招投标双方的权利义务存在某种不平衡的状态，投标人基本没有议价的空间，对于投标人而言明显不公。在这种情况下，如果再通过法律形式赋予优先受偿权的自由处分，则是以法律的名义保护了实践中的不公平现象。对此，笔者比较担忧，一旦确认工程价款优先受偿权，那么合同法所赋予的工程价款优先受偿权将形同虚设。

最后，在发包人未支付工程款之前，承包人为工程建设投入和承受了大量的资金压力，形成了承包人对分包人、供应商、民工工资等一系列债务，事实上这是承包人在替发包人承担这部分债务。如果允许发包人在合同中约定排除适用优先受偿权，无论是从法律的角度还是从经济的角度，对承包人

① 《最高人民法院关于审理建设工程施工合同适用法律的解释（二）》草案中对能否约定放弃优先受偿权提出了截然不同的观点。笔者认为，司法解释的目的在于解释法律规定不明确的地方，但不应对法律已经设定的权利义务做出修改，也不应认可当事人之间的此类约定。因此，若最高人民法院以司法解释的方式明确当事人可以通过协商从而排除优先受偿权，似有越俎代庖之嫌，其正当性有待商榷。

而言都极不公平。更何况，在现实环境中，如果允许合同双方约定排除适用，那么笔者相信绝对多数的工程合同都会做此安排，那么设立优先受偿权就不会有实质的意义。

（六）工程价款竣工结算

工程价款的竣工结算与预付款、进度款的核算和支付有着显著的区别。更为重要的是竣工结算决定着工程项目的最终价款，对发包人和承包商都具有非常的意义。

1. 发包人的工程结算审核

关于发包人对工程结算价款的审核期限，原建设部和财政部发布的《建设工程价款结算暂行办法》有着较为详细的规定，即：

（1）500万元以下的，从接到竣工结算报告和完整的竣工结算资料之日起20天；

（2）500万—2000万元，从接到竣工结算报告和完整的竣工结算资料之日起30天；

（3）2000万—5000万元，从接到竣工结算报告和完整的竣工结算资料之日起45天；

（4）5000万元以上，从接到竣工结算报告和完整的竣工结算资料之日起60天。

不仅如此，财政部《基本建设财务规则》也特别强调竣工价款结算一般应在项目竣工验收后2个月内完成，大型项目一般不得超过3个月。当然，在实务中，合同双方既可以援引上述规定，也可以另行约定造价审核的期限，但是，承发包双方都应当注意明确具体的时限，避免出现无审核期限的内容，从而影响工程价款的结算。

2. 逾期回复结算文件的法律后果

及时对承包商的结算资料进行审核是工程合同履行不可缺少的环节，是合同双方协助义务的体现，也是维护合同双方权利的重要保障，违反此类义务则应承担相应的法律后果。最高人民法院在《关于审理建设工程施工合同纠纷案件适用法律问题的解释》中规定，当事人约定，发包人收到竣工结算文件后，在约定期限内不予答复，视为认可竣工结算文件的，按照约定处理。承包商请求按照竣工结算文件结算工程价款的，应予以支持。

为了及时完成竣工结算审核工作，笔者认为，政府财政部门、发包人、承包人应当强化和规范工程建设项目造价的过程审核，明确过程审核的法律性质和作用，避免将能够在进度款支付环节解决的问题拖延到结算阶段，并且对于已经双方审核同意的工程量、工程价款在最终的结算环节反复重新核算，即使在工程仲裁或诉讼中，也不应当重新进行鉴定并以鉴定结果作为核算依据。

二、工程工期

在大型基础设施中，工期和完工日期对于项目的实施至关重要，特别是在一些项目融资中，贷方提供的融资资金的收益和回报的要求，项目完工之后进入运营期所带来的现金流等，都与工期密切相关。然而，不可否认，建设期的工期法律问题和管理问题错综复杂，非业主或者承包商一方能够处理和解决，这也是如前文所述，需要加强项目合作关系的另一个主要原因。

（一）工期基本规则

与国际通行的工期规则不同，在当前中国法下，工期法律问题并未受到足够的重视，实务中工程项目的工期也有着其自身较为特殊的规则。

（1）合理工期

根据国务院《建设工程质量管理条例》的规定，发包人不得任意压缩合理工期。之所以规定合理工期，主要目的在于确保工程质量。简单来说，比如在房建项目中，标准层建设中的底板从混凝土浇捣到养护期届满，通常为6—7天，那么这个时间就是合理的工期，少于这个期限，混凝土的凝固等技术条件都无法满足，进而将直接影响到工程的质量和安全，所以属于压缩工期的行为。对于合理工期的界定，一是可参考定额工期的标准，二是需要结合承包商的技术力量。并非少于定额工期的都属于不合理的工期。

（2）定额工期

定额工期是指在社会平均生产条件下，依据国家建筑工程质量检验评定标准施工及验收规范有关规定，建筑工程从开工到竣工验收所需消耗的时间标准。工期定额是编制施工组织设计、安排施工计划和考核施工工期的依据，是编制招标标底，投标标书和签订建筑工程合同的重要依据。

（3）合同工期

工期是工程合同的关键条款，《合同法》明确规定了工程合同的内容应当包括工期。对于合同工期，一般均视为承包商认可了发包人对工期的要求，因此在报价时应当考虑相关的成本和费用等。但是，如果是经过招标投标的工程项目，对工期要求进行不合理的压缩时，应当如何处理，事实上仍然存在不同的理解，并有待进一步的研究和讨论。

（4）禁止压缩工期

压缩工期是法律所严格禁止的行为，《建设工程质量管理条例》和《建设工程安全生产管理条例》都明确规定建设单位不得压缩合同约定的工期。最高人民法院也明确指出，对于在建设工程施工合同中有关违反工程建设强制性标准，任意压缩合理工期、降低工程质量标准的约定内容，应认定为无效。因此，对于一方强行压缩工期的，不仅应承担行政责任，也应当承担由此引起的经济赔偿责任。

（二）开竣工日期的确定

在一个工程项目建设中，出于融资成本和收益、投资回报以及工程建设本身的成本等因素的考虑，工程项目的建设期，也即工程工期一般都是相对确定的。而一旦确定了工期，开工日期和竣工日期就是合同双方需要特别关注的事项，严格按照合同的约定进程实施、遇有可顺延工期的情形时及时处理。

1. 开工日期的确定

工程合同确定的开工日期通常只是一个暂定的时间，称为计划开工日期。具体能否按照合同既定的时间开工，则取决于多种因素，这其中既有来自承包商的原因，也有来自作为发包人的业主的原因。如果因为主观或者客观的原因导致工程不能按照预定的日期开工，那么相应的就需要顺延开工工期。

在司法实践中，部分法院也为开工日期的确定提供了认定的规则，比如，北京市高级人民法院认为工程施工合同实际开工日期的确定按照以下规则确定:（1）一般以开工通知载明的开工时间为依据;（2）因发包人原因导致开工通知发出时开工条件尚不具备的，以开工条件具备的时间确定开工日期;（3）因承包方原因导致实际开工时间推迟的，以开工通知载明的时间为开工日期;（4）承包商在开工通知发出前已经实际进场施工的，以实际开工时间为开工日期;（5）既无开工通知也无其他相关证据能证明实际开工日期的，以施工合同约定的开工时间为开工日期。

2. 竣工日期的确定

从工程流程上看，工程竣工合格意味着承包商、设计人完成了工程合同约定的工作内容，而业主则可以接收工程项目，工程的风险也转由承包商承担，伴随着竣工，工程也开始起进入缺陷责任期和质量保修期。因此，确定竣工日期事关发包人和承包商双方的重大权利义务，需要特别关注。

竣工日期是承包商完成全部合同工作的时间，一般来说，工程合同，甚至是在工程招标文件中都有涉及竣工日期的内容，但是，可以肯定的是，绝大多数的工程项目都不是在合同约定的竣工日期完成竣工的。由此产生了竣工日期的确定、竣工日期延后的责任认定等问题和争议，因此，如何确定竣工日期就成为摆在业主和承包商面前的前提和难题之一。

（三）现场条件对工期的影响

工程现场对于工程项目的设计、施工的重要性和影响不言而喻，因此，一般情况下，承包商在投标报价前，都会进行现场踏勘，以便合理预计现场对施工的影响以及可能遇到的不利地下条件等，以便合理评估风险及其费用。现场条件对工期的影响主要包括两个方面：一是投标和签署合同前根据工程现场踏勘的情况确定的工程工期和风险费，二是工程合同实施过程中由于现场条件及其变化可能造成的施工困难和工期延长。

而除此之外，现场条件对于开工日期也有或多或少的影响。在现场开工条件不具备的情况下，比如，拆迁未完成、三通一平等前期工作未完成等都会影响承包商的如前进场施工，在这种情况下，即使有监理人的开工令，工程的开工日期也应当顺延至后。

（四）工程完工和交工

在工程实践中，除了常用的工程竣工之一表述之外，有时候还会用到“工程完工”这一概念，但如何界定“完工”则无统一的标准。从字面上来理解，应当是指承包商完成工程合同约定的工作内容。但是，工程项目由单位工程、单项工程构成，承包商完成整体工程项目是完工，完成分部分项和专业工程项目也是完工，而且各分项工程、分部工程的完工标准和状态也不一样且较难具体描述。因此，“完工”这一表述又有不准确性和逻辑上的漏洞，若使用“完工”一词而无明确的界定则可能引起各方的不同理解，进而引发争议。

与其他工程项目不同，公路工程建设项目则按照合同段为准，以“交工”作为衡量承包商是否按照合同约定完成各项内容。按照规定，公路工程的交工验收主要是针对施工合同的执行情况，工程质量是否符合技术标准及设计要求，是否可以移交下一阶段施工或是否满足通车要求。而竣工则是在试运营2年之后进行。这一点与其他工程存在较大的区别。由此可见，如果在工程合同中不能正确使用“竣工”“完工”“交工”等术语则可能影响发包人和承包商的权利和义务。

（五）工期延误和顺延

工期延误和工期顺延是处理工程合同的工期争议时必然面对的问题。延误和顺延两者相关连而又有区别。笔者认为，工期延误是指工程实施过程中任何一项、多项工作或者整个工程项目的实际完工日期迟于合同约定或发包人批准的完工日期；而工期顺延则是指经发包人和承包商协商一致，将合同约定的竣工日期推延至另一时间。

关于工程项目中的工期顺延，《合同法》中有着相对明确的规定，即发包人未按照约定的时间和要求提供原材料、设备、场地、资金、技术资料的，承包商可以顺延工程日期，并有权要求赔偿停工、窝工等损失。

在工程项目出现延误事件时，从项目管理的角度出发，首先需要针对延误事件采取补救措施，防止因事件而扩大损害。其次则需要根据延误事件的原因、性质、责任认定结果来确定工期是否予以顺延以及顺延的具体期限。

三、工程质量

无论是项目融资、PPP 模式的融资建设中，还是在传统的工程施工中，工程质量永远是需要重点关注的对象。在我国法律制度下，即使是施工合同被认定为无效，承包商也仍然可以依据合同中约定的结算方式获得相应的报酬。

工程质量与安全是施工过程中极其关键的因素，既是工程建设项目管理的核心内容，也是发包人和承包商在实务当中容易忽略和极有可能发生争议的焦点问题之一。能否保证工程质量与安全直接关系到整个工程的工期、造价。因此，质量与安全、工期、造价一向被视为工程建设的铁三角。

（一）工程质量的责任方

关于工程质量的法律风险防控贯穿于项目建设的全过程，它可以从项目前期的可行性研究阶段开始，一直延续到工程建造阶段以及质量保修阶段，尤其是在建造阶段，各分部分项工程的检验、专业工程之间的衔接、材料设备的检测和检验、隐蔽工程和中间验收、竣工验收等都是质量控制的关键点。

工程实践中，引起工程质量的起因除了发包人和承包商以外，还可能是因为设计单位、勘察单位、监理单位、材料设备的供应商等一系列工程建设参与者。这些情况包括了：

（1）承包商没有按照设计图纸和施工技术标准施工；

（2）承包商疏于对工程设备、材料的检验；

（3）承包商使用不符合标准的材料、设备、构配件；

（4）发包人提供的设计存在缺陷、瑕疵；

（5）因发包人指定分包引起的质量问题；

（6）因发包人指定采购的设备、材料不符合质量标准；

（7）监理人疏于质量检验、检测引起的质量问题。

根据《建设工程质量管理条例》第 3 条规定，建设单位、勘察单位、设计单位、施工单位、工程监理单位依法应当对建设工程质量负责。由此可见，在工程建设中，发包人、承包商、监理人都负有保障工程质量的义务和责任。

（二）竣工验收的法律效果

工程通过竣工验收，则意味着工程符合质量标准和合同约定。《合同法》第279条第2款规定，建设工程竣工经验收合格后，方可交付使用；未经验收或者验收不合格的，不得交付使用。与此对应，工程通过竣工验收，即进入保修期和缺陷责任期，承包商开始承担缺陷责任和履行保修义务。

不仅如此，对于无效的工程合同价款争议，最高人民法院在《最高人民法院关于审理建设工程施工合同纠纷案件适用法律问题的解释》第2条和第3条中也有明文规定，建设工程施工合同无效，但建设工程经竣工验收合格，承包商请求参照合同约定支付工程价款的，应予以支持；如果不合格的工程经修复仍然不能通过竣工验收的，则承包商无权请求支付工程价款。可见，竣工验收合格与否将直接影响到承包商是否享有工程价款的支付请求权。

（三）提前使用工程的法律问题

工程法律实务中，由于发包人提前接收和使用工程导致发生质量纠纷的情况也时常发生。这里的“提前使用”通常是指工程项目未经竣工验收而被发包人使用。

《最高人民法院关于审理建设工程施工合同纠纷案件适用法律问题的解释》第13条中规定，建设工程未经竣工验收，发包人擅自使用后，又以使用部分质量不符合约定为由主张权利的，不予支持；但是承包商应当在建设工程的合理使用寿命内对地基基础工程和主体结构质量承担民事责任。司法解释虽然指出发包人擅自使用工程后，法院不再支持发包人的质量抗辩，但并没有明确此处发包人丧失的权利内容。按照该条款的字面表述理解，发包人如果提前使用未经竣工验收的工程项目，即丧失包括要求承包商承担质量保修责任在内的权利。

（四）工程质量缺陷责任

工程建设项目与一般的产品生产制造不同，在一定程度上依赖于人力，并且由于技术上的因素，不可能确保施工中的所有工艺都完美无缺，由此，工程项目或多或少会存在质量问题，因此工程质量实行缺陷修补和质量保修也成为必需。

1. 质量缺陷的本质

根据我国《产品质量法》第46条的规定，将产品缺陷界定为产品存在危及人身、他人财产安全的不合理的危险；产品有保障人体健康和人身、财产安全的国家标准、行业标准的，是指不符合该标准。但是，由于《产品质量法》第2条明确规定建设工程不属于产品，因而上述关于产品缺陷的定义并不适用于建设工程，在这种情况下，如何确定建设工程的缺陷实际上并无法律上的明确规定。

鉴于此，《房屋建筑工程质量保修办法》（原建设部2000年颁布）和《建设工程质量保证金管理暂行办法》（住建部和财政部2017年颁布）对建设工程的缺陷做了规定，即将缺陷定义为工程项目不符合工程建设强制性标准、设计文件，以及工程合同的约定。

笔者认为，建设工程的缺陷可以借鉴《产品质量法》的规定，将其界定为不符合工程建设强制性标准、规范的要求，而将不符合合同的约定、不符合非强制标准的工作视为工程质量瑕疵的衡量标准，这样有助于区别质量缺陷责任和质量保修责任，避免在实践中出现对缺陷责任和保修责任的混淆，但是这种区分并不影响承包商对缺陷和瑕疵应当承担的修复义务和责任。

2. 工程质量缺陷责任期

按照中国法律、法规的相关规定，缺陷责任期和质量保修期同时并存，两者的目的和侧重点存在一定的差异，各自的期限也各不相同。

根据住建部2017年颁布的《建设工程质量保证金管理办法》的规定，工程缺陷责任期一般为1年，最长不超过2年，具体可由发、承包双方在合同中约定。在项目通常情况中，缺陷责任期的起算时间可以分为三种情况：

（1）从工程通过竣（交）工验收之日起计；

（2）由于承包商原因导致工程无法按规定期限进行竣（交）工验收的，缺陷责任期从实际通过竣（交）工验收之日起计；

（3）由于发包人原因导致工程无法按规定期限进行竣（交）工验收的，在承包商提交竣（交）工验收报告90天后，工程自动进入缺陷责任期。

实务中应当注意的是，在使用我国住建部或者发改委指定的标准化工程合同的情况下，合同各方当事人需要注意各合同中的相关规定。

3. 工程质量缺陷侵权

工程质量缺陷侵权有多种可能性，一般的缺陷并不会发生侵权的行为后果，但是在特殊情况下，比如，因质量缺陷造成建筑物、构筑物或者其他设施倒塌从而导致第三方的人身、财产损害，在这种情况下，建设单位与施工单位应当向受害方承担连带责任。建设单位、施工单位赔偿后，有其他责任人的，有权向其他责任人追偿。

在质量缺陷侵权中，第一责任人首先是业主和承包商，并且受害方可以选择将业主或者承包商作为被告，或者将业主和承包商作为共同被告起诉。在建筑物等设施倒塌致害的案件处理中，适用无过错责任原则，建设单位和施工单位不能通过证明自己无过错而免责，就应承担法定连带责任。

（五）工程质量保修

严格来讲，承包商承担的保修范围也就是其承担的合同范围内的工作内容，超出合同约定的范围，发包人如果要求承包商完成保修工作，此类工作应属于额外工作的范畴，由双方另行协商确定工作期限、质量和价款。《建筑法》规定房屋建筑实行工程质量保修制度；建筑工程的保修范围包括地基和基础工程、主体结构工程、屋面防水工程和其他土建工程以及电气管线、上下水管线的安装工程，供热、供冷系统工程等项目；保修的期限应当按照保证建筑物合理寿命年限内正常使用，维护使用者合法权益的原则确定。

按照《建设工程质量管理条例》和《房屋建筑工程质量保修办法》的规定，在正常使用条件下，建设工程的最低质量保修期为：

（1）基础设施工程、房屋建筑的地基基础工程和主体结构工程，为设计文件规定的该工程的合理使用年限；

（2）屋面防水工程、有防水要求的卫生间、房间和外墙面的防渗漏，为5年；

（3）供热与供冷系统，为2个采暖期、供冷期；

（4）电气管线、给排水管道、设备安装和装修工程，为2年；

（5）装修工程的质量保修期为2年。

但是需要注意的是，从法律效力层级的角度来看，《建设工程质量管理条例》属于行政法规，其规定的内容，对承发包双方当事人具有当然的法律约束力，该条使用的是“禁止性规范”的表述方式，因此发包人和承包商必须遵守。依据那么根据《合同法》第52条和《合同法司法解释（二）》第14条的规定，如果承发包双方在施工合同或者质量保修书中约定的质量保修期低于上述最低期限，那么此类约定依法应当属于无效，工程质量保修期限仍然要按照质量管理条例的规定执行。

四、工程设计

作为工程建设不可或缺的环节和工程合同的一种，设计招标也是项目建设不容忽视的重要组成部分，工程设计的精准度对后期的施工招投标和实施具有举足轻重的作用。而在我国法制环境下，无论是招标还是非招标方式采购工程设计，都需要考虑中国法律法规对于工程设计资质的市场准入规则。针对上述两种不同的设计类型以及所涉及的设计行业的不同，我国政府主观部门规定了不同的设计资质，只有符合相应资质才能承揽相应的设计工作。

（一）工程设计的分类

根据《建筑工程设计文件编制深度规定（2016版）》的规定，工程设计可分为方案设计、初步设计和施工图设计三类。各阶段设计文件的编制深度应满足以下原则：

（1）方案设计文件，应满足编制初步设计文件的需要，方案设计文件用于办理工程建设的有关手续。

（2）初步设计文件或扩初设计，应满足编制施工图设计文件的需要，初步设计文件用于审批（包括政府主管部门和/或建设单位对初步设计文件的审批）。

（3）施工图设计文件，应满足设备材料采购、非标准设备制作和施工的需要。对于涉及设计分包或者分包工作分别交由几个设计单位实施的项目，设计文件相互关联处的设计深度应当满足各设计承包单位和设计分包的需求。

以此为标准，工程设计招标也可相应的分为方案设计招标和施工图设计招标。发改委牵头的七部委联合发布的《工程建设项目勘察设计招标投标办法》、原建设部和现住房和城乡建设部先后颁布了《建筑工程设计招标投标管理办法》和《建筑工程方案设计招标投标管理办法》，用于调整和规范不同的工程设计招标活动。同时，《建设工程勘察设计管理条例》也规定施工图设计文件审查机构应当对房屋建筑工程、市政基础设施工程施工图设计文件中涉及公共利益、公众安全、工程建设强制性标准的内容进行审查。[①]

（二）工程设计责任

按照我国法的相关规定，设计单位必须按照工程建设强制性标准进行设计，并对其设计的质量负责，由此可见，工程设计方应当对设计承担第一责任。

除了设计单位，建设单位、工程监理和工程承包商也要承担一定的设计责任。比如，建设单位不得以任何理由，要求建筑设计单位或者建筑施工企业在工程设计或者施工作业中，违反法律、行政法规和建筑工程质量、安全标准，降低工程质量。工程监理人员发现工程设计不符合建筑工程质量标准或者合同约定的质量要求的，应当报告建设单位要求设计单位改正。施工单位必须按照工程设计图纸和施工技术标准施工，不得擅自修改工程设计，不得偷工减料，施工单位在施工过程中发现设计文件和图纸有差错的，应当及时提出意见和建议。

（三）工程设计无效的处理

在工程法律实务中需要引起高度重视的是，对于涉及工程设计合同的法律纠纷，尤其是有关合同效力问题时，其处理的方法与工程施工合同并非完全一致。

总体上来看，最高人民法院以及各级人民法院并没有专门出台关于工程

---

① 2017年国务院新修订的《建设工程质量管理条例》和《建设工程勘察设计管理条例》删除了关于“施工图设计文件未经审查批准的，不得使用”的规定，这也意味着工程项目中常见“三边工程”将不再被视为违法。

设计合同纠纷的司法解释或司法指导意见。因此，原则上，其处理的标准和规范仍然是《合同法》《建筑法》《招标投标法》《建设工程勘察设计管理条例》《建设工程质量管理条例》等法律法规的规定，以及相关的行政主管部门颁布的行政规章、地方规章和规范性文件。

如同工程施工合同，确定工程设计合同效力的原则也仍然是《合同法》第52条以及最高院关于《合同法》司法解释中关于无效合同认定的基本原则和规定。比如，设计资质、设计招标投标等仍然是衡量合同效力的标准。

如前所述，依据《合同法》的规定，设计合同依法被认定为无效后，其处理的原则也是依法返还财产、折价补偿等。但是，在诉讼和仲裁实践中，也会有不同的做法，即使是工程设计合同被认定为无效，对于设计方已经付出的设计工作和服务，发包人仍应当支付相应的费用。尤其是在仲裁案件中，仲裁庭裁决的依据也仅是符合法律规定而并非必须根据法律，所以不排除其处理结果的差异性。

第五节　工程领域禁止性法律问题

无论是在国内工程还是在国际工程的实践中，建设项目的日益复杂化以及专业化发展的趋势，使工程分包变得非常有必要和盛行。同时，一方面，基于承包商自身的技术、成本、人员、资源等方面的综合考虑，工程分包有其存在和发展的必要；另一方面，也正因为由于专业分包人的介入，使原先传统单向性的承发包法律关系变得更为复杂和多样化。另外，从项目管理和法律关系的角度出发，使用分包管理模式可以使工程合同主体之间的关系相对独立和简单，有利于理顺各自的权利义务关系。

在我国法的环境下，由于工程分包具有表现形式多样性和复杂性的特点，实践中，违法、规避法律的行为较为普遍，因此，现行法律、行政法规和规章等对工程分包行为做了严格的限制，甚至是禁止性规定。

一、禁止肢解发包

肢解发包，是指发包人将应当由一个承包单位完成的建设工程分解成若干部分发包给不同的承包单位的行为。《建设工程质量管理条例》第 7 条明确规定建设单位不得将建设工程肢解发包。与之相关的还有肢解分包。《建筑法》第 28 条同样明确禁止承包单位将其承包的全部建筑工程肢解以后以分包的名义分别转包给他人。另外,《合同法》也有与《建筑法》相同的规定。由此可见，实施工程项目肢解行为的主体可以是业主，即肢解发包；在总分包关系下，肢解行为主体还可以是总承包商，即肢解分包，两者具有一定的联系和区别。

尽管有上述法律法规的明文规定，但是在工程法律和管理实务中，如何理解肢解发包和肢解分包仍存在误区和不同的理解。由于肢解发包和肢解分包将直接导致工程合同无效，关乎各方的实体权利和义务，因此，为了区分业主的发包行为或者总承包商的分包行为是否属于法律和行政法规明文禁止的肢解工程项目行为，笔者认为，首先有必要分清楚和厘清建设工程项目的组成单位和具体划分，尤其是在处理肢解分包的问题上。

二、禁止转包

转包，是指承包单位承包建设工程后，不履行合同约定的责任和义务，将其承包的全部建设工程转给他人或者将其承包的全部建设工程肢解以后以分包的名义分别转给其他单位或个人承包的行为。《建筑法》也明令禁止承包单位将其承包的全部建筑工程转包给他人。

此外,《招标投标法》第 48 条也明确规定非法转包的主要形式包括中标人将中标项目全部转让给他人的，或者将中标项目肢解后将全部或分别转让给他人的。这两种表现形式实际上都是将合同的全部权利义务转让给第三人，转让人自己并不承担合同的履行义务，两者的区别在于前者的受让方是单一主体，而后者的受让方则既可以是单一主体，也可以是多个主体。

在现实中，为规避原建设部的上述规定，实践中会有承包商在现场设立项目管理部，并视具体情况派驻或不派驻相应的管理人员，但具体的施工活动仍然由第三人实施，因此，这种形式上的承包商管理仍然属于转包行为。为此，现住建部《房屋建筑和市政基础设施工程施工分包管理办法（2014 年）》进一步规定了判定转包的标准，即（1）项目管理机构应当具有与承包工程的规模、技术复杂程度相适应的技术、经济管理人员；（2）现场项目管理机构的项目经理、技术负责人、项目核算负责人、质量管理人员、安全管理人员必须是本单位的人员。而判定的具体依据则是劳动合同、工资、社保等凭证。

三、禁止违法分包

承包商对工程进行分包的权利来源和依据根植于法律的规定和合同的约定，否则，就有违法分包的嫌疑。《合同法》第253条规定，承揽人应当以自己的设备、技术和劳力，完成主要工作，但当事人另有约定的除外。《建设工程质量管理条例》第25条规定，施工单位不得转包或者违法分包工程。《建筑法》第29条也规定“禁止总承包单位将工程分包给不具备相应资质条件的单位”。当然，如前所述，《合同法》和《建筑法》等法律法规也鼓励和倡导进行专业工程的分包。

结合实际，违法分包行为主要包括以下几种表现形式：

（1）总承包单位将建设工程分包给不具备相应资质条件的单位或个人；

（2）将中标项目的部分主体、关键性工作分包给他人的行为；

（3）未经发包人同意进行分包。

在工程总承包项目中，经建设单位同意并在工程合同中约定后，可以将下列工作进行分包，且不再通过招标方式：

（1）工程总承包企业具备相应的设计和施工资质的，可以自行实施工程的设计和施工业务，也可以将工程的全部设计或者全部施工业务再发包给具备相应资质条件的设计单位、施工总承包单位；

（2）工程总承包企业仅具备相应的设计或者施工资质的，应当自行实施其资质承揽范围内的设计或者施工业务，并将其资质承揽范围外的全部施工或者全部设计业务再发包给具备相应资质条件的施工总承包单位或者设计单位；

（3）工程总承包企业可以将工程的全部勘察业务再发包给具备相应资质条件的勘察单位。

四、禁止再分包

从现有的中国法律来看，倡导的是施工总承包和专业分包，但是禁止分包单位将其承包的工程再分包（sub-subcontracting）。《建筑法》第29条也明文规定："禁止分包单位将其承包的工程再分包。"禁止再分包的主要目的首先就是保证工程的质量，避免层层分包，导致豆腐渣工程。

通常来讲，实务中常见的属于违法进行再分包的行为包括：

（1）专业分包单位将其承包的专业工程中非劳务作业部分再分包的；

（2）劳务分包单位将其承包的劳务再分包的。

然而，不可否认的是，现代工程科学技术的纵向发展使专业化的程度越来越深，必要的再分包已经成为工程建设不可或缺的一部分，纯粹的禁止再分包未必符合客观的技术发展和市场需求。而对再分包的禁止性规定反映到合同法律关系和工程管理上，也造成了一定的混乱，增加了交易成本和管理难度。因此，笔者认为，有必要减少对再分包合同的无效性认定。

五、禁止挂靠

挂靠（Borrow name）是指单位或个人以其他有资质的施工单位的名义，参与投标、订立合同、办理有关施工手续、从事施工等活动。在实务中，挂靠分为有资质的挂靠和无资质的挂靠两种情形。

严格来讲，挂靠属于法律、法规规定的禁止性行为，按照《建筑工程施工转包违法分包等违法行为认定查处管理办法（试行）》的规定，挂靠行为主要有以下几种情形：

（1）没有资质的单位或个人借用其他施工单位的资质承揽工程的；

（2）有资质的施工单位相互借用资质承揽工程的；

（3）专业分包的发包单位不是该工程的施工总承包或专业承包单位的，但建设单位依约作为发包单位的除外；

（4）劳务分包的发包单位不是该工程的施工总承包、专业承包单位或专业分包单位的；

（5）施工单位派驻施工现场的项目负责人、技术负责人、质量管理负责人、安全管理负责人中一人以上与施工单位没有劳动关系的；

（6）实际施工总承包单位或专业承包单位与建设单位之间没有工程款收付关系，或者工程款支付凭证上载明的单位与施工合同中载明的承包单位不一致，又不能进行合理解释并提供材料证明的；

（7）合同约定由施工总承包单位或专业承包单位负责采购或租赁的主要建筑材料、构配件及工程设备或租赁的施工机械设备，由其他单位或个人采购、租赁，或者施工单位不能提供有关采购、租赁合同及发票等证明，又不能进行合理解释并提供材料证明的。

六、违反禁止性行为的法律后果

依据《合同法》和《最高人民法院关于适用〈中华人民共和国合同法〉若干问题的解释（一）》的相关规定，违反法律、行政法规的强制性、禁止性规定的合同依法应当认定为无效。《最高人民法院关于审理建设工程施工合同纠纷案件适用法律问题的解释》也规定，承包商非法转包、违法分包建设工程与他人签订建设工程施工合同的行为无效。

与之相对应，如果各方签署的工程合同，包括专业分包、劳务分包，仅仅违反了法律、行政法规的管理性规定或者违反了行政规章、地方法规和地方规章，合同的效力并不因此受到影响。但是，需要注意和考虑的是，此类行为或许要受到行政处罚，如罚款、责令停工等，进而对工程合同的履行和工程的顺利建设造成不利的影响。并且，由于违反这些禁止性行为，还可能给行为人带来经济上的损失，包括与挂靠人、转包人和分包人的连带责任。

最高人民法院在《最高人民法院关于审理建设工程合同纠纷案件的暂行意见》中规定，以被挂靠建筑企业名义签订的建筑工程合同无效。对于以挂靠形式承包工程项目的，其主要是没有资质的主体借用他人资质进行工程承包活动，按照现行的法律法规和最高院司法解释的相关规定，对于此类行为，应当属于《合同法》第52条规定的违反法律、行政法规强制性规定的行为，依法属于无效；从程序法上来看，不具有资质的挂靠人和有资质的被挂靠人应作为共同诉讼人，共同承担相应的民事责任。

第六节　PPP项目的履约管理

加强对PPP合同的起草、谈判、履行、变更、解除、转让、终止直至失效的全过程管理，通过合同文件等正确表达PPP项目合作双方的自由意愿、合理分配风险、妥善履行义务、有效主张权利，是PPP项目长期友好合作的重要基础，也是PPP项目顺利实施的重要保障。

PPP项目的投融资、建设和运营等活动以一系列的法律文件为纽带，在这些法律文件中，工程合同是建设期内非常重要和关键的一份法律文件。工程合同不仅关系到合同双方当事人的权利和义务、争议的处理、项目建设期的管理，并且还涉及监理工程师的职责、设计师的工作、行政机构的监督和管理等，它实际上融合了法律、工程管理、工程经济、工程技术等各方面的综合知识。由此可见，工程合同本身的复杂性导致其管理难度的增加，因而加强合同管理的重要性也不可小觑。正因为如此，无论是从法律的角度，还是从工程管理的角度出发，正确理解、运用工程合同，加强工程合同的签署、履约管理都是项目建设的重中之重，同样，这也是保护承发包双方各项法定和约定权益的关键因素。

工程领域的法律事务纷繁复杂，法律关系纵横交错，国际工程也好，国内工程也好，不仅承发包双方会基于不同的利益诉求而对工程合同的含义和履行产生不同的理解，即使是工程师、测量师和律师等专业人士同样也会对同一问题引申出不同的看法和观点，进而导致争议的发生。结合工程法律实务和司法实践不难看出，引发争议的大多数根源主要集中在三个方面，首先，在于项目履约管理不到位，尤其是承包人合同管理不善导致权益得不到保障；其次，工程合同中的权利义务和风险分配的不公平，经常出现一方享有众多权利，而另一方承担过多义务的现象；最后，项目实施过程中，承发包双方的对抗性特征较为明显，并且超过双方的合作关系，进而影响合同的履行。这三个影响因素实际上也在一定程度上制约了工程建设行业的公平、正常、有序和可持续发展。因此，笔者认为，从根本上来讲，签订一份合理、相对公平的工程合同，在承发包双方之间建立公平的风险分配机制，并在项目实施过程中时刻遵循合同的约定，做好履约管理，有助于防止和减少工程合同履行过程中的争议。

从工程争议预防和解决的角度来看，变更和索赔引起的争议和纠纷较为常见，其产生的原因纷繁复杂，但其中一个主要原因就在于没有做好相应的变更和索赔管理工作，比如，发包人干预过多，随意更改设计，没有及时提交索赔报告，或者没有及时回复索赔报告等，有关工期控制和管理技术的相对薄弱也是导致工期争议的主要原因，而这类争议将直接涉及项目的成本和收益。因此，强调变更和索赔管理并不为过。同样，这就要求在工程建设期内做好合同文件管理工作，包括对合同履行过程中的来往函件的收发文记录，收集、整理相应的证明资料，对于各方主体发送的函件，应当根据实际情况和需要及时反馈，建立答复和回函机制，避免因逾期不回复产生的不利后果。

最后，需要强调的一点是，由于现行法律对不同的合同类型都是明确的关于权利、义务、风险责任、权利纠纷等相关内容的规定，因此，处理工程合同争议时，特别是对一些复合型的合同模式，首先需要明确的一点就是分清争议所涉及的合同是否属于工程合同，这在司法实践中尤为重要。其次，需要明确的是作为合同的一种具体类型，工程合同同样应当遵循当事人意思自治的基本原则。但是，同时考虑到工程合同的特殊性，国家和政府层面对工程领域又实行不同角度和层级的监督和管理，这就需要当事人在自行约定权利义务、履行合同的相关内容的同时，又要接受相关法律法规乃至规章等规范性文件的限制，避免合同约定和法律规范之间的冲突。

9

CHAPTER

第九章

项目融资和 PPP 中的特殊问题

从项目融资和 PPP 模式的整体安排和安全角度考虑，为了降低和减少风险，投资人完全有必要对项目所在地和项目本身进行投资和法律环境调研，根据调研结果进行评估，从而为项目决策提供有效的依据。实践中，对于海外 PPP 和融资、建设项目，投资人一般会考虑进行商业环境和法律环境的调研，但是在国内 PPP 项目中，则容易忽略法律环境调研。

另外，本书前述相关章节中已经对基础设施项目融资和 PPP 模式运作实务中常见的融资、采购、建设等主要流程以及 SPV、项目风险、项目合同体系等常见的基本问题进行了阐述和分析。考虑到中国境内的项目融资和 PPP 运作模式有其较为特殊的方面，受制于现行法律、法规规定和政策的约束，在项目融资和 PPP 运作实务中，还会遇到一些较为特殊的法律问题，需要引起各方主体的关注。

比如，项目担保、土地、价格机制等问题的处理会影响到投资人的权益，PPP 项目的产权、针对 PPP 具体模式的相关规定等会对项目的具体实施造成不同程度的影响，而工程总承包、联合体、二次招投标等问题则又直接关乎后续项目工程施工、设计等合同的效力。因此，对于上述 PPP 项目中所涉及的特殊的法律问题，需要政府主管部门、银行等金融机构、社会投资人、工程承包人等相关主体引起重视。

第一节　项目法律环境的调研

投资环境和法律环境是项目决策的前提工作之一。无论是海外PPP项目，还是国内 PPP 项目，对项目所在地法律环境和项目本身进行调研，并根据调研结果进行法律风险分析和评估都是不可或缺的工作环节。

一、项目法律环境调研的重要性

鉴于大型基础设施项目的投资额巨大、周期长的特点以及PPP模式和项目融资交易结构的复杂性，对于投资人而言，前期法律环境调研工作对基础设施投资、建设项目具有非常重要的现实意义和指导作用：

（1）前期法律调研有助于确定投资项目的合法性、合规性。通过对项目合法合规性的调研，可以知悉法律法规对项目融资、建设是否存在禁止性或者限制性规定、投资人参与项目的适格主体身份的确定、项目本身是否已经取得合法的许可、投资人获得项目的实体和程序条件是否合法等内容，能够给投资人进行项目决策提供有效的参考。

（2）前期法律调研有助于投资人提前做好项目风险评估和管理工作。项目风险管理贯穿于项目的全生命周期。风险管理的目的在于防范和规避风险的发生。通过前期法律调研对项目的法律风险及早进行识别、分析，并做好应对、管理措施，有利于项目整体和全过程的风险管理。提前评估和规划风险管理工作，可以用较低的成本对项目风险做到有效的控制，达到更好的风险管理效果。

（3）前期法律调研有助于保障项目的顺利实施。基础设施项目的投资人在项目准入、主体身份的确认，以及在完成整个项目的生命周期内，都会受到国家法律和项目所在地政府的管辖。了解并严格遵守、充分利用当地的法规规章，也是保证项目成功的主要因素之一。通过前期法律调研，不仅为决策提供参考，还能够为项目合同的签署、履约管理以及争议解决提供可靠的法律依据，进而保障项目的顺利实施。

对于海外基础设施项目，由于项目所在地国家的法律制度与中国存在差异，进行法律环境调研可以了解不同法域下的规定对项目的影响，其重要性已经得到普遍的认可。而事实上，即使是国内的基础设施项目融资、PPP投资和建设项目也需要进行一定的法律环境调研工作。其原因在于，由于目前中国除了中央立法外，还有诸多的地方立法，而且由于目前尚无统一的PPP立法，项目所在地方人大和政府的相关规定、法院的司法意见也会对PPP项目的实施和推进以及各方的权益产生不同程度的影响。

二、项目前期法律调研的步骤和内容

认识到项目法律调研的重要性，对于项目法律环境的调研内容也应当引起足够的重视。法律尽调不应当是泛泛而为，也不是为了尽调而尽调。笔者认为，法律环境调研需要结合项目本身特点来进行，量身定做，有针对性的为项目服务。

（一）法律尽调的基本步骤

项目前期的法律尽调工作步骤因调研的内容和项目本身的不同而不同，但是基本上，调研工作都会包括下列几个步骤：

（1）组建法律调研团队。投资人在进行法律调研前首先应组建法律环境调研团队。明确牵头组织实施的部门或人员，通常为合同法律部门及人员。

（2）聘请外部律师团队。由于大型基础设施项目所涉及的法律环境的复杂性，对于法律法规的理解直接影响项目的决策，因此，这一阶段特别有必要委托外部律师介入，一同参与团队的组建工作、协助进行法律调研，而且越早越有利于项目实施，尤其需要对项目本身的情况进行详尽的调研。

（3）编制切实可行的法律调研方案和清单。法律尽调清单和方案应明确调研的范围、内容和组织实施计划，对参与调研的人员、调研所需时间、方式进行说明，并制作调研清单。笔者认为，法律调研清单的好坏直接影响到法律调研的目的和效果。

（4）调研方式。调研方式可以是通过国内相关机构了解、通过项目合作方了解、向当地政府及相关机构了解、聘请当地律师代为调研等。笔者认为，对于涉及项目本身的法律调研，还应当重视项目的实地调研，结合律师自身经验并辅以其他调研方式。

（5）形成前期法律调研报告。调研结束后，应当形成一份完整的报告，包括对调研过程的概述、对项目所涉的法律法规和框架结构的清晰介绍、详细阐述调研清单所列的各项法律及问题，以及在调研过程中扩展调研的问题，并有相应的分析和评价。

（二）前期法律调研的内容

法律环境调研的内容可以分为软件环境和硬件环境两大方面。就软件环境来说，须了解项目所在地政府信用、司法和执法环境、行政机关的办事效率、当地经济环境、项目地政府财政情况等。但是相比较而言，实践中这部分工作弹性较大，并融合了一些非法律性的内容，故其评估工作相对较难。

法律法规规范则是法律环境调研中的主要内容，其所涉及内容除了法律、法规和规章外，政策方面的指导文件也有一定的借鉴作用。主要包括当地对于 PPP 项目的政策指引、税收优惠、政府采购和招标投标的规定、项目建设方面的地方性规范、项目所涉及的物有所值分析情况、项目财政能力评价的情况、项目涉及的政府许可的落实情况、项目融资保障措施、最低劳动保障、用工限制、劳动福利、保险、安全和环境管理方面的规定等，这项工作可以将法律规范的调研与项目本身的部分法律调研结合起来进行。

在海外基础设施项目中，其他法律环境的调研则更为翔实，所涉及的范围还应当包括双边条约和国际条约参与情况、外汇管制、市场准入、投资主体、进出口许可、承包许可、当地劳动保护、环保法规、适用法律、争端解决机制等诸多方面的内容。

经过上述各项工作内容，对于最终形成的法律调研报告，可以较好地对项目所在地和项目本身的风险进行评估。笔者建议投资人的法律、合约管理部门和人员充分理解和运用，尤其是在项目实施过程中，法律调研报告有助于提高合约管理人员的风险意识，并将是很好的法律指导手册。

第二节　PPP 项目土地和资产法律问题

PPP 项目和资产的权属既是经济问题也是法律问题。其重要性在于大型基础设施项目多以设立项目公司的方式进行，如果项目和资产的权属不清晰，对于项目的融资、建设和运营的具体执行都会带来不利的影响。实践中，关于 PPP 项目及其资产的权属在前期的立项审核批复中即有相应的体现。投资人需要注意的则是，是否需要相应的权属、由谁拥有权属、法律法规对于项目和资产权属的限制性规定及其影响。

一、国有土地使用问题

项目用地是大中型能源、基础设施项目都必然会涉及的事项，而中国特有的土地制度和政策对PPP项目有着重要的影响。按照中国《宪法》的规定，城市的土地属于国家所有；农村和城市郊区的土地，除由法律规定属于国家所有的以外，属于集体所有。并且，中国实行土地用途管制制度；国家编制土地利用总体规划，规定土地用途，将土地分为农用地、建设用地和未利用地。其中建设需要使用土地的，必须依法申请使用国有土地。

根据上述法律规定可知，基础设施建设项目所需的土地都属于国家所有，任何单位或者个人都没有土地所有权，而仅有土地的使用权。

此外，就目前建设用地制度，一般都采用有偿使用，即按照议价、招标、拍卖、挂牌等方式出让国有土地使用权，在项目业主缴纳土地出让金后换取一定期限内的土地使用权。如果是经营性用地，则必须以招标、拍卖或者挂牌方式出让。实践中，应由建设单位提出用地预审申请。

按照现行法律规定，建设单位使用国有土地，应当以出让等有偿使用方式取得，而城市基础设施和公益事业、国家重点扶持的能源、交通、水利等基础设施项目的建设用地，一般多采用划拨的方式获得[①]。如果涉及有偿使用的土地[②]，在以PPP模式运作的项目中，除了传统的PPP项目本身与项目土地使用权分阶段获得的方式之外，也可以将通过竞争方式确定项目投资主体和用地者的环节合并实施，即采用“PPP+土地”联合公开招标方式获得。此外，基础设施项目还可以可采取长期租赁、先租后让、租让结合方式使用

---

① 《中华人民共和国土地管理法》第54条，公益事业包括各类学校、医院、体育场馆、图书馆、文化馆、幼儿园，托儿所、敬老院、防疫站等文体、卫生、教育、福利事业；国家重点扶持的能源、交通、水利等项目是指中央投资、中央和地方共同投资，以及国家采取各种优惠政策重点扶持的煤炭、石油、天然气、电力等能源项目，铁路、公路、港口、机场等交通项目；水库、防洪、江河治理等水利项目。

② 《土地管理法实施条例》第29条明确规定：“国有土地有偿使用的方式包括：(一)国有土地使用权出让；(二)国有土地租赁；(三)国有土地使用权作价出资或者入股。”

土地。

同时，为了规范项目用地，对于 PPP 项目主体或其他社会资本，除了通过规范的土地市场取得合法土地权益外，不得借 PPP 之名从事以下五项禁止性活动：

（1）直接以 PPP 项目为单位打包或成片供应土地。相比较过去以土地供应作为社会资本参与 PPP 项目的保障措施、合作条件的做法，财政部的此项规定明确了土地合法获得的方式，杜绝了变相出让土地的不合法行为。

（2）违规取得未供应的土地使用权或变相取得土地收益。此项与前款一样，设定了即使是 PPP 项目，其建设用地也应当依法获得。

（3）作为项目主体参与土地收储和前期开发等工作。按照规定，土地储备机构承担依法取得土地、进行前期开发、储存以备供应土地等工作。土地储备机构对储备土地进行前期开发时，涉及道路、供水、供电、供气、排水、通信、照明、绿化、土地平整等基础设施建设的，应该通过公开招标方式选择工程实施单位。由此可见，土地前期开发并不属于"公共服务"范畴，最多可视为"政府购买服务"，而非 PPP 项目对应的"政府购买公共服务"。这也就意味着 PPP 项目中的社会资本可参加政府采购，承担土地储备项目前期开发的基础设施建设工作，但不允许以特许经营授权的方式准许社会资本参与。

（4）凭借未供应的土地进行融资，PPP 项目的资金来源与未来收益及清偿责任。PPP 项目主体或其他社会资本只有通过规范的土地市场，取得合法的土地使用权，才能用土地进行融资。PPP 项目主体不能在签订 PPP 协议之后，利用未供应的土地进行市场化融资，尤其是连片开发的园区、智慧城市和产业新城的 PPP 项目中，容易出现 PPP 项目主体借 PPP 项目合同中约定区域内未供应的土地进行融资的情况。

（5）将项目与土地出让收入挂钩。PPP 项目应建立风险和收益制度，避免将土地本身的收益作为 PPP 的项目收益来源。

在实务中，如果涉嫌上述行为，财政部门、土地主管部门都可能对 PPP 项目的审核、项目资金使用采取一定的限制措施，并可能对实施机构、社会投资人进行行政处罚。

二、集体土地使用

现行 PPP 模式所涉及的土地大部分为建设用地，少部分为农用地，在项目的实施过程中可能出现农用地转化为建设用地等情况。如果需要占用集体土地，则应当依法进行征收并进行补偿收归国有之后方可使用纳入土地规划，或者采用租赁等方式获得相应的土地使用权。

在一些新能源项目，比如，分布式太阳能光伏电站建设中，相比较使用国有土地而言，利用荒山、荒地等集体土地更为简洁和便宜，因此，实践中租赁项目所需集体土地较为普遍。根据法律规定，通过家庭承包取得的土地承包经营权可以依法采取转包、出租、互换、转让或者其他方式流转。但是，不得改变土地所有权的性质和土地的农业用途，农村集体所有土地的使用权也不得出让、转让或者出租用于非农业建设。

尽管中国国务院在集体土地的利用方面，还在积极开拓新的途径和变通方式，比如，提出要引导农村土地经营权有序流转。但就现行宪法和土地管理法等基本法律的原则和规定来看，利用集体土地进行基础设施和公用事业 PPP 项目的开发、建设仍然需要依法先行收归国有，对于以租赁、承包、转让、抵押等形式用于非农业建设仍然存在法律上的障碍，未来前景和走向还并不明朗。

三、项目资产权属

原国家计委、电力部、交通部在《关于试办外商投资特许权项目审批管理有关问题的通知》中规定，特许期内，项目公司拥有特许权项目设施的所有权，以及为特许权项目进行投融资、工程设计、施工建设、设备采购、运营管理和合理收费的权利，并承担对特许权项目的设施进行维修保养的义务。这是首次对项目资产权属做出明确的规定。但是，其后的法律、法规和实践，对于项目资产权属，尤其是对于涉及部分政府投资的项目资产，其争论一直没有停止过。

同时，基于目前中国的土地国有和有偿使用制度，建设用地使用权人建造的建筑物、构筑物及其附属设施的所有权属于建设用地使用权人的法律规定[①]，由此产生了项目资产所有权、土地使用权、土地所有权各自分离的现状。就现实情况来看，结合中国目前现有的产权制度来看，无论是基础设施项目，还是公用事业项目，其项目资产的所有权都为政府所有，一方面是考虑到PPP项目大多涉及公共利益和社会安全，以及国有资产的保护，政府要求保留资产所有权；另一方面PPP项目在期限届满之后最终都需要将项目资产移交给政府，权属变更将产生过重的税负，所有权的转移反倒增加了投资成本。

因此，实践中，在整个投融资、建设、运营过程中资产所有权很少会发生转移，PPP项目的投资人、承包人、运营服务商都不会享有项目资产所有权。从这一角度来看，中国目前的PPP项目，无论是以BOT、BT、TOT、ROT、LOT中的何种具体操作方式实施，其中的"T"并不是所有权的转移，而只是项目建成后的移交。

上述这些制度和现状不可避免的会对后续项目的融资、运营、资产的处置等带来一定的不利影响和障碍，具体的解决方案则还有待立法的进一步完善。

第三节　PPP项目中的工程总承包

与传统的设计、施工承发包模式不同，随着建筑业发展的需要和承包人综合能力的提高、业主的需求等多方面的变化，建设项目实行工程总承包也变得越来越普遍。根据《建筑法》的规定，国家提倡对建筑工程实行总承包。其中第24条还明确规定，建筑工程的发包单位可以将建筑工程的勘察、设计、施工、设备采购一并发包给一个工程总承包单位，也可以将建筑工程勘察、设计、施工、设备采购的一项或者多项发包给一个工程总承包单位。

但是由于中国目前现行的法律法规的规定以及行政管理的体制，工程建设领域实行严格的市场准入和分级制度，因此，工程总承包的真正全面实行和推广还受到一定的限制，尤其是在资质和招标投标两个方面。

---

① 《物权法》第142条。

一、工程总承包的形式

关于工程总承包的形式并没有固定和统一的标准，从工程实践来看，具体采用的模式主要取决于项目业主对设计、施工、项目管理等工作和内容的分配和安排。事实上，原建设部早在2003年就颁布了《关于培育发展工程总承包和工程项目管理企业的指导意见》，提倡和鼓励进行总承包管理，具体包括：

（1）提倡由承包人采用设计采购施工（EPC）/交钥匙总承包（TUREKEY），承担工程项目的设计、采购、施工、试运行服务等工作，并对承包工程的质量、安全、工期、造价全面负责。

（2）设计—施工总承包（DB），即由工程总承包企业按照合同约定，承担工程项目设计和施工，并对承包工程的质量、安全、工期、造价全面负责。根据工程项目的不同规模、类型和业主要求，工程总承包还可采用设计—采购总承包（EP）、采购—施工总承包（PC）等方式。

（3）项目管理承包（PMC），是指工程项目管理企业按照合同约定，除完成项目管理服务（PM）的全部工作内容外，还可以负责完成合同约定的工程初步设计（基础工程设计）等工作。对于需要完成工程初步设计（基础工程设计）工作的工程项目管理企业，应当具有相应的工程设计资质。

就工程实践来看，在以PPP和特许经营模式投资、建设的大型基础设施建设项目中，采用EPC总承包的模式较为常见。另外，在一些比较成熟的工业工程项目中，也有采用DB、EPCM模式的情形。部分地方政府也提出要在政府投资项目、采用装配式或者BIM建造技术的项目中积极采用工程总承包模式。

二、工程总承包的资质

原建设部在《关于印发〈工程总承包企业资质管理暂行规定〉（试行）的通知》中对工程总承包企业的资质做了相应的规定，并颁发了一批工程总承包资质。但后来又停止了工程总承包资质的认定。在《关于工程总承包市场准入问题说明复函》以及《关于工程总承包市场准入问题说明的函》中，原建设部都明确指出，具有工程勘察、设计或施工总承包资质的企业可以在其资质等级许可的工程项目范围内开展工程总承包业务。因此，工程设计企业可以在其工程设计资质证书许可的工程项目范围内开展工程总承包业务，但工程的施工应由具有相应施工承包资质的企业承担。

对于总承包资质，还需要注意的是，根据相关规定，对工程设计人员符合《施工总承包企业特级资质标准实施办法》要求，且其他条件符合《施工总承包企业特级资质标准》的企业，住建部经核定后颁发新版施工总承包特级资质证书，并注明施工总承包业务范围，同时颁发相应的工程设计甲级资质证书。

另外，由于中国目前对工程设计资质和工程施工资质的分管体制的现状，能够同时具有设计和施工资质的企业，即使是大型的央企，也仍然是少数，大多数情况下则可能是系统内（如民航、铁路、港口等）的各个子公司各自拥有相关的设计资质和施工资质。因此，在实务当中，工程总承包通常由设计公司牵头，联合施工单位或者再单独采用施工招标的方式进行建设。为解决这些矛盾，一些地方政府也制定了相应的变通规定，只要求工程总承包企业具备与发包工程规模相适应的工程综合或专业设计资质，或者具备施工总承包资质即可担任相关工作。笔者相信，根据以往的经验，以及当前国家大力推广PPP项目融资的发展趋势，随着项目建设对资金需要的不断增加，在一些大型的基础设施类项目中，由施工承包人担任工程总承包的牵头人联合金融机构、设计单位组成联合体投标、组建项目公司等形式提供PPP项目的建设也会变更越来越普遍。

三、工程总承包的投标

正如本书前面所述，中国的工程建设市场实行严格的招标投标制度，这也同样反映在对工程总承包建设市场的监管方面。根据《招标投标法实施条例》的规定，招标人可以依法对工程以及与工程建设有关的货物、服务全部或者部分实行总承包招标。而《工程建设项目勘察设计招标投标办法》第8条进一步规定，依法必须招标的工程建设项目，招标人可以对项目的勘察、设计、施工以及与工程建设有关的重要设备、材料的采购，实行总承包招标。

这些规定为工程总承包招标投标提供了法律依据。

此外，中国政府部门也积极鼓励具有工程勘察、设计或施工总承包资质的勘察、设计和施工企业，通过改造和重组等方式，建立与工程总承包业务相适应的组织机构、项目管理体系，充实项目管理专业人员，提高融资能力，发展成为具有设计、采购、施工（施工管理）综合功能的工程公司，在其勘察、设计或施工总承包资质等级许可的工程项目范围内开展工程总承包业务。

住建部在2014年《关于推进建筑业发展和改革的若干意见》中也再次提出要加大工程总承包推行力度。倡导工程建设项目采用工程总承包模式，鼓励有实力的工程设计和施工企业开展工程总承包业务。工程总承包合同中涵盖的设计、施工业务可以不再通过公开招标方式确定分包单位。但是，除了《招标投标法实施条例》第9条规定的已采用招标投标方式选择特许经营权人的项目，可以免于二次招标投标的情况外，由于《招标投标法》及其实施条例，《工程建设项目招标范围和规模标准规定》均没有具体规定工程总承包中的设计、施工可以不再进行招标投标，司法实践对此也尚无统一的裁量标准。

四、工程总承包招投标的模式

在进行工程总承包招标时，招标人需要提前市场调研，了解符合相应工程总承包资质和业绩等要求的潜在投标人的情况，而投标人也需要结合项目的特点和招标人的要求，根据自身具备的资质和业绩等条件决定是否投标。如果决定以工程总承包方式参加项目投标，则还可以考虑采用不同的投标模式。

（1）先总承包再进行分包

一般由设计企业担任总承包，再进行施工分包。当然，在招标投标实践和工程建设领域中，有实力的工程施工承包人也可以作为工程总承包人，在中标后再依法将工程设计项目进行分包，这也是常见的工程总承包操作模式。

（2）具有综合能力的工程公司总承包

总承包商可以将具有工程勘察、设计或施工总承包资质的勘察、设计和施工企业发展成为具有设计、采购、施工（施工管理）综合功能的工程公司，也就是同时具备设计、施工等多项资质，从而在勘察、设计或施工总承包资质等级许可的工程项目范围内开展工程总承包业务。

五、工程总承包下的分包

正如前文所述，鉴于行政监管的现实要求，现行的法律体系对工程分包的限制和约束并不鲜见。除了施工专业分包和劳务分包之外，实践中涉及的工程分包还包括设计分包、总承包的分包、联合体的分包等也同样面临诸多问题需要探讨和解决。在工程总承包模式中，如果工程总承包企业同时具备相应的设计和施工资质的，可以自行实施工程的设计和施工业务，也可以将工程的全部设计或者全部施工业务再发包给具备相应资质条件的设计单位、施工总承包单位；如果工程总承包企业仅具备相应的设计或者施工资质的，则应当自行实施其资质承揽范围内的设计或者施工业务，并将其资质承揽范围外的全部施工或者全部设计业务再发包给具备相应资质条件的施工总承包单位或者设计单位。

（一）设计分包

工程设计是工程建设的前奏和不可缺少的灵魂部分，设计的好坏将直接影响到工程具体施工的质量、安全、成本和进度。因此，按照目前现行的法律制度，工程设计，特别是施工图设计实行严格的资质管理等市场监管手段，工程设计的分包也与专业工程分包和劳务分包一样，都属于政府部门行政监管的范畴。

此外，按照《建设工程勘察设计管理条例》的规定，除建设工程主体部分的设计外，经发包方书面同意，承包方可以将建设工程其他部分的设计再分包给其他具有相应资质等级的建设工程设计单位；建设工程勘察、设计单位不得将所承揽的建设工程勘察、设计转包。可见，工程设计的分包也必须满足资质条件且不得转包，否则，此类分包和转包行为无效，据此签署的工程设计分包合同也将归于无效。

（二）工程总承包项下的分包

工程总承包合同是包括了设计和施工两方面工作内容的合同模式。对于总承包项下的分包，实践中的操作和各地制定实施的地方法规也有不同的规定，比如，《上海市建筑市场管理条例》规定了承包人的转包行为，即包括了：

（1）工程总承包单位将其资质范围内的全部设计或者施工业务交由其他单位或者个人完成；

（2）勘察、设计承包单位将全部勘察或者设计业务交由其他单位或者个人完成；

（3）施工总承包单位将全部施工业务交由其他单位或者个人完成。

当然，除了不得有上述行为之外，总承包人对设计或者施工的分包还需要遵循《招标投标法》等相关法律法规的规定。地方政府为简化招标投标程序对项目推进的制约，也会做出“工程总承包再发包，可以不再通过招标方式，但应当经建设单位同意，并在工程总承包合同中予以明确”的规定。但是，这也只是基于行政管理的需要而做的变通[①]。如果是符合法定标准的分包工程，无论是设计还是施工，即使该总承包工程项目已经按照《招标投标法》的规定进行招标投标的，若想进行分包，则仍然需要进行二次招标投标。

（三）联合体与工程分包

采用联合体承包是企业间强强联合，增加市场竞争力的重要方式。按照联合体的协议，联合体各成员按照约定承担各自的工作内容，因此，各成员之间对工作内容的划分实际上还是针对整个工程项目中的整体施工、设计所作的划分，并不是对工程项目的分包。

当然，也有特别的情形，比如，在由联合体设立的项目公司中标承担工程项目时，如果在项目公司中标签署合同之后再由项目公司与各联合体成员之间另行签署设计、施工合同，这种情况是否属于转包、分包则另当别论，实践中也存在不同的理解。

另外，目前在全国推广的PPP模式以及具体的诸如BOT等运行方式下，

---

① 依据现行合同法及其司法解释的相关规定，法院在认定合同效力时，应当依据法律和行政法规，而不得依据国务院部门规章、地方性法规和地方政府规章。但是，就目前招标投标和工程建设领域的发展趋势来看，未来法院和仲裁机构在处理PPP项目和工程建设领域的争议时，参考国务院部门规章、地方性法规和地方政府规章，弱化招投标、企业资质等方面的规定对合同效力影响的可能性会越来越大。

投资人与施工人、设计人之间的联合也必然是发展的趋势。不过，可以明确的是，对于经过招标投标的特许经营项目，如果项目投资人依法能够自行建设或设计，则可以无须招标。至于，由投资人之外的人实施的施工、设计，则应当理解为分包行为，仍须接受相关的招标投标等法律规范的约束。

第四节　PPP 项目中的联合体

联合体承包也是工程承发包中较为常见的形式，它是指经发包人同意由两个或两个以上法人或者其他组织组成的，作为工程承包人的临时机构，联合体各方向发包人承担连带责任。联合体投标和工程总承包的招标投标也有诸多需要注意的事项。根据《招标投标法》第 31 条的规定，两个以上法人或者其他组织可以组成一个联合体，并且以一个投标人的身份共同投标。这为工程建设项目中的联合体招投标提供了法律依据。

一、联合体的法律性质

关于工程项目联合体的组成形式和法律性质，法律并无明文规定。根据《民法通则》的规定，企业间的联营分为三种情况：

（1）法人型联营，即企业之间或者企业、事业单位之间联营，组成新的经济实体，独立承担民事责任、具备法人条件的，经主管机关核准登记，取得法人资格。

（2）合伙型联营，企业之间或者企业、事业单位之间联营，共同经营、不具备法人条件的，由联营各方按照出资比例或者协议的约定，以各自所有的或者经营管理的财产承担民事责任，依照法律的规定或者协议的约定负连带责任的，承担连带责任。

（3）契约型联营，企业之间或者企业、事业单位之间联营，按照合同的约定各自独立经营的，它的权利和义务由合同约定，各自承担民事责任。

从实务和法律角度来看，以联合体形式承包项目建设，一般情况下，各联合体成员之间属于契约型、非法人的合作关系，因此属于民法中的联营关系。但是，承包人联合体之间具体属于合伙型联营还是契约性联营并没有明确的界定，联合体的法律属性会基于联合体协议约定的不同而不同。结合现行的《招标投标法》的规定，联合体中标，联合体各方应当共同与招标人签订合同，就中标专案向招标人承担连带责任。因此，严格来讲，联合体实际上具有合伙型联营的特点。

二、联合体的组成

根据法律的规定，联合体的组成遵守自主、自愿的原则，任何机构、组织，包括招标人、招标代理机构以及政府监管部门都无权强制要求投标人组成联合体共同进行投标。换言之，是否组成联合体投标的决定权在于投标人。

结合实践，笔者理解，对于投标人而言，组成联合体，并以联合体方式进行投标具有一定的优势，比如：

（1）弥补联合体各方单独投标时的不足，增强对拟投标项目的综合竞争力；

（2）通过联合体成员间的高效合作，提高共同承担的项目完工的可靠性；

（3）通过联合体方式，分散联合体成员的投标风险和合同履行风险。

投标人一旦组成联合体参加项目投标，那么联合体就成为投标的唯一主体，对外投标时都应当以所有成员组成的联合体名义进行，而不能以其中任何一个成员或者多个成员的名义进行，并共同向招标人承担连带责任。至于联合体内部各成员之间的权利、义务、责任的分配和承担等问题，则以联合体各方订立的合同为依据。

对于招标人而言，接受联合体投标的原因不仅在于联合体各方的自身实力，也更看重联合体组成之后的综合实力，以便更有效的实现项目和业主的需求。因此，确保联合体的稳定性也应当是重点关注的事项。否则，如果在招标投标过程或者中标后联合体成员发生增减或更换成员等变更，则势必会影响业主接受联合体的初衷和招标的公平竞争。

另外，这里还需要说明的是，虽然联合体不是必须的形式，招标人也不得强行要求承包人组成联合体进行投标。但是，同样道理，招标人也有权决定是否接受联合体投标，任何人不得强制招标人接受联合体投标。为此，《招标投标法实施条例》也明确规定，招标人应当在资格预审公告、招标公告或者投标邀请书中载明是否接受联合体投标。

（一）联合体的形式

联合体的具体组成形式取决于投标人之间的合作方式、招标项目的特点、项目业主的需求等诸多因素的影响。笔者认为，《建筑法》虽然没有界定联合承包的内涵和外延，也没有指明设计单位和施工单位组成联合体的情形，但是依据“法无明文禁止即可为”的原则，该条规定不影响设计和施工的联合承包，甚至也不排除设计、施工与大型设备供应商等组成联合体，整合各自资源和优势，提供更能符合项目特点和满足业主需求的投标。

从项目实务和工程业态上来看，联合体承包可以分为同业联合和跨界联合，前者主要是指工程施工承包人之间的联合，如公路工程承包人与房建工程承包人，或者设计承包人之间的联合；后者则是指工程设计承包人和工程施工承包人之间的联合，比如，民航设计和民航相关的工程施工承包人之间的联合。笔者认为，目前在市场中联合体承包的具体方式主要还有以下几种：

（1）专业联合，联合体各方之间借助各种的专业优势，采用劣势互补而组成的联合体。这在设计单位和施工之间的联合较为常见。

（2）规模联合，为满足一定规模要求而组成的联合体。这种规模联合在设计和施工的跨界联合、不同行业施工单位之间的同业联合中都会出现。

（3）资源联合，基于联合体各方之间存在资源互补性而组成的联合体。这种联合方式取决于拟招标投标的项目本身的特点和联合体各方自身的资源、能力等。

（二）联合体的组成规则

如前文所述，是否组成联合体属于参与项目投标的全体合作参与者协商一致的结果，联合体在招标投标过程中的法律行为的后果也由联合体成员共同承担。而招标人是否接受联合体投标的信息在资格预审公告、招标公告或者投标邀请书中也已经载明，通常情况下，招标人不会在发出招标文件后再对是否接受联合体做出变更。

因此，投标人在获得资格预审公告、招标公告或者投标邀请书的第一时间就可以考虑是否组建联合体事宜。

（三）联合体的资质

基础设施项目招标投标实务中，组建联合体的一个原因就是满足工程资质的条件和要求。所以，投标人在联合体承包中首先需要关注的是资质问题。由于联合体本身不是一个独立的法人，不具有独立的工程设计或者工程施工的承包资质。因此，联合体成员各自具备的资质和等级直接关系到能否承担工程项目，以及承担哪一方面或者哪一等级的工程内容。

根据《建筑法》的规定，两个以上不同资质等级的单位实行联合共同承包的，应当按照资质等级低的单位的业务许可范围承揽工程。《招标投标法》也同样规定，联合体各方均应当具备承担招标专案的相应能力；国家有关规定或者招标文件对投标人资格条件有规定的，联合体各方均应当具备规定的相应资格条件；由同一专业的单位组成的联合体，按照资质等级较低的单位确定资质等级。

考虑到联合体承包中的同业联合和跨界联合的情况，如果是由设计人和施工人组成联合承包，则联合体各方都应当具备对应的工程设计、工程施工的资质和等级条件。据此，在实务当中，联合体的资格条件有两种要求：

（1）不同专业组成的，各方均应具备规定的相应资格条件；

（2）相同专业的，则应按照资质等级较低的单位确定资质等级。

这一规则在外商投资企业参与工程建设项目中也同样适用，即外商投资建筑业企业与其他建筑业企业联合承包，应当按照资质等级最低的企业的业务许可范围承包工程。

可见，尽管联合体投标对于加强投标人的投标竞争力，做到优势互补的目的，但是，由于联合体各成员自身的资质仍然会对联合体整体的资质产生影响，因此，投标人在组建联合体进行投标前，还应当特别需要根据招标项目的规模、项目特征等提前论证和分析联合体投标的可行性。

三、联合体协议

如前所述，参与项目投标的联合体毕竟不是独立的法人，是通过订立合同建立起来的基于协作关系的临时组织，联合体成员内部之间的法律关系近似于合伙性质，并且联合体成员之间承担连带责任，因此，联合体内各成员之间的分工、责任、权利、义务等事项都有必要以合同或者协议的方式予以固定和明确。

（1）投标阶段的联合体协议

根据《招标投标法》第31条的规定，联合体各方应当签订共同投标协议，明确约定各方拟承担的工作和责任，并将共同投标协议连同投标文件一并提交招标人。此处的“共同投标协议”也被称为“联合体协议”。通常情况下，联合体各方在得到招标信息开始投标之前，会就共同投标事项签署一份“意向性”或者最终的投标协议。

按照《招标投标法》的规定，尽管在投标阶段的联合体协议是“意向性”的，但是，联合体协议与其他投标文件一样对联合体所有成员都具有法定的约束力，其作为合同性质的法律文件经各方签署后即告成立，只是因联合体投标人是否中标存在不确定性而使该协议对招标人的约束力处于待定状态。而一旦招标人确定联合体投标人中标，该联合体协议不仅对组成联合体的全体投标人产生法律约束力，同样也对招标人具有法律约束力。

（2）中标后的联合体协议

联合体中标之后，就有必要对联合体全体成员之间的工作分工和协调，各自的权利、义务等内容作出进一步的明确约定，以免在后续的合同履行过程中发生争议。

另外，实务中还需要注意的一点是，如果在联合体协议中对联合体成员的具体分工有着明确的约定，并随同投标文件一并提交给招标人，那么，如果联合体在中标之后就各自的具体分工进行调整时，应当谨慎行事，避免出现对投标文件的实质性变更，导致影响中标结果和合同效力的不利后果。

四、联合体的终止

诚如前文所述，联合体的组成基于联合体协议，那么联合体的终止也会因为联合体协议的终止而终止。但是，实务中还需要考虑和注意一种特殊情形，即由于联合体一方的原因导致联合体的严重违约，并发生合同的终止的处理。

实践中有观点认为，如果因联合体成员一方的原因构成可解除合同的情形时，业主方可以直接向牵头方送达解除通知，或者单独与牵头人签署解除协议即可达到解除工程合同的目的。笔者认为，此观点有待商榷：

第一，对于合同解除情况，除了法律规定外，还需要视工程合同、联合体协议中的约定而定，不能一概而论。

第二，联合体在法律上并不具备独立的法人资格，各联合体成员的法律地位仍然是独立的，没有附属、上下级关系。

而且，从工程实践来看，联合体的内容更多的是基于工程管理的需要对工作内容的划分、协调，而对于影响双方实体权利的签约、变更、终止等，仍然应当由联合体各方的一致同意，除非联合体一方获得另一方的特别授权，否则，业主解除合同仍然应当同时通知联合体各方，或者与全体联合体成员达成一致才能发生法律效力。

五、PPP 项目中的联合体①

与一般的工程项目的联合体投标不同，在大型基础设施融资建设项目中，特别是 PPP 模式，联合体投标有着较为特殊的内容，需要引起政府方和投资人的注意。

PPP 等模式中的联合体成员通常包括了工程设计人、工程施工人，有时候还有成员专门负责为项目建设投资或融资。实践中，通常情况下，投标联合体会在中标之后以组建项目公司的形式履行 PPP 合同，从事具体的融资和设计、施工。这就造成投标前和投标后主体不一致的情形，前者，联合体成员之间是以联合体协议为纽带的合同关系，各自身份和主体资格独立；而后者则是一个新的主体，在中国现有的法律体系和法律规定下，其实际签署和

---

① 对于不涉及工程项目的建设，仅由社会方提供公共服务，而由政府支付费用的 PPP 项目中，在适用《政府采购法》时也应当注意，两个以上的自然人、法人或者其他组织可以组成一个联合体，以一个供应商的身份共同参加政府采购。以联合体形式进行政府采购的，参加联合体的供应商均应当具备《政府采购法》第 22 条规定的条件，并应向采购人提交联合协议，载明联合体各方承担的工作和义务。联合体各方应当共同与采购人签订采购合同，就采购合同约定的事项对采购人承担连带责任。

参与项目的合法性有待商榷，存在一定的法律风险。

当然，不管如何，对于PPP项目中的联合体成员的分工和权责的划分仍然是关键事项，如果是涉及了工程设计、施工的工作，对于各自承担的工作内容也需要明确界面划分和衔接，并且具体参与实施的各方主体必须具备相应的资质，避免出现挂靠、转包等情形，否则，不仅影响到工程的质量、安全，而且也会影响到工程合同的效力。

第五节　带垫资和BT模式

工程带垫资承包是工程建设领域较为突出的现象之一，也是产生诸多矛盾和冲突的焦点和难点问题之一。涉及国家固定资产投资的宏观调控、金融体制的监管、工程款的拖欠、民工工资的保障和社会的稳定等诸多方面，因此，对于工程带垫资一直以来都是政府监管和关注的重点问题之一。

同样，由于BT模式与带垫资施工具有诸多相似的方面，所以理论界和实务界对于BT模式的法律属性有着不同的理解，也没有形成共识。由此，如果在PPP项目中采用BT模式，政府方和投资人都需要加以注意。

一、带垫资条款的法律效力

从法律法规和政策规范的角度来看，工程带垫资承包也经历了从禁止到限制再到认可，从行为无效到有效的过程。

2005年1月1日，《最高人民法院关于审理建设工程施工合同纠纷案件适用法律问题的解释》正式开始生效实施。根据该司法解释第6条的规定，当事人对垫资和垫资利息有约定，承包人请求按照约定返还垫资及其利息的，应予以支持。司法解释的该条规定将带资垫资施工和拖欠工程款区别开来，对于带资垫资施工的款项，可以由双方在合同中明确约定带垫资事宜，并可以约定相应的利息；如果工程合同中没有约定带垫资的内容，那么相关的工程款则作为拖欠工程款处理。上述内容在原则上认可了带垫资条款的效力问题，从而解决工程实践中为了规避带垫资条款的效力和行政监管问题签署“黑白合同”或“阴阳合同”而引发的争议。

由于中国工程项目的建设需要接受行政机构的监督，因此，不同的投资主体还需要关注各级各地政府部门对工程建设项目带垫资的不同规范规定和规则要求。

如前所述，国务院办公厅的《转发建设部等部门关于进一步解决建设领域拖欠工程款问题意见的通知》在允许工程合同的双方主体可以约定带垫资施工的同时，也特别强调规定，政府投资工程一律不得要求施工企业带资建设。另外，原建设部、国家发展和改革委员会、财政部、中国人民银行四个部委于2006年发布的《关于严禁政府投资项目使用带资承包方式进行建设的通知》中再次强调政府预算内资金、各类专项建设基金、国际金融组织和外国政府贷款的国家主权外债资金建设的项目，一律不得以建筑业企业带资承包的方式进行建设，不得将建筑业企业带资承包作为招投标条件，严禁将此类内容写入工程承包合同及补充条款。

尽管从工程合同条款的法律效力上看，带垫资条款并不影响条款和合同本身的效力，司法实践也认可了带垫资条款的合法性。但是，考虑到上述规范性和政策性文件的限制，发包人，尤其是政府机关、国有企事业单位等机构，承包人都需要引起足够的注意，避免因行政监管的要求造成行政审批（如施工许可证）的障碍、工程的暂停、处罚等不利的影响和后果。同时，银行等金融机构在提供相关贷款支持时，是否垫资也是其重要的考量因素之一，需要引起关注。除此之外，对承包人而言，更为重要的是，在以政府财政预算支付工程款的建设项目中，还应当对因发包人违反上述相关规定可能影响工程款支付的后果以及相应的保障进行充分的论证和采取有效的风险防范措施。

二、BT模式的合法性之争

在讨论禁止政府项目带资垫资承包时，不得不提到以地方政府为主的BT模式。四部委《关于严禁政府投资项目使用带资承包方式进行建设的通知》一方面禁止政府投资项目进行带垫资施工承包，另一方面又允许政府投资项目采用BOT、BOOT、BOO方式进行建设。彼时，BT模式尚未风靡，因而并没提及BT模式。到了后期，各地政府大量地采用BT模式举债进行项目建设，引发了新的问题。

为此，财政部随后又颁发了《关于制止地方政府违法违规融资行为的通知》，即 463 号文，特别强调不得以 BT 方式举借政府性债务。但是，同时又指出，对于符合法律或国务院规定可以举借政府性债务的公共租赁住房、公路等项目，确需采取代建制建设进行回购的，也可以落实分年资金偿还计划。因此，从上述规定可以看出来，财政部 463 号文并没有完全禁止 BT 模式，只是对 BT 模式进行了规范，其论证和审批的前置程序比以前更为严格。财政部《关于进一步做好政府和社会资本合作项目示范工作的通知》明确指出对采用建设—移交（BT）方式的项目，通过保底承诺、回购安排等方式进行变相融资的项目，财政部将不予受理。财政部《政府和社会资本合作项目财政管理暂行办法》也再一次强调各级财政部门应会同行业主管部门加强对 PPP 项目的监督管，严禁以 PPP 项目名义举借政府债务，项目实施不得采用建设—移交（BT）方式。

众所周知，在一个典型的项目融资中，投资人的收益有赖于项目运营所带来的现金流，而投资人的风险和责任也是基于该特定项目的有限追索。而 BT 则不同，在 BT 模式中没有 BOT 等模式中的运营阶段，回购款的取得也并非基于项目运营产生的现金流而是基于项目所在地政府的财政预算，因此很难将其归入严格意义上的项目融资的范畴。BT 承包模式和带垫资施工承包更为接近。

从表现形式上和效果来看，BT 承包模式和带垫资施工承包基本相同，都属于业主不支付工程预付款、进度款，由承包人垫付款项施工，因此实务中也很难区分，这也导致了认识和实务操作上的一系列问题。笔者认为，如果要解决 BT 模式和带垫资施工承包的本质区别则可以从项目所有权的角度出发。然而，在中国目前现有的法律框架下，项目所有权有其特殊性，事实上很难区分 BT 模式和带垫资施工。在工程法律实务中，一旦 BT 模式被认定为实际上的带垫资施工，那么 BT 交易模式中的投资回报就很难得到保障。

三、地方政府对带垫资和 BT 模式的不同态度

从国务院和财政部出台的禁止政府投资项目采用 BT 或者带资垫资方式建设的具体规定来看，其中的初衷之一是为了杜绝和解决工程领域长期存在

的拖欠工程款的顽疾。国务院一直以来将解决工程建设领域作为主要的工作重点之一，而一些地方政府，在其自身财政收入严重不足的情况下，仍然采用此类方式建设基础设施项目，严重影响了预算收支平衡，对当地经济的可持续发展造成隐患，也加大了工程款支付的争议和风险。

尽管私人投资项目的带垫资方式已经被最高人民法院认可，并且双方还可以在工程合同中明确约定带资利息的比例和支付等内容，甚至突破了以往中央银行关于企业之间不得进行借贷的规定[①]。但是在政府投资项目中，尤其是以当地政府主导发起的公用事业PPP项目，由于项目建设的成本、费用、投资收益和回报等最终都将由当地政府承担。为此，不同的地方也会制定和颁布相应的地方性法规来规范BT模式，比如，浙江省、重庆市、福建省、江西省、湖北省等地都有类似的规定。由此可见，当地政府是否允许采用BT模式进行基础设施项目的投融资和建设，对于项目投资决策有着重大影响，也势必影响到项目的立项、审批、资金的到位等。

同时，就目前来看，也正是由于对BT模式的不同理解，导致了各地方政府、司法机关、仲裁机构对基于BT模式以及由此引发的争议有着不同的处理结果，因此，这些风险也应当是投资人在项目前期调研和决策时需要关注的事项。对于以PPP模式实施的政府投资项目，在设计相关的投融资和项目建设结构和合同关系时，项目业主和投资人、施工承包人也有必要注意尽可能避免出现带资垫资等条款的约定，防止在合规性上存在瑕疵，而从影响项目的顺利实施。

第六节　PPP项目中的二次招标

二次招投标是工程建设项目中经常遇到的问题，也是PPP和工程建设项目涉及施工、勘察、设计、监理服务以及货物采购的特殊情形。一般情况下，

---

① 中国人民银行在《借贷通则》中明确禁止企业间借贷，而在《最高人民法院关于审理民间借贷案件关于适用法律若干问题的解释》中，则进一步放宽了对企业间借贷的无效认定，见第10条和第11条。

招标人通过招标投标程序后，即选定了中标人，由中标人承担项目有关的设计、施工和货物采购。但是，由于工程项目的复杂性、法律法规的不周全，以及政府监管等原因，招标人和投标人还应当对二次招标事项予以关注。

一、需要二次招标的情形

由于中国目前实行严格的招标投标管理体制，尤其是对于依法属于必须进行招标的项目类型和规模标准，进行二次招标并不鲜见。实务中需要进行二次招标的情况主要涉及下列几种类型：一是总承包合同项下的暂列金额的专业工程的分包、设计工作的发包；二是在特许经营项目中的工程施工总承包和专业工程。

（1）对于第一种情况涉及的专业工程和设计工作，依据《招标投标法》和《工程建设项目招标范围和规模标准规定》的规定，如果属于规模标准和范围内的项目，则仍然需要进行招标投标；如果在标准和范围之外的，则可以不进行招标投标。因此，无论是发包人还是承包人，都应当注意在项目前期就做好相关的规划，对合同所涉及的专业工程、拟采购的材料设备等进行统筹安排，避免出现临时确定分包、采购的情形，从而影响工程项目的整体安排。

（2）对于第二种情况，依据《招标投标法实施条例》的规定①，又可以分为几种不同的情形：

a. 特许经营项目本身已经依法进行了招标投标的，并且中标人自身在具备施工能力和资质条件的情况下，自行建设特许经营项目下的施工的，则不需要进行二次招标投标；

b. 特许经营项目本身已经依法进行了招标投标的，但是中标人自身不具备施工能力或资质，则需要进行再次招标；

c. 特许经营项目本身已经依法进行了招标投标的，但是中标人不是自行施工，而是另外委托承包人施工的，则需要进行再次招标；

d. 特许经营项目本身没有经过招标投标程序，则该特许经营项目项下的施工承包，均应当依据招标投标法律法规的规定，进行招标投标以确定工程

① 《招标投标实施条例》第9条。

施工承包人。

另外，也需要特别注意的是，根据《招标投标法实施条例》第34条的规定，单位负责人为同一人或者存在控股、管理关系的不同单位，不得参加同一标段投标或者未划分标段的同一招标项目投标。因此，在采用二次招标的时候，尤其是PPP和特许经营项目中，如果承包人与SPV的股东之间为同一主体，或者存在管理或者控制关系时，那么相关的投标依法也可能会导致无效。

二、二次招标的解决

招标投标活动是一项系统工程，尤其是在采用PPP模式的大型基础设施项目中，鉴于中国当前的招标投标法律体系不完善的现状，而PPP项目和工程建设项目本身需要结合投融资、设计、施工、采购和运营等诸多事宜，具有复杂性的特点。因此，为了顺利实施项目招标投标活动，对招标人而言，关键在于决定招标之前做好招标决策的相关统筹工作。

从实践中看，招标人进行招标决策时应当考虑重点考虑如下因素：

（1）对招标人员的组织和安排，以及各部门之间的职能划分和资源分配的协调。

（2）在招标活动进行之前，对整个工程建设项目的招标方式、时间安排等活动提出纲领性的计划和安排。

（3）对各个招标项目以及相互各项目之间在合同权利义务方面的安排和分配。这是招标决策时比较重要的内容，其关系到各个招标项目之间能否顺利衔接，影响后续各类合同能否相互配合，同时也能避免各承包商、供应商之间相互推诿扯皮。

而对于投标人来说，也需要关注招标文件中对于具体招标项目的安排，在投标文件中有所体现，并在后续的合同履行过程中，严格遵守，必要时也可提出相应的索赔请求。

另外，二次招标的解决，也离不开法律、法规的健全，避免法律法规的规定不周全导致招标投标法律实务操作的困难。住建部在2014年《关于推进建筑业发展和改革的若干意见》中也提出，加大工程总承包推行力度，倡导工程建设项目采用工程总承包模式，鼓励有实力的工程设计和施工企业开展工程总承包业务，工程总承包合同中涵盖的设计、施工业务可以不再通过公开招标方式确定分包单位。这一指导意见或许会为将来的二次招标的解决带来一定的积极意义。

第七节 项目担保的特殊法律问题

如本书前文所述，担保作为基础设施项目建设的重要保障手段，在实践中被广泛的应用。除了项目担保应当予以注意的一般事务外，投资人、项目承包人还应当特别注意以下一些有关担保的特殊法律问题。

一、在建工程抵押担保

在建工程抵押，是指抵押人为取得在建工程继续建造资金的贷款，以其合法方式取得的土地使用权连同在建工程的投入资产，以不转移占有的方式抵押给贷款银行作为偿还贷款履行担保的行为。此外，最高人民法院也明确规定以依法获准尚未建造的或者正在建造中的房屋或者其他建筑物抵押的，当事人办理了抵押物登记，人民法院可以认定抵押有效。

在建工程抵押办理抵押是项目业主向银行机构进行融资的重要渠道，在目前的实践中，大多数人，包括业主和承包人对在建工程的抵押权人的认识也仅限于银行等金融机构，而不包括承包人或者非银行投资人等主体。这些做法对于投资人和基础设施项目建设的承包人而言，也增加了其获得资金回报、工程款支付等权益保障的难度和风险。

但是，也需要注意的是，在建工程属于《担保法》规定的可以抵押的财产范围。法律对在建工程抵押权人的范围没有做出限制性规定，《城市房地产抵押管理办法》第3条第5款有关在建工程抵押的规定，是针对贷款银行作为抵押权人时的特别规定，但并不限制贷款银行以外的主体成为在建工程的抵押权人。[①] 基于上述规定，笔者理解，在建工程的抵押权人也可以是承

---

① 《关于最高人民法院〈城市房地产抵押管理办法〉在建工程抵押规定与上位法是否冲突问题的答复》。

包人，如果发包人将在建工程抵押给承包人的，抵押合同依法有效。

为确保在建工程抵押的合法性，抵押权人和抵押人应当依法办理正式的抵押登记手续，抵押权自登记时设立[①]。司法实践中，有些地方对于在建工程的抵押有着较为严格的规定，比如，有观点认为：如果银行对在建工程所取得的是抵押权的预告登记，其功能在于保障登记权利人将来取得涉案房屋的抵押权。但是，预告登记有别于抵押权登记，预告登记本身不能使登记人直接取得抵押权，银行若想取得在建工程的抵押权，仍然需要按照《物权法》第 14 条的规定办理抵押权设立登记。而法律法规和实务中对于预告登记和设立登记的区分并不十分明确，这也在一定程度上导致法律规定、实际操作与司法裁判的冲突。

综上可以看出，在建工程抵押所涉的问题颇为复杂，实践性极强，投资人和政府部门在处理相关的在建工程抵押事务时，除了需要关注国家层面有关在建工程抵押方面的规定外，还有必要提前对项目所在地的政府主管机关、金融机构对在建工程抵押的态度进行了解和核实，以确保抵押担保的有效性和实际可操作性。

二、独立保函的法律问题

实务中，担保的方式多种多样，这其中较有特点和常用的是保函。如前文所述，按照中国法律的规定，担保合同作为项目主合同的从合同，具有从属性的法律特性，其效力依附于基础法律关系，因此，保函作为担保的形式也具有类似的从属性特点。但是，在实践中，基于对融资和债权保障的特殊需要，大型基础设施项目中的贷款人等债权人要求担保人和债务人提供独立保函的情况也经常发生。独立担保，包括独立保函，通常会有类似于“见索即付”“无条件不可撤销”“独立于主合同”“不因主合同的无效而无效”“本保函为独立保函”等表述。由于对中国法律下保函独立性有着不同认识和理解，因此也给基础设施融资和建设的各方参与主体对独立保函的实务操作造成了一定的误解和难题。这些难题也一度给司法实践带来了困境，尤其是带

---

① 《物权法》第 187 条。

来中国法和国际惯例之间的冲突。在中国的司法实践中，对于独立保函的态度要以2016年12月最高院颁布的《关于审理独立保函纠纷案件若干问题的规定》为分界点。

（一）独立保函的法律属性

适用独立保函是实践发展的客观需要。国际商会早在1992年就公布了《见索即付担保统一规则》对独立保函做了规定[①]。结合该规则的规定和实践，独立保函源自于主合同的约定，但原则上又独立于主合同和基础交易行为，不会因主合同的无效而无效；独立担保的权利人行使索赔权等权利时既不依据主合同和基础合同的内容，也不以主合同和基础合同是否真实存在违约为前提和条件。[②] 只要是在保函的有效期内，权利人就可以随时提交符合保函条件的书面要求，以及保函规定的任何其他单据（有时候则不需要），担保人即应无条件地将款项赔付给权利人。

但是，按照中国民法、《物权法》《担保法》等法律法规的规定，保函作为担保的具体表现形式，具有保证的法律属性[③]，并且只具有从合同的性质，主合同或者基础合同的成立、生效、无效等情况都会对保函的效力产生实质的影响。因此，严格来说，在我国工程领域中要求承包人和银行提供的独立保函原则上不具有独立性。

（二）独立保函的适用

依据现有《担保法》的规定，独立保函与中国法下的担保制度存在直接的冲突，所以存在无效的风险。同时，按照民法通则的规定，《见索即付担保统一规则》作为国际惯例事实上对我们的民商事活动，尤其是涉外的商事行为都产生了一定的影响，因而，在实践如何妥善处理独立保函给司法审批

---

① 见索即付保函是否等同于独立保函，笔者认为还有待商榷。

② 韩如波:《建设工程领域独立保函的法律分析》，http://www.acla.org.cn/lvshiwushi/13570.jhtml，2017年5月12日登录。

③ 中国建设银行股份有限公司宜昌葛洲坝支行与天门市天仙一级公路建设开发公司建设工程施工合同纠纷案，湖北省汉江中级人民法院（2007）汉民二终字第10号民事判决书。

带来了困扰。

以2016年12月1日为界，最高院对独立保函采取了不同的态度。在此之前，总体上来看，虽然尚无具体的法律、行政法规特别规范独立保函，但最高院的指导意见也明确了“独立的、非从属性的担保合同只能适用于涉外经济、贸易、金融等国际经济活动中，而不能适用于国内经济活动”[①]。最高院法官也对独立保函的司法应用提出了类似的观点，认为“考虑到独立担保责任的异常严厉性，以及该使用该制度可能产生欺诈和滥用权利的弊端，为了避免严重影响或动摇我国担保法律制度体系的基础，目前独立担保只能在国际商事交易中使用”。《物权法》第172条第1款“关于法律另有规定的除外”之“但书”规定，进一步表明当事人不能约定独立性担保物权的立场。因此，对于独立担保的处理，应当坚持维护担保制度的从属性规则，在主合同有效的前提下，若当事人在非国际商事交易领域约定独立保证或独立担保物权，应当否定担保的独立性，并将其转换为有效的从属性连带保证或担保物权，部分法院在司法实践中也有类似的判决。[②]

由此，就独立保函的适用问题，实务中基本确定了内外有别的司法指导精神和原则，即涉外商事交易中承认保函的独立性，国内经济活动则不承认保函的独立性[③]。这为独立保函的适用和争议解决提供了一定的指导意义。然而，不可否认是，上述处理独立保函的基本原则实行内外有别的方式，而且并没有给独立保函的适用提供有效的法律依据。在现有立法没有给出明确规定的情况下，上述有关独立保函的指导意见和司法实践仍然没有解决国内商事活动中因独立保函无效的责任认定和权利救济等问题。

---

① 《最高人民法院关于适用〈中华人民共和国担保法若干问题的解释〉理解与适用》。

② 马来西亚KUB电力公司诉中国光大银行股份有限公司沈阳分行履行独立保函承诺案，辽宁省沈阳市中级人民法院（2004）沈中民（4）外初字第12号民事判决书。

③ 最高人民法院民四庭庭长刘贵祥在《独立保函纠纷法律适用刍议》中，也指出：尽管就立法层面而言，尚缺乏对独立保函全面系统的规定，但司法实践中，已经出现了不少有关独立保函的案件。其做法可以归结为：独立保函只适用于涉外商事海事活动，而不能适用于国内保证。湖南机械进出口公司、海南国际租赁公司与宁波东方投资公司代理进口合同纠纷，最高人民法院（1998）经终字第184号民事判决书。

（三）独立保函的最新司法实践

值得注意的是，为了统一理解和司法操作，2016年12月，最高院颁布了《最高人民法院关于审理独立保函纠纷案件若干问题的规定》[①]，首次以司法解释的方式承认了保函的独立性，并对独立保函的例外情形和保函欺诈也进行了规定。按照最高院的这一司法解释，独立保函，是指银行或非银行金融机构作为开立人，以书面形式向受益人出具的，同意在受益人请求付款并提交符合保函要求的单据时，向其支付特定款项或在保函最高金额内付款的承诺。这里的单据具体包括独立保函载明的受益人应提交的付款请求书、违约声明、第三方签发的文件、法院判决、仲裁裁决、汇票、发票等表明发生付款到期事件的书面文件。

根据最新的司法解释，在司法实务中，认定为独立保函的依据主要有以下几种情形：[②]

（1）保函载明见索即付；

（2）保函载明适用国际商会《见索即付保函统一规则》等独立保函交易示范规则；

（3）根据保函文本内容，开立人的付款义务独立于基础交易关系及保函申请法律关系，其仅承担相符交单的付款责任。

对于构成独立保函的，如果当事人以独立保函记载了对应的基础交易为由，主张该保函性质为一般保证或连带保证的，或者当事人主张独立保函适用担保法关于一般保证或连带保证规定的，或者保函开立人以基础交易关系或独立保函申请关系对付款义务提出抗辩的，法院均不予支持。除保函欺诈外，如果保函开立人以基础交易关系或独立保函申请关系对付款义务提出抗

---

① 根据现行民法和担保法等法律规定，保函具有保证的特性，属于从合同。而最高人民法院的司法解释突破了法律的限制，确立了保函的独立性。而根据1981年6月全国人大常委会《关于加强法律解释工作的决议》规定，全国人大赋予司法机关司法解释权，最高人民法院对审判工作中具体应用法律、法令问题进行解释，但是不能违反宪法、法律的规定。因此，笔者认为，由最高人民法院通过司法解释的形式对涉及担保法基本原则的内容作出例外规定的做法也仍有待商榷。

② 《最高人民法院关于审理独立保函纠纷案件若干问题的规定》第3条。

辩的，人民法院不予支持。这些都为保函的独立性提供了保障。

但是，在对保函独立性的认定方面，最高人民法院也规定了其例外的情形，即如果保函未载明据以付款的单据和最高金额的，则不视其为独立保函。并且，如果独立保函没有载明适用《见索即付保函统一规则》等独立保函交易示范规则，或开立人和受益人在一审法庭辩论终结前未能一致援引的，则不应当认定交易示范规则的内容构成独立保函条款的组成部分。此处的单据具体包括独立保函载明的受益人应提交的付款请求书、违约声明、第三方签发的文件、法院判决、仲裁裁决、汇票、发票等表明发生付款到期事件的书面文件。

此外，鉴于独立保函的特殊功能，为了避免欺诈行为，损害保函开立人、保函申请人以及受益人的合法权益，最高人民法院还明确规定了属于独立保函欺诈的行为[①]：

（1）受益人与保函申请人或其他人串通，虚构基础交易的；

（2）受益人提交的第三方单据系伪造或内容虚假的；

（3）法院判决或仲裁裁决认定基础交易债务人没有付款或赔偿责任的；

（4）受益人确认基础交易债务已得到完全履行或者确认独立保函载明的付款到期事件并未发生的；

（5）受益人明知其没有付款请求权仍滥用该权利的其他情形。

一旦独立保函构成欺诈，则保函开立人则可申请法院或者仲裁机构中止支付。

笔者相信，《最高人民法院关于审理独立保函纠纷案件若干问题的规定》施行之后，势必会对大型基础设施项目中的融资担保、贷款担保、工程担保、运营担保等产生重大影响。银行、担保公司等金融机构在开立保函时也需要更加关注保函内容和对单据的审核，以做好相应的风险防控和应对措施。

三、无效担保及处理

担保对于债权的保障具有重要意义，因此，在处理担保事务时，首先需

① 《最高人民法院关于审理独立保函纠纷案件若干问题的规定》第12条。

要预防和解决的一个重要议题就是避免出现无效担保的情形，并需要对无效担保的处理提供预先的风险防范措施。

（一）担保无效的情形

依据《担保法》和《物权法》的规定，除非法律另有规定，主债务合同无效，那么担保合同也无效。这一原则在PPP项目的合同法律关系中也一样。担保合同作为项目融资和PPP合同项下的债务担保形式，如果主合同被认定为无效，那么担保合同也同样归于无效。

除此之外，对于担保法律关系的成立，法律也有其特殊的要件构成的规定，如果欠缺法定的构成要件，所设立的担保也属于无效。具体来说包括：

（1）国家机关和以公益为目的的事业单位、社会团体违反法律规定提供担保。

（2）董事、经理违反《中华人民共和国公司法》的规定，以公司资产为本公司的股东或者其他个人债务提供担保的。

（3）以法律、法规禁止流通的财产或者不可转让的财产设定担保的。通常情况下，现金因为不具有特定性，很难作为担保物。但是，人民银行也曾提出，以银行存款作贷款担保的行为，不违反《担保法》的规定，为有效的担保行为。[①] 同样，对于提供贷款或其他信用产生的债权也可以作为担保权利的标的物。[②]

（二）担保无效的后果和处理

担保无效包括主合同无效导致的担保合同无效以及主合同有效而担保合同无效两种不同情形。依据《担保法》的规定，担保合同被确认无效后，债务人、担保人、债权人有过错的，应当根据其过错各自承担相应的民事责任。因此可见，法律对于无效担保的法律后果采用过错责任的归责原则。

---

① 中国人民银行关于企业以存款作贷款担保是否符合《中华人民共和国担保法》的复函（银条法〔1998〕69号，1998年11月27日）。

② 《应收账款质押登记办法（2017年）》第2条。

（1）主合同和担保合同均无效

据《担保法》的上述原则，在主合同和担保合同均无效的情况下，如果是因为主合同无效而导致担保合同无效，而担保人无过错的，担保人不承担民事责任；担保人有过错的，担保人承担民事责任的部分，不应超过债务人不能清偿部分的三分之一。并且，在担保人因无效担保合同向债权人承担赔偿责任后，还可以向债务人追偿，或者在承担赔偿责任的范围内，要求有过错的反担保人承担赔偿责任。

（2）主合同有效担保合同无效

针对主合同有效担保合同无效的情形，如果主合同有效而担保合同无效，债权人无过错的，无论担保人有无过错，都要与债务人一起对主合同债权人的经济损失，承担连带赔偿责任；债权人、担保人有过错的，则担保人承担民事责任的部分，不应超过债务人不能清偿部分的二分之一。同样，担保人承担赔偿责任后，也仍然有权向债务人或者反担保人追偿。

需要注意的是，对于此类无效担保，尽管有缔约过失责任的成分，但是最高人民法院的司法解释并未根据缔约过失责任将赔偿范围限定在债权人的信赖利益损失上，而是将连带责任的赔偿范围扩大至债权人的全部损失。

第八节　PPP 项目中涉及的其他问题

在以项目融资方式、特许经营、PPP 模式等投资建设的大中型基础设施中，其涉及的问题方方面面，除了前文所述较为典型并且对项目融资、PPP 模式有着直接影响的法律问题之外，还有一些更为特殊和专业的法律问题，需要投资人、政府方予以关注。

一、PPP 项目税务

作为大型的复杂商业交易活动，PPP 项目必然涉及税务的处理。无论是在境内的基础设施项目，还是海外的基础设施项目，能否获得税务优惠以及如何进行税务筹划和安排，在 PPP 项目的投融资、项目公司股权转让、资产权属、项目建设期价款结算、运营维护等方面都有重大影响，甚至可能直接影响到PPP项目的营利性。因此，税务筹划和利用税务优惠的工作在项目前期论证和策划阶段就有必要提前进行，并与拟采用的PPP具体操作模式、项目公司的设立和治理，后续的项目建设相呼应。

（一）营改增问题

就实践来看，PPP项目涉及的税务问题种类繁多，如前文所述的项目资产所有权转移涉及的流转税问题、项目公司股利分红的企业所得税等。目前，中国进行的增值税税制改革[①]对于PPP项目同样也会有重大影响。

2011年，财政部、国家税务总局联合下发营业税改征增值税试点方案。经中国国务院批准，从2016年5月1日起，中国全面推行开始推行营业税改征增值税试点，建筑业、房地产业、金融业、生活服务业等全部营业税纳税人，纳入试点范围，由缴纳营业税改为缴纳增值税。而PPP项目涉及金融、建筑业两大重点行业，因此，投资人尤其需要关注“营改增”后的税务问题。

实务中，鉴于不同的纳税主体和征税对象，政府和投资人在设立特殊目的载体时，需要考虑特殊目的载体的具体形式，除了传统的项目公司外，是否可以根据项目特点设立其他类型的特殊目的载体；投资人及其母公司在设立项目公司时的角色和定位；设立项目公司时出资的形式，以及各自所占的比例；在项目建设期，合理安排采用EPC总承包，还是设计、施工分别承发包，并关注服务、施工和货物类的不同税率；在项目运营阶段，则应注意区分其收益部分是源自于项目自身运营代理的现金收益，还是基于政府补助，并可就税务优惠和特定行业，比如，污水处理、垃圾处理等行业的免税政策综合考虑和评估。

（二）税务优惠

为了鼓励和吸引投资基础设施项目，推广PPP模式，中国政府也颁布了一系列的税务减免等优惠政策。根据现行的相关税法规定，投资人从事《公

① 2017年10月30日，国务院第191次常务会议正式废止《中华人民共和国营业税暂行条例》并对《中华人民共和国增值税暂行条例》进行了修改。

共基础设施项目企业所得税优惠目录》规定的港口码头、机场、铁路、公路、城市公共交通、电力、水利等项目，从事公共污水处理、公共垃圾处理、沼气综合开发利用、节能减排技术改造、海水淡化等符合条件的环境保护、节能节水项目的所得，自项目取得第一笔生产经营收入所属纳税年度起，第一年至第三年免征企业所得税，第四年至第六年减半征收企业所得税[①]，即“三免三减半”政策。

同时，如果企业投资经营符合《公共基础设施项目企业所得税优惠目录》规定条件和标准的公共基础设施项目，采用一次核准、分批次建设的，如码头、泊位、航站楼、跑道、路段、发电机组等项目，凡同时符合以下条件的，可按每一批次为单位计算所得，并享受企业所得税“三免三减半”优惠：

（1）不同批次在空间上相互独立；

（2）每一批次自身具备取得收入的功能；

（3）以每一批次为单位进行会计核算，单独计算所得，并合理分摊期间费用[②]。

同样的，对于外商投资的基础设施项目，如本书前文所述，除了政策鼓励之外，也同样可以获得相应的税务优惠。并且，在不同的行业、不同的区域，中央和地方政府部门也给予了相应的税务优惠。对此，中外投资人都可以获得相关信息并充分利用。

二、价格和收费机制

目前中国实行的PPP项目，如前文所述，其付费模式包括政府付费、最终使用者付费和可行性缺口补助三类。无论是何种付费模式，价格和收费因

---

① 《中华人民共和国企业所得税法》第27条第2款、第3款，《中华人民共和国企业所得税法实施条例》第87条，《财政部国家税务总局关于执行公共基础设施项目企业所得税优惠目录有关问题的通知》（财税〔2008〕46号），《国家税务总局关于实施国家重点扶持的公共基础设施项目企业所得税优惠问题的通知》（国税发〔2009〕80号）和《财政部国家税务总局关于公共基础设施项目和环境保护节能节水项目企业所得税优惠政策问题的通知》（财税〔2012〕10号）。

② 《财政部国家税务总局关于公共基础设施项目享受企业所得税优惠政策问题的补充通知》（财税〔2014〕55号）。

素是 PPP 项目合同、特许经营权协议、PPA 协议必然要考虑的内容。根据《合同法》的规定，价款或者报酬不明确的，按照订立合同时履行地的市场价格履行；依法应当执行政府定价或者政府指导价的，按照规定履行[①]。同时，《价格法》也规定了下列商品和服务价格，政府在必要时可以实行政府指导价或者政府定价：

（1）与国民经济发展和人民生活关系重大的极少数商品价格；

（2）资源稀缺的少数商品价格；

（3）自然垄断经营的商品价格；

（4）重要的公用事业价格；

（5）重要的公益性服务价格。

据此，如果双方在 PPP 合同、特许经营权协议或 PPA 协议中未对后续运营、销售所涉及的价格、收费等做出约定，政府则完全可以依据法律的规定适用政府指导价。

在不以项目融资、特许权经营方式实施的 PPP 项目中，其投资回报多以政府财政预算等费用来偿还，需要重点考虑政府的财政支付能力，相对而言，市场价格体系对于项目的影响较小。而在典型的经营性 PPP 项目中，尤其是采用 BOT、特许经营形式等进行项目融资，对项目债务实行有限追索的情况下，项目运营现金流，包括高速公路和大桥的过路费、电费、水费、燃气费、污水处理费等直接关系到投资人的成本回收和投资收益。故而在测算收费价格时，投资人必然需要考虑车流、人流等市场容量方面的影响。

同时，由于 PPP 项目的周期通常长达 20—30 年。在此期间，一方面，投资人需要考虑后续市场价格变动可能带来的风险，在相应的法律文件中设置合理的价格调整机制；另一方面，在确定价格调整机制时，还应当注意到相关法律法规对价格调整的约束机制。比如，根据《价格法》的规定，在制定关系到群众切身利益的公用事业价格、公益性服务价格、自然垄断经营的商品价格等政府指导价、政府定价时，应当建立听证会制度，征求消费者、经营者和有关方面的意见后进行可行性研究和分析。对于中央和地方定价目

---

① 《合同法》第 62 条。

录中关系群众切身利益的公用事业价格、公益性服务价格和自然垄断经营的商品价格，如果需要调整收费，还应当实行政府价格决策听证。这在需要由最终使用者付费的PPP项目中，如市政用水、用电、轨道交通、燃气等项目中显得尤为突出，这些规定无疑也给PPP项目的价格调整能否获得通过带来了不确定性。

综上，PPP项目的价格体系是决定项目成败的关键因素，投资人需要在PPP项目的相关法律文件中对收费价格及调整做出约定，同时也需要提前考虑到价格收费管理体制的制约因素，提前获得政府方面和立法机关的相应保障，或者采取其他相应的解决方案。

三、PPP模式实施与反垄断

反垄断法在PPP模式实施中一直没有受到足够的重视。在需要进行项目新建、改建、扩建、货物采购的PPP项目中，政府方、投资人也往往容易忽视反垄断方面的规定。

2017年2月7日，中国工商行政管理总局公布了首例供水PPP项目滥用市场支配地位反垄断行政处罚案[①]，该案当事人通过原吴江市人民政府授权，依据《吴江市区域供水特许经营协议》获得吴江区域的供水特许独家经营权，经营期限30年，是吴江区所辖区域范围唯一的供水特许经营者。在本案相关地域市场内，用水户等其他经营者对当事人的供水服务具有很强的依赖性，特别是当地房地产开发企业只能从当事人处申请用水，且只有各项供水工程通过当事人验收合格后方可办理通水手续，对当事人具有绝对的依赖性。在供水经营中，当事人利用其在吴江区范围内公共自来水供水服务的支配地位，明示或暗示房地产开发企业将给水安装工程、二次供水工程、接水装表工程等交由其全资子公司或其指定的企业施工；对供水工程所需的水表、管材等主要材料和设备，要求房地产开发企业、施工单位必须使用当事人提供或指定的品牌、厂商。

根据上述事实，经行政机关认定，被处罚人在交易过程中附加的上述不

① 江苏省工商行政管理局行政处罚决定书苏工商案（2016）00050号。

合理交易条件，使房地产开发企业在供水工程施工单位的选择、材料设备的采购等方面没有自主选择权，破坏了公平竞争的市场秩序，违反了《中华人民共和国反垄断法》第 17 条第 1 款第（五）项的禁止性规定[①]，构成了垄断行为，遂决定责令当事人停止违法行为，并处以人民币 2000 余万元的罚款。

尽管在水、电领域的实践中，类似的情况并不鲜见，并且此案是否会提起行政诉讼，以及司法机关如何裁判也尚无定论。但是，相信此案对于 PPP 项目、特许经营权项目会有重大的借鉴意义，投资人、项目公司在执行类似的 PPP 项目时，应该对此加以注意，遵守相关法律法规的规定，避免利用特许权等权利滥用市场支配地位而导致类似的后果和风险。

相类似的，在 PPP 项目合同中，特别是以授予特许经营权为基础的公路、水、电、气等行业，投资人为了保障自身的合法权益，避免政府部门授予其他投资人从事相类似的竞争影响投资回报和收益，通常会考虑在 PPP 合同、特许权协议中明确写入政府不得再授予其他投资人相类似的特许权的条款。对于这类条款是否会构成市场垄断或者不正当竞争也会有不同的观点和理解，这一议题也仍有待进一步讨论。

---

① 《中华人民共和国反垄断法》第 17 条第 1 款第（五）项：没有正当理由搭售商品，或者在交易时附加其他不合理的交易条件。同时，可注意第 17 条第（四）项的规定：没有正当理由，限定交易相对人只能与其进行交易或者只能与其指定的经营者进行交易。

10

CHAPTER

第十章

项目争议解决

所有的商业交易除了达成各方一致的商业目的之外，避免和解决与交易有关的争议也是各方重点关注的事项。在大型基础设施项目投融资和 PPP 模式中，各方主体同样需要关注因交易引发的各类争议的解决方式。

实践当中，不同的合同交易架构、合同性质都会引发不同的争议，而不同的争议性质所对应的各方权利义务各不相同，在项目的各个阶段所涉及的争议和纠纷的侧重点自然也是各不相同，因而相应的救济途径和方式也千差万别。

除了传统的诉讼外，商事仲裁等替代性的争议解决方式在大型基础设施项目中更为常见和普遍，而在涉及海外的基础设施项目融资和建设中，国家投资争端解决机制也是不容忽视的争议解决方式。

第一节　特许权和 PPP 项目争议的法律定性

在讨论具体的争议解决方式之前，有必要分析项目融资和 PPP 项目争议的法律性质以及相关的法律适用问题，对于处理项目融资和 PPP 项目争议具有重要的意义。在本书前文中，笔者指出在 PPP 项目中基于不同的需求，可能会采用一些非典型的复合型的合同模式，法律对于这些合同性质的界定并没有统一的标准，因此，司法实践中对此类合同的法律属性也会有不同的认识，从而在争议解决和权利救济方面产生不同的效果。

除了对 PPP 项目中涉及的复合型合同模式的不同理解产生的法律性质和争议解决的不同之外。目前，在中国的理论界和实务界中，对于 PPP 模式和融资项目中的特许权协议本身引发的争议属于民事纠纷还是行政诉讼也有着不同的理解，因此也有必要予以厘清。

一、PPP 项目采购争议的法律性质

在本书前面章节中，笔者介绍和分析了有关《政府采购法》和《招标投标法》在基础设施领域 PPP 项目采购的法律适用等问题。不难看出，尽管有《政府采购法》及其实施条例，《招标投标法》及其实施条例的具体规定，但是上述法律、行政法规都没有对 PPP 项目采购的法律性质做出具体和明确的规定。因此，在采用 PPP 模式方式进行的采购项目中，对于应当适用何种基础法律关系产生了不同的理解。笔者认为，对于采用 PPP 项目的本质、性质、目的的理解，将有助于理解相关法律适用的问题。

正如本书前文所述，理论界和实务中对于 PPP 项目和特许经营权的法律定性有着不同的观点，特别是关于特许经营权，一种观点认为是 PPP 和特许经营权合同虽然属于政府投资合同，但是具有民事性；另一种观点则认为政府投资合同属于行政合同，两者定性的不同也关系到争议解决方式和途径的区别。

根据《基础设施和公用事业特许经营管理办法》的规定，特许经营者认为行政机关做出的具体行政行为侵犯其合法权益的，有陈述、申辩的权利，并可以依法提起行政复议或者行政诉讼。国务院在其颁布的《政府采购法实施条例》中也明确了政府采购当事人违反政府采购法及其条例的规定，给他人造成损失的依法承担民事责任。由此可见，国务院等行政机关都将基于政府采购发生的争议视为民事争议，不认为是行政争议。换言之，政府授予特许权本身与行政机关针对特许权做出的具体行政行为属于不同的法律争议。实际上，《政府采购法》也明确规定政府采购合同适用合同法。因此，尽管 PPP 项目和特许经营项目在一定程度上具有政府采购的属性，也仍应当属于民事争议。

但是，2014 年 11 月 1 日新修订的《中华人民共和国行政诉讼法》将“政府特许经营协议”纳入“行政协议”的范畴。其第 11 条第 1 款第（十一）项规定，行政机关不依法履行、未按照约定履行或者违法变更、解除政府特许经营协议的，属于人民法院受理的行政诉讼的范围。2015 年，最高人民法院关于行政诉讼法的司法解释也同样规定，公民、法人或者其他组织就政府

特许经营协议提起行政诉讼的，法院应当依法受理。由此可见，立法机关和司法机关认为特许经营权引发的争议属于行政争议，这其中自然也包括了与特许权经营协议有关的招标投标、获得、成立、生效和履行等情形。

不过，值得注意的是，实务中最高人民法院本身不同的业务审判庭对于政府特许经营协议的性质也有不同的观点。在河南新陵公路建设投资有限公司诉辉县市人民政府合同纠纷案[①]中，最高人民法院认为，本案所述为典型的BOT模式的政府特许经营协议，该合同的直接目的是建设河南省辉县市上八里至山西省省界关爷坪的新陵公路，而开发项目的主要目的是开发和经营新陵公路，设立新陵公路收费站，具有营利性质，并非提供向社会公众无偿开放的公共服务。虽然合同的一方当事人为辉县市政府，但合同相对人新陵公司在订立合同及决定合同内容等方面仍享有充分的意思自治，并不受单方行政行为强制，合同内容包括了具体的权利义务及违约责任，均体现了双方当事人的平等、等价协商一致的合意。本案合同并未仅就行政审批或行政许可事项本身进行约定，合同涉及的相关行政审批和行政许可等其他内容，为合同履行行为之一，属于合同的组成部分，不能决定案涉合同的性质。从本案合同的目的、职责、主体、行为、内容等方面看，合同具有明显的民商事法律关系性质，应当定性为民商事合同。

可见，行政机关和司法机关在对待特许经营权的问题上存在较大分歧。换句话来说，司法机关认为政府机关授予特许经营权的行为属于行政行为，由此发生的争议可以提起行政诉讼；而行政机关则认为特许经营权的取得属于民事合同的形成，并同时考虑到政府机关在其中的特殊地位，赋予特许权人可以针对行政机关干扰、侵害其权益的具体行政行为提起行政诉讼。

同时，还需要注意到的是，行政机关和司法机关都没有对PPP项目的招标投标过程中发生的争议性质进行说明和界定，这其中既有将PPP项目与特许经营权混为一谈的固有认识错误，也有立法不严谨的因素。由于行政机关和司法机关对于特许经营权招标投标争议的上述不同观点，以及对PPP项目

① 河南新陵公路建设投资有限公司诉辉县市人民政府合同纠纷案，最高人民法院（2015）民一终字第244号民事管辖裁定书。

招标投标争议规定的空白，在实践中必将影响到招标投标相关争议的解决，不利于当事人权益的保护，最终将如何取舍，也仍有待立法的改进和司法实践的验证。

二、涉外 PPP 项目的实体法律适用

在具有涉外因素的基础设施 PPP、项目融资、工程建设项目中，尤其是中国企业在境外投资的项目或者外国人在中国境内的投资，相关合同条款中关于实体权利、义务的法律适用和争议解决方式的选择是必须首要考虑的两个重要因素。这是因为，实体法律适用的选择决定了具体的交易结构、合同内容的合法性和可行性，而争议解决方式的选择则为实现法律适用的选择结果提供保障。

按照我国《合同法》的规定，涉外合同的当事人可以选择处理合同争议所适用的法律，但法律另有规定的除外。比如，在中华人民共和国境内履行的中外合资经营企业合同、中外合作经营企业合同、中外合作勘探开发自然资源合同，适用中华人民共和国法律。[①]根据《涉外民事关系法律适用法》的规定，在涉外合同中，当事人可以协议选择合同适用的法律；当事人没有选择的，适用履行义务最能体现该合同特征的一方当事人经常居所地法律或者其他与该合同有最密切联系的法律。但是应当注意这些内容只是中国法律的规定，如果是中国企业在境外投资的项目，则需要对项目所在地国进行法律调研，以确定其对外国人投资项目的法律适用和争议解决方式有无限制、禁止或者其他特别的规定。

国际商事合同的当事人也可以自由约定合同适用的实体法律，包括国内法、国际法（包括一般法律原则）、交易法则（包括商人法、交易惯例）、公平和诚信等[②]。而在大型跨境基础设施投融资和建设项目中，与一般的商事交易存在较大区别，从实践来看，较为普遍的做法是考虑选择适用项目所在地，

---

① 《合同法》第 126 条。

② Redfun & Hunter on International Commercial Arbitration, Oxford University Press, 2009, at 199.

即东道国法律。笔者认为，其理由在于：首先，大型基础设施的实施需要遵守项目所在地法律有关公司法、外汇管理、施工、安全、环保、价格机制、政府监管等各方面的规定，项目所在地法律对于项目具有天然的属地管辖的特性和要求；其次，在进行大中型跨境基础设施项目投资前，投资者通常会提前对东道国进行法律环境调研，而调研的内容和结果不仅可以用作投资决策的依据，还可以用于项目合同履行的依据，如果项目合同最终选择第三国法律作为适用法律，则偏离了法律环境调研的初衷和目的；最后，选用项目所在地法律，结合前期法律环境调研情况和风险分析结果，也能够为投资者进行项目运作、合同管理提供便利条件。

如果合同中没有约定适用的法律，可以说，合同双方通常都会按照各自所熟悉的本国法来理解、执行该合同，而这么做的最终结果就是双方理解和执行的尽管是同一份合同，但是理解和执行的结果则可能是南辕北辙。因此，强调合同中明确约定适用法律无论如何都不为过。当然，在考虑是否约定以项目所在国法律为适用法律，则需要综合考虑各种因素，除了上述几个理由外，对于东道国法律的透明度、稳定性、执行力度等也需要提前分析。如果合同双方拟选择第三国法律，则完全有必要对该第三国进行相应的法律调研。

但是在实践中，并不排除当事人因为各种原因无法就法律适用条款达成一致意见，因而在合同中未做约定的情形。对此，按照国际私法理论和国际仲裁实践，则通常由仲裁庭自行决定合同实体法。传统上，这种由仲裁庭确定的使用法律并不一定与合同双方或者交易具有关联性，但这也由此给合同双方带来更大的不确定性而受到批评。因此，越来越多的国家、国际仲裁机构在制定仲裁法、仲裁规则时都对合同当事人未约定适用合同准据法时的处理作了相应的规定，比如，德国、法国的仲裁法、联合国仲裁示范法、国际商会（ICC）仲裁规则规定仲裁庭有权自行决定其认为合适或可适用的实体法律而无须考虑冲突法规则，或者如英国仲裁法、伦敦商会仲裁院（LCIA）仲裁规则所规定的仲裁庭可以根据冲突法规则确定最终适用的合同准据法。通常来看，其基本的选择适用法律规则的方式包括如下五种[①]：

① Gary Born, International Arbitration: Law and Practice, Kluwer Law International, 2012, at 235.

（1）强制适用仲裁地关于冲突法的一般规则；

（2）强制适用仲裁地关于冲突法的特殊规则；

（3）仲裁庭选用的“可适用的”或“合适的”冲突法规则；

（4）仲裁庭直接确定可适用的实体法；

（5）强行性法律规则。

按照这些规则，最终确定的解决合同争议的实体法可能是与争议具有最密切联系的某一国法律，也可能是国际法原则、商事交易惯例，还可能是诚实信用、公平等一般的法律原则，故就交易本身而言存在较大的不确定性。因此，从实践的角度，为了更明确地确定合同各方的权利义务，在合同中明确写明选择使用的实体法是最为稳妥和保险的方法。此外，除了合同可以分别约定实体法和程序法外，当事人还可能会根据项目的特征分别针对不同的合同内容约定不同的适用法律解决所涉的实体问题，此类约定和做法尽管为数不多，但会给合同的理解、执行和争议解决带来更大的困难，故而应避免之。

第二节　商事仲裁

在国际和国内的基础设施投融资中，法院诉讼和仲裁是最为常见的争议解决方式。而伴随着商业活动的活跃发展，采用商事仲裁机制作为解决争议方式也变得越来越普遍。我国《合同法》第 128 条规定，涉外合同的当事人可以根据仲裁协议向中国仲裁机构或者其他仲裁机构申请仲裁。当事人没有订立仲裁协议或者仲裁协议无效的，可以向人民法院起诉。根据我国《仲裁法》的规定，平等主体的公民、法人和其他组织之间发生的合同纠纷和其他财产权益纠纷，可以仲裁。作为平等民事主体之间签署的工程合同也同样可以采用仲裁方式解决争议。

事实上，商事仲裁是近几年在国内外大型基础设施项目融资和工程建设领域采用比较多的争议解决方式，本着节约成本、高效快速解决纠纷的目的，商事仲裁有着更进一步发展的趋势。

一、国内商事仲裁

在国内的大中型基础设施项目投融资和建设中，约定采用仲裁方式解决争议在近几年时间里被广泛应用和推广，其主要的原因之一即在于商事仲裁的快速、便捷且仲裁员本身的专业背景和执业经历对于解决基础设施、工程领域争议更有优势。无论是国际商事仲裁还是国内商事仲裁，为了确保仲裁解决方式能够被合法、顺利的使用，当事人在起草合同、仲裁条款或仲裁协议、提交争议时，有必要注意一些常见的法律问题。

（一）仲裁协议 / 仲裁条款

仲裁程序的提起源于合同主体的自主选择，而这种选择则体现在仲裁协议或者仲裁条款之中。没有仲裁协议或者仲裁条款，仲裁庭就没有仲裁管辖权，其裁决也将无法获得法院的承认和执行。

（1）仲裁协议的形式要件

《仲裁法》第4条明确规定，当事人采用仲裁方式解决纠纷，应当双方自愿，达成仲裁协议。没有仲裁协议，一方申请仲裁的，仲裁委员会不予受理。当然，这里的仲裁协议应当做广义的解释，既可以是包括在合同中的仲裁条款，也可以是双方当事人在争议发生前或者发生后单独签署的书面仲裁协议。

实践中，还有双方通过电子数据，包括电报、电传、传真、电子数据交换和电子邮件，或者书面往来函件的形式达成的仲裁协议。无论如何，原则上，按照现行法律规范的规定，仲裁协议以“书面”为形式要件。

（2）仲裁协议的内容要件

一份有效的仲裁协议，除了应当符合一般的《合同法》所要求的行为能力等要件之外，还必须具备如下内容：

a. 有请求仲裁的意思表示。按照“或裁或审”原则，对于仲裁或诉讼争议解决方式，当事人只能择其一。当事人约定争议可以向仲裁机构申请仲裁，也可以向人民法院起诉的，仲裁协议无效。

b. 有明确的仲裁事项。当事人选择仲裁解决争议，必须有明确的可仲裁的事项。根据《最高人民法院关于适用〈中华人民共和国仲裁法〉若干问题的解释》第2条的规定："当事人概括约定仲裁事项为合同争议的，基于合同成立、效力、变更、转让、履行、违约责任、解释、解除等产生的纠纷都可以认定为仲裁事项。"

c. 有选定的仲裁委员会。实践中，因为仲裁机构选择不明导致仲裁协议无效的案件比较普遍。仲裁协议对仲裁事项或者仲裁委员会没有约定或者约定不明确的，当事人可以补充协议；达不成补充协议的，仲裁协议无效。

（3）导致仲裁协议无效的其他情形

另外，除缺少上述形式和实质要件外，依据《仲裁法》的规定，如果仲裁协议存在下列情形，也可以被认定为无效：

a. 约定的仲裁事项超出法律规定的仲裁范围的。根据《仲裁法》的规定，平等主体的公民、法人和其他组织之间发生的合同纠纷和其他财产权益纠纷，可以仲裁。而婚姻、收养、监护、扶养、继承纠纷，以及依法应当由行政机关处理的行政争议，不得以仲裁解决。否则，这种超出法律规定范围的仲裁裁决不仅可以被申请撤销，也可以被拒绝承认和执行。

对于仲裁事项的限定和保留，也是国际通行的做法。我国在加入《纽约公约》时，也对商事仲裁做了保留。根据商事保留声明，我国仅对按照我国法律属于契约性和非契约性的商事法律关系所引起的争议适用该公约，所谓的"契约性和非契约性商事法律关系"，具体是指由于合同、侵权或者有关法律规定而产生的经济上的权利义务关系。因此，对于工程合同纠纷和工程侵权，都可以纳入仲裁解决的事项范围。

b. 无民事行为能力人或者限制民事行为能力人订立的仲裁协议。

c. 一方采取胁迫手段，迫使对方订立仲裁协议的。以此种方式订立的仲裁协议违背了当事人的真实意思，违背了仲裁意思自治的基本原则，因此，依法应属于无效。

（二）仲裁协议的效力和管辖

在仲裁协议效力的认定方面，《仲裁法》第20条也明确规定，当事人对仲裁协议的效力有异议的，可以请求仲裁委员会做出决定或者请求人民法院做出裁定。一方请求仲裁委员会做出决定，另一方请求人民法院做出裁定的，由人民法院裁定。当事人对仲裁协议的效力有异议，应当在仲裁庭首次开庭前提出。否则，即视为放弃仲裁管辖的异议。

同样道理，当事人达成仲裁协议，一方向法院起诉未声明有仲裁协议，法院受理后，另一方在首次开庭前提交仲裁协议的，法院应当驳回起诉，但仲裁协议无效的除外；另一方在首次开庭前未对法院受理该案提出异议的，视为放弃仲裁协议，法院应当继续审理。

但是，需要注意的是，《仲裁法》只规定了“首次开庭前”提出声明，对于如何认定“首次开庭前”并没有进一步的规定。根据《最高人民法院关于使用〈中华人民共和国仲裁法〉若干问题的解释》第 14 条的规定：“仲裁法第二十六条规定的‘首次开庭’是指答辩期满后人民法院组织的第一次开庭审理，不包括审前程序中的各项活动。”实践中，有当事人会在第一次开庭时对法院受理案件提出异议，最终被法院驳回异议。因此，笔者建议，对于法院受理有仲裁协议的争议案件，合同主体应当在收到案件受理通知书后尽早以书面形式提出，避免因超过时限而导致权利主张得不到保护。

此外，《最高人民法院关于如何确认仲裁机构名称约定不明确的仲裁协议的效力的请示的复函》中也提出：“一方当事人认为仲裁协议中约定的仲裁机构不明确，未申请确认仲裁协议的效力，直接向人民法院起诉解决实体纠纷的，人民法院经审查，认为能够确定仲裁机构的，应当裁定不予受理，告知当事人申请仲裁；认为仲裁协议约定的仲裁机构不明确，仲裁协议无效的，应当依法受理。受理后，被告认为约定的仲裁机构明确，提出管辖权异议的，受诉人民法院应就管辖权异议做出裁定。”

（三）仲裁条款的独立性

根据我国《合同法》第 57 条规定，合同无效、被撤销或者终止的，不影响合同中独立存在的有关解决争议方法的条款的效力。《仲裁法》第 19 条也规定，仲裁协议独立存在，合同的变更、解除、终止或者无效，不影响仲裁协议的效力。但是，在工程实务中，如何适用该条仍有不同的观点和争议。

（四）商事仲裁的地点

通常情况下，国内的工程仲裁地的选择不像涉外或者海外工程仲裁那样复杂，但是，应该注意到的是，仲裁地点的选择也不是没有规则可循，也不是说对工程合同的争议双方没有实践的指导意义。相反，不同地区的仲裁机构和仲裁员对同一事件的观点和处理方法可能会存在差异性，并且，工程项目所在地的司法机构对争议的处理原则和指导意见也在一定程度上影响了仲裁结果，因此，合同双方在签署仲裁协议选择仲裁地点之前，仍然有必要聘请专业律师进行事前的分析和评估。另外，涉及工程纠纷解决的费用方面也是选择仲裁地点需要考虑的因素之一。

当然，在涉外工程和海外工程案件中，对仲裁地点的选择则显得更为重要。其具体表现就在于仲裁程序法的使用。比如，选择在中国境内的仲裁机构仲裁，适用的自然是我国《仲裁法》。如果选择在我国香港地区或新加坡，则适用香港或新加坡的仲裁法。而如果选择在伦敦商会仲裁院（LCCA）仲裁，则适用英国现行的1996年《仲裁法》。而适用法律的不同，对仲裁程序的启动、进行、仲裁员的职责、仲裁裁决的执行都有不同程度的影响。

比如，以申请执行仲裁裁决为例，如果仲裁地在中国，那么按照我国《仲裁法》的规定以及司法实践，对于申请执行的仲裁裁决，一方当事人不得就仲裁裁决已经认定的事实和法律适用向法院提起诉讼，法院也不得对仲裁裁决的事实认定和法律适用进行审查。但是，如果当事人选择的仲裁地点在英国，那么根据英国1996年《仲裁法》第69条的规定，当事人有权就仲裁案件中涉及的法律问题向法院提起上诉，由法院对其做出终局的裁决。在英国的The Nema① 案中，Diplock大法官指出，如果仲裁庭的裁决在法律问题上的错误是显而易见的，或者案件所涉及的法律问题非常重要并且裁决被严重质疑，那么任何一方当事人可以针对法律问题提出上诉。在这种情况下，尽管争议双方当事人约定了仲裁解决方式，但是由法院对涉及的法律问题进行裁断更为合理，并且也符合正义的法律精神和原则。

---

① The Nema［1981］2 ALL E.R.1030.

由此可见，仲裁地点的选择有可能直接关系到司法审查，进而影响仲裁裁决能否被法院承认和执行，涉外工程合同的主体双方应当予以足够重视。

二、法律适用和仲裁规则

（一）法律适用

仲裁的法律适用分为实体法和程序法。在国际工程仲裁中，对于处理合同争议的实体法律，可以由合同双方约定，如果没有约定的，如前文所述，仲裁庭具有较大的自由裁量权。至于仲裁所使用的程序法，通常按照仲裁机构所在地的国家的仲裁法进行。

在国内工程仲裁案件中，则首先应当遵守《仲裁法》的规定。中国国际经济贸易仲裁委员会 2015 年仲裁规则第 49 条中规定，仲裁庭应当根据事实和合同约定，依照法律规定，参考国际惯例，公平合理、独立公正地做出裁决；当事人对于案件实体适用法有约定的，从其约定。当事人没有约定或其约定与法律强制性规定相抵触的，由仲裁庭决定案件实体的法律适用。

在国际商事仲裁中，如果合同当事人之间没有就解决实体争议的适用法律作出明确的规定，那么这个选择权就落在仲裁员的身上。至于仲裁员如何选择，有观点会认为应当“适用最密切联系”选择适用法，但是，通常情况下，更多的可能是选择仲裁地法[①]。

（二）仲裁规则的适用

仲裁规则的适用原则是默认为双方选定的仲裁机构的仲裁规则。特别需要合同各方注意的是，在涉外工程中，合同双方除了可以约定中国的仲裁机构外，还可以约定境外或国外的仲裁机构。合同双方还可以约定在中国的仲裁机构处理争议，并适用境外或者国外仲裁机构的仲裁规则。

众所周知，工程仲裁区别于工程诉讼的最大特点在于当事人的合意，因此，选用已选定的仲裁机构的仲裁规则或者适用其他仲裁规则应完全由当事

---

① 1980 年《罗马公约》。

人自行确定，法律不应过于干涉。这一原则在国际工程仲裁中已经得到普遍的认可和适用。

三、仲裁裁决的承认和执行

由于仲裁机构不具有强制执行的权力，因此，除非合同的争议双方自行履行仲裁裁决内容，否则，任何一方都可以向法院申请强制执行。

（一）裁决撤销和不予执行的理由

按照《仲裁法》第58条的规定，当事人有证据证明仲裁裁决具有下列情形之一的，可以向仲裁机构所在地的中级人民法院申请撤销裁决：

（1）没有仲裁协议的；

（2）裁决的事项不属于仲裁协议的范围或者仲裁委员会无权仲裁的；

（3）仲裁庭的组成或者仲裁的程序违反法定程序的；

（4）裁决所根据的证据是伪造的；

（5）对方当事人隐瞒了足以影响公正裁决的证据的；

（6）仲裁员在仲裁该案时有索贿受贿，徇私舞弊，枉法裁决行为的。

这里所称的“没有仲裁协议”，司法实践中主要是指：合同一方当事人将载有仲裁条款的合同部分转让，受让方未书面明示同意接受原合同中的仲裁条款；仲裁庭将合同当事人之外的第三人纳入仲裁程序，第三人与仲裁双方当事人均无仲裁协议。

但是，当事人如果申请撤销仲裁裁决，则应当自收到裁决书之日起6个月内提出。而人民法院受理撤销裁决的申请后，认为可以由仲裁庭重新仲裁的，通知仲裁庭在一定期限内重新仲裁，并裁定中止撤销程序。仲裁庭拒绝重新仲裁的，人民法院应当裁定恢复撤销程序。

此外，仲裁裁决生效后，如果一方当事人申请法院执行仲裁裁决，而另一方当事人申请撤销裁决的，那么，法院应当先裁定中止执行仲裁裁决。经审查认为仲裁裁决具有上述情形之一的，法院可以依据《民事诉讼法》的规定，裁定不予执行仲裁裁决。

对于不予执行的仲裁裁决，双方当事人可以根据达成的书面仲裁协议申请重新仲裁，也可以向法院起诉。如果仲裁裁决所根据的证据是伪造的或者对方当事人隐瞒了足以影响公正裁决的证据的，当事人申请撤销国内仲裁裁决后，人民法院经查明后可以通知仲裁庭在一定期限内重新仲裁。

（二）裁决撤销和不予执行并存的问题

如前所述，对于具有上述法定情形的仲裁裁决，《仲裁法》规定了撤销裁决，而《民事诉讼法》则规定了不予执行。从理论上，这两者在法律效果上具有一定的差异性，但具体仍有待法律加以明确，或借助于司法实践做出进一步的区分。

第三节　涉外工程仲裁

在涉外工程仲裁案件中，关于仲裁协议的效力审查，2006 年《最高人民法院关于确认仲裁协议效力请示的复函》中指出“根据多年的司法实践以及本院《第二次全国涉外商事海事审判工作会议纪要》所确定的原则，当事人在合同中约定的适用于解决合同争议的准据法，不能用来确定涉外仲裁条款的效力。当事人在合同中明确约定了仲裁条款效力的准据法的，应当适用当事人明确约定的法律；未约定仲裁条款效力的准据法但约定了仲裁地的，应当适用仲裁地国家或者地区的法律。只有在当事人未约定仲裁条款效力的准据法亦未约定仲裁地或者仲裁地约定不明的情况下，才能适用法院地法即我国法律作为确认仲裁条款效力的准据法”。此后，在《最高人民法院关于适用〈中华人民共和国仲裁法〉若干问题的解释》第 16 条也做了类似规定，即首先应当适用当事人约定的法律；当事人没有约定适用法律，但约定了仲裁地的，则适用仲裁地法律；如果没有约定适用的法律也没有约定仲裁地或者仲裁地约定不明的，则适用法院地法律。

一、涉外仲裁裁决的承认和执行

（一）涉外仲裁裁决的执行

除国内工程仲裁外，我国境内的仲裁机构也越来越多的受理涉外工程争议案件。根据《民事诉讼法》第 274 条规定：对中华人民共和国涉外仲裁机构做出的裁决，被申请人提出证据证明仲裁裁决有下列情形之一的，经人民法院组成合议庭审查核实，裁定不予执行：

（1）当事人在合同中没有订有仲裁条款或者事后没有达成书面仲裁协议的。

（2）被申请人没有得到指定仲裁员或者进行仲裁程序的通知，或者由于其他不属于被申请人负责的原因未能陈述意见的。

"陈述意见"是当事人在仲裁程序的各个阶段依据《仲裁法》和仲裁规则享有的程序权利，法律作此规定的目的是保护当事人的权利，包括提出管辖异议的权利、答辩的权利、选定仲裁员的权利、质证的权利、对鉴定结论提出意见的权利等，有证据证明由于不属于当事人负责的原因剥夺了当事人的法定权利，即可以撤销仲裁裁决。

（3）仲裁庭的组成或者仲裁的程序与仲裁规则不符的。

《最高人民法院关于四川华航建设有限公司申请撤销仲裁纠纷一案的请示的复函》中指出，在仲裁案件的申请人王忠诚主张的法律关系的性质和民事行为的效力与仲裁庭的认定不一致时，仲裁庭未按照仲裁规则的规定告知当事人可以变更仲裁请求，而是直接自行代替当事人变更了请求并作出裁决，且未给被申请人重新指定举证期限，因此可以认定仲裁庭的仲裁程序与仲裁规则不符。因此，属于可予以撤销仲裁裁决的情形。

（4）裁决的事项不属于仲裁协议的范围或者仲裁机构无权仲裁的。

仲裁裁决被人民法院裁定不予执行的，当事人可以根据双方达成的书面仲裁协议重新申请仲裁，也可以向人民法院起诉。这里需要注意的是对"双方达成的书面仲裁协议"的理解，北京市高级人民法院曾提出此处应当是指重新达成的仲裁协议，而不是原有的仲裁协议，也就是说，当事人双方能够重新达成仲裁协议的，可以向仲裁机构申请仲裁；达不成仲裁协议的，可以向人民法院提起诉讼，解决他们之间的争议。

（二）国外仲裁机构裁决的承认和执行

1958 年 6 月 10 日在纽约召开的联合国国际商业仲裁会议通过了《关于承认及执行外国仲裁裁决的公约》，即《纽约公约》。该公约是目前处理外国仲裁裁决的承认和执行的主要依据之一。中国于1986年加入《纽约公约》，并于1987年4月22日起生效。因此，与中国一样加入《纽约公约》的签约国的仲裁机构所做出的仲裁裁决可以依据《纽约公约》和中国《民事诉讼法》的规定向中国法院申请承认和执行。

关于仲裁裁决的承认和执行的条件，《纽约公约》做了比较明确的阐述，其第5条第1款规定，裁决唯有于受裁决援用之一造向声请承认及执行地之主管机关提具证据证明有下列情形之一时，始得依该造之请求，拒予承认及执行：

（1）第二条所称协定之当事人依对其适用之法律有某种无行为能力情形者，或该项协定依当事人作为协定准据之法律系属无效，或未指明以何法律为准时，依裁决地所在国法律系属无效者；

（2）受裁决援用之一造未接获关于指派仲裁员或仲裁程序之适当通知，或因他故，致未能申辩者；

（3）裁决所处理之争议非为交付仲裁之标的或不在其条款之列，或裁决载有关于交付仲裁范围以外事项之决定者，但交付仲裁事项之决定可与未交付仲裁之事项划分时，裁决中关于交付仲裁事项之决定部分得予承认及执行；

（4）仲裁机关之组成或仲裁程序与各造间之协议不符，或无协议而与仲裁地所在国法律不符者；

（5）裁决对各造尚无拘束力，或业经裁决地所在国或裁决所依据法律之国家之主管机关撤销或停止执行者。

此外，公约第5.2条还规定，倘声请承认及执行地所在国之主管机关认定有下列情形之一，亦得拒不承认及执行仲裁裁决：

（1）依该国法律，争议事项系不能以仲裁解决者；

（2）承认或执行裁决有违该国公共政策者。

应当注意的是，我国在加入该公约时作了互惠保留和商事保留声明。也就是说，我国只承认和执行来自缔约国且所解决的争议依中国法律属于商事关系的仲裁裁决。按照1987年4月10日发布的《最高人民法院关于执行我国加入的〈承认及执行外国仲裁裁决公约〉的通知》，所谓“契约性和非契约性商事法律关系”，具体是指由于合同、侵权或者根据有关法律规定而产生的经济上的权利义务关系，例如，货物买卖、财产租赁、工程承包、加工承揽、技术转让、合资经营、合作经营、勘探开发自然资源、保险、信贷、劳务、代理、咨询服务和海上、民用航空、铁路、公路的客货运输以及产品责任、环境污染、海上事故和所有权争议等，但不包括外国投资者与东道国政府之间的争端。

二、涉外仲裁和国外仲裁的司法审查

对涉外仲裁裁决的司法审查，按照《民事诉讼法》和《仲裁法》的规定，只进行程序性审查，而不做实体审查。但是，考虑到各地法院的做法，乃至各地仲裁委员会的仲裁规则的规定，对仲裁裁决的司法审查仍存在不一致的地方。

（一）逐级上报制度

根据最高人民法院发布的《最高人民法院关于人民法院处理与涉外仲裁及外国仲裁事项有关问题的通知》，我国对涉外商事仲裁实行司法审查和报告制度。

这种报告制度包括两个方面，一方面是对仲裁协议的审查报告。如果当事人在合同中订有仲裁条款或者事后达成仲裁协议，人民法院认为该仲裁条款或者仲裁协议无效、失效或者内容不明确无法执行的，在决定受理一方当事人起诉之前，必须报请本辖区所属高级人民法院进行审查；如果高级人民法院同意受理，应将其审查意见报最高人民法院。在最高人民法院未作答复前，可暂不予受理。

另一方面是仲裁裁决的审查报告。人民法院认定仲裁协议无效、失效或内容不明确无法执行的，或者人民法院认为不应承认或执行涉外仲裁裁决的，应当事先报所在区域的高级人民法院审查，如果高级人民法院同意下级法院的意见，则应将审查意见报最高人民法院审查，待最高人民法院做出答复后，再按照该答复意见处理。

最高人民法院在发布的《最高人民法院关于人民法院撤销涉外仲裁裁决

有关事项的通知》的规定中重申了涉外仲裁裁决撤销的逐级上报制度，即凡一方当事人申请撤销我国涉外仲裁裁决，如果人民法院在裁定撤销裁决或通知仲裁重新仲裁之前，须报请本辖区所属高级人民法院进行审查。如果高级人民法院同意撤销裁决或通知仲裁庭重新仲裁，应将其审查意见报最高人民法院。待最高人民法院答复后，方可裁定撤销裁决或通知仲裁庭重新仲裁。

（二）审查时限制度

《最高人民法院关于人民法院撤销涉外仲裁裁决有关事项的通知》还规定，人民法院受理申请撤销涉外仲裁裁决的，如认为应予撤销裁决或通知仲裁庭重新仲裁的，应在受理申请后30日内报其所属的高级人民法院，该高级人民法院如同意撤销裁决或通知仲裁庭重新仲裁的，应在15日内报最高人民法院，以严格执行《仲裁法》第60条关于法院应当在受理撤销裁决申请之日起两个月内作出撤销裁决或者驳回申请的裁定的规定。

第四节 争议替代解决方式

除了诉讼、商事仲裁等方式之外，大型基础设施项目建设中还会经常使用替代性争议解决方式（Alternative Dispute Resolution，ADR）。替代性争议解决方式在快速、非对抗性地解决项目实施过程中的争议时具有非常重要的积极作用，充分体现了对“市民社会主体自治理念的尊重，契合私法的特征”[①]。但同时，由于替代争议解决方式仍然属于私权的范畴，相对于公权力的诉讼解决方式，其解决方式和结果对合同各方的约束力一方面取决于各方在合同中的约定和各方的自愿履行，另一方面取决于有关法律是否赋予其强制性的法律效力。

另外，就目前的实践和发展趋势来看，大型基础设施项目的替代争议解决方式的运用往往与多层级的争议解决机制相结合，对于合同当事人而言，

---

① 朱茂元：《替代性争议解决方ADR及其在中国的运用》，载《建设工程业务》，法律出版社2012年版，第268-269页。

应当注意到多层级争议解决方式的重要性和局限性，并尽可能根据项目的特点以及自身的内部管理体制等因素在合同中做好相应的安排，采用不同的争议解决方式。

一、替代争议解决方式的种类

关于替代性争议解决方式在中国并无统一的定义，一般理解为除了司法诉讼程序之外的用于解决民商事纠纷的方式。美国被认为是现代ADR的策源地和先行者，在其1988年的《替代性争议解决法》中将ADR定义为："替代性争议解决程序包括除了法官主持的审判以外的任何程序或过程，在这种程序中一个中立的第三方通过诸如早期中立评价、调停、小型审判和仲裁等程序来协助解决争议事项。"

在实践中，替代争议解决方式和名称多种多样，各国、各机构也都有各自特有的ADR方式，比如，争端委员会（Dispute Board，DB）、争端评议（Dispute Review，DR）、索赔委员会（Claim Review Board）、争议评审委员会（Dispute Review Board，DRB）、争议解决委员会（Dispute Resolution Board，DRB、Dispute Settlement Board）、争议裁定委员会（Dispute Ajudication Board，DAB）、专家裁定（Expert Determination）、逐级争议解决（Forced Escalation）等。在大中型基础设施项目实务中，比较常用的替代性争议解决方式主要有DB、DRB和DAB三种方式。

（1）争议评审委员会。DRB的概念起源于美国，常用于大型土木工程项目，如大坝、水利项目、隧道等地下工程项目等，是典型的美国式的替代争议解决方式。此外，FIDIC也在其1987年的FIDIC红皮书的争议解决条款中借鉴了DRB机制。根据双方提交的资料、信息，争议评审委员会最终将在一定的期限内做出相应的正式意见（opinion）或建议（recommendation），但若任何一方明确表示不同意或者不满意该意见或建议，则双方即不受此约束，并且，所涉的争议仍可提交仲裁或诉讼解决。

（2）争议裁定委员会。早在1995年的FIDIC橙皮书中就设置了DAB，其后随着英国对工程争议裁定制度的立法确认，FIDIC在1999年的彩虹系列中也全面采用DAB作为争议替代解决方式。这一机制与Ajudication作为独立的争议解决机制在英国、澳洲、新西兰和新加坡等国的立法和推广密切相关，属于典型的英式替代性争议解决方式。按照争议裁定制度的目的，争议裁定委员会做出的决定（decision）对争议双方具有法律约束力。同时，也正是这一原因，以及世行、FIDIC 的推广使用，国际项目中使用 DAB 制度也变得越来越盛行，其适用的范围和类型也要远超 DRB 制度。然而，争议裁定委员会的决定之所以具有强制效力，在于相关国家的立法保障，如果签署合同的各方当事人所属国均没有此类立法，那么争议裁定委员会的决定是否仍然具有法律约束力则仍然不能一概而论。

（3）争端委员会，是指由当事人在合同中约定的，由双方选定的第三方专业人士在项目开始之时便提前介入并承担定时或不定时访问现场的义务，在争议发生或者任何可能导致争议的事件发生之前提出预防措施，或者在双方发生索赔、争议等事项时进行解决，作出相应的处理意见的方式。DB 制度背后的运作机制的目的是通过及时跟踪项目实际进展情况，及早预防可能发生的争议。实务中，DB 既可以是常设性，也可以是临时性的机构。对其具体的运作，也有相应的规则可循，比如，ICC 的 Dispute Board 规则。

上述三种替代性争议解决方式虽然名称上并不相同，但 DAB 和 DRB 实际上可以说是 DB 方式在实务运用中的细化和分类。有些国际工程项目的示范合同条件中，仅以 DB 指称替代性的解决方式，而不去细分 DAB 或者 DRB。目前，DB 的优势和特征获得了广泛的认可，除了工程领域外，也在金融服务、海商事领域，以及长周期的特许经营权合同、维护和运营合同中适用。

二、多层级争议解决机制

随着争议解决方式的多样化，诉讼、仲裁方式的耗时和高费用的影响，以及合同各方为了更有效地公平合理的解决争议。实践中，在合同中约定设立多层级的争议解决机制也变得越来越普遍。多层级的争议解决机制既可能是基于合同的约定，也可能是基于立法的规定，至于可使用的层级和争议解决方式也是多种多样。比如，英国的 JCT 合同系列采用的是调解—DAB—仲裁三级方式,FIDIC 采用的是 DAB—仲裁或诉讼两级方式，美国 AIA（B-101）

合同的调解——仲裁两级方式。实践中有些国家间合作的大型基础设施项目，在处理争议时，还往往会先设置内部高层的协调程序、内部双方调解小组作为启动后续第三方调解，或者争议评审的前置程序。

对于设置多层级争议解决机制的项目，当事人尤其应当注意在合同中尽可能详细地约定各相应的争议解决方式的具体程序、时限，是否设置先决条件等内容，以避免因程序设置不合理导致争议无法及时得到解决。

三、替代争议解决方式的法律效力

替代争议解决方式的法理基础在于当事人对私权的处分，是其意思自治的具体表现，也是市民社会恢复和发挥其自身的自治功能的内在需要和表现。[①] 从历史发展的角度来看，仲裁是最早也是最为成功的争议替代解决方式，也是继诉讼之后最富有活力的争议解决途径，其裁决具有准司法的属性，得到司法的认可，并且与司法诉讼并驾齐驱，因此，实务中的仲裁已不能再视其为单纯的替代性争议解决方式。而对于除仲裁之外的其他替代性争议解决方式而言，各自的法律基础和实践效果却各有不同。因此，实务中，不管是采用何种替代解决方式，都还需要关注其法律效力问题。

我国2012年修订的《民事诉讼法》专门规定了司法确认制度，即当事人可以申请对调解协议进行司法确认，一经确认，即可以依据新《民事诉讼法》第195条的规定申请人民法院予以执行。对于以替代性争议解决方式达成的调解协议，可以此为据。但是，也不得不注意到，采用争议替代解决方式所作出的未必都是能够达成一致的双方意见，如果双方未能达成一致意见，又不能赋予评审专家作出的意见的强制约束力，而是必须借助司法的力量方可得以履行，这也在某一程度上偏离了设置替代争议解决机制的初衷和目的。

因此，除了法律层面的支持和保障，替代争议解决机制的运用还有赖于评审专家的专业性和公正性。更进一步来说，争议当事人对于制度本身

---

① 朱茂元:《替代性争议解决方ADR及其在中国的运用》，载《建设工程业务》，法律出版社2012年版，第269页。

的信任，以及当事人相互之间和对评审专家的信任[①]也是不可或缺的社会基础。

第五节　工程争议评审制度

工程争议裁定制度（Adjudication）[②]是工程领域比较特殊的争议解决机制，起源于英国，该制度的目的在于快速解决工程建设领域的价款支付争议，以确保工程承包商的现金流。

近年来，中国工程法律界开始借鉴英国工程争议评审机制，在住建部、发改委制定的工程合同中也开始设置了争议评审机制，但是仍然不是强制性的争议解决机制，当事人可以排除适用。就目前来看，我国的工程争议评审尚处于起步和试验阶段，法律法规和司法实践尚没有针对工程争议裁定制度的性质、效力的统一标准和规定，对其定性也并无明确的规定。因此，工程争议评审制度在国内的具体实施效果仍有待立法、司法的实践证明。

一、工程争议评审制度沿革

英国最早使用“工程争议评审”一词是在20世纪70年代的JCT合同中。自1994年莱斯姆勋爵（Sir Lantham）提出建立法定的工程争议评审制度的设想，到落实制度的设计，再到具体的实践，以及立法的保障和司法的支持，也已经历了近20年的时间，并且取得了非常好的实效。英国上议院更是在1996年颁布了《住宅保障、建设和重建法》，首次以立法形式确定了工程争议评审机制。2011年10月，上议院通过的《地方民主、经济发展和建设法》正式实施，新法案修改了原法案中的部分内容，成为指导工程争议评审制度的新依据。

---

① 朱茂元:《替代性争议解决方ADR及其在中国的运用》，载《建设工程业务》法律出版社2012年版，第306页。

② Adjudication源于英国，尚无完全对应的中文，Ajudication最后将针对争议作出具有法律约束力的决定（decision），这与争议评审制度不同（DRB最终所做出的仅是意见、建议）。

二、工程争议评审的性质和效力

在中国现有的法律体系下，笔者认为，工程争议评审的性质更接近机构调解制度，不具有法律上的强制效力。就目前的情况看，中国的争议评审规则主要是在仲裁机构的主导下制定并体现在工程合同中，与仲裁机构既有联系又有区别。可以说，如果工程合同的双方当事人决定采用争议评审制度解决纠纷，其可选择的评审员只能是现有的仲裁机构的成员，这对确保争议评审决定的独立性和公正性具有一定的局限。因此，如何将仲裁机构主导的争议评审和仲裁有机地结合起来以及如何发挥仲裁架构外的专业机构和人员的作用，使其参与和推广工程争议评审制度，可能是将来需要进一步研究和探讨的问题。[①]

英国高等法院的 Dyson 法官在 Macob Civil Engineering v. Morrison Construction[②]一案中就指出：工程争议评审机制的目的在于提供快速解决争议的途径，这就使评审员所做出的决定应该对双方当事人都有约束力，除非该争议最终被仲裁、诉讼或双方的协议所改变。按照莱斯姆爵士最初的设想，争议评审决定做出后，争议双方应当立即执行，任何针对争议评审的异议而提起的诉讼或仲裁都应当在实质竣工之后。这主要是因为工程争议评审制度的建立在于快速高效的解决争议，避免工程建设的停顿。

而在中国，对于工程争议评审员所做的决定，由于缺少相应的法律规定和支持，在具体的实施和执行上将会存在不确定性。一般来讲，双方可以通过公证机构制作债权证书或者通过争议双方事后达成的仲裁协议交由仲裁机构处理。另外，2012 年《民事诉讼法》规定的调解协议的司法确认制度是否也能用于工程争议评审决定尚无定论，如果通过争议评审机制最后达成的是调解协议，需要通过司法确认程序赋予其法律效力，那么实质上争议评审机制与调解并无多大的区别，因此，评审机制的实际效果还有待时间和实践的检验。

---

① 林立：《工程合同：法律、规则和实践》，北京大学出版社 2016 年版，第 557~558 页。

② Macob Civil Engineering Ltd. v. Morrison Construction Ltd [1999] B.L.R.93.

三、工程争议评审制度的特点

目前，英国法给予工程争议评审制度较为广泛的适用范围，除了一方主体为个人住房所有者的工程合同和具有融资性质的PFI项目合同外，工程争议评审制度被广泛的应用于英国的工程合同争议解决领域。

按照英国立法的规定以及法院的司法实践，工程争议评审制度最核心的理念就是“pay now，argue later”，其最初设立这一制度的目的之一就是能够尽快解决工程建设过程中的中期付款而暂时搁置其中存在的质量、延误等争议，避免因承包商现金流（cash flow）出现问题而影响合同的履行，而最终的目的则是确保工程的顺利完成。因此，快速高效的处理争议成为工程争议评审的一个重要特点。

与此对应，事实上，与工程仲裁不同的是，按照现行的英国法，工程争议评审的处理通常是“一事一议”，即提交工程争议评审的是一个争议（a dispute），而不是多个争议（disputes）。在Cantillon v. Urvasco[①]一案中，Akenhead法官认为当一方主体申明的索赔遭到另一方的拒绝时，就构成了一个争议，并且，如果被索赔方在一定的合理期限内没有就索赔给予答复也应被视为是对索赔的拒绝。当然，实践中，一方拒绝回应也是时常发生的事情，因此，在处理案件中还需要确定争议是否已经发生。

四、工程争议评审程序的相关规定

（一）争议的存在和发生

启动工程争议评审机制，其前提必须是存在争议。法院对案件是否存在争议的判定也历经波折。一开始，在Nuttal v. Carter[②]一案中，法院认为只有在进入到既定的程序后才会产生争议。但随后，法院又通过Halki v. Sopex[③]一案改变了之前对“争议”的界定，判决认为，“争议”一词应当符合通

① Cantillon v. Urvasco [2008] EWHC 282.

② Edmund Nuttall Ltd v. R.G. Carter Ltd [2002] EWHC 400 (TCC).

③ Halki Shipping Corp v. Sopex Oils Ltd [1997] All ER (D) 130.

常的理解（common sense approach）。到了 2004 年，Jackson 法官在 Amec v. Secretary of State for Transport[①] 一案中确定并明确规定了判断双方当事人之间是否存在“争议”的标准，才最终得以解决“争议”标准之难题。

关于“争议”标准之争，对国内的争议评审制度也有所借鉴。实践中，一方当事人提起争议评审，还是提起仲裁或诉讼，应当首先注意是否已经穷尽相应的救济途径，是否符合约定的程序要求，尤其是在当前日趋复杂的多层级争议解决方式合同安排的情况下。

（二）争议评审程序的启动

根据英国法的规定，任何一方都有权在任何时候提出工程争议评审请求，以启动争议评审程序，但是该请求应当以书面的形式进行。而启动争议评审程序的依据则是法定的争议评审制度，同时也可以是合同条款中的争议评审约定，按照法律规定，合同条款不得约定排除任何一方提起争议评审程序的权利，如果合同没有类似的条款，那么评审制度将适用于该工程合同。

通常情况下，合同双方可以事先在工程合同中约定一名争议评审员或一个能够提供争议评审员的指定机构，这些机构包括皇家特许仲裁员学会、皇家特许建筑师学会、皇家特许测量师学会、皇家特许工程师学会等。当申请人向这些专业机构提出评审申请后，专业机构会指定一名合格的评审员，并由评审员考虑是否接受指定。

（三）争议评审员的权责

1. 争议评审员的管辖权

在工程仲裁案件中，按照 1996 年英国仲裁法的规定，仲裁庭享有“仲裁自裁权”（competence-competence），即仲裁庭有权决定其是否对仲裁案件具有管辖权。而在工程争议评审中，如果没有特别的约定，评审员并无权对其自身是否享有管辖权做出最终的具有强制力的决定，因为从本质上讲，争议评审不具有准司法的权力，而且仲裁员和法官可以对评审决定的内容重新

---

① Amec Civil Engineering v. Secretary of State for Transport [2004] EWHC 2339 (TCC).

进行裁判，尤其是在涉及法律问题时。但是，实践中如何处理管辖权问题将直接影响后续的评审程序能否正常进行。因此，在 Fastrack v. Morrison① 一案中，法官认为争议评审员可以对其自身管辖进行调查，如果争议评审员认为其自身没有管辖权，则应当辞职或者停止程序；如果他认为自己有管辖权，则可以继续评审程序。有此先例，争议评审员就可以继续对案件审理，保证了争议解决的流畅性。

2. 争议评审员的公正性

作为一名工程争议评审员，其最基本的权责是能够凭借其专业知识解决工程合同双方的争议。这其中，最基本的原则和要求就是争议评审员必须公正处理争议。一旦缺乏公正性，因争议评审决定而承担不利后果的一方往往以此为由拒绝和挑战争议评审决定。

公正性中最基本的要求就是自然正义（natural Justice），具体包括公正行事和公平听取双方的意见。公正行事（act impartia1）就是要求正义评审员处理案件时不能有偏见，不能先入为主的对案件下结论。公平听取双方意见（fairness hearing）要求任何一方当事人都有合理的机会阐述各自对案件的意见和观点。

3. 对事实和法律的主动权

在处理争议评审案件时，争议评审员有权按照法律的规定，对案件的事实认定和法律适用进行甄别和判定。而且，只要争议评审员遵循了管辖权和公平正义原则，即使在评审决定中就事实和法律给出错误的答案，考虑到争议评审员所做出的并不是终局的确定争议双方权利义务的决定，争议双方仍然应当予以遵守并执行该决定。

比如，在 Sherwood v. McKenzie② 一案中，法官就指出，法院应当保障评审员在管辖权内做出决定的有效性。不过，当评审员的这种错误将影响或者导致其丧失管辖权时，那么如同 Joinery Plus Ltd v. Laing Ltd.③ 案的判决一样，

---

① Fastrack v. Morrison［1999］BLR 93.

② Sherwood v. McKenzie（2000）CILL 1577.

③ Joinery Plus Ltd v. Laing Ltd［2003］BLR 184.

评审决定也将会被法院认定为无效。

五、工程争议评审决定的执行

（一）挑战评审决定的理由

根据制定法以及英国法院的判例法，争议评审决定对双方当事人具有非终局的强制力，如果双方对评审决定的内容有异议，则可以通过最后的仲裁或诉讼程序予以补正，或者由争议双方另行签署合同解决。

首先，在现有的判决和法律规定下，工程合同的争议双方能够据以拒绝履行争议评审决定的理由主要是争议评审员没有相应的管辖权。

其次，最有可能被挑战的拒绝履行争议评审决定的是评审程序严重不当（serious irregularity）。比如，在 Quartzlec v. Honeywell[①] 一案中，法官认为评审员拒绝考虑一方当事人提出的抗辩意见违背了自然正义原则而不予执行评审决定。

另外，法院还会认定其他一些可以作为拒绝履行争议评审决定的理由，比如，争议评审员的行为违反了自然正义的原则、不诚信行为（bad faith）、评审员对一方当事人有偏见和歧视。

（二）法院的支持和监督

就英国立法本身而言，并没有就法院对争议评审制度的支持、监督、执行等做出具体的规定，关于争议评审制度的内容，更多的是根据普通法惯例在审理案件过程中的“法官造法”。

1. 法院对争议评审制度的态度

英国首次涉及工程争议评审决定的是 1990 年的 Cameron v. Mowlem[②] 一案，在该案判决书中，英国上诉法院认为工程争议评审员的决定不具有类似于仲裁裁决的强制执行性，而应属于双方之间就争议事项达成的协议。

---

① Quartzlec v. Honeywell［2009］EWHC 3315.

② Cameron v. Mowlem（1990）52 BLR 24.

尽管1996年《住宅保障、建设和重建法》确立了工程争议评审机制，但是法案并没有就评审员决定的法律效力提供明确的规定。1999年，英国高等法院TCC法庭受理了第一个关于工程争议评审决定的执行力问题的案件。在Macob Civil Engineering Ltd. v. Morrison Construction Ltd①一案中，Dyson法官指出工程争议评审机制的目的在于提供快速解决争议的途径，这就使评审员所做出的决定应该对双方当事人都有约束力，除非该争议最终被仲裁，诉讼或双方的协议所改变。此后，工程争议评审决定的法律效力才被司法界所认可，并在上诉法院后续审理的一系列工程争议案件中被引用和采纳。

从程序上看，如果工程合同的双方在合同中约定将争议提交评审员决定作为仲裁和诉讼的前提条件的，则应当按照当事人的合意处理。在这种情况下，如果一方当事人直接提起诉讼或仲裁，则法院应当暂停诉讼程序，待争议评审员做出决定后再处理相应的争议。

2. 法院对争议评审决定的监督

在程序上，法院并不主动监督争议评审程序的进行，只有在极端的情况下，法院才会以违反自然公正为由宣告（declaration）其程序的不合法。相反，对于这种情形，法院更倾向于在评审决定的执行阶段进行审查和监督。

如果争议评审员的决定解决的不是争议双方所提出的争议，那么争议评审决定就会因为缺少管辖权而得不到法院的支持。同样，在出现前述严重违反程序、歧视等情形时，法院也有权不予承认和执行。

3. 申请法院执行评审决定

由于评审决定具有类似合同约定的性质，因此，其履行更多的是依赖于争议双方的自觉履行。但是，如果对方当事人不履行评审决定时，则一方当事人也可以依据民事诉讼法的规定向法院申请强制执行。

在这里，作为原告的一方当事人请求法院执行评审决定时，法院经审查被告不存在拒绝履行评审决定的理由，以及没有其他关于排除法院按照审判程序进行的理由时，即可以按照民事诉讼法的规定做出即时判决（summary judgment），该判决的执行同法院做出的任何判决一样具有强制执行力。

---

① Macob Civil Engineering Ltd. v. Morrison Construction Ltd [1999] B.L.R.93.

六、国内工程合同中的争议评审

目前，国内现行的工程合同中，对争议评审制度也有相应的规定，对推广和运用该制度起到了一定的积极作用。

（一）争议评审小组的组成

关于争议评审小组的组成时间，工程合同本身并没有统一的规定。比如，2017版施工示范合同规定，合同当事人应当自合同签订后28天内，或者争议发生后14天内，选定争议评审员。2012版标准设计施工合同和2007版标准施工合同则规定，采用争议评审的，发包人和承包人应在开工日后的28天内或在争议发生后，协商成立争议评审组，具体时间则可能需要根据实际情况确定。

争议评审小组的成员则主要是有合同管理和工程实践经验的专家。这一点与英国法中的类似，英国的评审员也主要是从仲裁员、律师、建筑师、测量师、工程师等领域的专业人士中选任。由于评审员本身的专业能力对案件的审理具有十分重要的影响和作用，其对某一具体案件的处理结果，不仅影响案件本身争议双方的权利义务，在得到法院的认可后，甚至还可能对行业产生影响，因此，在英国，评审员的培训、后续教育、考核都遵循非常严格的要求。国内若要推广实施争议评审制度，或可以考虑借鉴英国的实践经验，尤其是需要加强对评审员的职业道德和执业纪律方面的规范。

（二）提交争议评审的时间

按照英国法的规定，工程合同双方可以在任何时候将争议提交争议评审小组决定。这一规定在2017版施工示范合同中得到了体现，即合同当事人可在任何时间将与合同有关的任何争议共同提请争议评审小组进行评审。

但是，其他几份工程合同没有此类表述。笔者认为，目前工程合同关于组建评审小组的时间规定也应当同样适用于提交评审的时间。因为，在没有具体约定时限的情况下，不应该排除合同双方随时提交评审的权利。

（三）争议评审的处理时限

争议评审制度的最大特点就是快速解决争议，因此，要求争议评审员在合理的时限内尽快和节约地处理争议。以英国法为例，一旦合同一方提起争议评审，则应当在7天内指定评审员。评审员应当在28天内做出决定，特殊情况下，可以最多延长14天。相比较而言，目前中国国内的工程合同中规定的评审时间都相对较短，即在经过14天的调查后，应当在14天内做出评审决定。笔者认为，工程争议往往较为复杂，如果评审时间过短，可能会导致评审员为了决定而决定，未必能够有效解决争议，反而可能在双方当事人之间埋下隐患，也不利于评审机制的发展。

（四）争议评审小组决定的效力

按照英国法的制度设计，工程争议评审决定不是对争议的最终解决，双方对评审员的决定有异议的，仍然可以提出仲裁或诉讼解决。但是在仲裁或诉讼改变评审决定之前，则应当按照评审决定执行。

目前我国的工程合同也明确了争议评审小组做出的书面决定经合同当事人签字确认后，对双方具有约束力，双方应遵照执行。任何一方当事人不接受争议评审小组决定或不履行争议评审小组决定的，双方可选择采用其他争议解决方式。

由此看来，争议评审决定也不是终局的决定，任何一方对评审决定有异议的，仍可以按照合同的约定提交法院或仲裁机构进行终局处理。基于目前的实践情况，争议评审制度在中国工程界尚未获得普遍的认可和实施。

第六节　国际投资争端解决机制

国际投资争端的种类，既包括私人投资者和东道国之间的争议，也包括缔约国与非缔约国之间、基于双边投资协定的国家争端等。在大中型的跨境基础设施投融资和建设项目中，除了采用上述常用的商事仲裁和替代性的争议解决方式外，适用国际投资争端解决机制也是普遍被认可和接受的方式[①]。投资仲裁主要针对外国私人投资者在东道国进行投资活动而引发的争议，涉及争议解决的管辖权、裁决的执行、国家豁免等内容。

中国签署的国际公约、双边投资协议对涉及双方、多边投资及争议解决也有相关的约定，故而如果中国企业走出去在从事海外基础设施项目的投资和建设中发生的争议，也可以考虑采用投资仲裁解决机制寻求帮助。

一、投资争端解决机构

近几十年来，随着国际投资的加强和深化，与之伴随的投资争议也不断涌现，为了保护跨境投资，国际上制定了相关的公约，比如，《解决国际和他国国民间投资争端公约》（即《华盛顿公约》）、《多边投资担保机构公约》（*Convention Establishing the Multilateral Investment Guarantee Agency*，MIGA）、《能源宪章条约》（*The Energy Charter Treaty*，ECT）、《北美自由贸易协定》（*North American Free Trade Agreement*，NAFTA）等。同时，许多处理国际投资仲裁的地区性和国际性的专门机构也应运而生。

在基础设施项目投融资和建设领域，较为常见的私人投资者与东道国之间的投资争端，其最常使用的就是位于华盛顿的投资争端解决中心（International Center For Settlement of Investment Dispute，ICSID）的投资仲裁。ICSID与世界银行关系密切，曾是世界银行的重要组成机构，也是世界上第一个专门解决国际投资争议的仲裁机构，其活动主要依据《解决国家与他国国民间投资争端公约》（即1965年《华盛顿公约》）。截至目前，签署《华盛顿公约》的国家已达161个，但是，还有一些已签署公约，尚未获得批准生效的国家，包括Belize（1986）、Dominican Republic（2000）、Ethiopia（1965）、Guinea-Bissau（1991）、Kyrgyzstan（1995）、Namibia（1998）、Russia（1992）、Thailand（1985）。此外，Brazil, Mexico, India and South Africa还没有签署该公约，而Bolivia, Ecuador和Venezuela则分别于2009年和2012年退出公约。

《能源宪章条约》则是对石油、天然气、煤、风电、太阳能等能源领域进行保护的重要国际协定。在能源投资方面，该条约具有与双边投资保护条

---

① 根据ICSID数据统计，截至2016年12月31日，ICSID全部登记在册的案件总数为597件。

约类似的促进和保护外国投资的作用，条约所提供的能源投资争端解决机制已经成为从事国际能源投资活动的投资者保护其合法权益的有效途径。该条约于1991年12月17日在荷兰海牙订立，并于1988年生效，截至2017年3月，已有83个国家签署加入该条约，但目前中国尚未加入。

《多边投资担保机构公约》于1985年10月11日在世界银行年会上通过，于1988年4月12日正式生效。根据该公约建立了多边投资担保机构，属于世界银行集团的成员，但同时又是独立的国际组织。中国于1988年4月30日向世界银行递交了对该公约的核准书，从而成为多边投资担保机构的创始会员国。

此外，一些处理国际商事仲裁的专门机构，如国际商会仲裁院（ICC）、斯德哥尔摩商会仲裁院（SCC）、英国伦敦国际仲裁院（LCIA）、斯德哥尔摩商会仲裁院（SCC）、新加坡国际仲裁中心（SIAC）、香港国际仲裁中心（HKIAC）等也可以根据当事人的仲裁条款和仲裁协议处理相应的国际投资仲裁。

二、投资争端解决中心的管辖权

与法院的诉讼管辖和商事仲裁的管辖一样，ICSID中心的投资争议仲裁也首先需要确定管辖权。《华盛顿公约》中关于管辖权的内容集中体现在第25条的规定中，即投资争端解决中心的管辖适用于缔约国（或缔约国向中心指定的该国的任何组成部分或机构）和另一缔约国国民之间直接因投资而产生并经双方书面同意提交给中心的任何法律争端；当双方表示同意后，任何一方不得单方面撤销其同意。实际上，公约第25条规定的是ICSID中心的实体管辖权，而决定ICSID中心是否有权管辖的程序则在第28条和第36条中规定，至于仲裁庭的管辖权则需要依据第41条的规定。实践中，在处理ICSID中心对于投资争议的管辖权时，需要首先解决争议主体、争议性质等重要问题。

（一）管辖权的界定

正如前所述，管辖权是确定国际投资仲裁可行性的前提条件。但与一般的商事仲裁不同，正如《华盛顿公约》在其前言部分就已经明确指出的，任何缔约国不因仅仅批准、接受、核准公约就被视为接受特定案件的管辖。《华盛顿公约》第25条也只是明确了ICSID中心对投资争议管辖权的原则规定，给予投资者将其与东道国之间的投资争议提交ICSID中心进行解决的途径，而不是说一旦东道国签署公约即必须将争议提交ICSID中心处理。

ICSID中心的管辖以争议双方书面同意将争议提交中心仲裁解决为前提。这里需要注意的是提交仲裁的书面同意，主要包括投资者与东道国之间的投资协议、东道国的国内法律法规、投资者所属国与东道国间的双边BITs或者多边MITs。历史上，尤其在20世纪80年代中期，几乎所有的ICSID中心受理的案件的管辖权均来自缔约国与投资人之间的合同约定。而在目前的实践中，除了投资合同中的相关约定外，越来越多的投资仲裁案件管辖权依赖于缔约国的国内法律的规定或者取决于投资者所属国与东道国之间的双边、多边投资协定的约定，以及共同缔结的区域性公约或国际公约。

因此，投资者在与东道国签署相关的投资协议时，除了对投资协议本身的争议解决方式进行规范描述和明确约定外，还有必要提前了解所属国与东道国签署的双边、多边投资协定中以及国际条约的相关条款，以期做到相互补充和完善。

（二）投资仲裁的适用主体

投资争议仲裁的适用主体包括投资者和东道国两个方面。《华盛顿公约》第25条规定：中心的管辖适用于缔约国（或缔约国向中心指定的该国的任何组成部分或机构）和另一缔约国国民之间的法律争端。这里的属于“另一缔约国国民”的投资者不仅包括自然人，也包括法律拟制人（Juridical persons，但主要形式是法人），具体的确定标准是：

（1）在双方同意将争议提交仲裁或者调解（conciliation）之日，或者在ICSID中心秘书处登记请求之日具有作为争端缔约国一方国籍的任何人。但不包括在上述任一日期具有作为争端另一方的东道国国籍的任何人。

（2）在争端双方同意将争端交付调解或仲裁之日，具有作为东道国以外的某一缔约国国籍的任何法人以及在上述日期具有作为争端一方缔约国国籍的任何法人，而该法人因受外国控制，双方同意为了本公约的目的，依据公约第25条（2）（a）和（b）（d）的规定，也应看作是另一缔约国国民。

对于法人的国籍确定，国际上并无统一标准，各国法律均有不同的规定，因此，实践中存在诸多法律问题。常见的判断标准包括注册成立地说，即主要依据章程登记或批准地来确定法人国籍，该学说以英美法为主；住所地说，即以法人的主要营业场所或者管理中心所在地作为确定国籍的标准，此学说以大陆法系国家为主；资本控制说，即以法人的资本来源国来确定其国籍；以法人设立所依据的法律为标志，即准据法主义，根据设立时所依据的法律确定其国籍；自然人国籍法，根据组成该法人的成员的国籍来确定该法人的国籍。

而实务中，仲裁庭在依据《华盛顿公约》确定法人投资者的国籍时并没有形成统一的规则，往往是根据案件的具体情况进行判别。如在Amco v. Indonesia[①]案中，仲裁庭认为法人的国籍可以根据其成立时所依据的法律或者其注册成立地确定。与之相类似，涉及受外国控制的法人国籍问题，则必须由双方同意。在SOABI v. Senegal[②]案中，SOABI是一家巴拿马公司，并被比利时人控制，双方的投资合同中约定"塞内加尔政府同意公约第25条关于国籍的规定应被视为完全执行"，据此，仲裁庭认为SOABI属于《华盛顿公约》规定的法人范畴。但在TSA Spectrum v. Argentine[③]案中，仲裁庭认为双方在协议中对于外国控制情形的约定并不是决定性的，对此需要进行客观分析，仲裁庭不仅要考虑第一层次的公司结构，还要考虑外国控制的真实来源。

同样，随着社会的发展，法律拟制人的形式也变得越来越多样化，除了法人以外，非法人形式的投资者也并不鲜见。比如，根据我国最新的《民法总则》的规定，民事主体包括自然人、法人和不具有法人资格的非法人组织，

① Amco Asia Corporation and others v. Republic of Indonesia, ICSID Case No.ARB/81/1.

② Société OuestAfricaine de Bé tonsIndustriels（SOABI）v State of Senegal, ICSID Case No ARB/82/1.

③ TSA Spectrum de Argentina SA v. Argentine Republic, ICSID Case No ARB/05/5.

如合伙企业、个人独资企业[①]。因此，在处理涉及类似投资者的跨境投资时，还应当特别注意非法人组织是否可以作为投资争议中合格投资者的身份识别问题。

而关于投资争议中的东道国，则是指签署《华盛顿公约》的缔约国。同时，应当注意到东道国政府的下属机构或者组成部分如果同时满足下列两项条件时，那么其与投资者签署的投资协议也仍然属于 ICSID 的管辖范围。

（1）依据《华盛顿公约》第 25（1）条的规定，东道国向 ICSID 中心指定特殊的下属机构或者组成部分能够作为 ICSID 投资仲裁的一方当事人。

（2）依据《华盛顿公约》第 25（3）条的规定，东道国的下属机构或组成部分同意 ICSID 中心仲裁，并且该同意已经获得东道国的认可，或者东道国已通知 ICSID 中心该认可不是必需的。比如，在 Cable Television v. St Kitts & Nevis[②] 案中，投资者与东道国圣基茨和尼维斯联邦的下属机构达成投资协议，联邦政府既没有指定该下属机构作为 ICSID 仲裁的一方主体，也没有认可其同意 ICSID 的投资仲裁，因此，仲裁庭认为 ICSID 中心对此案并没有管辖权。

（三）对“投资”的界定

由于《华盛顿公约》公约第 25 条规定了其解决的主要是投资争议，因此，如何界定和确定“投资”也是关系到 ICSID 管辖权的重要前提。在公约的第一稿草案中曾经对“投资”做了定义，然而考虑到各国对投资的不同理解，也为了体现 ICSID 中心对于国际投资争议的开放性和灵活性，《华盛顿公约》本身并没有直接对何谓“投资”进行规定，而是留待缔约国、投资者和仲裁庭根据个案进行区别对待。

按照通常的理解，广义的“投资”一词可用于描述所有能够产生收益的

---

① 《民法总则》第 102 条。该法 2017 年 3 月 15 日经全国人大会议通过，于 2017 年 10 月 1 日起实施。

② Cable Television of Nevis, Ltd v. Federation of St Kitts and Nevis，ICSID Case No ARB/95/2。

投入[①]，但纯粹的销售贸易则显然不属于投资。由于公约本身对投资的界定秉承开放的态度而没有进行特殊的限定，因此，实务中给认定投资带来了不确定性和不统一性，这就需要投资者和东道国在投资合同中予以界定投资的范围，并明确所涉投资归ICSID中心管辖。

在著名的Salini v. Moroco[②]案中，仲裁庭确立了关于如何识别“投资”的几项标准，并在后来成为国际投资争端解决的原则。按照Salini规则，有些仲裁庭认为某些资产仅在同时满足既定条件的情况下，才能被认为构成是一项“投资”。随着实践的发展，近几年，ICSID仲裁庭在沿袭Salini规则的情况下，又逐渐接受了新的“投资”概念的识别途径。

当然，实践是丰富多彩的，上述这些标准和要件都是较为抽象的定义，而且ICSIC仲裁裁决本身不具有如同英美法先例的作用，因此，在具体应用中，也仍然需要结合各种不同的具体情况综合分析。比如，《能源宪章条约》就较为明确的规定了投资即指各种由投资者所有，或直接或间接控制的资产，包括（a）有形的和无形的、可动的和不可动的，财产和任何财产权，如租赁、抵押、留置权和抵押权；（b）公司或商业企业或股份、股票，或其他股份形式的公司或商业企业，公司或商业企业的债券或其他债务；（c）对现金的索赔权和要求履行具有经济价值与投资相关的合同权利；（d）知识产权；（e）利润回报；（f）在能源部门从事的任何经济活动中，由法律或合同或凭借任何执照和法律准许的许可证所授予的任何权利。

又比如在AMT v. Zaire[③]一案中，扎伊尔共和国对ICSID仲裁庭的管辖权提出挑战，认为美国AMT公司在该国没有进行任何直接投资，因此不能依

---

① 按照中国商务部《境外投资管理办法》第2条的规定，境外投资是指在中国境内设立的企业通过新设、并购及其他方式在境内拥有非金融企业或者取得既有非金融企业所有权、控制权、经营管理权及其他权益的行为。

② SaliniConstructori S. p. A. and ItalstradeS.p.A.v.Kingdom of Moroco, ICSID Case No Arb/00/04. The criterions are (a) Substantial duration. (b) Regularity of profit and return. (c) Assumption of risk by both parties. (d) Substantial commitment in money and/or expenditure. (e) Significant contribution to the host state's development.

③ American Manufacturing Trading Inc v. Republic of Zaire, ICSID, Award, Case No ARB/193/1 IIC 14(1997); 5 ICSID Reports 10.

据美国和扎伊尔双方投资协定提起投资仲裁。仲裁庭查明 AMT 公司仅在一家扎伊尔公司有股份资本，在综合了美伊两国的 BIT 协定后认为通过在当地公司的股份投资也属于 BIT 下的投资保护对象。

（四）对争议的界定

如同对“投资”的界定的处理一样，《华盛顿公约》也没有对第 25 条中规定的“争议”或者“法律争议”做进一步的定义或规定，而是留待各方自行确定哪些争议提交投资仲裁解决。但可以明确的是，公约第 52 条仅限定了因投资引起的“法律争端”，而排除涉及投资引发的政治争端和其他非法律争端。

按照通常的理解，有关权利、义务或者违约救济是否存在、范围的内容都属于争议的范畴。根据国际法院的界定，双方在法律、事实的不一致，在法律观点或者利益的冲突都可以构成争议。ICSID 中心的仲裁庭也会参照这一定义来分析争议的性质。不过，关于这些不一致或者冲突应当与双方有着实质关系，而不应是纯粹理论上或者是学理上的。[①] 如果是双方之间的争议因为协商而处于悬而未决的状态，则仍然属于实质上的争议并可提交 ICSID 中心管辖。[②] 在实践中，仲裁庭也会认为如果一方提出某请求，而另一方未在合理的期限内予以回复即可构成争议。比如，在 AAPL v. Sri Lanka[③] 案中，仲裁庭认为在经超过 3 个月的协商后，申请人的主张仍然未能获得回复意见，则申请人即可申请仲裁。

在所涉及的投资争议是否具有法律属性的问题上，同样存在诸多不同的观点。在起草《华盛顿公约》的第一份草案时，曾将归于 ICSID 中心管辖的法律争议定义为“任何与法律权利或者义务，或者涉及决定法律权利、义务的事实的任何争议”。ICSID 执行董事的报告中也有类似的描述，有些专家则

---

① Christoph Schreuer，The ICSID Convention: Commentary, Cambridge University Press, 2009, at 94.

② Pan American Energy LLC and BP Argentina Exploration Company v.The Argentine Republic, ICSID Case No. ARB/03/13.

③ Asian Agricultural Products Ltd. v. Republic of Sri Lanka, ICSID Case No.ARB/87/3.

提出可通过列举的方式确定法律争议的范围。[①]

在 Alcoa Minerals v. Jamaica[②] 案中，仲裁庭认为涉及法律权利和义务的争议即属于法律争议。在 Lanoc v. Argentina[③] 案中，仲裁庭认为一方当事人所宣称的权利依赖于法律，并寻求法律的救济，此时就具有法律争议的性质。总的来说，根据实践可知，一项争议是否属于法律争议取决于申请人陈述其主张的方式，通常情况下，如果申请人主张对方违背了法律权利，或者寻求法律的救济，那么仲裁庭就会认为这类争议属于法律争议。

三、投资仲裁的法律适用

投资仲裁涉及四个方面的法律适用，包括涉及仲裁条款本身有效性的法律、仲裁程序适用的法律、解决双方实体争议的法律适用、适用实体法时的本国冲突法。从《华盛顿公约》的起草、制定过程以及最终确定的条款来看，公约本身并没有就投资争议提供实体法的解决方案，而是通过程序上的设计在投资者与东道国之间建立起一定的联系。这一初衷同样体现在法律适用问题方面。

就解决双方实体争议的法律适用而言，由于公约本身并不具体涉及实体权利义务内容，因此，根据《华盛顿公约》第 42 条的规定，仲裁庭在解决投资争议时首先应当适用依照当事人选择的法律。如果投资协议中并没有约定解决争议所适用的准据法，仲裁庭则应当适用争议所涉的缔约国的法律（包括其冲突法规则），以及可能适用的国际法规则。

就 ICSID 在仲裁争议案件时适用的程序规则可以是多元化的。比如，能源宪章条约就规定其仲裁机构可以适用包括 ICSID Rules、ICSID Additional Facilities Rules、UNCITRAL Arbitration Rules、The Arbitration Rules of the Stockholm Chamber of Commerce 等在内的仲裁规则。

---

① Szasz, The Investment Disputes Convention, 5 Journal of Law and Economic Development 23（1970）.

② Alcoa Minerals of Jamaica Inc. v. Jamaica, ICSID Case No.ARB/74/2.

③ Lanco International Inc. v. Argentina Republic, ICSID Case No.ARB/97/6.

（一）当事人选择适用法律

如同其他一般的商事仲裁争议一样，在投资仲裁中也需要遵循当事人意思自治的基本原则，即投资协议的双方主体可以明确约定发生争议时的适用法律。需要注意的是，该条所述的“适用法律”仅是指解决当事人争议的实体法律，而不涉及仲裁程序、仲裁庭管辖权以及当事人国籍相关的法律适用。[①] 比如，对于程序法的适用，主要依赖于《华盛顿公约》本身机制所确立的以及双方均予以接受的规则；如果没有可适用的规则，则仲裁庭被赋予自行确定的权力。[②] 对于仲裁庭的管辖权的法律适用，也不是第42条要解决的问题，而需要根据《华盛顿公约》第25条的规定，以及投资双边协议的相关规定。[③]关于确定投资者国籍的法律适用，也同样需要依据《华盛顿公约》第25条的规定。

在大型的跨境基础设施项目中，由于投资活动多在东道国境内发生，涉及东道国的投资监管、税务、工程法、劳动用工、外汇管制、不动产等具体事项，因此投资争议的主体通常会选择东道国的法律作为准据法。投资协议（纯粹贷款融资的除外）中也极少会选择适用投资者本国法或者第三国法，因为这种选择一方面增加了投资协议谈判的难度，另一方面对东道国的属地管辖权也是一个不容忽视的挑战。

权利的行使都有其一定的广度和维度，意思自治的行使也并非等于无所约束。为了规范投资行为，在尊重当事人选择适用法律的自治权的同时，通常情况下，适用法律也要受到以下几项的限制，包括：

（1）所选使用法律必须具有合理的关联性（reasonable connection）。但这一限制并非出于《华盛顿公约》本身，而是基于某些国内法关于禁止规避法律的需要。

---

① Christoph Schreuer, The ICSID Convention: Commentary, Cambridge University Press, 2009, at 550.

② 《华盛顿公约》第44条。

③ Noble Energy v. Ecuador, 5 March, 2008, at 56-57.

（2）不得通过投资协议约定规避东道国的强制性法律规定。

（3）不得违背公共利益。当然，公共利益本身并无统一的界定，通常需要结合东道国的社会、传统、宗教等综合因素以及投资项目的本身特点而定。

（二）当事人未选择适用法律的处理

在实务中，并不是每一个投资者都能意识到法律适用条款的重要性，因此，经查阅协议之后，不能明确当事人所选择的的使用法律，或者说投资协议根据没有做出相应安排的情况也并不鲜见。对此，《华盛顿公约》第 42 条还特别规定了，如果投资协议的双方没有就法律适用进行约定时，仲裁庭则可以依据以下规则确定具体的法律适用：

（1）适用投资争端缔约国一方的法律。区别于商事仲裁，这里的缔约国的法律除了实体法律外，还包括冲突法规则。ICSID 附加便利规则还明确了在认为合适的情况下，可以根据冲突法规则确定法律适用。在实践中，仲裁庭也更倾向于适用东道国法律，如 Benvenuti & Bonfant v. Congo[①] 案、Genin v. Estonia[②] 案等。

（2）适用国际法的原理和规则。《华盛顿公约》第 42 条对于东道国法律和国际法规则的适用并没有先后或者限制，因此可以理解为两者都可适用。比如，在 Antoine Goetz v. Burundi[③] 案和 Emilio Agustin Maffezini v. Spain[④] 案中，仲裁庭就认为必须同时适用东道国国内法和国际法。同时，适用国际法对于适用东道国法律也有一定的约束作用。

上述关于当事方未约定法律适用时的处理规则是投资争议的仲裁庭在适用法律时必须遵守的规则。仲裁庭不得借口法律无明文规定或含义不清而暂不做出裁决。[⑤] 当然，从投资实务的角度来看，笔者建议投资者在与东道国

---

① S.A.R.L. Benvenuti & Bonfant v. People's Republic of the Congo, ICSID Case No. ARB/77/2.

② Alex Genin, Eastern Credit Limited, Inc. and A.S. Baltoil v. The Republic of Estonia, ICSID Case No. ARB/99/2.

③ Antoine Goetz et consorts v. R é publique du Burundi, ICSID Case No. ARB/95/3.

④ Emilio Agustin Maffezini v. The Kingdom of Spain, ICSID Case No. ARB/97/7.

⑤ Article 42 of ICSID Convention.

签署投资协议时，应当考虑明确法律适用问题，以避免出现后续解决投资争端时引发新的争议。

四、赔偿和补偿规则

在国际投资争端中，赔偿和补偿问题历来是双方争议的焦点内容。涉及损害赔偿、补偿事宜的起因是多方面的，但最终可以归于两大类：一类是因投资合同本身引起的，即针对合同违约触发的索赔；另一类则是因为东道国的不当行为引起的，即针对违反两国投资保护协定的索赔，常见的如征收、国有化等。

在实务中，解决损害通常需要同时考虑国内法和国际法的相关规则，并受到投资合同的约定、具体个案的事实情况，以及仲裁庭的自由裁量权等因素的影响。按照一般的原则，如果是由于东道国的错误行为导致损害，那么应当予以修复、恢复原状，否则，就应当给予及时、足够和有效的补偿。不过，这也并不排除在 BITs 和 MITs 中约定的按照市场价值、公平估值等方式确定具体的补偿金额。

在违约赔偿中，常用的计算赔偿的方式包括以下几种：

（1）现金流折现法（Discounted Cash Flow，DCF），即依照若非一方违反合同，另一方在一定期限内可以预计获得的净现金流为基准进行测算赔偿额度。以此方式计算，实务中可以考虑适用“逐步建立法”（build up）和“加权平均资本成本法”（weighted average cost of capital）两种途径确定具体的折扣比例问题，而前者中的影响因素还包括自由风险率、市场公平风险，以及受损一方的客观交易风险。

（2）现值调整法（Adjusted Present Value，APV），这是基于收入为基准的计算方式，即由评估专家测算出公司的现值（不包括债务），再加上因负债可获得的税务节省和折扣后的净值。

（3）账面价值法（Book Value），其主要基于投资者的资产和账面的负债，或者资产负债表上的投资总额进行确定。在 AAPL v. Sri Lanka[①] 一案中，仲裁

① Asian Agricultural Products Ltd v. Democratic Socialist Republic of Sri Lanka, ICSID Case No ARB/87/3.

庭即采用的此方法。

五、裁决和执行

就投资仲裁裁决和执行而言，ICSID 公约第 42 条规定：“仲裁庭应依照双方可能同意的法律规则对争端作出裁决。如无此种协议，仲裁庭应适用作为争端一方的缔约国的法律（包括其冲突法规则）以及可能适用的国际法规则。”

由此可见，ICSID 仲裁庭的裁决是终局的，当事人不能上诉，也不能申请国内法院撤销裁决；而且裁决在全球 150 多个成员国都具有执行力，胜诉的投资者可以选择在任何一个成员国申请强制执行败诉国的财产。

但是，如果仲裁或者裁决存在下列情形之一者，当事人可以申请撤销仲裁（Annulment）裁决①：

（1）仲裁庭组成不当；

（2）仲裁庭明显超出了其仲裁权限；

（3）仲裁庭成员存在腐败行为；

（4）仲裁活动严重违反仲裁规则；

（5）仲裁裁决未论述其裁决理由。

其中，对于第（1）、（2）、（4）、（5）项情形，当事人应当在裁决做出后 120 天内提出撤销申请；对于第（3）项情形，当事人应当在发现腐败行为后 120 天内提出撤销申请，且无论如何不得迟于裁决做出后 3 年。

除此之外，根据公约的规定，双方同意根据本公约交付仲裁，应视为同意排除任何其他救济方法而交付上述仲裁；缔约国可以要求以用尽该国行政或司法救济作为其同意根据本公约交付仲裁的条件。缔约国对于其国民和另一缔约国根据本公约已同意交付或已交付仲裁的争端，不得给予外交保护或提出国际要求，除非该另一缔约国未能遵守和履行对此项争端所做出的裁决。因此，从这一角度来看，ICSID 中心的仲裁裁决更具有强制的法律效力和影响力。

---

① Article 52 of ICSID Convention.

六、中国与投资争端解决

中国政府于1990年2月9日签署《华盛顿公约》，在1993年1月7日向ICSID中心交存批准加入书，同年2月6日生效。针对ICSID中心的管辖权，中国政府在批准文件中指出“仅考虑把由征收和国有化产生的有关补偿的争议提交ICSID管辖”，而对于征收和国有化本身则不作为ICSID中心管辖的范围。

与之相应，作为确定ISCID中心投资仲裁管辖的重要依据和基本条件，BITs对于管辖的确定具有非常重要的指向功能。中国目前已经与世界上104个国家、地区签署了双方投资保护协定[①]。但是，长期以来，中国一直是作为资本输入国，因而对国际投资仲裁持非常谨慎的态度。具体表现为，在早期签署的双边投资协定中均为限制性同意仲裁条款，比如，要求投资者在仲裁之前需穷尽当地救济方式，可仲裁的争端范围仅限于征收的数额而非征收的责任本身，要求豁免等。同样，在涉及中国投资者的境外投资争端解决中，中国的投资者也更倾向于事先约定以国际商事仲裁的方式解决相关争议，而不是约定国际投资仲裁。

但是，随着近几年中国加大对外投资的力度和频率，投资争端也越来越受到关注。中国双边投资协定也在不断发展中。比如，从1982年的中国与瑞典BIT到2011年的中国与乌兹别克斯坦BIT，关于什么是投资都采用了以资产为基础的定义方式；而到了2012年9月中国和加拿大BIT，则采用了以企业为基础的定义方式，将企业的直接和间接投资，企业的有形和无形投资以及交钥匙合同等作为投资的范畴。在2000年之前，中国对于可提交仲裁的范围仅限于征收补偿的金额争议，而在2000之后，以中国和德国BIT，中国和荷兰BIT为典型代表，中国签订的BIT开始采取开放态度，取消了关于投资争端的限制性定义束缚，允许将“任何投资争端”提交至ICSID中心解决。

不仅如此，ICSID中心也先后受理了几起涉及中国的投资争端案件，包

---

① 中国商务部统计，截至2016年12月12日。

括平安保险诉比利时、中国香港居民谢业深诉秘鲁政府案、中国澳门世能诉老挝政府、韩国安城公司诉中国、伊佳兰诉中国、北京城建诉也门、德国Hela Schearz BmbH 诉中国等。

随着中国海外投资的扩大和深入，以及对海外资本在中国境内投资的进一步开放，中国 BITs 的发展以及涉及中国的投资仲裁案件的处理，都将给中国投资者进行海外大型基础设施项目投资，以及引进海外投资进行基础设施建设引起的投资争端提供借鉴和指导，中国投资者和外国投资者都将面临新的挑战和机遇，其合法权益也将得到更充分的保障。

附录

有关 PPP 运作的政策红线规定

建设部、国家发展和改革委员会、财政部、中国人民银行关于严禁政府投资项目使用带资承包方式进行建设的通知

（建市〔2006〕6号　2006年1月4日）

各省、自治区、直辖市人民政府：

近年来，一些地方政府和部门要求建筑业企业以带资承包的方式建设新的工程项目；同时也有一些建筑业企业以承诺带资承包作为竞争手段，承揽政府投资项目。上述行为严重干扰了国家对固定资产投资的宏观调控，扰乱了建筑市场秩序，同时由于超概算资金落实难度大，造成了拖欠工程款和农民工工资。为贯彻落实《国务院关于投资体制改革的决定》和《国务院办公厅转发建设部等部门关于进一步解决建设领域拖欠工程款问题意见的通知》精神，加强政府投资项目管理，完善宏观调控，防止政府投资项目超概算，维护建筑市场秩序，防止拖欠工程款和农民工工资，特通知如下：

一、政府投资项目一律不得以建筑业企业带资承包的方式进行建设，不得将建筑业企业带资承包作为招投标条件；严禁将此类内容写入工程承包合同及补充条款，同时要对政府投资项目实行告知性合同备案制度。

政府投资项目是指使用各类政府投资资金，包括预算内资金、各类专项建设基金、国际金融组织和外国政府贷款的国家主权外债资金建设的项目。党政机关（包括党的机关、人大机关、行政机关、政协机关、审判机关、检察机关，以及工会、共青团、妇联等人民团体）及财政拨款的事业单位自筹资金建设的项目，视同政府投资项目适用本通知，采用BOT、BOOT、BOO

方式建设的政府投资项目可不适用本通知。

带资承包是指建设单位未全额支付工程预付款或未按工程进度按月支付工程款（不含合同约定的质量保证金），由建筑业企业垫款施工。

二、各级发展改革、财政、建设等有关部门，要在各自职责范围内加强对政府投资项目的管理，严禁带资承包。

各级发展改革及有关审批部门要把好工程建设项目审核关，不得批准建设资金来源不落实的政府投资项目；各商业银行要据实出具项目开工前的项目资金存款证明；各级财政部门要对工程建设过程中的资金进行监管；各级建设行政主管部门在发放施工许可时要严格审验资金到位情况，对建设资金不落实的，不予发放施工许可证。

三、对于使用带资承包方式建设的政府投资项目，一经发现，有关部门要按照有关法律法规对该建设单位进行查处并依法进行行政处罚；建设等部门应停止办理其报建手续，对该项目不予竣工验收备案；发展改革等有关部门对该单位新建项目给予制约；对于在工程建设过程中抽逃资金的，财政部门要立即停止该项目的资金拨付。

有关部门要建立健全建筑业企业不良信用档案制度，对于违反规定的企业，给予相应处罚。对以带资承包方式承揽政府投资项目的施工总承包企业和以带资承包方式承揽专业分包工程、劳务工程的专业分包企业、劳务分包企业，一经发现，有关部门要按照有关法律法规对该企业依法进行查处。

银行等金融机构应加强对建设项目的授信审查和贷款管理，在借款合同中明确约定不得利用银行贷款带资承包政府投资项目。对违反约定的，应限期追回银行信贷资金，并通过人民银行信贷登记咨询系统向其他银行通报，各银行不得再对该企业提供信贷支持。对于违反本通知规定的银行，金融监管部门应予以处罚。

四、各地区、各部门及各有关单位要严格政府投资项目管理，有关部门要加强对政府投资项目的监督检查。对违反本通知有关规定，把关不严，造成工作失误的，视情节轻重追究直接责任人和主要领导的责任。

五、各有关部门要在职责范围内对政府投资项目是否使用带资承包进行建设情况进行稽察。任何单位或个人对违反本通知规定使用带资承包方式进行建设的政府投资项目，以及该项目的主管部门和承建该项目的建筑业企业，都有权向建设部门、发展改革部门和财政部门予以举报。

本通知自下发之日起实行。原建建〔1996〕347号《关于严格禁止在工程建设中带资承包的通知》同时废止。

国务院关于加强地方政府性债务管理的意见

（国发〔2014〕43号 2014年9月21日）

各省、自治区、直辖市人民政府，国务院各部委、各直属机构：

为加强地方政府性债务管理，促进国民经济持续健康发展，根据党的十八大、十八届三中全会精神，现提出以下意见：

一、总体要求

（一）指导思想。以邓小平理论、"三个代表"重要思想、科学发展观为指导，全面贯彻落实党的十八大、十八届三中全会精神，按照党中央、国务院决策部署，建立"借、用、还"相统一的地方政府性债务管理机制，有效发挥地方政府规范举债的积极作用，切实防范化解财政金融风险，促进国民经济持续健康发展。

（二）基本原则。

疏堵结合。修明渠、堵暗道，赋予地方政府依法适度举债融资权限，加快建立规范的地方政府举债融资机制。同时，坚决制止地方政府违法违规举债。

分清责任。明确政府和企业的责任，政府债务不得通过企业举借，企业债务不得推给政府偿还，切实做到谁借谁还、风险自担。政府与社会资本合作的，按约定规则依法承担相关责任。

规范管理。对地方政府债务实行规模控制，严格限定政府举债程序和资金用途，把地方政府债务分门别类纳入全口径预算管理，实现"借、用、还"相统一。

防范风险。牢牢守住不发生区域性和系统性风险的底线，切实防范和化解财政金融风险。

稳步推进。加强债务管理，既要积极推进，又要谨慎稳健。在规范管理的同时，要妥善处理存量债务，确保在建项目有序推进。

二、加快建立规范的地方政府举债融资机制

（一）赋予地方政府依法适度举债权限。经国务院批准，省、自治区、直辖市政府可以适度举借债务，市县级政府确需举借债务的由省、自治区、直辖市政府代为举借。明确划清政府与企业界限，政府债务只能通过政府及其部门举借，不得通过企事业单位等举借。

（二）建立规范的地方政府举债融资机制。地方政府举债采取政府债券方式。没有收益的公益性事业发展确需政府举借一般债务的，由地方政府发行一般债券融资，主要以一般公共预算收入偿还。有一定收益的公益性事业发展确需政府举借专项债务的，由地方政府通过发行专项债券融资，以对应的政府性基金或专项收入偿还。

（三）推广使用政府与社会资本合作模式。鼓励社会资本通过特许经营等方式，参与城市基础设施等有一定收益的公益性事业投资和运营。政府通过特许经营权、合理定价、财政补贴等事先公开的收益约定规则，使投资者有长期稳定收益。投资者按照市场化原则出资，按约定规则独自或与政府共同成立特别目的公司建设和运营合作项目。投资者或特别目的公司可以通过银行贷款、企业债、项目收益债券、资产证券化等市场化方式举债并承担偿债责任。政府对投资者或特别目的公司按约定规则依法承担特许经营权、合理定价、财政补贴等相关责任，不承担投资者或特别目的公司的偿债责任。

（四）加强政府或有债务监管。剥离融资平台公司政府融资职能，融资平台公司不得新增政府债务。地方政府新发生或有债务，要严格限定在依法担保的范围内，并根据担保合同依法承担相关责任。地方政府要加强对或有债务的统计分析和风险防控，做好相关监管工作。

三、对地方政府债务实行规模控制和预算管理

（一）对地方政府债务实行规模控制。地方政府债务规模实行限额管理，地方政府举债不得突破批准的限额。地方政府一般债务和专项债务规模纳入限额管理，由国务院确定并报全国人大或其常委会批准，分地区限额由财政部在全国人大或其常委会批准的地方政府债务规模内根据各地区债务风险、财力状况等因素测算并报国务院批准。

（二）严格限定地方政府举债程序和资金用途。地方政府在国务院批准的分地区限额内举借债务，必须报本级人大或其常委会批准。地方政府不得通过企事业单位等举借债务。地方政府举借债务要遵循市场化原则。建立地方政府信用评级制度，逐步完善地方政府债券市场。地方政府举借的债务，只能用于公益性资本支出和适度归还存量债务，不得用于经常性支出。

（三）把地方政府债务分门别类纳入全口径预算管理。地方政府要将一般债务收支纳入一般公共预算管理，将专项债务收支纳入政府性基金预算管理，将政府与社会资本合作项目中的财政补贴等支出按性质纳入相应政府预算管理。地方政府各部门、各单位要将债务收支纳入部门和单位预算管理。或有债务确需地方政府或其部门、单位依法承担偿债责任的，偿债资金要纳入相应预算管理。

四、控制和化解地方政府性债务风险

（一）建立地方政府性债务风险预警机制。财政部根据各地区一般债务、专项债务或有债务等情况，测算债务率、新增债务率、偿债率、逾期债务率等指标，评估各地区债务风险状况，对债务高风险地区进行风险预警。列入风险预警范围的债务高风险地区，要积极采取措施，逐步降低风险。债务风险相对较低的地区，要合理控制债务余额的规模和增长速度。

（二）建立债务风险应急处置机制。要硬化预算约束，防范道德风险，地方政府对其举借的债务负有偿还责任，中央政府实行不救助原则。各级政府要制定应急处置预案，建立责任追究机制。地方政府出现偿债困难时，要通过控制项目规模、压缩公用经费、处置存量资产等方式，多渠道筹集资金偿还债务。地方政府难以自行偿还债务时，要及时上报，本级和上级政府要启动债务风险应急处置预案和责任追究机制，切实化解债务风险，并追究相关人员责任。

（三）严肃财经纪律。建立对违法违规融资和违规使用政府性债务资金的惩罚机制，加大对地方政府性债务管理的监督检查力度。地方政府及其所属部门不得在预算之外违法违规举借债务，不得以支持公益性事业发展名义举借债务用于经常性支出或楼堂馆所建设，不得挪用债务资金或改变既定资金用途；对企业的注资、财政补贴等行为必须依法合规，不得违法为任何单位和个人的债务以任何方式提供担保；不得违规干预金融机构等正常经营活动，不得强制金融机构等提供政府性融资。地方政府要进一步规范土地出让管理，坚决制止违法违规出让土地及融资行为。

五、完善配套制度

（一）完善债务报告和公开制度。完善地方政府性债务统计报告制度，加快建立权责发生制的政府综合财务报告制度，全面反映政府的资产负债情况。对于中央出台的重大政策措施如棚户区改造等形成的政府性债务，应当单独统计、单独核算、单独检查、单独考核。建立地方政府性债务公开制度，加强政府信用体系建设。各地区要定期向社会公开政府性债务及其项目建设情况，自觉接受社会监督。

（二）建立考核问责机制。把政府性债务作为一个硬指标纳入政绩考核。明确责任落实，各省、自治区、直辖市政府要对本地区地方政府性债务负责任。强化教育和考核，纠正不正确的政绩导向。对脱离实际过度举债、违法违规举债或担保、违规使用债务资金、恶意逃废债务等行为，要追究相关责任人责任。

（三）强化债权人约束。金融机构等不得违法违规向地方政府提供融资，不得要求地方政府违法违规提供担保。金融机构等购买地方政府债券要符合监管规定，向属于政府或有债务举借主体的企业法人等提供融资要严格规范信贷管理，切实加强风险识别和风险管理。金融机构等违法违规提供政府性融资的，应自行承担相应损失，并按照商业银行法、银行业监督管理法等法律法规追究相关机构和人员的责任。

六、妥善处理存量债务和在建项目后续融资

（一）抓紧将存量债务纳入预算管理。以 2013 年政府性债务审计结果为基础，结合审计后债务增减变化情况，经债权人与债务人共同协商确认，对地方政府性债务存量进行甄别。对地方政府及其部门举借的债务，相应纳入一般债务和专项债务。对企事业单位举借的债务，凡属于政府应当偿还的债务，相应纳入一般债务和专项债务。地方政府将甄别后的政府存量债务逐级汇总上报国务院批准后，分类纳入预算管理。纳入预算管理的债务原有债权债务关系不变，偿债资金要按照预算管理要求规范管理。

（二）积极降低存量债务利息负担。对甄别后纳入预算管理的地方政府存量债务，各地区可申请发行地方政府债券置换，以降低利息负担，优化期限结构，腾出更多资金用于重点项目建设。

（三）妥善偿还存量债务。处置到期存量债务要遵循市场规则，减少行政干预。对项目自身运营收入能够按时还本付息的债务，应继续通过项目收入偿还。对项目自身运营收入不足以还本付息的债务，可以通过依法注入优质资产、加强经营管理、加大改革力度等措施，提高项目盈利能力，增强偿债能力。地方政府应指导和督促有关债务举借单位加强财务管理、拓宽偿债资金渠道、统筹安排偿债资金。对确需地方政府偿还的债务，地方政府要切实履行偿债责任，必要时可以处置政府资产偿还债务。对确需地方政府履行担保或救助责任的债务，地方政府要切实依法履行协议约定，作出妥善安排。有关债务举借单位和连带责任人要按照协议认真落实偿债责任，明确偿债时限，按时还本付息，不得单方面改变原有债权债务关系，不得转嫁偿债责任和逃废债务。对确已形成损失的存量债务，债权人应按照商业化原则承担相应责任和损失。

（四）确保在建项目后续融资。地方政府要统筹各类资金，优先保障在建项目续建和收尾。对使用债务资金的在建项目，原贷款银行等要重新进行审核，凡符合国家有关规定的项目，要继续按协议提供贷款，推进项目建设；对在建项目确实没有其他建设资金来源的，应主要通过政府与社会资本合作模式和地方政府债券解决后续融资。

七、加强组织领导

各地区、各部门要高度重视，把思想和行动统一到党中央、国务院决策部署上来。地方政府要切实担负起加强地方政府性债务管理、防范化解财政金融风险的责任，结合实际制定具体方案，政府主要负责人要作为第一责任人，认真抓好政策落实。要建立地方政府性债务协调机制，统筹加强地方政府性债务管理。财政部门作为地方政府性债务归口管理部门，要完善债务管理制度，充实债务管理力量，做好债务规模控制、债券发行、预算管理、统计分析和风险监控等工作；发展改革部门要加强政府投资计划管理和项目审批，从严审批债务风险较高地区的新开工项目；金融监管部门要加强监管、正确引导，制止金融机构等违法违规提供融资；审计部门要依法加强对地方政府性债务的审计监督，促进完善债务管理制度，防范风险，规范管理，提高资金使用效益。各地区、各部门要切实履行职责，加强协调配合，全面做好加强地方政府性债务管理各项工作，确保政策贯彻落实到位。

财政部、发展改革委、司法部、人民银行、银监会、证监会关于进一步规范地方政府举债融资行为的通知

（财预〔2017〕50 号　2017 年 4 月 26 日）

各省、自治区、直辖市、计划单列市财政厅（局）、发展改革委、司法厅（局），中国人民银行上海总部、各分行、营业管理部、省会（首府）城市中心支行、副省级城市中心支行，各银监局、证监局：

2014 年修订的预算法和《国务院关于加强地方政府性债务管理的意见》（国发〔2014〕43 号）实施以来，地方各级政府加快建立规范的举债融资机制，积极发挥政府规范举债对经济社会发展的支持作用，防范化解财政金融风险，取得了阶段性成效。但个别地区违法违规举债担保时有发生，局部风险不容忽视。为贯彻落实党中央、国务院决策部署，牢牢守住不发生区域性系统性风险的底线，现就进一步规范地方政府举债融资行为有关事项通知如下：

一、全面组织开展地方政府融资担保清理整改工作

各省级政府要认真落实国务院办公厅印发的《地方政府性债务风险应急处置预案》（国办函〔2016〕88 号）要求，抓紧设立政府性债务管理领导小组，指导督促本级各部门和市县政府进一步完善风险防范机制，结合 2016 年开展的融资平台公司债务等统计情况，尽快组织一次地方政府及其部门融资担保行为摸底排查，督促相关部门、市县政府加强与社会资本方的平等协商，依法完善合同条款，分类妥善处置，全面改正地方政府不规范的融资担保行为。上述工作应当于 2017 年 7 月 31 日前清理整改到位，对逾期不改正或改正不到位的相关部门、市县政府，省级政府性债务管理领导小组应当提请省级政府依法依规追究相关责任人的责任。财政部驻各地财政监察专员办事处

要密切跟踪地方工作进展，发现问题及时报告。

二、切实加强融资平台公司融资管理

加快政府职能转变，处理好政府和市场的关系，进一步规范融资平台公司融资行为管理，推动融资平台公司尽快转型为市场化运营的国有企业、依法合规开展市场化融资，地方政府及其所属部门不得干预融资平台公司日常运营和市场化融资。地方政府不得将公益性资产、储备土地注入融资平台公司，不得承诺将储备土地预期出让收入作为融资平台公司偿债资金来源，不得利用政府性资源干预金融机构正常经营行为。金融机构应当依法合规支持融资平台公司市场化融资，服务实体经济发展。进一步健全信息披露机制，融资平台公司在境内外举债融资时，应当向债权人主动书面声明不承担政府融资职能，并明确自2015年1月1日起其新增债务依法不属于地方政府债务。金融机构应当严格规范融资管理，切实加强风险识别和防范，落实企业举债准入条件，按商业化原则履行相关程序，审慎评估举债人财务能力和还款来源。金融机构为融资平台公司等企业提供融资时，不得要求或接受地方政府及其所属部门以担保函、承诺函、安慰函等任何形式提供担保。对地方政府违法违规举债担保形成的债务，按照《国务院办公厅关于印发地方政府性债务风险应急处置预案的通知》（国办函〔2016〕88号）、《财政部关于印发〈地方政府性债务风险分类处置指南〉的通知》（财预〔2016〕152号）依法妥善处理。

三、规范政府与社会资本方的合作行为

地方政府应当规范政府和社会资本合作（PPP）。允许地方政府以单独出资或与社会资本共同出资方式设立各类投资基金，依法实行规范的市场化运作，按照利益共享、风险共担的原则，引导社会资本投资经济社会发展的重点领域和薄弱环节，政府可适当让利。地方政府不得以借贷资金出资设立各类投资基金，严禁地方政府利用PPP、政府出资的各类投资基金等方式违法违规变相举债，除国务院另有规定外，地方政府及其所属部门参与PPP项目、设立政府出资的各类投资基金时，不得以任何方式承诺回购社会资本方的投资本金，不得以任何方式承担社会资本方的投资本金损失，不得以任何方式向社会资本方承诺最低收益，不得对有限合伙制基金等任何股权投资方式额外附加条款变相举债。

四、进一步健全规范的地方政府举债融资机制

全面贯彻落实依法治国战略，严格执行预算法和国发〔2014〕43号文件规定，健全规范的地方政府举债融资机制，地方政府举债一律采取在国务院批准的限额内发行地方政府债券方式，除此以外地方政府及其所属部门不得以任何方式举借债务。地方政府及其所属部门不得以文件、会议纪要、领导批示等任何形式，要求或决定企业为政府举债或变相为政府举债。允许地方政府结合财力可能设立或参股担保公司（含各类融资担保基金公司），构建市场化运作的融资担保体系，鼓励政府出资的担保公司依法依规提供融资担保服务，地方政府依法在出资范围内对担保公司承担责任。除外国政府和国际经济组织贷款转贷外，地方政府及其所属部门不得为任何单位和个人的债务以任何方式提供担保，不得承诺为其他任何单位和个人的融资承担偿债责任。地方政府应当科学制定债券发行计划，根据实际需求合理控制节奏和规模，提高债券透明度和资金使用效益，建立信息共享机制。

五、建立跨部门联合监测和防控机制

完善统计监测机制，由财政部门会同发展改革、人民银行、银监、证监等部门建设大数据监测平台，统计监测政府中长期支出事项以及融资平台公司举借或发行的银行贷款、资产管理产品、企业债券、公司债券、非金融企业债务融资工具等情况，加强部门信息共享和数据校验，定期通报监测结果。开展跨部门联合监管，建立财政、发展改革、司法行政机关、人民银行、银监、证监等部门以及注册会计师协会、资产评估协会、律师协会等行业自律组织参加的监管机制，对地方政府及其所属部门、融资平台公司、金融机构、中介机构、法律服务机构等的违法违规行为加强跨部门联合惩戒，形成监管合力。对地方政府及其所属部门违法违规举债或担保的，依法依规追究负有直接责任的主管人员和其他直接责任人员的责任；对融资平台公司从事或参与违法违规融资活动的，依法依规追究企业及其相关负责人责任；对金融机构违法违规向地方政府提供融资、要求或接受地方政府提供担保承诺的，依法依规追究金融机构及其相关负责人和授信审批人员责任；对中介机构、法律服务机构违法违规为融资平台公司出具审计报告、资产评估报告、信用评级报告、法律意见书等的，依法依规追究中介机构、法律服务机构及相关从业人员的责任。

六、大力推进信息公开

地方各级政府要贯彻落实中共中央办公厅、国务院办公厅《关于全面推进政务公开工作的意见》等规定和要求，全面推进地方政府及其所属部门举债融资行为的决策、执行、管理、结果等公开，严格公开责任追究，回应社会关切，主动接受社会监督。继续完善地方政府债务信息公开制度，县级以上地方各级政府应当重点公开本地区政府债务限额和余额，以及本级政府债务的规模、种类、利率、期限、还本付息、用途等内容。省级财政部门应当参考国债发行做法，提前公布地方政府债务发行计划。推进政府购买服务公开，地方政府及其所属部门应当重点公开政府购买服务决策主体、购买主体、承接主体、服务内容、合同资金规模、分年财政资金安排、合同期限、绩效评价等内容。推进政府和社会资本合作（PPP）项目信息公开，地方政府及其所属部门应当重点公开政府和社会资本合作（PPP）项目决策主体、政府方和社会资本方信息、合作项目内容和财政承受能力论证、社会资本方采购信息、项目回报机制、合同期限、绩效评价等内容。推进融资平台公司名录公开。

各地区要充分认识规范地方政府举债融资行为的重要性，把防范风险放在更加重要的位置，省级政府性债务管理领导小组要切实担负起地方政府债务管理责任，进一步健全制度和机制，自觉维护总体国家安全，牢牢守住不发生区域性系统性风险的底线。各省（自治区、直辖市、计划单列市）政府性债务管理领导小组办公室应当汇总本地区举债融资行为清理整改工作情况，报省级政府同意后，于2017年8月31日前反馈财政部，抄送发展改革委、人民银行、银监会、证监会。

特此通知。

财政部关于坚决制止地方以政府购买服务名义违法违规融资的通知

（财预〔2017〕87号　2017年5月28日）

各省、自治区、直辖市、计划单列市财政厅（局）：

《国务院办公厅关于政府向社会力量购买服务的指导意见》（国办发〔2013〕96号）印发后，各地稳步推进政府购买服务工作，取得了良好成效。同时，一些地区存在违法违规扩大政府购买服务范围、超越管理权限延长购买服务期限等问题，加剧了财政金融风险。根据《中华人民共和国预算法》、《中华人民共和国政府采购法》、《国务院关于实行中期财政规划管理的意见》（国发〔2015〕3号）、国办发〔2013〕96号文件等规定，为规范政府购买服务管理，制止地方政府违法违规举债融资行为，防范化解财政金融风险，现就有关事项通知如下：

一、坚持政府购买服务改革正确方向。推广政府购买服务是党的十八届三中全会决定明确的一项重要改革任务，有利于加快转变政府职能、改善公共服务供给、推进财政支出方式改革。政府购买服务所需资金应当在年度预算和中期财政规划中据实足额安排。实施政府购买服务改革，要坚持费随事转，注重与事业单位改革、行业协会商会与行政主管部门脱钩转制改革、支持社会组织培育发展等政策相衔接，带动和促进政事分开、政社分开。地方政府及其所属部门要始终准确把握并牢固坚持政府购买服务改革的正确方向，依法依规、积极稳妥地加以推进。

二、严格按照规定范围实施政府购买服务。政府购买服务内容应当严格限制在属于政府职责范围、适合采取市场化方式提供、社会力量能够承担的服务事项，重点是有预算安排的基本公共服务项目。科学制定并适时完善分级分部门政府购买服务指导性目录，增强指导性目录的约束力。对暂时未纳入指导性目录又确需购买的服务事项，应当报财政部门审核备案后调整实施。

严格按照《中华人民共和国政府采购法》确定的服务范围实施政府购买服务，不得将原材料、燃料、设备、产品等货物，以及建筑物和构筑物的新建、改建、扩建及其相关的装修、拆除、修缮等建设工程作为政府购买服务项目。严禁将铁路、公路、机场、通讯、水电煤气，以及教育、科技、医疗卫生、文化、体育等领域的基础设施建设，储备土地前期开发，农田水利等建设工程作为政府购买服务项目。严禁将建设工程与服务打包作为政府购买服务项目。严禁将金融机构、融资租赁公司等非金融机构提供的融资行为纳入政府购买服务范围。政府建设工程项目确需使用财政资金，应当依照《中华人民共和国政府采购法》及其实施条例、《中华人民共和国招标投标法》规范实施。

三、严格规范政府购买服务预算管理。政府购买服务要坚持先有预算、后购买服务，所需资金应当在既有年度预算中统筹考虑，不得把政府购买服务作为增加预算单位财政支出的依据。地方各级财政部门应当充分考虑实际财力水平，妥善做好政府购买服务支出与年度预算、中期财政规划的衔接，足额安排资金，保障服务承接主体合法权益。年度预算未安排资金的，不得实施政府购买服务。购买主体应当按照批准的预算执行，从部门预算经费或经批准的专项资金等既有年度预算中统筹安排购买服务资金。购买主体签订购买服务合同，应当确认涉及的财政支出已在年度预算和中期财政规划中安排。政府购买服务期限应严格限定在年度预算和中期财政规划期限内。党中央、国务院统一部署的棚户区改造、易地扶贫搬迁工作中涉及的政府购买服务事项，按照相关规定执行。

四、严禁利用或虚构政府购买服务合同违法违规融资。金融机构涉及政府购买服务的融资审查，必须符合政府预算管理制度相关要求，做到依法合规。承接主体利用政府购买服务合同向金融机构融资时，应当配合金融机构做好合规性管理，相关合同在购买内容和期限等方面必须符合政府购买服务有关法律和制度规定。地方政府及其部门不得利用或虚构政府购买服务合同为建设工程变相举债，不得通过政府购买服务向金融机构、融资租赁公司等非金融机构进行融资，不得以任何方式虚构或超越权限签订应付（收）账款合同帮助融资平台公司等企业融资。

五、切实做好政府购买服务信息公开。各地应当将年度预算中政府购买服务总金额、纳入中期财政规划的政府购买服务总金额以及政府购买服务项目有关预算信息，按规定及时向社会公开，提高预算透明度。购买主体应当依法在中国政府采购网及其地方分网及时公开政府购买服务项目相关信息，包括政府购买服务内容、购买方式、承接主体、合同金额、分年财政资金安排、合同期限、绩效评价等，确保政府购买服务项目信息真实准确，可查询、可追溯。坚决防止借政府购买服务名义进行利益输送等违法违规行为。

各省级财政部门要充分认识规范政府购买服务管理、防范财政金融风险的重要性，统一思想，加强领导，周密部署，报经省级政府批准后，会同相关部门组织全面摸底排查本地区政府购买服务情况，发现违法违规问题的，督促相关地区和单位限期依法依规整改到位，并将排查和整改结果于2017年10月底前报送财政部。

特此通知。

财政部关于规范政府和社会资本合作（PPP）综合信息平台项目库管理的通知

（财办金〔2017〕92号　2017年11月10日）

各省、自治区、直辖市、计划单列市财政厅（局），新疆生产建设兵团财务局：

为深入贯彻落实全国金融工作会议精神，进一步规范政府和社会资本合作（PPP）项目运作，防止PPP异化为新的融资平台，坚决遏制隐性债务风险增量，现将规范全国PPP综合信息平台项目库（以下简称“项目库”）管理有关事项通知如下：

一、总体要求

（一）统一认识。各级财政部门要深刻认识当前规范项目库管理的重要意义，及时纠正PPP泛化滥用现象，进一步推进PPP规范发展，着力推动PPP回归公共服务创新供给机制的本源，促进实现公共服务提质增效目标，夯实PPP可持续发展的基础。

（二）分类施策。各级财政部门应按项目所处阶段将项目库分为项目储备清单和项目管理库，将处于识别阶段的项目，纳入项目储备清单，重点进行项目孵化和推介；将处于准备、采购、执行、移交阶段的项目，纳入项目管理库，按照PPP相关法律法规和制度要求，实施全生命周期管理，确保规范运作。

（三）严格管理。各级财政部门应严格项目管理库入库标准和管理要求，建立健全专人负责、持续跟踪、动态调整的常态化管理机制，及时将条件不符合、操作不规范、信息不完善的项目清理出库，不断提高项目管理库信息质量和管理水平。

二、严格新项目入库标准

各级财政部门应认真落实相关法律法规及政策要求，对新申请纳入项目管理库的项目进行严格把关，优先支持存量项目，审慎开展政府付费类项目，确保入库项目质量。存在下列情形之一的项目，不得入库：

（一）不适宜采用 PPP 模式实施。包括不属于公共服务领域，政府不负有提供义务的，如商业地产开发、招商引资项目等；因涉及国家安全或重大公共利益等，不适宜由社会资本承担的；仅涉及工程建设，无运营内容的；其他不适宜采用 PPP 模式实施的情形。

（二）前期准备工作不到位。包括新建、改扩建项目未按规定履行相关立项审批手续的；涉及国有资产权益转移的存量项目未按规定履行相关国有资产审批、评估手续的；未通过物有所值评价和财政承受能力论证的。

（三）未建立按效付费机制。包括通过政府付费或可行性缺口补助方式获得回报，但未建立与项目产出绩效相挂钩的付费机制的；政府付费或可行性缺口补助在项目合作期内未连续、平滑支付，导致某一时期内财政支出压力激增的；项目建设成本不参与绩效考核，或实际与绩效考核结果挂钩部分占比不足 30%，固化政府支出责任的。

三、集中清理已入库项目

各级财政部门应组织开展项目管理库入库项目集中清理工作，全面核实项目信息及实施方案、物有所值评价报告、财政承受能力论证报告、采购文件、PPP 项目合同等重要文件资料。属于上述第（一）、（二）项不得入库情形或存在下列情形之一的项目，应予以清退：

（一）未按规定开展“两个论证”。包括已进入采购阶段但未开展物有所值评价或财政承受能力论证的（2015 年 4 月 7 日前进入采购阶段但未开展财政承受能力论证以及 2015 年 12 月 18 日前进入采购阶段但未开展物有所值评价的项目除外）；虽已开展物有所值评价和财政承受能力论证，但评价方法和程序不符合规定的。

（二）不宜继续采用 PPP 模式实施。包括入库之日起一年内无任何实质性进展的；尚未进入采购阶段但所属本级政府当前及以后年度财政承受能力已超过 10% 上限的；项目发起人或实施机构已书面确认不再采用 PPP 模式实施的。

（三）不符合规范运作要求。包括未按规定转型的融资平台公司作为社会资本方的；采用建设—移交（BT）方式实施的；采购文件中设置歧视性条款、影响社会资本平等参与的；未按合同约定落实项目债权融资的；违反相关法律和政策规定，未按时足额缴纳项目资本金、以债务性资金充当资本金或由第三方代持社会资本方股份的。

（四）构成违法违规举债担保。包括由政府或政府指定机构回购社会资本投资本金或兜底本金损失的；政府向社会资本承诺固定收益回报的；政府及其部门为项目债务提供任何形式担保的；存在其他违法违规举债担保行为的。

（五）未按规定进行信息公开。包括违反国家有关法律法规，所公开信息与党的路线方针政策不一致或涉及国家秘密、商业秘密、个人隐私和知识产权，可能危及国家安全、公共安全、经济安全和社会稳定或损害公民、法人或其他组织合法权益的；未准确完整填写项目信息，入库之日起一年内未更新任何信息，或未及时充分披露项目实施方案、物有所值评价、财政承受能力论证、政府采购等关键信息的。

四、组织实施

（一）落实责任主体。各省级财政部门要切实履行项目库管理主体责任，统一部署辖内市、区、县财政部门开展集中清理工作。财政部政府和社会资本合作中心（以下称“财政部 PPP 中心”）负责开展财政部 PPP 示范项目的核查清理工作，并对各地项目管理库清理工作进行业务指导。

（二）健全工作机制。各省级财政部门应成立集中清理专项工作组，制定工作方案，明确任务分工、工作要求和时间进度，落实专人负责，并可邀请专家参与。地方各级财政部门应当会同有关方面加强政策宣传和舆论引导，重要情况及时向财政部报告。

（三）明确完成时限。各省级财政部门应于 2018 年 3 月 31 日前完成本地区项目管理库集中清理工作，并将清理工作完成情况报财政部金融司备案。

（四）确保整改到位。对于逾期未完成清理工作的地区，由财政部 PPP 中心指导并督促其于 30 日内完成整改。逾期未完成整改或整改不到位的，将暂停该地区新项目入库直至整改完成。

国务院国有资产监督管理委员会关于加强中央企业PPP业务风险管控的通知

（国资发财管〔2017〕192号　2017年11月17日）

各中央企业：

PPP（政府与社会资本合作）模式是我国基础设施和公共服务供给机制的重大创新，对于推进供给侧结构性改革、创新投融资机制、提升公共服务的供给质量和效率具有重要意义。近年来，中央企业主动适应改革要求，努力拓展市场，积极探索开展PPP业务，在推动自身业务快速发展的同时，有力支持了地方经济发展，取得了良好成效。为贯彻新发展理念，提高中央企业境内PPP业务经营管理水平，有效防范经营风险，实现规范有序可持续发展，现将有关工作要求通知如下：

一、坚持战略引领，强化集团管控。

各中央企业要紧密围绕企业发展战略和规划，建立健全本企业PPP业务管控体系，稳妥开展PPP业务。一是加强战略引领。立足企业功能界定与分类定位，结合企业战略和发展方向，充分考虑企业财务资源和业务能力，规划本企业PPP业务发展。PPP业务较为集中的企业应编制PPP业务专项规划，优化PPP业务布局和结构。二是完善全过程管控体系。建立健全PPP项目管理制度，从预算约束、事前可研决策、事中项目实施管理、事后投资评价等方面细化管控流程，构建权责明晰的管理机制，加强企业投资、财务、法务、审计等部门的协同配合，形成管控合力。三是加强集团管控。明确集团对PPP业务管控的主体责任和各级子企业的具体管理责任，由集团总部（含整体上市的上市公司总部）负责统一审批PPP业务。四是依法依规操作。加强投标管理及合同谈判，严格执行合规审查程序，切实防范PPP业务中的违法违规风险，妥善处理并及时报备重大法律纠纷集件。

二、严格准入条件，提高项目质量。

各中央企业要将源头管控作为加强 PPP 业务管理的重中之重，细化 PPP 项目选择标准，优中选优，规范有序参与市场竞争，有效应对项目占用资金规模大、回报周期长带来的潜在风险。一是聚焦主业。根据项目投资、建设、运营等环节特征准确界定集团主业投资领域，认真筛选符合集团发展方向、具备竞争优势的项目。将 PPP 项目纳入企业年度投资计划管理，严控非主业领域 PPP 项目投资。二是坚持“事前算赢”原则，在项目决策前充分开展可行性分析，参考本企业平均投资回报水平合理设定 PPP 投资财务管控指标，投资回报率原则上不应低于本企业相同或相近期限债务融资成本，严禁开展不具备经济性的项目，严厉杜绝盲目决策，坚决遏制短期行为。三是认真评估 PPP 项目中合作各方的履约能力。在通过财政承受能力论证的项目中，优先选择发展改革、财政等部门入库项目，不得参与付费来源缺乏保障的项目。

三、严格规模控制，防止推高债务风险。

各中央企业要高度关注业务对企业财务结构平衡的影响，综合分析本企业长期盈利能力、偿债能力、现金流量和资产负债状况等，量力而行，对 PPP 业务实行总量管控，从严设定 PPP 业务规模上限，防止过度推高杠杆水平。一是纳入中央企业债务风险管控范围的企业集团，累计对 PPP 项目的净投资（直接或间接投入的股权和债权资金、由企业提供担保或增信的其他资金之和，减去企业通过分红、转让等收回的资金）原则上不得超过上一年度集团合并净资产的 50%，不得因开展 PPP 业务推高资产负债率。二是集团要做好内部风险隔离，明确相关子企业 PPP 业务规模上限；资产负债率高于 85% 或近 2 年连续亏损的子企业不得单独投资 PPP 项目。三是集团应加强对非投资金融类子企业的管控，严格执行国家有关监管政策，不得参与仅为项目提供融资、不参与建设或运营的项目。

四、优化合作安排，实现风险共担。

各中央企业在 PPP 项目中应充分发挥项目各合作方在融资、建设、运营等方面的比较优势，合理确定股权比例、融资比例，努力降低综合融资成本，切实做好项目运营合作安排，实现合作共赢。一是落实股权投资资金来源。各企业要严格遵守国家重大项目资本金制度，合理控制杠杆比例，做好拟开展 PPP 项目的自有资金安排，根据项目需要积报引入优势互补、协同度高的其他非金融投资方，吸引各类股权类受托管理资金、保险资金、基本养老保险基金等参与投资，多措并举加大项目资本金投入，但不得通过引入“名股实债”类股权资金或购买劣后级份额等方式承担本应由其他方承担的风险。二是优化债权资金安排。积极与各类金融机构建立 PPP 业务合作关系，争取长期低成本资金支持，匹配好债务融资与项目生命周期。三是规范融资增信。在 PPP 项目股权合作中，不得为其他方股权出资提供担保、承诺收益等；项目债务融资需要增信的，原则上应由项目自身权益、资产或股权投资担保，确需股东担保的应由各方股东接照出资比例共同担保。四是做好运营安排，探索多元化的项目回报机制。结合企业发展需要，不断提高 PPP 项目专业化运营管理能力，对于尚不具备专业化运营管理能力的项目，通过合资合作、引入专业化管理机构等措施，确保项目安全高效运管。五是积极盘活存量投资，完善退出机制。根据自身和项目需要，持续优化资金安排，积极通过出让项目股份、增资扩股、上市融资、资产证券化等多渠道盘活资产、收回资金，实现 PPP 业务资金平衡和良性循环。

五、规范会计核算，准确反映 PPP 业务状况。

各中央企业应当根据《企业会计准则》相关规定规范 PPP 业务会计核算。一是规范界定合并范围。根据股权出资比例、合作方投资性质、与合作方关联关系（如合营、担保、提供劣后级出资等），对项目融资、建设和运营的参与程度，风险回报分担机制，合作协议或章程约定等，按照“实质重于形式”原则综合判断对 PPP 项目的控制程度，规范界定合并范围；对确属无控制权的 PPP 项目，应当建立单独台账，动态监控项目的经营和风险状况，严防表外业务风险。二是足额计提资产减值准备。定期对 PPP 项目长期股权投资、取得的收费权、股东借款等资产进行减值测试，重点关注实际运营情况与项目可研预期差距较大、合作方付款逾期等减值迹象，及时足额计提减值准备，防范资产价值不实。三是规范核算项目收益。同时参与 PPP 项目投资、建设或运营的企业，应当合理划分和规范核算各阶段收益。

六、严肃责任追究，防范违规经营投资行为。

各中央企业要切实承担起对PPP业务管控的主体责任，加强对全集团PPP业务的审计与监督检查，不断提高PPP业务投资经营管理水平。要对PPP业务经营投资责任实施规范化、科学化、全周期管理，完善决策事项履职记录。对违反本通知要求，未履行或未正确履行投资管理职责造成国有资产损失以及其他严重不良后果的各级经营管理人员，要严肃追究责任，同时对PPP业务重大决策实施终身责任追究制度。

各中央企业要对照本通知要求，全面梳理已签约PPP项目，根据发现的风险和问题，及时完善制度，加强管控，提出应对措施。对存在瑕疵的项目，要积极与合作方协商完善；对不具备经济性或存在其他重大问题的项目，要逐一制定处置方案，风险化解前，该停坚决停止，未开工项目不得开工。

财政部关于规范金融企业对地方政府和国有企业投融资行为有关问题的通知

（财金〔2018〕23号　2018年3月28日）

各国有金融企业：

金融企业是支持地方经济社会发展的重要力量。当前，金融企业运营总体平稳良好，但在服务地方发展、支持地方基础设施和公共服务领域建设中仍然存在过于依靠政府信用背书，捆绑地方政府、捆绑国有企业、堆积地方债务风险等问题，加剧了财政金融风险隐患。为全面贯彻党的十九大精神，落实全国金融工作会议部署和要求，坚决打好防范化解重大风险攻坚战，促进金融企业稳健运行，进一步督促金融企业加强风险管控和财务管理，严格执行国有金融资本管理制度，现就有关事项通知如下：

一、【总体要求】国有金融企业应严格落实《预算法》和《国务院关于加强地方政府性债务管理的意见》（国发〔2014〕43号）等要求，除购买地方政府债券外，不得直接或通过地方国有企事业单位等间接渠道为地方政府及其部门提供任何形式的融资，不得违规新增地方政府融资平台公司贷款。不得要求地方政府违法违规提供担保或承担偿债责任。不得提供债务性资金作为地方建设项目、政府投资基金或政府和社会资本合作（PPP）项目资本金。

二、【资本金审查】国有金融企业向参与地方建设的国有企业（含地方政府融资平台公司）或PPP项目提供融资，应按照“穿透原则”加强资本金审查，确保融资主体的资本金来源合法合规，融资项目满足规定的资本金比例要求。若发现存在以“名股实债”、股东借款、借贷资金等债务性资金和以公益性资产、储备土地等方式违规出资或出资不实的问题，国有金融企业不得向其提供融资。

三、【还款能力评估】国有金融企业参与地方建设融资，应审慎评估融资主体的还款能力和还款来源，确保其自有经营性现金流能够覆盖应还债务本息，不得要求或接受地方政府及其部门以任何方式提供担保、承诺回购投资本金、保本保收益等兜底安排，或以其他方式违规承担偿债责任。项目现金流涉及可行性缺口补助、政府付费、财政补贴等财政资金安排的，国有金融企业应严格核实地方政府履行相关程序的合规性和完备性。严禁国有金融企业向地方政府虚构或超越权限、财力签订的应付（收）账款协议提供融资。

四、【投资基金】国有金融企业与地方政府及其部门合作设立各类投资基金，应严格遵守有关监管规定，不得要求或接受地方政府及其部门作出承诺回购投资本金、保本保收益等兜底安排，不得通过结构化融资安排或采取多层嵌套等方式将投资基金异化为债务融资平台。

五、【资产管理业务】国有金融企业发行银行理财、信托计划、证券期货经营机构资产管理计划、保险基础设施投资计划等资产管理产品参与地方建设项目，应按照"穿透原则"切实加强资金投向管理，全面掌握底层基础资产信息，强化期限匹配，不得以具有滚动发行、集合运作、分离定价特征的资金池产品对接，不得要求或接受地方政府以任何方式提供兜底安排或以其他方式违规承担偿债责任，不得变相为地方政府提供融资。国有金融企业在进行资产管理产品推介时，应充分说明投资风险，不得以地方政府承诺回购、保证最低收益等隐含无风险条件，作为营销手段。

六、【政策性开发性金融】政策性、开发性金融机构服务国家重大战略、支持经济社会薄弱环节时，应严格遵守国家法律和相关规定，严格按照市场化原则审慎合规授信，严格按照项目实际而不是政府信用提供融资，严格遵守业务范围划分规定。严禁为地方政府和国有企业提供各类违规融资，不得要求或接受地方政府出具任何形式明示或暗示承担偿债责任的文件，不得通过任何形式违法违规增加地方政府债务负担。

七、【合作方式】国有金融企业应将严格遵守国家地方政府债务管理法律法规和政策规定作为合规管理的重要内容，切实转变业务模式，依法规范对地方建设项目提供融资，原则上不得采取与地方政府及其部门签署一揽子协议、备忘录、会议纪要等方式开展业务，不得对地方政府及其部门统一授信。

八、【金融中介业务】国有金融企业为地方政府融资平台公司等地方国有企业在境内外发行债券提供中介服务时，应审慎评估举债主体财务能力和还款来源。对于发债企业收入来源中涉及财政资金安排的，应当尽职调查，认真核实财政资金安排的合规性和真实性。在债券募集说明书等文件中，不得披露所在地区财政收支、政府债务数据等明示或暗示存在政府信用支持的信息，严禁与政府信用挂钩的误导性宣传，并应在相关发债说明书中明确，地方政府作为出资人仅以出资额为限承担有限责任，相关举借债务由地方国有企业作为独立法人负责偿还。

九、【PPP】国有金融企业应以 PPP 项目规范运作为融资前提条件，对于未落实项目资本金来源、未按规定开展物有所值评价、财政承受能力论证的，物有所值评价、财政承受能力论证等相关信息没有充分披露的 PPP 项目，不得提供融资。

十、【融资担保】政府性融资担保机构应按照市场化方式运作，依法依规开展融资担保服务，自主经营、自负盈亏，不得要求或接受地方政府以任何形式在出资范围之外承担责任。

十一、【出资管理】国有金融企业应加强对股东资质的审查。国有金融企业股东应以自有资金入股国有金融企业，且确保资金来源合法，严禁虚假出资、出资不实或抽逃出资，严禁代持国有金融企业股权。除法律法规另有规定的以外，以非自有资金出资的股权不得享受股权增值收益，并按“实际出资与期末净资产孰低”原则予以清退。国有金融企业股东用金融企业股权质押融资，应遵守法律法规和相关监管规定，不得损害其他股东和金融企业的利益。

十二、【财务约束】国有金融企业应按照“实质重于形式”的原则，充足提取资产减值准备，严格计算占用资本，不得以有无政府背景作为资产风险的判断标准。

十三、【产权管理】国有金融企业应聚焦主业，严格遵守国有金融资产管理有关规定，做好与地方政府及其部门合作所形成股权资产的登记、评估、转让、清算、退出等工作。合理设置机构法人层级，压缩管理级次，降低组织结构复杂程度，原则上同类一级子公司只能限定为一家。

十四、【配合整改】对存在地方政府违法违规举债担保、变相举债等问题的存量项目，开发性、政策性金融机构等国有金融企业应积极主动配合有关方面，依法依规开展整改，在有效保障各方合法权益的基础上，稳妥有序化解存量债务风险。在配合整改的同时，国有金融企业不得盲目抽贷、压贷和停贷，防范存量债务资金链断裂风险。

十五、【绩效评价】财政部门对金融企业进行绩效评价时，如金融企业违法违规向地方政府、地方国有企业等提供融资，要求或接受地方政府及其部门以任何方式提供担保或承担偿债责任，被相关部门依法依规追究责任的，根据相关部门提供的处理处罚情况，对该金融企业下调评价等级。

十六、【监督检查】对财政部公开通报涉及地方政府违法违规举债担保行为的地方国有企业，国有金融企业应暂停或审慎提供融资和融资中介服务。财政部驻各地财政监察专员办事处根据本通知规定对国有金融企业及其分支机构进行监督检查，对相关违规行为及时予以制止和纠正，并依法进行处理。相关检查处理结果视情抄送有关金融监管部门。

十七、【其他】本通知自印发之日起执行。其他金融企业参照执行。

中国人民银行、中国银行保险监督管理委员会、中国证券监督管理委员会、国家外汇管理局关于规范金融机构资产管理业务的指导意见

（银发〔2018〕106号　2018年4月27日）

近年来，我国资产管理业务快速发展，在满足居民和企业投融资需求、改善社会融资结构等方面发挥了积极作用，但也存在部分业务发展不规范、多层嵌套、刚性兑付、规避金融监管和宏观调控等问题。按照党中央、国务院决策部署，为规范金融机构资产管理业务，统一同类资产管理产品监管标准，有效防控金融风险，引导社会资金流向实体经济，更好地支持经济结构调整和转型升级，经国务院同意，现提出以下意见：

一、规范金融机构资产管理业务主要遵循以下原则：

（一）坚持严控风险的底线思维。把防范和化解资产管理业务风险放到更加重要的位置，减少存量风险，严防增量风险。

（二）坚持服务实体经济的根本目标。既充分发挥资产管理业务功能，切实服务实体经济投融资需求，又严格规范引导，避免资金脱实向虚在金融体系内部自我循环，防止产品过于复杂，加剧风险跨行业、跨市场、跨区域传递。

（三）坚持宏观审慎管理与微观审慎监管相结合、机构监管与功能监管相结合的监管理念。实现对各类机构开展资产管理业务的全面、统一覆盖，采取有效监管措施，加强金融消费者权益保护。

（四）坚持有的放矢的问题导向。重点针对资产管理业务的多层嵌套、杠杆不清、套利严重、投机频繁等问题，设定统一的标准规制，同时对金融创新坚持趋利避害、一分为二，留出发展空间。

（五）坚持积极稳妥审慎推进。正确处理改革、发展、稳定关系，坚持防范风险与有序规范相结合，在下决心处置风险的同时，充分考虑市场承受能力，合理设置过渡期，把握好工作的次序、节奏、力度，加强市场沟通，有效引导市场预期。

二、资产管理业务是指银行、信托、证券、基金、期货、保险资产管理机构、金融资产投资公司等金融机构接受投资者委托，对受托的投资者财产进行投资和管理的金融服务。金融机构为委托人利益履行诚实信用、勤勉尽责义务并收取相应的管理费用，委托人自担投资风险并获得收益。金融机构可以与委托人在合同中事先约定收取合理的业绩报酬，业绩报酬计入管理费，须与产品一一对应并逐个结算，不同产品之间不得相互串用。

资产管理业务是金融机构的表外业务，金融机构开展资产管理业务时不得承诺保本保收益。出现兑付困难时，金融机构不得以任何形式垫资兑付。金融机构不得在表内开展资产管理业务。

私募投资基金适用私募投资基金专门法律、行政法规，私募投资基金专门法律、行政法规中没有明确规定的适用本意见，创业投资基金、政府出资产业投资基金的相关规定另行制定。

三、资产管理产品包括但不限于人民币或外币形式的银行非保本理财产品，资金信托，证券公司、证券公司子公司、基金管理公司、基金管理子公司、期货公司、期货公司子公司、保险资产管理机构、金融资产投资公司发行的资产管理产品等。依据金融管理部门颁布规则开展的资产证券化业务，依据人力资源社会保障部门颁布规则发行的养老金产品，不适用本意见。

四、资产管理产品按照募集方式的不同，分为公募产品和私募产品。公募产品面向不特定社会公众公开发行。公开发行的认定标准依照《中华人民共和国证券法》执行。私募产品面向合格投资者通过非公开方式发行。

资产管理产品按照投资性质的不同，分为固定收益类产品、权益类产品、商品及金融衍生品类产品和混合类产品。固定收益类产品投资于存款、债券等债权类资产的比例不低于80%，权益类产品投资于股票、未上市企业股权等权益类资产的比例不低于80%，商品及金融衍生品类产品投资于商品及金融衍生品的比例不低于80%，混合类产品投资于债权类资产、权益类资产、商品及金融衍生品类资产且任一资产的投资比例未达到前三类产品标准。非因金融机构主观因素导致突破前述比例限制的，金融机构应当在流动性受限资产可出售、可转让或者恢复交易的15个交易日内调整至符合要求。

金融机构在发行资产管理产品时，应当按照上述分类标准向投资者明示资产管理产品的类型，并按照确定的产品性质进行投资。在产品成立后至到期日前，不得擅自改变产品类型。混合类产品投资债权类资产、权益类资产和商品及金融衍生品类资产的比例范围应当在发行产品时予以确定并向投资者明示，在产品成立后至到期日前不得擅自改变。产品的实际投向不得违反合同约定，如有改变，除高风险类型的产品超出比例范围投资较低风险资产外，应当先行取得投资者书面同意，并履行登记备案等法律法规以及金融监督管理部门规定的程序。

五、资产管理产品的投资者分为不特定社会公众和合格投资者两大类。合格投资者是指具备相应风险识别能力和风险承担能力，投资于单只资产管理产品不低于一定金额且符合下列条件的自然人和法人或者其他组织。

（一）具有2年以上投资经历，且满足以下条件之一：家庭金融净资产不低于300万元，家庭金融资产不低于500万元，或者近3年本人年均收入不低于40万元。

（二）最近1年末净资产不低于1000万元的法人单位。

（三）金融管理部门视为合格投资者的其他情形。

合格投资者投资于单只固定收益类产品的金额不低于30万元，投资于单只混合类产品的金额不低于40万元，投资于单只权益类产品、单只商品及金融衍生品类产品的金额不低于100万元。

投资者不得使用贷款、发行债券等筹集的非自有资金投资资产管理产品。

六、金融机构发行和销售资产管理产品，应当坚持“了解产品”和“了解客户”的经营理念，加强投资者适当性管理，向投资者销售与其风险识别能力和风险承担能力相适应的资产管理产品。禁止欺诈或者误导投资者购买与其风险承担能力不匹配的资产管理产品。金融机构不得通过拆分资产管理产品的方式，向风险识别能力和风险承担能力低于产品风险等级的投资者销售资产管理产品。

金融机构应当加强投资者教育，不断提高投资者的金融知识水平和风险意识，向投资者传递“卖者尽责、买者自负”的理念，打破刚性兑付。

七、金融机构开展资产管理业务，应当具备与资产管理业务发展相适应的管理体系和管理制度，公司治理良好，风险管理、内部控制和问责机制健全。

金融机构应当建立健全资产管理业务人员的资格认定、培训、考核评价和问责制度，确保从事资产管理业务的人员具备必要的专业知识、行业经验和管理能力，充分了解相关法律法规、监管规定以及资产管理产品的法律关系、交易结构、主要风险和风险管控方式，遵守行为准则和职业道德标准。

对于违反相关法律法规以及本意见规定的金融机构资产管理业务从业人员，依法采取处罚措施直至取消从业资格，禁止其在其他类型金融机构从事资产管理业务。

八、金融机构运用受托资金进行投资，应当遵守审慎经营规则，制定科学合理的投资策略和风险管理制度，有效防范和控制风险。

金融机构应当履行以下管理人职责：

（一）依法募集资金，办理产品份额的发售和登记事宜。

（二）办理产品登记备案或者注册手续。

（三）对所管理的不同产品受托财产分别管理、分别记账，进行投资。

（四）按照产品合同的约定确定收益分配方案，及时向投资者分配收益。

（五）进行产品会计核算并编制产品财务会计报告。

（六）依法计算并披露产品净值或者投资收益情况，确定申购、赎回价格。

（七）办理与受托财产管理业务活动有关的信息披露事项。

（八）保存受托财产管理业务活动的记录、账册、报表和其他相关资料。

（九）以管理人名义，代表投资者利益行使诉讼权利或者实施其他法律行为。

（十）在兑付受托资金及收益时，金融机构应当保证受托资金及收益返回委托人的原账户、同名账户或者合同约定的受益人账户。

（十一）金融监督管理部门规定的其他职责。

金融机构未按照诚实信用、勤勉尽责原则切实履行受托管理职责，造成投资者损失的，应当依法向投资者承担赔偿责任。

九、金融机构代理销售其他金融机构发行的资产管理产品，应当符合金融监督管理部门规定的资质条件。未经金融监督管理部门许可，任何非金融机构和个人不得代理销售资产管理产品。

金融机构应当建立资产管理产品的销售授权管理体系，明确代理销售机构的准入标准和程序，明确界定双方的权利与义务，明确相关风险的承担责任和转移方式。

金融机构代理销售资产管理产品，应当建立相应的内部审批和风险控制程序，对发行或者管理机构的信用状况、经营管理能力、市场投资能力、风险处置能力等开展尽职调查，要求发行或者管理机构提供详细的产品介绍、相关市场分析和风险收益测算报告，进行充分的信息验证和风险审查，确保代理销售的产品符合本意见规定并承担相应责任。

十、公募产品主要投资标准化债权类资产以及上市交易的股票，除法律法规和金融管理部门另有规定外，不得投资未上市企业股权。公募产品可以投资商品及金融衍生品，但应当符合法律法规以及金融管理部门的相关规定。

私募产品的投资范围由合同约定，可以投资债权类资产、上市或挂牌交易的股票、未上市企业股权（含债转股）和受（收）益权以及符合法律法规规定的其他资产，并严格遵守投资者适当性管理要求。鼓励充分运用私募产品支持市场化、法治化债转股。

十一、资产管理产品进行投资应当符合以下规定：

（一）标准化债权类资产应当同时符合以下条件：

1. 等分化，可交易。

2. 信息披露充分。

3. 集中登记，独立托管。

4. 公允定价，流动性机制完善。

5. 在银行间市场、证券交易所市场等经国务院同意设立的交易市场交易。

标准化债权类资产的具体认定规则由中国人民银行会同金融监督管理部门另行制定。

标准化债权类资产之外的债权类资产均为非标准化债权类资产。金融机构发行资产管理产品投资于非标准化债权类资产的，应当遵守金融监督管理部门制定的有关限额管理、流动性管理等监管标准。金融监督管理部门未制定相关监管标准的，由中国人民银行督促根据本意见要求制定监管标准并予以执行。

金融机构不得将资产管理产品资金直接投资于商业银行信贷资产。商业银行信贷资产受（收）益权的投资限制由金融管理部门另行制定。

（二）资产管理产品不得直接或者间接投资法律法规和国家政策禁止进行债权或股权投资的行业和领域。

（三）鼓励金融机构在依法合规、商业可持续的前提下，通过发行资产管理产品募集资金投向符合国家战略和产业政策要求、符合国家供给侧结构性改革政策要求的领域。鼓励金融机构通过发行资产管理产品募集资金支持经济结构转型，支持市场化、法治化债转股，降低企业杠杆率。

（四）跨境资产管理产品及业务参照本意见执行，并应当符合跨境人民币和外汇管理有关规定。

十二、金融机构应当向投资者主动、真实、准确、完整、及时披露资产管理产品募集信息、资金投向、杠杆水平、收益分配、托管安排、投资账户信息和主要投资风险等内容。国家法律法规另有规定的，从其规定。

对于公募产品，金融机构应当建立严格的信息披露管理制度，明确定期报告、临时报告、重大事项公告、投资风险披露要求以及具体内容、格式。在本机构官方网站或者通过投资者便于获取的方式披露产品净值或者投资收益情况，并定期披露其他重要信息：开放式产品按照开放频率披露，封闭式产品至少每周披露一次。

对于私募产品，其信息披露方式、内容、频率由产品合同约定，但金融机构应当至少每季度向投资者披露产品净值和其他重要信息。

对于固定收益类产品，金融机构应当通过醒目方式向投资者充分披露和提示产品的投资风险，包括但不限于产品投资债券面临的利率、汇率变化等市场风险以及债券价格波动情况，产品投资每笔非标准化债权类资产的融资客户、项目名称、剩余融资期限、到期收益分配、交易结构、风险状况等。

对于权益类产品，金融机构应当通过醒目方式向投资者充分披露和提示产品的投资风险，包括产品投资股票面临的风险以及股票价格波动情况等。

对于商品及金融衍生品类产品，金融机构应当通过醒目方式向投资者充分披露产品的挂钩资产、持仓风险、控制措施以及衍生品公允价值变化等。

对于混合类产品，金融机构应当通过醒目方式向投资者清晰披露产品的投资资产组合情况，并根据固定收益类、权益类、商品及金融衍生品类资产投资比例充分披露和提示相应的投资风险。

十三、主营业务不包括资产管理业务的金融机构应当设立具有独立法人地位的资产管理子公司开展资产管理业务，强化法人风险隔离，暂不具备条件的可以设立专门的资产管理业务经营部门开展业务。

金融机构不得为资产管理产品投资的非标准化债权类资产或者股权类资产提供任何直接或间接、显性或隐性的担保、回购等代为承担风险的承诺。

金融机构开展资产管理业务，应当确保资产管理业务与其他业务相分离，资产管理产品与其代销的金融产品相分离，资产管理产品之间相分离，资产管理业务操作与其他业务操作相分离。

十四、本意见发布后，金融机构发行的资产管理产品资产应当由具有托管资质的第三方机构独立托管，法律、行政法规另有规定的除外。

过渡期内，具有证券投资基金托管业务资质的商业银行可以托管本行理财产品，但应当为每只产品单独开立托管账户，确保资产隔离。过渡期后，具有证券投资基金托管业务资质的商业银行应当设立具有独立法人地位的子公司开展资产管理业务，该商业银行可以托管子公司发行的资产管理产品，但应当实现实质性的独立托管。独立托管有名无实的，由金融监督管理部门进行纠正和处罚。

十五、金融机构应当做到每只资产管理产品的资金单独管理、单独建账、单独核算，不得开展或者参与具有滚动发行、集合运作、分离定价特征的资金池业务。

金融机构应当合理确定资产管理产品所投资资产的期限，加强对期限错配的流动性风险管理，金融监督管理部门应当制定流动性风险管理规定。

为降低期限错配风险，金融机构应当强化资产管理产品久期管理，封闭式资产管理产品期限不得低于90天。资产管理产品直接或者间接投资于非标准化债权类资产的，非标准化债权类资产的终止日不得晚于封闭式资产管理产品的到期日或者开放式资产管理产品的最近一次开放日。

资产管理产品直接或者间接投资于未上市企业股权及其受（收）益权的，应当为封闭式资产管理产品，并明确股权及其受（收）益权的退出安排。未上市企业股权及其受（收）益权的退出日不得晚于封闭式资产管理产品的到期日。

金融机构不得违反金融监督管理部门的规定，通过为单一融资项目设立多只资产管理产品的方式，变相突破投资人数限制或者其他监管要求。同一金融机构发行多只资产管理产品投资同一资产的，为防止同一资产发生风险波及多只资产管理产品，多只资产管理产品投资该资产的资金总规模合计不得超过 300 亿元。如果超出该限额，需经相关金融监督管理部门批准。

十六、金融机构应当做到每只资产管理产品所投资资产的风险等级与投资者的风险承担能力相匹配，做到每只产品所投资资产构成清晰，风险可识别。

金融机构应当控制资产管理产品所投资资产的集中度：

（一）单只公募资产管理产品投资单只证券或者单只证券投资基金的市值不得超过该资产管理产品净资产的 10%。

（二）同一金融机构发行的全部公募资产管理产品投资单只证券或者单只证券投资基金的市值不得超过该证券市值或者证券投资基金市值的 30%。其中，同一金融机构全部开放式公募资产管理产品投资单一上市公司发行的股票不得超过该上市公司可流通股票的 15%。

（三）同一金融机构全部资产管理产品投资单一上市公司发行的股票不得超过该上市公司可流通股票的 30%。

金融监督管理部门另有规定的除外。

非因金融机构主观因素导致突破前述比例限制的，金融机构应当在流动性受限资产可出售、可转让或者恢复交易的 10 个交易日内调整至符合相关要求。

十七、金融机构应当按照资产管理产品管理费收入的 10% 计提风险准备金，或者按照规定计量操作风险资本或相应风险资本准备。风险准备金余额达到产品余额的 1% 时可以不再提取。风险准备金主要用于弥补因金融机构违法违规、违反资产管理产品协议、操作错误或者技术故障等给资产管理产品财产或者投资者造成的损失。金融机构应当定期将风险准备金的使用情况报告金融管理部门。

十八、金融机构对资产管理产品应当实行净值化管理，净值生成应当符合企业会计准则规定，及时反映基础金融资产的收益和风险，由托管机构进行核算并定期提供报告，由外部审计机构进行审计确认，被审计金融机构应当披露审计结果并同时报送金融管理部门。

金融资产坚持公允价值计量原则，鼓励使用市值计量。符合以下条件之一的，可按照企业会计准则以摊余成本进行计量：

（一）资产管理产品为封闭式产品，且所投金融资产以收取合同现金流量为目的并持有到期。

（二）资产管理产品为封闭式产品，且所投金融资产暂不具备活跃交易市场，或者在活跃市场中没有报价、也不能采用估值技术可靠计量公允价值。

金融机构以摊余成本计量金融资产净值，应当采用适当的风险控制手段，对金融资产净值的公允性进行评估。当以摊余成本计量已不能真实公允反映金融资产净值时，托管机构应当督促金融机构调整会计核算和估值方法。金融机构前期以摊余成本计量的金融资产的加权平均价格与资产管理产品实际兑付时金融资产的价值的偏离度不得达到5%或以上，如果偏离5%或以上的产品数超过所发行产品总数的5%，金融机构不得再发行以摊余成本计量金融资产的资产管理产品。

十九、经金融管理部门认定，存在以下行为的视为刚性兑付：

（一）资产管理产品的发行人或者管理人违反真实公允确定净值原则，对产品进行保本保收益。

（二）采取滚动发行等方式，使得资产管理产品的本金、收益、风险在不同投资者之间发生转移，实现产品保本保收益。

（三）资产管理产品不能如期兑付或者兑付困难时，发行或者管理该产品的金融机构自行筹集资金偿付或者委托其他机构代为偿付。

（四）金融管理部门认定的其他情形。

经认定存在刚性兑付行为的，区分以下两类机构进行惩处：

（一）存款类金融机构发生刚性兑付的，认定为利用具有存款本质特征的资产管理产品进行监管套利，由国务院银行保险监督管理机构和中国人民银行按照存款业务予以规范，足额补缴存款准备金和存款保险保费，并予以行政处罚。

（二）非存款类持牌金融机构发生刚性兑付的，认定为违规经营，由金融监督管理部门和中国人民银行依法纠正并予以处罚。

任何单位和个人发现金融机构存在刚性兑付行为的，可以向金融管理部门举报，查证属实且举报内容未被相关部门掌握的，给予适当奖励。

外部审计机构在对金融机构进行审计时，如果发现金融机构存在刚性兑付行为的，应当及时报告金融管理部门。外部审计机构在审计过程中未能勤勉尽责，依法追究相应责任或依法依规给予行政处罚，并将相关信息纳入全国信用信息共享平台，建立联合惩戒机制。

二十、资产管理产品应当设定负债比例（总资产/净资产）上限，同类产品适用统一的负债比例上限。每只开放式公募产品的总资产不得超过该产品净资产的140%，每只封闭式公募产品、每只私募产品的总资产不得超过该产品净资产的200%。计算单只产品的总资产时应当按照穿透原则合并计算所投资资产管理产品的总资产。

金融机构不得以受托管理的资产管理产品份额进行质押融资，放大杠杆。

二十一、公募产品和开放式私募产品不得进行份额分级。

分级私募产品的总资产不得超过该产品净资产的140%。分级私募产品应当根据所投资资产的风险程度设定分级比例（优先级份额/劣后级份额，中间级份额计入优先级份额）。固定收益类产品的分级比例不得超过3∶1，权益类产品的分级比例不得超过1∶1，商品及金融衍生品类产品、混合类产品的分级比例不得超过2∶1。发行分级资产管理产品的金融机构应当对该资产管理产品进行自主管理，不得转委托给劣后级投资者。

分级资产管理产品不得直接或者间接对优先级份额认购者提供保本保收益安排。

本条所称分级资产管理产品是指存在一级份额以上的份额为其他级份额提供一定的风险补偿，收益分配不按份额比例计算，由资产管理合同另行约定的产品。

二十二、金融机构不得为其他金融机构的资产管理产品提供规避投资范围、杠杆约束等监管要求的通道服务。

资产管理产品可以再投资一层资产管理产品，但所投资的资产管理产品不得再投资公募证券投资基金以外的资产管理产品。

金融机构将资产管理产品投资于其他机构发行的资产管理产品，从而将本机构的资产管理产品资金委托给其他机构进行投资的，该受托机构应当为具有专业投资能力和资质的受金融监督管理部门监管的机构。公募资产管理产品的受托机构应当为金融机构，私募资产管理产品的受托机构可以为私募基金管理人。受托机构应当切实履行主动管理职责，不得进行转委托，不得再投资公募证券投资基金以外的资产管理产品。委托机构应当对受托机构开展尽职调查，实行名单制管理，明确规定受托机构的准入标准和程序、责任和义务、存续期管理、利益冲突防范机制、信息披露义务以及退出机制。委托机构不得因委托其他机构投资而免除自身应当承担的责任。

金融机构可以聘请具有专业资质的受金融监督管理部门监管的机构作为投资顾问。投资顾问提供投资建议指导委托机构操作。

金融监督管理部门和国家有关部门应当对各类金融机构开展资产管理业务实行平等准入、给予公平待遇。资产管理产品应当在账户开立、产权登记、法律诉讼等方面享有平等的地位。金融监督管理部门基于风险防控考虑，确实需要对其他行业金融机构发行的资产管理产品采取限制措施的，应当充分征求相关部门意见并达成一致。

二十三、运用人工智能技术开展投资顾问业务应当取得投资顾问资质，非金融机构不得借助智能投资顾问超范围经营或者变相开展资产管理业务。

金融机构运用人工智能技术开展资产管理业务应当严格遵守本意见有关投资者适当性、投资范围、信息披露、风险隔离等一般性规定，不得借助人工智能业务夸大宣传资产管理产品或者误导投资者。金融机构应当向金融监督管理部门报备人工智能模型的主要参数以及资产配置的主要逻辑，为投资者单独设立智能管理账户，充分提示人工智能算法的固有缺陷和使用风险，明晰交易流程，强化留痕管理，严格监控智能管理账户的交易头寸、风险限额、交易种类、价格权限等。金融机构因违法违规或者管理不当造成投资者损失的，应当依法承担损害赔偿责任。

金融机构应当根据不同产品投资策略研发对应的人工智能算法或者程序化交易，避免算法同质化加剧投资行为的顺周期性，并针对由此可能引发的市场波动风险制定应对预案。因算法同质化、编程设计错误、对数据利用深度不够等人工智能算法模型缺陷或者系统异常，导致羊群效应、影响金融市场稳定运行的，金融机构应当及时采取人工干预措施，强制调整或者终止人工智能业务。

二十四、金融机构不得以资产管理产品的资金与关联方进行不正当交易、利益输送、内幕交易和操纵市场，包括但不限于投资于关联方虚假项目、与关联方共同收购上市公司、向本机构注资等。

金融机构的资产管理产品投资本机构、托管机构及其控股股东、实际控制人或者与其有其他重大利害关系的公司发行或者承销的证券，或者从事其他重大关联交易的，应当建立健全内部审批机制和评估机制，并向投资者充分披露信息。

二十五、建立资产管理产品统一报告制度。中国人民银行负责统筹资产管理产品的数据编码和综合统计工作，会同金融监督管理部门拟定资产管理产品统计制度，建立资产管理产品信息系统，规范和统一产品标准、信息分类、代码、数据格式，逐只产品统计基本信息、募集信息、资产负债信息和终止信息。中国人民银行和金融监督管理部门加强资产管理产品的统计信息共享。金融机构应当将含债权投资的资产管理产品信息报送至金融信用信息基础数据库。

金融机构于每只资产管理产品成立后5个工作日内，向中国人民银行和金融监督管理部门同时报送产品基本信息和起始募集信息；于每月10日前报送存续期募集信息、资产负债信息，于产品终止后5个工作日内报送终止信息。

中央国债登记结算有限责任公司、中国证券登记结算有限公司、银行间市场清算所股份有限公司、上海票据交易所股份有限公司、上海黄金交易所、上海保险交易所股份有限公司、中保保险资产登记交易系统有限公司于每月10日前向中国人民银行和金融监督管理部门同时报送资产管理产品持有其登记托管的金融工具的信息。

在资产管理产品信息系统正式运行前，中国人民银行会同金融监督管理部门依据统计制度拟定统一的过渡期数据报送模板；各金融监督管理部门对本行业金融机构发行的资产管理产品，于每月 10 日前按照数据报送模板向中国人民银行提供数据，及时沟通跨行业、跨市场的重大风险信息和事项。

中国人民银行对金融机构资产管理产品统计工作进行监督检查。资产管理产品统计的具体制度由中国人民银行会同相关部门另行制定。

二十六、中国人民银行负责对资产管理业务实施宏观审慎管理，会同金融监督管理部门制定资产管理业务的标准规制。金融监督管理部门实施资产管理业务的市场准入和日常监管，加强投资者保护，依照本意见会同中国人民银行制定出台各自监管领域的实施细则。

本意见正式实施后，中国人民银行会同金融监督管理部门建立工作机制，持续监测资产管理业务的发展和风险状况，定期评估标准规制的有效性和市场影响，及时修订完善，推动资产管理行业持续健康发展。

二十七、对资产管理业务实施监管遵循以下原则：

（一）机构监管与功能监管相结合，按照产品类型而不是机构类型实施功能监管，同一类型的资产管理产品适用同一监管标准，减少监管真空和套利。

（二）实行穿透式监管，对于多层嵌套资产管理产品，向上识别产品的最终投资者，向下识别产品的底层资产（公募证券投资基金除外）。

（三）强化宏观审慎管理，建立资产管理业务的宏观审慎政策框架，完善政策工具，从宏观、逆周期、跨市场的角度加强监测、评估和调节。

（四）实现实时监管，对资产管理产品的发行销售、投资、兑付等各环节进行全面动态监管，建立综合统计制度。

二十八、金融监督管理部门应当根据本意见规定，对违规行为制定和完善处罚规则，依法实施处罚，并确保处罚标准一致。资产管理业务违反宏观审慎管理要求的，由中国人民银行按照法律法规实施处罚。

二十九、本意见实施后，金融监督管理部门在本意见框架内研究制定配套细则，配套细则之间应当相互衔接，避免产生新的监管套利和不公平竞争。按照“新老划断”原则设置过渡期，确保平稳过渡。过渡期为本意见发布之日起至2020年底，对提前完成整改的机构，给予适当监管激励。过渡期内，金融机构发行新产品应当符合本意见的规定；为接续存量产品所投资的未到期资产，维持必要的流动性和市场稳定，金融机构可以发行老产品对接，但应当严格控制在存量产品整体规模内，并有序压缩递减，防止过渡期结束时出现断崖效应。金融机构应当制定过渡期内的资产管理业务整改计划，明确时间进度安排，并报送相关金融监督管理部门，由其认可并监督实施，同时报备中国人民银行。过渡期结束后，金融机构的资产管理产品按照本意见进行全面规范（因子公司尚未成立而达不到第三方独立托管要求的情形除外），金融机构不得再发行或存续违反本意见规定的资产管理产品。

三十、资产管理业务作为金融业务，属于特许经营行业，必须纳入金融监管。非金融机构不得发行、销售资产管理产品，国家另有规定的除外。

非金融机构违反上述规定，为扩大投资者范围、降低投资门槛，利用互联网平台等公开宣传、分拆销售具有投资门槛的投资标的、过度强调增信措施掩盖产品风险、设立产品二级交易市场等行为，按照国家规定进行规范清理，构成非法集资、非法吸收公众存款、非法发行证券的，依法追究法律责任。非金融机构违法违规开展资产管理业务的，依法予以处罚；同时承诺或进行刚性兑付的，依法从重处罚。

三十一、本意见自发布之日起施行。

本意见所称“金融管理部门”是指中国人民银行、国务院银行保险监督管理机构、国务院证券监督管理机构和国家外汇管理局。“发行”是指通过公开或者非公开方式向资产管理产品的投资者发出认购邀约，进行资金募集的活动。“销售”是指向投资者宣传推介资产管理产品，办理产品申购、赎回的活动。“代理销售”是指接受合作机构的委托，在本机构渠道向投资者宣传推介、销售合作机构依法发行的资产管理产品的活动。

后记

POSTSCRIPT

项目融资和PPP在中国并非新生事物，然而过去二十多年未曾受到特别重视的领域，从2014年开始呈现出爆发式的发展景象，无论是政策的支持力度，还是所覆盖的行业领域以及涉及的项目金额，不仅在中国基础设施和城市建设的发展史上前所未有，而且在国际上也是远超他国。并且，随着进一步纵向发展，目前的PPP模式越来越多的与资本市场、金融资本相结合，使得其涉及的具体法律关系和交易结构更为错综复杂，由此产生的法律、经济问题也更值得深思。而在2017年7月本书初稿完成之后不久，国内对于PPP的实践需要谨慎推进和规范运作的呼声越来越高，财政部等主管部门随后也发布了一系列的规范文件。

需要关注的是，由于市场参与主体的不同，各方主体对于项目融资和PPP的风险偏好、利益和价值取向也存在千差万别，而PPP模式的一个核心是风险分担和各方合作。因此，如何在确保合法、合规地开展PPP项目的同时，秉承和发扬公平诚信、平等自愿、有序竞争的交易理念、合理分配各方的权利义务、避免凭借强势地位导致权利义务失衡、给予民营资本合理保护，不仅是摆在各方参与主体面前的重要议题之一，其中所涉及的合同意思自治和自由的限度、主体地位平等、法律和道德的关系、公平和效率的冲突、诚实信用的价值观等问题更是立法机关和司法机关需要解决、维护和正确引导的重要议题。

同时，从英国的初衷和经验来看，PPP模式运用的本质在于推动和完善社会公共治理体系，提高公众的生活质量和政府的公共服务，而不是单纯为了解决基础设施的融资、建设问题。因此，政府和社会投资人还需要考虑和衡量PPP项目所承担的社会功能和意义，在注重基础设施和公用事业开发建设的经济效益的同时，也需要强调其人文关怀，方能不忘初心。

处理好上述几个方面的问题，深层次的理解PPP的初衷和目的，可以减少和避免不合法、不规范的规定、实际操作对PPP的负面影响和制约，从而更有助于PPP模式的正常运作和长效发展，实现PPP模式的真正价值，取得政府职责转变、法治社会建设的目标。同样，作为专业人士的律师和其他专业人士在尽力维护当事人的合法权益的同时，也有必要关注和维护社会公众利益、坚守法律的原则和精神、践行普世的价值观，实现多方合作共赢。

本书是笔者关于基础设施和工程法律实务的系列专著之一，也是笔者一直关注的业务领域和在英国求学期间的研究方向之一。本书的写作更是离不开笔者妻子的照顾以及精神上的鼓励，正是妻子的理解和支持，成为笔者写作和完成此书的坚强后盾和最大动力。

最后，在工作、学习和本书的写作期间，笔者深感“学无止境”，政策规定和法律日新月异，行业、领域的理论和实践问题层出不穷，需要不断学习、总结和思考以及审慎的实践。现实的做法和已有的案例、规则固然重要，但是，也不能受制于此，法律的精神和原则才是真正的源动力，商业律师对于维护社会的公平和正义具有不可或缺的作用。否则，缺失对法律的本质的追求，不规范的实际做法只会固化思维或者不断的强化错误，而无益于理论和思想的深化、实践的提升，有违法治的推进，也必然影响行业和产业的健康有序发展。

林立

2018年7月

图书在版编目（CIP）数据

项目融资和PPP实务运作全程指引 / 林立著. —北京：中国法制出版社，2018.8

ISBN 978-7-5093-9626-1

Ⅰ. ①项… Ⅱ. ①林… Ⅲ. ①基础设施建设—融资—研究 Ⅳ. ①F294

中国版本图书馆CIP数据核字（2018）第164047号

责任编辑：马金风　　封面设计：杨泽江

项目融资和PPP实务运作全程指引

XIANGMU RONGZI HE PPP SHIWU YUNZUO QUANCHENG ZHIYIN

著者 / 林立

经销 / 新华书店

印刷 / 廊坊一二〇六印刷厂

开本 / 710毫米 × 1000毫米　16开　　印张 / 30.5　字数 / 478千

版次 / 2018年9月第1版　　2018年9月第1次印刷

中国法制出版社出版

书号ISBN 978-7-5093-9626-1　　定价：98.00元

北京西单横二条2号　邮政编码100031

值班电话：010-66026508

传真：010-66031119

网址：http://www.zgfzs.com

编辑部电话：010-66070046

市场营销部电话：010-66033393

邮购部电话：010-66033288